汉武帝

统治的艺术

雾满拦江

著

图书在版编目（CIP）数据

汉武帝：统治的艺术 / 雾满拦江著. — 南京：江苏凤凰文艺出版社，2020.10
ISBN 978-7-5594-5061-6

Ⅰ. ①汉… Ⅱ. ①雾… Ⅲ. ①汉武帝（前156–前87）—传记 Ⅳ. ①K827=341

中国版本图书馆CIP数据核字（2020）第148340号

汉武帝：统治的艺术

雾满拦江　著

出 版 人　张在健
责任编辑　张　倩
装帧设计　一九八四
内文排版　麦莫瑞
出版发行　江苏凤凰文艺出版社
　　　　　南京市中央路165号，邮编：210009
网　　址　http://www.jswenyi.com
印　　刷　三河市冀华印务有限公司
开　　本　700毫米×980毫米　1/16
印　　张　26
字　　数　462千字
版　　次　2020年10月第1版
印　　次　2020年10月第1次印刷
书　　号　ISBN 978-7-5594-5061-6
定　　价　52.00 元

序言

烈火长歌，铁血史册

壹

过去了，都过去了。那个金戈铁马、气吞万里的激情时代。

过去了，都过去了。那个人心不古、污浊不堪的危险时代。

过去了，都过去了。那个华彩飞扬、书生美人的浪漫时代。

都过去了。

两千多年后回首，汉武荣光依然熠熠闪耀。这位历史上空前绝后的帝王率领着汉民族，在惨烈的民族生存空间争夺战中赢得了胜利。

汉武帝，无可争议地，可称为千古一帝。

没有人能够在他之上，纵然是秦始皇，也只能与其并驾齐驱。

贰

说到底，始皇帝之威，不过是敲剥天下之骨髓，离散天下之子女，以完成他一人之宏图霸业而已。当然，始皇时代的郡县制，成为古中国一统的制度依据。但面对从塞外跃马弯弓而来的游牧者，始皇帝是无力反击的，只能筑起长城，被动防御。

而夺得始皇天下的汉高祖刘邦，遭遇更是悲惨。在率师远征匈奴的途中，被困于白登道，险些不能生还。

此后，汉为匈奴势力所压制，历经汉文帝、汉景帝两朝，始终抬不起头来，甚至一度面临着亡国灭种的危险。

汉武帝出，力扫匈奴，开拓西域。

这位空前伟大的帝王，为我们汉民族赢得了百代千秋的生存空间。

但代价，又是何等惨重。

叁

汉武帝这个人，在历史上真的是独一无二。想要找到一个能与他比肩的人，殊为不易。

幸好，西方的马基雅维利有一部《君主论》，此书被誉为“西方版厚黑学”，极尽其能地揭示了君王权术。

按马基雅维利的观点，君主的成就与道德是丝毫不沾边的。

汉武帝正是一位不能用普通的世俗道德观念来衡量的帝王，他大权在握，生杀予夺，从不受道德束缚。他能够率领汉民族击败匈奴，正是凭借这种无法用道德评价的手段。

之所以无法用道德评价，是因为帝王在战时，负责调配社会资源，而西汉时代的生产力是何等低下，将资源转向战事，就意味着对民众生存资源的残酷剥夺。西汉自开国以来，也只有汉武帝能够冷酷无情地担负起历史重任，不惜让自己沦为天下之恶，也要完成这桩功业。而他的父亲汉景帝、祖父汉文帝，以及曾祖父汉高祖刘邦，是不具有承担此任的心理承受能力的。

只有汉武帝，才有这种心理承受能力。所以，他才能够完成这桩伟大功业。

而这功业本身，也把他拖入人性的黑暗地狱。

肆

单从心性上来说，汉武帝绝对难以称得上宽厚仁慈。

他对待大臣和妃嫔冷酷无情，一旦他们出现过失，或者遭人构陷引起他的猜忌，他就会严加责罚，甚至剥夺其性命，以致被视为刻薄寡恩、无情无义。

考察汉武帝，唯有从统治者的权力角度出发。

从权力的角度来说，他是位拥有大智慧的帝王。在他的年轻时代，他几乎没犯过错误。只是到了晚年，突然间发生了偏差。

他的智慧完全颠覆正常世界的认知法则。事实上，两千余年来，没有谁能够准确评价他。形容他雄才大略，是没有办法的办法——总得找个词，暂时对他做个定性。

帝王之术，是否属于雄才大略，这个标准是有争议的。而且以此标准，无法对他的晚年进行常规解读。我们看到的历史是，在将匈奴彻底击垮的同时，汉也被拖到了崩溃的边缘，连勉强维持都做不到了。

杀敌一万，自损八千。

他处于一个残酷的、需要整个民族付出长期代价的时代。

那个惨烈的时代，预告了东汉的没落、三国与五胡之乱的激烈景观。纵观此前此后的漫长历史，我们只能说：

汉武帝，没有辜负他的特定时代。

伍

我们这本书，不同于此前的传记或是评点，我们希望跳出常规道德的狭小范畴。

我们需要一个更长的周期，以便对汉武帝的谋略给出一个公允的评判。

而我们最后得出的结论是：汉武帝在他的时代，做出了一系列虽然在历史上存在争议，但在当时却是正确的选择。

这个选择的做出，是基于对一个辽阔疆域、一个宏大视角、一个漫长历史进程的前瞻性思考。

——而有关这些的所有细节，尽在书中。

我们是历史资料的搬运工，此书只提供历史上的刀与剑、冰与火，讲述宫廷权谋与战场厮杀。更具智慧、更加客观的评判或结论，都留给读者。

我们一如既往地相信读者，并期待着你们知性的收获。

是为序。

雾满拦江

目录

序章
汉武帝的前世今生

燕王也曾很威武

“昆明池水汉时功，武帝旌旗在眼中。”汉武帝元狩四年（公元前119年），当汉武帝坐镇宫中，任命少年英雄霍去病为骠骑将军，奔袭匈奴，封狼居胥时，他不知道，这场两个民族之间的生存空间争夺战，早在这九十年前就已注定必将开始，并将是一场持久战、拉锯战。

这九十年前是秦二世元年（公元前209年）。

这一年，陈胜、吴广不堪秦暴，于大泽乡揭竿而起。随之起事者，有九百余名戍卒。

这九百余名戍卒，此前都是东方六国的遗民。

其中，一个叫陈胜的人喊出了响亮的口号：“王侯将相，宁有种乎？”壮士不死则已，死就要死个轰轰烈烈！于是振臂一呼，立即得到戍卒队伍的响应，斩木为兵，揭竿为旗，开始征战天下。

这九百名戍卒中，很快有十几人纵横天下，裂土封王。其中，有一个叫臧荼的人，起于戍卒，紧随陈胜身后，在秦朝灭亡后，成为燕王。

燕王臧荼的地盘，是以现在北京为中心的蓟城地带。他是资格最老的元勋，当他征战成名时，刘邦还只是个小小的沛公。但刘邦很快后来居上，最终杀了楚霸王项羽，于公元前202年2月登基称帝。

刘邦登基之后，非常留心北部边防。左看燕王臧荼不顺眼，右看燕王臧荼不对劲。于是不久，史书上就多了这么一行：

> 秋七月，燕王臧荼反，上自将征之。九月，虏荼。

刘邦突然出兵，奔袭燕国，将臧荼俘虏了。

此后这位异姓王臧荼就在历史上彻底消失了，再无一字的记载。有种说法是称他在俘后被斩杀——但是，臧荼有个儿子，叫臧衍。父亲被刘邦杀了，臧衍立即骑上马朝北方大草原狂奔。

臧衍逃到了匈奴处，对匈奴人哭诉刘邦的残暴不仁，央求匈奴进兵中原，替他讨个说法，匈奴正愁没正当理由攻打中原，当即爽快地一口答应下来——此事，成为匈奴与汉民族百年之战的最初契因。虽然这个契因并非决定性的，但毕竟是契因之一。

只有契因是不够的，臧衍这人做事实在，他必须为汉朝这边也准备个对抗匈奴的重量级人物，以确保两个民族之间的仇恨不断加深。

幸好，臧衍还有个女儿。

落难小公主

臧衍的女儿，名字叫臧儿——或许她根本没有名字。

很明显，这是个苦难的逃亡公主的故事。

身为燕国公主的臧儿，在祖父被杀、父亲逃亡之后，也被迫逃离华丽的王宫，易装潜行，披星戴月。她逃到了一个叫槐里的小村子，遇到一个憨厚的乡下人王仲。王仲待这名落难女子极好，臧儿那颗悬着的心，终于落了下来。

落难小公主和乡下人王仲，就此定情。

此后，臧儿给王仲生了两女一男，长女起名叫王娡。

在生下三个孩子后，王仲就死了。他死后，臧儿改嫁到了长陵，第二任丈夫姓田。她又给这个丈夫生了两个儿子，同时见缝插针地把大女儿王娡嫁到了长陵金家，女婿名叫金王孙。

很可能，是金王孙这个阔气的名字，勾起了臧儿燕国公主时代的记忆，以为金王孙是哪家贵族的后人，所以她才会答应这门婚事。

王娡出嫁后，给金王孙生了个女儿。有一天，一个算命先生走街串巷，来到了臧儿家门前。臧儿把算命先生叫进去，让他算一算女儿王娡的命。

算命先生掐指一算，惊呼道："不得了，你这个女儿合该是大富大贵的命，大富大贵，贵不可言啊！"

"贵不可言就对了！"臧儿果断一拍桌子，"我就知道，这个女儿会夺回我们家本该拥有的一切。好了，马上派人去金王孙家，把我女儿接回来，金王孙一根穷骨头，也敢冒充王孙？这门婚事，不算数了！"

"什么？婚事不算数了？"听到来人的告知，金王孙的下巴都惊掉了。

"没错，不算数了。"来人重申道，"你丈母娘说了，她女儿是值钱的宝物，所以要收回去珍藏，等遇到合适的价格再脱手。"

金王孙都快气疯了："这死老太婆天天做公主梦是不是做昏头了？她女儿都给我生下了女儿，她居然还想把女儿要回去，开什么玩笑？"

"不是开玩笑，是认真的。"来人说，"你丈母娘说了，她女儿是大富大贵的命，你骨头太轻，命太贱，根本配不上她。"

来人不待金王孙继续反对，吩咐同伙把王娡强行带走。臧儿将女儿接回后，托了很多关系火速将其送入太子宫中服侍太子，谋求富贵。

太子是个大婶控

王娡年纪不小了，又生过孩子，进宫服侍太子，境遇只会比去别的地方更惨——皇宫之中，莺莺燕燕，什么样的绝色美女没有？王娡入宫，纵然她生得再貌美，也是大婶级别了，根本就没有竞争力。

但命运的转轮，正按照臧儿遇到的那位算命先生的预言，迅速地步入它既定的轨道。

王娡入宫，偏偏就碰上了"大婶控"的太子。

太子，名叫刘启，就是未来的汉景帝。刘启这个人，实际上是当时宫斗的副产品。

早在陈胜、吴广起事于大泽乡，追随其起事的九百戍卒中，有个叫周市的人，在魏地立了前朝的魏国公子魏咎为魏王。后来秦兵攻破魏国，魏王咎自焚而死，于是他的弟弟魏豹就成为新任魏王。

当时魏国存在感很弱，当年的王孙公主统统流落民间。其中，有一位魏国小公主，稀里糊涂遇到个姓薄的男子，为他生下个女儿，叫薄氏。

薄氏虽然是个私生女，但为人乖巧懂事，生得貌美，被魏王豹娶为妻子。但不幸的是，沛县的刘邦后来势力大了，率兵打来，灭了魏国。魏豹和妻子薄氏沦为战俘。

薄氏被掳入宫，每天在织室中服苦役，看起来就是个活活累死的命了。除了她自己，没人能够救得了她。

但是，她的命运竟然出现了转机。

平定天下之后，刘邦龙颜大悦，在御驾出巡河南成皋灵台时，宠幸了带在身边的两位美人：管氏和赵氏。

事后，刘邦神清气爽，忽然见两位美人神色诡异，大喝道："你们二人，挤眉弄眼的，想干什么！"

"陛下……"两位美人跪下道，"我们二人方才想起刚入宫时的一件旧事。"

"是何旧事？"刘邦叱问道。

两位美人回答道："陛下，我们刚刚入宫时，年龄还小，在织室中遇到个薄氏。我们三人私交极好，曾在月下义结金兰。现在我们二人有幸得到陛下宠爱，忍不住想起当年结拜时的少女往事，恳请陛下雨露均沾……"

"竟有此事？"刘邦听得眼睛都直了。

管氏、赵氏忙道："回陛下，确有此事。"

刘邦喜出望外，道："有此等好事，何不早说！"

于是薄氏被人从织室叫出来，香汤沐浴，换了身干净衣裳，接受刘邦的召见。刘邦本是无赖出身，一向喜好美色，见了薄氏就口水直流，哪里肯放过。

当时具体的情景，史官没有详细记载，但此后薄氏就有了身孕，生下了刘邦的第四个儿子刘恒。

刘恒，就是汉文帝。

当王娡入宫时，正是汉文帝刘恒在位之时。而王娡服侍的太子，就是刘恒的儿子刘启。

陛下最烦动脑子

太子刘启口味独特，这点很像他的祖父刘邦。

刘启一眼就喜欢上了已经生过孩子的婢女王娡——王娡入宫时，隐瞒了自己生过女儿的事情。此事后来酿成西汉帝国第一神秘大案，上万名士兵，于夜深人静之际，突然杀入王娡的前夫金王孙家，把金王孙吓得尖声惨叫，差点没被当场活活吓死。

万名士兵夜围金王孙之家，是二十年后的事情。

当时入宫的王娡，按现在的说法，应该是个熟女或是人妻，一举一动都透着风韵。当时太子刘启为之神魂颠倒。

此后，王娡一口气给太子刘启生了三个女儿，分别是平阳公主、南宫公主和隆虑公主。

汉文帝后元七年（公元前157年），汉文帝驾崩，太子刘启登基为帝，是为汉景帝。

次年，王娡终于为汉景帝刘启生下个儿子。刚发现怀孕时，她告诉刘启："陛下，我做了个可怕的梦，梦到太阳钻进我的肚子里来了……烫死我了。"

刘启说："这是个好梦，是大汉梦。"

王娡说："可是陛下，咱们这个孩子，叫什么名字好呢？"

刘启说："起名字这事最费脑筋了，朕最恨动脑子……这孩子就叫彘吧，好养活。"

于是这孩子的名字，从此载之于史，就叫刘彘。

刘启登基，以长子刘荣为太子，以刘荣的生母栗姬为皇后。王娡虽然是二婚，但好歹给汉景帝生了三个公主一个皇子，因此被封为王美人。

美人，是宫中嫔妃的级别，美人王娡的行政待遇，相当于二千石官中郎将。

月圆之夜，王美人牵着小刘彘的手，忽然回忆起自己的一生。

万万没想到，命运如此鬼使神差，自己明明已经嫁人生女，可就因为母亲听了算命先生的话，非要终止婚姻，将自己强行接回，托关系送进了太子宫，最终竟然受到太子的宠爱。太子登基后，现在自己成了美人。

只不过，自己的好运，是不是到此为止了呢？

王美人低头，看着蹒跚学步的小刘彘。

首先，要给这孩子改个名字，因为“彘”这个名字太俗了，根本不是人名！给孩子改名这事，景帝不答应是没戏的，还得要和风细雨，慢慢地做景帝的工作。

王美人用足了温柔手段，吹尽了枕边风，景帝终于松口了，决定下旨改刘彘为刘彻。

刘彻，这个响当当的人物，与秦始皇一样，在中国历史上有着重大影响。

汉武大帝，他来了！

原始两性战争

考察汉武帝刘彻的血统，我们会惊讶地发现，这家伙果然有来头，他是地地道道的三王特产，宫斗结晶。

他的身世，画张简单的图，就能够让我们一目了然。

汉武帝身世图

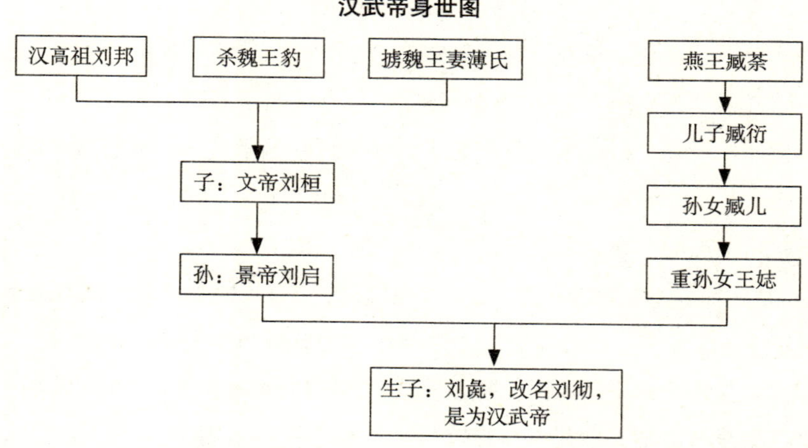

这张图，可以让我们对当时的社会游戏规则有个明晰的认识。

这个游戏规则无非就是：杀男人，抢女人！

刘邦杀掉魏王豹，掳走魏王豹的妻子薄氏。而薄氏若想为子嗣争得生存空间，就必须想尽办法，通过宫斗，最终拿下刘邦，获得为皇帝生育子女的机会。

刘邦杀掉燕王臧荼，致使其子女流落民间，而臧荼的孙女若想夺回生育权，就必须入宫接近皇帝。最终，臧荼的重孙女王娡受到太子刘启的宠爱，获得生育权，生下汉武帝。

这个游戏，不仅对男人残酷，对女人也同样残酷。

男人如果失败了，就会丢掉性命。而女人如果失败了，就会被丢到织室之中，无休无止地操持苦役，直到累死。

胜者为王、败者为寇的游戏法则实在过于残酷。

年幼时期的汉武帝刘彻面对的，就是这样一场残酷的游戏——或者赢，或者死！而且，自从出世以来，他就处于极端不利的境地——比王美人更受宠爱的栗姬，生下的皇长子刘荣，已经被册封为太子，成为帝国的储君。刘彻来晚一步，皇位对他来说基本上没戏了。

然而，没戏也不能认输，没戏了也要拼争，因为这是一场输不起的游戏。

新一轮的宫战，就在一片歌舞升平之中隆重上演了。

第一章

后宫是女人的战场

猪肥先挨刀

当年幼的刘彻丧失问鼎皇位的资格时，帝国的暗夜之中走出一个细伶伶的女子身影，朝着象征生育特权的皇位前进，掀起了一场声势浩大的夺宫之战。

这个女子，正是馆陶公主——刘嫖。

刘嫖，是汉文帝的大女儿，汉景帝的姐姐。馆陶公主是个难得的美人，生得雪白娇柔、香腻粉嫩，汉文帝最喜欢这个女儿。长大后，馆陶公主嫁给了青梅竹马的陈午。

陈午是百户侯陈婴的儿子。陈婴这个人拥有大智慧。他的智慧简单来说就一句话：低调，低调，再低调。

早在秦末政乱时，东平县百姓起而抗暴，杀官逐吏，拥戴小吏陈婴为首领。陈婴的母亲急忙阻止："孩儿呀，岂不闻猪肥先挨刀？你千万别当首领，一定要把首领让给别人。事情让别人去做，挨刀让别人挨，你就跟在后面憨吃就行了。"

陈婴深以为然，于是率部众投奔了项羽的叔叔项梁。项梁败死后，陈婴率众投靠了刘邦，从此低调憨吃。刘邦夺得天下之后，发现陈婴投诚有功，但相比血战沙场而言，这个功又有点太小，就给陈婴封了侯——最小最小的侯，在功臣表上倒数第二，只食邑六百户。

也就是说，陈婴这一家，虽然是帝国既得利益集团中的一员，但只存在于边缘地带。偏偏汉文帝的生母，魏王豹的妻子薄氏，也处在汉朝皇族的边缘地带。就这样，陈婴一家就和汉文帝一家，成为患难之交。

所以馆陶公主小时候就跟陈午玩在一起，长大之后就成了夫妻。

陈午这个人，秉承家训，凡事讲究低调。他低调出生，低调地和馆陶公主玩在一起，低调地娶公主，低调地生了两个儿子、一个女儿，然后低调地死去了。

丈夫低调辞世，公主寂寞抑郁。

月白风清之夜，她独立中宵，严肃地思考着人生：做人为什么要低调呢？高调不好吗？

丈夫一家低调，那是没办法的事。因为他们陈家无依无靠，一旦高调惹来杀身之祸，全家就将性命不保，所以他们害怕，不敢高调。

可我凭什么低调？我是先皇最宠爱的大公主，当朝皇帝最亲的姐姐，我凭什么低调？

强强联姻

那么问题来了：如何才能高调？如何才能靠谱地高调？

馆陶公主的视线，落在了正在身边蹦跳玩耍的女儿陈娇身上。霎时间，她眼前一亮：我这个女儿，长得和我小时候一样可爱……就是脑筋有点轴，遇事转不过弯来……但转不过弯怕什么？如果我把阿娇嫁给太子，等到日后太子登基，阿娇就是皇后了。我呢，就是皇后的妈，到时候我想怎么高调，就怎么高调，谁管得了我？

当然，馆陶公主和汉景帝，是姐弟俩。她的女儿和汉景帝的太子，是姑表亲。两家联姻，属于典型的强强联姻。

想做就做，馆陶公主兴冲冲入宫，要办成这件事。

此恨绵绵无绝期

馆陶公主入宫，要找的是太子刘荣的生母栗姬。

栗姬，在历史上的全部记载只有五个字：“齐国美女也。”除了介绍她是个美女之外，有关她的家世家境，史书上无一字的记载。

总之，栗姬是汉景帝刘启生命中的第一个美貌女性，一个直性子的山东女子。刘启还没做皇帝时，两人生了三个儿子。但刘启被立为太子，后来继承大统后，可以与之“合作”生孩子的选择就多了。以后汉景帝刘启身边，就来了许多美女为他生孩子，栗姬的地位江河日下。

虽然地位江河日下，终有结发之情。更何况栗姬生下了汉景帝的长子刘荣，按祖制，刘荣被立为太子，栗姬以后就不用看景帝的眼色了，耐心等着儿子长大做皇帝，自己就能以皇太后的身份扬眉吐气，发号施令。

所以，馆陶公主入宫先要来找栗姬。等到栗姬允诺太子娶阿娇，再去告诉景帝。先把事情办成，景帝也不好说不行。

这就是当时馆陶公主心里的想法。

入宫之后，馆陶公主取路椒房殿。听说馆陶公主来了，栗姬心里奇怪。要知道皇宫极大，馆陶公主虽然经常入宫，但每次来都是专程找汉景帝，与栗姬并没什么交情。不明白馆陶公主为什么这次要见自己，栗姬警觉地出迎。

馆陶公主坐下，宫婢奉茶，她呷了一口就放下，说：“太子年龄不小了，身边应该有人照料他了。”

这个话题不提起还好，提起来栗姬就一肚子气，但她脸上没有表现出来，只是淡淡地应了一声。

“小女阿娇……”馆陶公主话锋一转，说道，“阿娇美貌聪明，心思玲珑，知书达礼，琴棋书画样样精通，而且性情娴淑，德才兼备，可以与太子……”讲到这里，馆陶公主突然收住声音，因为她发现情形有点不对劲。

栗姬的脸色突然变了，变得诡异至极。

那张脸上，清清楚楚地写着五个字：你终于来了！

见此脸色，馆陶公主颇为吃惊，一下子站了起来，突觉失态，又讪讪坐下，心中却是困惑不解：这栗姬，她何以如此态度对我？我可是善良厚道，从未招惹她……不对！我早已无意中对栗姬施加了十倍的羞辱。

皇宫是帝国的权力中心，不是百姓家的大杂院，随意进出。即使是馆陶公主，也不应该三天两头往宫里跑。但馆陶公主成功地以关心景帝生活为由经常入宫，并且每隔几天就给弟弟送来个美女，让弟弟舒展筋骨，振奋精神。所以景帝对自己这个姐姐日有所思，夜有所念，天天都在等待更新鲜的美女。可馆陶公主这么干，对栗姬的伤害实在严重。

这世上有条规律：伤害别人的人记性差，被伤害的人记性好。馆陶公主是伤人者，她送美女入宫，把栗姬排挤到一边去，做完这事就忘了。

可栗姬一直记在心里！

她就等待着今天……不，就等待着她的儿子登基为帝，再报此仇。

怨毒之宫

失魂落魄地辞别栗姬后，馆陶公主心下茫然。

她才醒过神来，自己曾经的举动早已惹来大祸。如果自己不是想再进一步，专诚来拜访栗姬的话，根本不知道还有这么个可怕的仇家窥伺在侧。

皇家结仇，态势严重。

百姓家里亲眷结怨，无非吵骂几句，或是大打出手，后果不过头破血流。但宫廷权斗，一旦失败便死无葬身之地。高祖刘邦晚年，戚夫人受宠，结果刘邦死后，吕后残酷报复，砍去戚夫人手足，把戚夫人扔进厕所，让戚夫人悲惨死去。

忽然，馆陶公主感觉自己的手脚都不听使唤了，全身战栗起来……再想想栗姬看自己时那怨毒的眼神，馆陶公主毫不怀疑，栗姬一定会对自己这样做。

等到她成为皇太后，大权在握，砍掉馆陶公主的手脚算什么？丢进厕所算什么？到时候只怕天下之人都会争先恐后来看热闹了。

太可怕了！

一想到这里，馆陶公主全身冰冷，委屈得差点没哭出来。自己的弟弟是皇帝啊，当然有权宠幸天下美女，你栗姬孩子都生了一大堆，怎么可以这样自私呢？

为了帝国的安宁与繁荣，自己付出了多么大的努力啊。可这天下之大，谁又会理解自己？

失望悲愤之际，馆陶公主恍惚间听到一个声音，猛抬头，看到一个小男孩正在前面奔跑。

馆陶公主的眼前顿时一亮：刘彘！

这一年，刘彘5岁。

正能量的女阴谋家

馆陶公主拉着小刘彘的手，走进王美人居住的常宁宫。王美人趋步相迎，脸上洋溢着幸福、满足的表情。

所有人都喜欢她，因为她是个心慈面善的女人，从不抱怨，任何时候都是心平气和，什么情况下都是满心喜悦。她这身正能量，不是天上掉下来的，而是因为她在宫里最不占优势。一个生过孩子的大龄妇女，地位最低贱的宫婢，竞争对手又都是正值花季的美貌少女，可是她如今却拥有帝王的宠爱和荣耀。相比于这宫里任何一个女人，她都知足了。

但，如果能再进一步，岂不是更好？

馆陶公主在王美人面前，可以说是不设防的。她坐下来，也顾不上喝宫婢奉上来的茶，立即向王美人诉苦："你说栗姬，她怎么可以这样呢？我这不也是为了陛下吗？陛下他可不是哪一个人的陛下，他是天下人的陛下，天下苍生就已经够让陛下操劳的了，后宫如果再争宠斗气，这就有负陛下的恩宠了！"

王美人微笑颔首："然，长公主所言极是。"

说话间，小刘彘跑到馆陶公主身边，依偎着撒娇。馆陶公主熄了火气，抱起刘彘，说了句："这小东西，越来越聪明了。这么聪明的孩子，若是将来做了皇帝定然不错。"

王美人一听这话，吓得慌了神："可不敢这么想……"

馆陶公主劈头打断："怎么就不敢？刘彘怎么了？比谁低又比谁矮？他可是正宗的龙种！凭什么就不能当皇帝？"

王美人脸色慌张，指了指门外："长公主当心，宫里人多耳杂……"

馆陶公主失口说出这句话，心里也有点后怕，知道自己是被栗姬未来可能实施的残酷报复吓慌乱了，有点破罐子破摔，才说出这种话来。私议帝国储君，纵然她是景帝的亲姐姐，万一被人知道，也难逃一劫。

慌乱中，馆陶公主与王美人四目相接，双方都在对方的眼神中看到了热切的期待。

这是西汉帝国拥有最高智慧的两个女人，王美人什么事都敢想，馆陶公主什么事都敢干。

这两个女人凑在一起，没有她们干不成的事！

这个丫头有点轴

隔日，王美人派了人来，给馆陶公主送来几样她爱吃的食物。

馆陶公主也回敬了几样新鲜的果蔬，吩咐来人带回，并给汉景帝也捎带了一份。

几次礼物往来之后，最初那个朦胧的愿望，在两个女人心中渐渐成形。

是不是可以考虑，让刘彘取代太子刘荣呢?

这个建议，王美人是绝对赞同的。虽然小刘彘现在被封胶东王，但既然有机会做皇帝，为什么不努力争取？而馆陶公主坚信，如果换了刘彘当皇帝，王美人决计不会把自己手足剁掉，丢进茅厕……那也未必，所以还需为两人的关系再加上一道保险。

加什么保险呢?

把女儿阿娇嫁给小刘彘当老婆?

可是这招有点太蠢，刘彘才5岁，阿娇足足比他大了8岁。可别小看这8岁，大8岁，阿娇已经是13岁的妙龄少女，豆蔻年华，可以为人妇了，可小刘彘才……总之，感觉怪怪的。

可即使感觉怪，那也得考虑。馆陶公主发了狠，第一要让自己的女儿做皇后，第二不能让人剁了自己的手脚。这两条中的无论哪一条，都决定了13岁的少女阿娇必须要嫁小表弟刘彘。

问题是……女儿阿娇，性子那叫一个轴。这丫头虽然长得漂亮，但脑筋就像是拉磨的驴，总是转不出死圈子。有什么办法，能劝劝这个不开窍的死丫头呢?

思前想后，这件事只能让小刘彘自己来。

汉武帝人生首次夺美之战，就在他5岁那年，拉开了序幕!

5岁汉武帝的首秀

5岁的小刘彘首次出手，就在历史上留下了千古余响。

话说小刘彘来到了馆陶公主家，公主把他抱在怀里，轻击手掌，一排美貌的歌妓鱼贯而入，扭动着纤细的腰肢，载歌载舞。馆陶公主捏了捏刘彘的小脸蛋："彘儿，这几个美女，你喜欢哪一个啊？喜欢就归你了。"

刘彘拼命摇头："不，姑姑，我还小。"

没想到这小侄子还有腔有板的。馆陶公主一听乐了，把女儿阿娇叫过来："彘儿，阿娇姐姐美不美？"

刘彘仔细地端详着阿娇，说道："姑姑，你要是答应把阿娇嫁给我，我愿意为她铸造一座黄金房屋，让她住在里面。"

成语"金屋藏娇"由此而来。

当然，刘彘这句话肯定是母亲王美人事先教他的，为的是与馆陶公主结成政治同盟，两个女人护着他共同向皇位冲刺。

刘彘的这个表态，扫除了馆陶公主与王美人两人结盟的最后障碍。至少阿娇对这个小丈夫，没有什么反感的情绪。

下一步的工作，就是馆陶公主与王美人分别向汉景帝游说，让他同意这门婚事。

汉景帝对这门婚事感到诧异。阿娇的美色尽人皆知，也不是找不到婆家，为什么非要嫁给刘彘呢？但阿娇本人愿意，刘彘愿意，王美人愿意，馆陶公主愿意，大家全都愿意，他汉景帝又何必非要中间插一杠子？

婚事议定，同盟结成。下一步的工作重点，就是除掉栗姬及太子刘荣母子集团。

怎么个打法呢？

兵分三路：第一路是孩子，第二路是后宫，第三路是朝中。

第一路由王美人负责，让小刘彘每天在父亲汉景帝面前蹦来跳去。汉景帝生的儿子虽多，但谁也比不上小刘彘聪明伶俐，小刘彘很容易就博得了汉景帝的好感。

第二路由馆陶公主负责，她先挑选了两个极美的少女，给汉景帝送去。等汉景帝骨软筋酥之际，馆陶公主开始给栗姬上眼药："栗姬这个女人，哪儿都好，就是心胸不够宽广。她的性格，有点像当年的吕后……总之，陛下，当年吕后专权，戚夫人可是死得好惨啊。"

汉景帝不爱听这话："长公主何出此言？栗姬是个没心计的女人，怎么可能会干出那么残忍的事来？"

馆陶公主佯装肯定汉景帝的意见："陛下所言极是，我琢磨着也不大可能。"

"不是不大可能，而是绝对不可能。"

说完这句话，汉景帝就生出疑心：那万一呢……

残酷的测试

被馆陶公主灌了迷魂汤，汉景帝开始对栗姬产生怀疑。

汉景帝虽然对感情无法做到专一，但对于自己宠爱的女人如果被剁去手脚，丢进茅厕，实在难以接受。汉景帝不希望吕后时代的悲剧在他死后重演。

可是栗姬这个女人，到底有没有这么狠毒呢？

汉景帝心想：要想吃到梨子的滋味，就得亲口尝一尝；要想知道女人是否心狠，就得亲自测试一下。

于是，汉景帝开始对栗姬进行测试。

汉景帝谎称身体不舒服，躺在栗姬的房间，让栗姬侍奉。同时假装奄奄一息的样子，用微弱的声音说道："栗姬啊，你最了解朕的心思，等朕晏驾前，朕把各位妃嫔给你列出个名单，你要好好地照顾她们……"

栗姬如何知道，此时正有一张天罗地网向她笼罩过来，她不知杀机四伏，本能反应是"腾"的一下站起来，满脸厌恶地走到一边，不再理睬汉景帝。

汉景帝落下泪来，心说："想不到啊想不到，栗姬这个女人，竟然真是如此心狠手辣。在朕的面前，她都敢甩脸子；等朕死了，其他嫔妃的性命如何能保全？"

"不行，朕不能任由这个恶毒的栗姬肆意伤害朕的其他女人。朕要做个好男人，保护好每个女人。"汉景帝悲壮地想。

悲愤的汉景帝，一秒钟都不想再在栗姬的房间里待了。待汉景帝"病愈"后上朝，只见朝臣中站出一人，是大行礼官，只听他大声道："启奏陛下，臣有奏本。"

汉景帝允道："爱卿奏来。"

只听礼官奏道："陛下，自古以来，母以子贵。现今后宫空虚，后位虚悬。而栗姬德性娴淑，其子刘荣又是太子，理应母仪天下，立为皇后。不知陛下以为然否？"

眼望礼官，汉景帝的眼中，闪现出残忍的光芒。

诡诈的权谋

汉景帝叱问道："朕后宫的事情，是你该过问的吗？"

礼官怔了一怔："陛下，臣并非妄加干涉，是为了陛下的千秋大业啊。"

汉景帝问："朕的江山千秋不千秋，与你有何关系？"

礼官："陛下……"

汉景帝："拿下，给朕拖出去斩了！"礼官被迅速拿下处斩。

此时汉景帝的心中，已经愤怒到了极点。

这个栗姬，太可恨了，她竟然敢勾结朝官，威胁自己！幸亏自己识破了这个狠毒女人的奸计，否则后果不堪设想。

此时的后宫，王美人正在倚栏观望。她此刻的心情非常紧张。

她在想，那个缺心眼的朝官，不会在被砍头前，突然醒过神来吧？如果他有机会告诉汉景帝，说他上奏立栗姬为皇后，根本不是栗姬的主意，而是自己花了银子雇的人，委托他干的，汉景帝会不会也醒过神来呢？

这是王美人与馆陶公主的第三路计谋，骗心眼不够用的朝官上奏要求立栗姬为皇后，给汉景帝留下一种栗姬悍然夺后的印象。

此时朝堂之上，汉景帝的声音微微颤抖："传旨，太子刘荣，素无人君之德，贬为临江王。"

霎时间，朝野一片震愕。

汉景帝最终还是落入了圈套，汉武帝的人生之路，至此已经铺平。

新的征途，新的敌人

汉武帝5岁那年，母亲王美人与馆陶公主联手，设计将太子刘荣废黜。

此后刘彘改名为刘彻。但遗憾的是，长公主刘嫖与王美人联手宫战，带来的是一个始料未及的后果——刘彻离皇位越来越远了。

为什么呢？因为从16岁时起，汉景帝就以饱满的热情投身生育事业，年年开花，岁岁结果，到登基为帝时已经有11个儿子。登基后仍勤于房事，又生了3个儿子。他这一生，公主不算，单皇子就生了14个，勇夺西汉生子帝王排行榜第一名。

那么，问题来了：由长公主刘嫖和母亲王美人联手护驾，向皇位发起攻势的刘彻，他在这14个兄弟之间排行第几呢？又有什么优势呢？

来看看刘彻的竞争对手。

大哥刘荣，比刘彻年长16岁，生母栗姬。暴脾气，急性子，最大的优势是长子，目前这个优势已荡然无存。

二哥刘德，比刘彻年长15岁，生母栗姬。喜欢读儒学经典，每天念叨“知之为知之，不知为不知”，缺乏野心，不具竞争力。

三哥刘阏，比刘彻年长14岁，生母栗姬，特长不明。

四哥刘余，比刘彻年长13岁。生母程姬。程姬是一位具有分享精神的高情商女性，刘余受其教导，对皇位并不热衷，喜欢斗鸡走狗，跑马遛鸟，竞争力较弱。

五哥刘非，比刘彻年长12岁。生母程姬。刘非是冲击皇位的强劲对手，且夺标呼声较高。因为刘非聪明机智，武艺过人，更兼拥有军功。如果没有意外，怎么看皇位都应该是他的——但皇宫向来是发生意外的高频地带，形势尚未可知。

六哥刘发，比刘彻年长11岁，生母唐姬。刘发的生母，原本只是受宠的程姬身边的小丫鬟。有一次汉景帝去程姬房中，适逢程姬身体不适，又不想让汉景帝失望而归，于是把身边的丫鬟唐氏送给汉景帝，汉景帝喜而御之。但唐姬生的儿子，没什么特长，不具竞争优势。

七哥刘彭祖，比刘彻大10岁，生母贾夫人。刘彭祖的人生愿望，是做个芝麻大点的官，上面有人罩着，可以享尽荣华富贵而无须操心，这点出息决定了他更多是个合作者，缺乏竞争意识。

八哥刘端，比刘彻大9岁，生母是具有分享精神的程姬。刘端的性取向比较“超前”，他讨厌女性，一见到俊美的少年就上前求爱，因此不具竞争优势。

九哥刘胜，比刘彻大8岁，生母是贾夫人。刘胜是个吃货，面对美酒佳肴，没有丝毫抵抗力。他的另一个特点，是在美女面前缺乏自制力。可想而知，他的竞争实力也不是太强。

汉景帝第十子，就是刘彻。可以看到，汉景帝从16岁开始，每年都要生个儿子。生到第九个儿子刘胜时，戛然而止。此后八年沉寂，然后与年长的王娡生下了刘彻。

汉景帝这台高效的生产机器，为什么会突然停工了八年呢？

因为，这些儿子全都不是皇后生的，这在当时的朝野引起了巨大争议。

汉景帝赌气“罢工”八年，终于遇到了王娡。王娡对汉景帝循循善诱，不断做着他的思想工作，于是汉景帝为她神魂颠倒，刘彻出生了。

生了刘彻，王美人不无惊恐地发现，在自己儿子面前，竟然有九个哥哥排队。当时王娡就气炸了，立即联络长公主刘嫖，把自己的妹妹王儿姁送入宫来，姐妹联手控制汉景帝。

于是，刘彻又多了四个弟弟：

十一弟刘越，比刘彻小1岁，生母王儿姁。刘越的记载不多，特长不详。

十二弟刘寄，比刘彻小2岁，生母王儿姁。刘寄这人，在小事上异常精明，谁也玩不过他。但遇到正经事，他的智商就会直线下降，是个难以理解的非正常人士。

十三弟刘乘，比刘彻小3岁，生母王儿姁。刘乘的优势特点不详。

十四弟刘舜，比刘彻小4岁，生母王儿姁。刘舜其人，骄奢淫逸，多行淫乱之事，屡屡违反法禁。

可以看到，王美人夺宫，并非偶然事件。晚年的汉景帝，实际上已经被王氏姐妹所控制。王美人和妹妹联手，给汉景帝生了五个儿子。刘彻的优势是，在王氏五子中，他是年龄最大的。

但排在他前面的九个哥哥，哪一个也不是吃素的。虽然击败了大哥刘荣，但还有八个哥哥挡在前面。

分析目前的宫战局势，可以发现，虽然刘彻只排到第十位，但由于王氏姐妹彻底控制了汉景帝，他仍然拥有无可争议的优势。

但这个优势，被位高权重的太后冷酷地否定了。

刘彻不能当太子

汉景帝被王氏姐妹再加上姐姐长公主刘嫖胁持，无奈之下给母亲太后窦氏打报告，请求立第十子刘彻为太子。

窦太后一票否决道：“此奏驳回，不可！”

汉景帝小心翼翼地问道：“母后，您不喜欢刘彻，那这事……您认为应该册立哪个儿子为太子呢？”

窦太后：“哪个都不可以！”

汉景帝大惊：“母后，为何哪个儿子都不可以？那您是怎么想的？”

窦太后：“你所有的儿子都是庶出，没有一个是皇后所生。所以，他们全都没有资格被册立为太子。”

汉景帝不肯放弃，还想争取一下：“母后……”

窦太后严厉道：“非如此不可！”

汉景帝不敢再吭声。

阴郁的背景下，尘烟滚滚，遮天蔽日，汉武帝最强大的竞争对手正大步而来。千军万马掠过荒原的厮杀声，至今仍在历史深处回荡，余韵不断。

七国之乱正式拉开帷幕！

第二章

宫斗恶战

不按套路出牌

汉景帝的生母窦太后，否定他所有儿子的继位资格，并非一时冲动，而是她的人生经历决定了她的思维方式。

她其实也是个可怜的女人。

窦太后，河北人氏。早年间，秦始皇一统六合，并吞天下，窦太后的父亲虽然出身贫寒，却极有见识，携家人逃到观津，每日于河边直钩垂钓，说道："昔有子牙名姜尚，直钩垂钓遇文王。而今老窦又来此，鱼儿吃得肥又胖。"

忽然间直钩下坠入水，分明是有鱼儿咬了钩。老窦大惊：奇怪，这明明是直钩，怎么还有鱼来咬？于是站起来，探头往河里仔细瞧。不想脚下的石头被河水浸润得光滑无比，老窦身体倾斜，重心向前，失去平衡，"咕咚"一声，失足栽入水中。随着半声微弱的"救命"，河水翻卷，他已然没了声息。

老窦直钩垂钓，不幸落水身亡，撇下了一个女儿、两个儿子无人照管。幸好不久刘邦登基，派使者抵赴观津，征召妙龄少女入宫。

窦家的女儿为了生存，就和两个弟弟告别，前来报名充当宫女，进宫服侍吕后。

后来吕后不想要这么多人了，命令官员给这些宫女登记造册，统统分配给藩王为婢。

长年在宫里被冷落的窦女，排队在官员这里登记。官员亲切地问她："窦姑娘，你想被分配到什么地方去？"

窦女惊问："我可以……自由选择吗？"

官员正色道："当然可以，咱们大汉最讲仁义道德了。"

窦女激动得落泪，说："太后真是太仁慈了，我请求把我分配到河北。"

官员亲切地问道："你为什么要求去河北？"

窦女哭道："我的家乡在河北观津，当年我父亲直钩垂钓，落水而死。而我为了生存入宫，与两个弟弟失散多年，因此希望能够回到家乡，找到失散的弟弟。"

官员被打动了，说："放心吧，朝廷一定会满足你的心愿……"

于是官员大笔一挥，把宫女窦氏分配到……山西！

当时窦氏就急了："大人，我刚才说想分配到河北，不是山西。"

官员笑道："没错，正因为你想回到河北，所以才要把你分配到山西。"

窦氏不敢吭声，心里却在骂：居然这样欺负我们女人，倘若我得了势，一定让你们吃不了兜着走！

亲情就是政治

窦女被分配到了山西代国。

代王，名叫刘恒，就是刘邦和魏王豹的妻子薄氏生下来的苦孩子。听说皇宫分配来一批美女，刘恒欢喜不尽，立即从屋子里冲出来挑选。

从长安远道而来的宫女们急忙排好队，等代王刘恒一个个仔细看过来。代王看一个，摇头，再看一个，继续摇头，直到看到窦女，顿时眼前一亮，问她姓甚名谁。

窦女回答道："回代王，我姓窦，家父在河北观津直钩垂钓时落水淹死。"

听完窦女的话，代王刘恒就将她收了下来。不久，窦女给刘恒生下了第一个孩子，就是后来掀起夺宫之战的长公主刘嫖。

然后，窦女又给刘恒生了第二个孩子，就是汉景帝刘启。

最后，窦女又给刘恒生了第三个孩子，梁王刘武。

吕后专权的时代结束，代王刘恒入主龙庭，成为汉文帝，窦女成为皇后。等到汉文帝驾崩，窦女生的大儿子刘启登基，成为汉景帝，窦女晋升为皇太后。

成为皇太后的窦女舒舒服服地坐在座位上，首先下令官员务必把她失散的两个弟弟找到。这事很不容易，但皇太后下的懿旨，再难也要做到。两个失散的弟弟真的找到了，经窦太后核实，确是她的两个弟弟。只不过，这两个弟弟长年沦落底层，大字不识，窦太后给了他们一大笔钱，并没有让他们干预朝政。

但处在皇太后这个位置上，家事也是朝政，想不干预朝政绝无可能。

最喜欢干预朝政的，当然是窦太后的大女儿，长公主刘嫖。她与王美人联手，发起了隐秘的宫战，最终将栗姬击败，把太子刘荣拉下了马。

刘荣被打落凡尘，皇储之争再起波澜。但夺标呼声最高的，并非刘彻，而是汉景帝的弟弟、窦太后的小儿子——梁王刘武。

最重亲情的窦太后，大儿子、小儿子都是心头肉，凭什么大儿子能当皇帝，小儿子却与皇位无缘？这种溺爱幼子的心理，成了刘彻在皇位之路上的最大障碍。

皇帝不能开玩笑

梁王刘武作为窦太后最小的儿子，身份特殊，大多数时间待在京城，不回封国。汉景帝继位的第二年，请弟弟刘武喝酒，喝到酒酣耳热时，汉景帝说："梁王，你好好干，为兄这个皇位，以后就是你的了。"

"真的吗？"梁王喜出望外。

汉景帝道："君无戏言，为兄怎么会拿这事儿跟你开玩笑？"

梁王大喜："陛下待我太好了，来来来，喝了这杯。"

欢宴散罢，汉景帝心情舒畅，正要回内宫，却被一个人拦住了去路。

这个人，名叫窦婴。窦婴是窦太后堂兄的儿子，观津人氏。窦氏得势，他因此成为朝廷重臣。他的年龄比汉景帝略小，但比汉景帝的弟弟梁王大。

当时窦婴拦住汉景帝，问道："陛下，您刚才说要把皇位传给梁王，我没听错吧？"

汉景帝支支吾吾道："就是随便那么一说，喝酒嘛，大家图个高兴，你懂的。"

"不是，陛下，"窦婴说，"这皇位传承之事，是天底下一等一的大事。国家是有明确制度的，皇位必须要传给长子刘荣，陛下您无论如何也不能拿这事儿取乐乱说啊。”

“好了好了，”汉景帝不耐烦道，“朕知道你现在负责教导刘荣读书，当然是要向着他说话。”

“不是，陛下……”

窦婴还要继续劝阻，汉景帝拿手一挡：“这件事至此打住，不许再议论了。朕可是天子，随便开个玩笑都不行！”

窦婴阻止汉景帝把皇位传给梁王刘武，这个消息立即被人报到了后宫。

当时窦太后勃然大怒，站起来破口大骂：“这个窦婴，还是不是我的侄子？如果是窦家的人，怎么不帮着我窦家说话？”

窦太后的指责，其实毫无道理。窦婴虽然是帮着刘荣说话，而刘荣归根到底也是窦太后的亲孙子。但皇家根脉繁杂，刘荣固然是窦太后的孙子，但终究是刘氏族人。而梁王刘武虽然也是刘氏皇族，却是窦太后亲生。窦婴阻碍太后拥立小儿子当皇帝，因此引起了太后的忌恨。

窦婴就这样和自己的姑姑窦太后翻了脸，虽然没到水火不容的地步，但和太后搞僵了关系，窦婴也没法再干下去了，只好辞职走人。

窦婴失去太后欢心，被迫出走，导致太子刘荣失去了朝中的一员得力干将，结果被长公主刘嫖和王美人联手扳倒。

因为这桩事，汉景帝很不开心，而梁王因为有了兄长的承诺，心花怒放。

时隔不久，爆发了中国历史上有名的七国之乱，让梁王抓到机会，狠狠地露了个大脸。

大臣都是牺牲品

汉景帝还是太子的时候，吴王刘濞派世子入京朝拜皇帝。吴王刘濞是汉高祖刘邦二哥刘喜的儿子，素有勇力，为刘邦打天下立下了汗马功劳，被刘邦封为吴王。

吴王刘濞是刘邦二哥的儿子，而汉文帝则是刘邦的儿子，这么算起来，这吴王刘濞和汉文帝是堂兄弟。他的儿子，和汉景帝也是堂兄弟。吴王刘濞让自己的儿子入京，不过是想让孩子们彼此亲近亲近，拉拉关系而已。

于是刘氏皇族的第三代，太子刘启和吴王的小世子，就在宫里快乐地下棋玩。玩着玩着，太子刘启突然悔棋，小世子拉着不让，这下太子刘启火了，操起棋盘猛砸过去，“啪唧”一声，把吴王的小世子当场砸死了。

太子刘启把吴王世子活活砸死，在位的汉文帝高度重视，狠狠地批评了儿子。

对当时的汉文帝来说，这件事情就算是处理完了，解决了。

可对吴王刘濞来说，事情不过是刚刚开始。自己的儿子进京面圣，竟然被太子拿棋盘砸死！砸死也就罢了，竟然连个像样的说法都没有，实在是岂有此理！

刘濞无比悲愤：“刘恒，你也太欺负人了！没错，你是刘邦的儿子，现在当上了皇帝，就可以随意杀人，你儿子砸死了我儿子，连个说法都没有！可你别忘了，老子也姓刘，老子的爹，还是你爹的二哥呢！你等着，以后老子不搞死你儿子，为我儿子报仇，老子就不姓刘！”

从汉文帝对这起事件的处理态度上来看，他对自己的儿子心存偏袒，拿别人儿子的命不当命。

吴王刘濞和汉景帝从此结下了死仇，这事汉景帝心里跟明镜似的，所以他登基之后，就处处找吴王刘濞的麻烦，想先下手为强，斩草除根，干掉吴王。要干掉吴王，最省心的理由，莫过于指控吴王贪纵不法、意图谋反。

汉景帝的这个心思，迅速地被他的老师——大臣晁错捕捉到了。

于是晁错就寻机上疏声称吴王权势太大，横行不法，有谋反迹象，请求除掉吴王反朝廷集团。汉景帝接到奏疏，心花怒放：知我者，老师也！但吴王的实力确实不可小觑，虽然汉景帝有心动手，奈何时机不成熟，只能让晁错继续递奏疏，存心恶心吴王。

就这样一来二去，事情被晁错的父亲发现了。于是晁父拄着拐杖，来找儿子，问道：“儿子，你是不是缺心眼啊？吴王和当今陛下是打断骨头连着筋的叔侄，你一个外人天天上奏，胡说什么吴王要谋反，这摆明了离间人家骨肉，你说你这不是找死吗？”

晁错道：“父亲，您有所不知。吴王势力太大，陛下睡不安稳。”

晁父骂道：“陛下睡不安稳，关你何事？你非要往人家私事里搅和，将来会死得很惨的。”

晁错道："父亲，国家大事您不懂，还是少参与为好。"

晁父气愤道："什么国家大事，不就是陛下以前打死了吴王的儿子，现在又想斩草除根，找借口弄死吴王吗？吴王也不是吃素的，神仙打架，凡人遭殃。现在陛下借你之手激反吴王，可等到吴王真要反了，陛下要做的就是卸磨杀驴，肯定要把咱们家满门抄斩以推卸责任。我生了你这么个儿子，如果现在不死，迟早被你连累，我干脆先自尽算了！"

当着儿子的面，绝望的晁父当场服毒自杀。

看着父亲的尸体，晁错痛不欲生道："父亲，您这又是何苦呢？"

说话间，宫中忽然来人传旨，宣晁错入宫。

于是，晁错跟着来人登车，前往皇宫方向。可是马车行至半路，突然拐到闹市区，只见一群校尉士兵过来，架起他的胳膊，将其拖到刑场，死亡已经在等候着他。

晁错大惊失色道："干什么？你们这是干什么？不是说陛下要见我吗？你们这是干什么？"

校尉失笑道："晁大人，你屡次上疏，称吴王横行不法，存心想激反吴王，现在吴王真的反了，所以陛下指控你激反了吴王，要杀你以谢天下。"

当时晁错就傻了眼，想起父亲的教训，后悔莫及。须臾之间，晁错已经被腰斩为两截。

晁错就此成了政治斗争的牺牲品。

吴王刘濞纠集七国谋反，潮水般的叛军杀向国都长安。横亘在他们前面的第一道关隘，就是梁国的棘壁。

汉景帝的亲弟弟，窦太后的小儿子梁王刘武守在梁国，苦苦支撑，向汉景帝拼命呼救。

梁王这边吃力，叛军那边也没什么过人的本事，竟然三个月都未能攻克棘壁，以致失去了先机，被朝廷兵马切断粮道，叛军顿时崩溃。

叛军崩盘，梁王趁势掩杀，其所俘获及杀死的叛军人数，与汉军兵力总数持平。这个数据，一下子把梁王推到了荣耀的顶峰。

此后梁王势力扩张，所居之地北至泰山，西至高阳，连绵四十余城，而且兵马广众，名流荟萃，珠玉无数，富甲天下。

七国之乱平定之后，梁王入朝，觐见太后窦氏。时逢长公主刘嫖联结宫中王美人秘密宫战，唆使汉景帝废掉太子刘荣。

废掉太子，这可不是小事，汉景帝必须要找生母窦太后共同商量。

听儿子说了要废太子之事，窦太后长久不语。

长久的沉默后，窦太后终于问了句："废掉现今太子，你千秋之后，谁来继位？"

汉景帝低头不语。

窦太后道："皇儿啊，你的江山至少一半是你弟弟替你打下来的。吴楚起兵，七国俱反，如果不是你弟弟据守棘壁三月，使叛军不能前进半步，你的这个皇位，早就不保了。"

汉景帝闷声道："母亲教训的是，儿臣这就……这就和大臣们商量去。"

窦太后怒道："立谁为嗣，是我们自己的家事，这跟大臣们有什么关系？凭什么要跟他们商量？"

汉景帝吓得赶紧应道："母亲所言极是。"

窦太后强迫汉景帝传位给梁王，但汉景帝心里一千个一万个不愿意，毕竟兄弟不如自己的亲生儿子亲。

但汉景帝又不敢明确拒绝母亲，他希望的是，能够再找一个像晁错一样的傻大臣，让他来反对窦太后的主张，替自己顶雷。

汉景帝终于成功地找到了这么一个人——大臣袁盎。以他作为晁错的替代品，来和生母窦太后相抗衡。

美人赠我金错刀

袁盎，在历史上大名鼎鼎。他出身低微，父亲是个强盗，而他个人简历上的第一行，是在刘邦老婆吕后的家族中打杂工，是吕氏子弟吕禄的家丁。

后来，袁盎的哥哥混出头脸，就积极地向朝廷推荐自己的亲弟弟，于是袁盎迅速出人头地，成为朝廷重臣。

袁盎的为人风格，与晁错类似，都是一心一意维护皇权，为此不惜和朝臣翻脸。最早被他盯上的，是追随刘邦打天下的名臣周勃，因为周勃在吕后死后，率先起兵反杀诸吕，扫灭了吕后的势力，重扶刘氏子孙登基，所以汉文帝对周勃非常信任。但是袁盎上疏称：“周勃不是好东西。他在吕后活着的时候，屁也不敢放一个，等吕后死了，才顺水推舟迎刘氏登基，所以周勃充其量不过是个墙头草，陛下不应该太信任他。”

周勃知道后气得半死，心里恨透了袁盎。

没过多久，汉文帝卸磨杀驴，修理周勃，将周勃投入大狱。周勃吓坏了，趴在地上痛哭：“我是手握重权的大将军，从未想到过身陷囹圄时，一个狱卒的威风竟然如此恐怖。我怕了，饶了我吧，请不要再打我了。”

周勃蒙冤入狱，连狱卒也看不下去了，就故意假装羞辱他，却在一块木板的反面写上提醒周勃的文字：你儿子不是娶了公主吗？赶紧让你儿媳去宫里托关系救你！

于是，周家全体出动，找人情营救周勃。

汉文帝问袁盎：“爱卿，你说这个周勃，咱们找个什么理由处死他呢？”

袁盎回答：“陛下此言差矣，夫治国者，以事实为依据，以法律为准绳，周勃虽然人品极差，但无罪，理应释放才对。”

汉文帝惊呆了：“爱卿，你以前可不是这么说的。”

袁盎回答：“臣以前确实不是这样说的，但那是有原因的。”

汉文帝问道：“是何原因？”

袁盎解释道：“以前，周勃不过是平民起家的暴发户，攀上了高祖的高枝，所以加官晋爵，被封为绛侯。但他享受到的荣誉，远远超过了他的实际能力所能得到的，所以以前臣提醒陛下，不要太信任他。可是现在，他受到的责罚，又超出了他的错误，所以臣建议陛下释放周勃。”

于是周勃获释，而袁盎为了维护皇家权力，坚持保持中立的客观立场，不计个人得失，也为他赢得了朝臣和汉文帝的尊重。

但是宫里有个叫赵同的太监，却左看袁盎不顺眼，右看袁盎不舒服，就在汉文帝面前诋毁袁盎：“陛下，袁盎这个人太虚伪。陛下最好把袁盎赶走，以免被他蛊惑。”

袁盎是否虚伪奸诈，不太好说。但袁盎显然在宫中布有眼线，很快就知道了赵同暗中诋毁他。他不急也不慌，慢慢等待机会报复赵同。

终于有一天，袁盎逮着了一个机会。汉文帝坐在车上，太监赵同在车上服侍，这时候袁盎赶紧趋步上前，进言道：“陛下，您乘坐的这辆车，可不是普通的车子，这是龙驾。能与陛下同车者，若非英雄豪杰，就是当世大贤，所谓与凤同飞是俊鸟，与虎同卧非善兽。陛下您能不能给臣介绍一下，与您同车之人，是哪个大英雄？”

当时汉文帝憋气又窝火，呵斥道：“赵同，你下车吧！”

此事过后，汉文帝疏远了赵同，袁盎就这样击败了自己的仇人。

不久，袁盎又和后宫的慎夫人发生了矛盾。

当时汉文帝非常宠爱慎夫人，慎夫人姿容绝美，善于歌舞，还是个鼓瑟的高手。偏巧汉文帝习惯于在自己的歌声中寻找存在感，经常在宫中引吭高歌，让慎夫人鼓瑟伴奏。正所谓夫唱妇随，慎夫人极受汉文帝的宠爱。

有一天，汉文帝带着慎夫人到上林苑游玩，两人的席榻摆放在一起，正当二人玩累了准备休息时，不承想袁盎突然来到，把慎夫人的席榻往后面拉了拉，不允许慎夫人与汉文帝并排，暗示慎夫人地位卑微。

当时慎夫人大为恼怒，大吵大闹不依。汉文帝心疼美人，让袁盎别捣乱，可是袁盎不为所动，依然坚持原则。闹到最后，汉文帝和慎夫人一甩袖子回宫了，好端端的一次出游，让袁盎搅黄了。

回宫后，袁盎对汉文帝解释说：“陛下，臣这样做，不仅是为了皇家荣誉，也是为了慎夫人的安危。您还记得高祖驾崩后，他宠爱的戚夫人落得个什么下场吗？剁掉手脚，丢到厕所里自生自灭！为什么戚夫人死得这么惨？就是因为她活着时太出风头，招致了太多怨恨啊！”

汉文帝急忙回宫，把袁盎的话告诉慎夫人。慎夫人被吓坏了，说：“原来这个袁盎，是个有远谋的智士之辈啊，是我错怪了他。”

慎夫人命人送黄金五十斤，对袁盎表示感谢。

可是后来，袁盎却被赶出了朝廷。忠心是好事，可是琐事太多，主子讨厌，被驱逐是必然。

袁盎在诸封国溜了一圈，到了吴王刘濞那里担任国相。他眼睁睁地看着刘濞与后来继位的汉景帝不和，知道吴王必然会起兵叛乱，却装聋作哑，对此一声不吭，甚至还赢得了吴王刘濞的信任和友谊。

汉景帝时代，皇帝想要除掉吴王，晁错就故意上疏整治吴王刘濞，这件事让袁盎极其憎恨。从此袁、晁不和，两人如果路上相遇，一看到对方就掉头；于朝中相遇，只要一方在，另一方就满脸鄙视地走开。

袁盎憎恨晁错，晁错更恨袁盎。于是晁错上疏，指控袁盎收了吴王刘濞的礼物。汉景帝下旨，将袁盎削去官职，贬为平民。袁盎虽然被贬为平民，但还是来到了都城长安，伺机东山再起。

没过多久，吴王纠集七国举兵造反，晁错心神大乱，第一个想到的就是袁盎，担心袁盎是吴王派来的内应，想劝汉景帝杀掉袁盎。

可如果只是担心袁盎是内应就匆忙杀掉，这理由明显有点站不住脚。找个什么更有说服力的理由呢？

晁错在家里苦思冥想，却不知袁盎已经来到窦婴的府上，求见窦婴。

一见面，袁盎劈头就一句："窦大人，麻烦你去告诉陛下，让他即刻召见我。我知道吴王为什么起兵，也有一条妙计，让吴王立即收兵罢战，举手投降。"

窦婴大喜："有这好事？那我赶紧入宫告诉陛下。"

很快，汉景帝密召袁盎入殿。

袁盎奏道："陛下，吴王其实是个善良厚道的老实人，根本没有丝毫的反意，就是被晁错这个小人屡次三番逼迫，逼得无路可走。如果陛下肯听我一言，立即杀了晁错，吴王保证会立即收兵。"

汉景帝半信半疑："爱卿，谁都知道，吴王与朕结仇的原因，是朕砸死了他的儿子……不过你的话也有几分道理，朕是谁？朕是天子，朕做太子时砸死了人，这算事儿吗？不应该构成吴王造反的理由啊，对吧？"

袁盎长舒一口气："陛下圣明，不如赶紧处死晁错吧。"

汉景帝道："你别小看晁错，他也不是善茬儿，想杀他，恐怕不是那么容易。"

袁盎笑道："那这样好了，陛下不妨传旨，假称召晁错入宫，半道上拐个弯，直接把他拖到刑场处死。"

汉景帝大喜，依计行事，直接下令秘密腰斩晁错。

杀掉晁错后，袁盎奉汉景帝之命，秘密潜出长安，前往吴王之处，劝说吴王收兵停战。

吴王一见袁盎来了，顿时大喜过望："你可回来了，现在你就是我的统兵大将了。"

袁盎急忙劝道："大王，我已经劝说陛下杀了你的仇家晁错，你现在起兵，已经没有理由了。请大王放下战旗，向朝廷表态臣服吧。"

吴王诧异地看着袁盎："岂不闻'兵者，国之大事，生死之地，存亡之道，不可不察也'。一次规模性的军事行动，包括秘密布置、动员、征兵、粮草、训练、编制、兵器、衣甲……这林林总总，是个多么大的系统工程？你当打仗是小孩子过家家呢？说不打就不打了？岂不闻开弓没有回头箭？起兵这事儿，不起则已，既然起了，就不是任何人能够控制的。现在不只是你说不打不行，连我说都不行。听明白了没有？"

"明白，不过大王，咱们真的不能打，因为你根本没有赢的机会。"袁盎仍然苦苦相劝，拒绝替吴王统兵。

吴王大怒："大胆袁盎，竟敢抗命！"

袁盎继续劝道："大王，真的不能打，你没有机会赢，真的。"

吴王："来人，与我拿下袁盎，待进军之日，我要用他的首级祭旗。"

就这样，袁盎被吴王指派的1名校尉和500名士兵囚禁了起来。

公正地评价，袁盎这个人，虽然人品上比晁错稍微多了那么一点点可取之处，但愚蠢的程度是不相上下的。正因为二人半斤八两，才会看彼此不顺眼——但这是我们后世的人站在当下社会的角度上做出的评价。真实情况是，晁错和袁盎，他们都是当时世所罕见的智识之辈，但因为他们处于时代的困局之中，一举一动都备受关注，所以很容易受到责罚。说他们愚蠢，只是因为我们置身局外，而他们的表现已是局中人难得的智慧了。

袁盎被困，正当郁闷等死之际，却被负责监视看守他的校尉放走。

原来那人是袁盎在吴王府中担任国相时的随从，与袁盎的婢女偷情，被袁盎发现后逃跑。袁盎派人追上之后，竟然大方地把婢女赐给了他，对他有莫大的恩情。

于是，袁盎连夜奔逃，摸黑行走了几里地，到达了梁国地盘，遇到梁国的骑兵，终于获救。

他回到朝廷，向汉景帝报告了他在吴王军中所见。尽管他未能说服吴王举手投降，可是他拒绝吴王的统战，拼死逃出，这事说起来也算得上极大的忠心。所以，吴王叛乱平定后，袁盎继续受到汉景帝的重视。只不过，袁盎在官场上沉浮了一辈子，已经心力交瘁，于是告老还乡了。但是朝中凡有大小事情，汉景帝常向他问计。

现在，汉景帝面临着窦太后逼宫，而他又不愿意让弟弟梁王继承大统的麻烦。所以，汉景帝就故意把袁盎召来参加御前会议，商讨如何抉择。

果如汉景帝所料，在会上，这个议题一提出来，立即遭到了袁盎的强烈抗议。

袁盎伏在地上大喊道："陛下，老臣以死相谏，传承大统是有制度的，就是要传给嫡子。梁王没有继位的资格，老臣坚决反对。"

汉景帝大悦："爱卿平身，不要急！国家大事嘛，咱们慢慢来，从长计议。"

此时刺客在路上

袁盎参加过御前会议，被人搀扶回家。老了，活动一下就乏累到极点，只好躺到榻上休息一下……忽然看见房梁上有一团黑乎乎的东西，顿时大惊。

那团东西飘落下来，竟然是个持刀的黑衣人："袁大人好。"

袁盎惊问道："你是何人？"

黑衣人并不回答这个问题，而是问道："袁大人，看看我手里是何物？"

袁盎大惊道："刀！"

黑衣人："袁大人眼神不错嘛。这刀子，'扑哧'一声从你喉咙扎进去，你就驾鹤归西喽。"

袁盎："我与壮士素不相识，壮士为何要刺杀我？"

黑衣人："你猜。"

袁盎："我平日里素来没有什么害人之举……"

黑衣人："说重点！"

袁盎："我只不过劝陛下不要立梁王为嗣。"

黑衣人："算你聪明，还知道自己是怎么死的。"

袁盎："为了皇家权力，我早已将生死置之度外。"

黑衣人："皇家权力，与你有何关系？值得你命都不要了，拼命维护？"

袁盎："我这辈子从无私心，活到这把年纪了，死也不算冤枉了。"

黑衣人："你说得没错。实话告诉你，我奉梁王之命，前来刺杀你。入城之后，我四处打听你的行迹声名，发现你这辈子活脱脱是个冤大头，一门心思为皇家权力着想，心里从无自己。你这样的人，说蠢真是蠢到了极点，但也让人佩服到了极点。杀掉你这样的人，是违背我的个人意愿的，所以我不会对你下手，并奉上一条忠告——我只是梁王派出来的十几名刺客之一，大队的刺客此时正在前来杀你的路上。你逃得过我，未必逃得过他们。何去何从，你自己掂量着办吧！”

说罢，黑衣人消失无踪。袁盎心惊肉跳地爬起来，吩咐家人：“快扶我出门，我心神不宁，去找个算命术士算上一卦。”

袁盎出门，去找当时一个非常有名的算命术士，占卜自己的吉凶。术士如何算他的卦不清楚，但当他回来时，途经安陵郭门，忽见一辆马车迎面冲来，“咣”的一声翻倒，阻住了袁盎的去路。

与此同时，袁盎的前后左右，所有行路摊贩突然亮出明晃晃的长刀，大喊一声：“杀了袁盎！”众刺客蜂拥而上，当场将袁盎杀死。

袁盎被刺杀，是汉景帝时代头一桩大血案，就算是个瞎子也看得出来这是梁王派人下的手。于是汉景帝大怒，派出大队人马的巡视组，组成浩浩荡荡的车队，前往梁王处兴师问罪。

事情严重了，梁王急得团团乱转。实际上他手中有一长串的刺杀名单，袁盎只是排名第一个。他是个头脑简单的人，心里想的是：谁不让老子当皇帝，老子就宰了谁！

可等到真正行动时，梁王才发现自己的脑子严重不够用。袁盎为人清廉刚正，虽然人人都厌恶他，但又打心眼里钦佩他。喜欢袁盎的人，这世上绝对没有，但真正憎恨他并有足够的财力派遣杀手行刺的，却只有自己。如今朝廷追查此案，梁王顿时就陷入被动。

无奈之下，梁王只好强迫替自己组织杀手团的幕僚自杀，再把尸体交给朝廷的使者，但这等同于他承认了所有事件。

梁王知道事情严重了，赶紧派人入京，找长公主刘嫖说情，希望汉景帝不要追究下去。同时，他一再给生母窦太后写信，苦求太后救自己一命。

眼见小儿子陷入危险境地，窦太后果断出手干涉。

夺嫡终局

汉景帝命梁王入京述职，梁王就坐车出发了，但这辆车走着走着，却神秘地消失了。

消息传来，汉景帝心中万分困惑，不明白弟弟梁王怎么会突然半路消失。

窦太后闻知，顿时号啕大哭："皇帝啊皇帝，你果然害死了我的儿子！可怜我的儿子啊，你死在无情无义的哥哥之手，死得好惨啊！"

被窦太后这么一哭，汉景帝心里说不出来的不自在。可他确实没有命人暗中杀掉梁王，好端端的一个大活人，怎么会在半路上突然消失呢？正在困惑之际，突然有人禀报，说梁王此时正身负荆斧，跪在殿前请罪。

原来，大抵阴暗之人都会把别人想得同样阴暗。梁王自己暗中遣刺客杀人，认为汉景帝也必然如此。他担心在来京的路上被汉景帝派出的杀手宰掉，就半路上化装潜行，入京之后躲在长公主刘嫖家里。再由刘嫖派人护送，等来到殿前，负荆请罪，这样汉景帝的杀手就没办法追到金殿来杀他了。

见到弟弟，汉景帝假装喜极而泣，与梁王抱头痛哭，心里却在暗骂道："你怎么这么多的心眼？朕堂堂一国之君，真要杀你，不过一道圣旨而已！你以为人人都像你一样这么没出息，派遣刺客吗？"

史书记载，窦太后看到两个儿子尽释前嫌，心中大慰。

但实际上，汉景帝的心中对梁王已经厌恶至极。与弟弟抱头痛哭后，梁王心说哥哥对自己果然一片真情，可见自己还有机会，于是趁机提出："陛下，我请求留在京师，陪伴母亲，请陛下允许。"

汉景帝眼圈红了，说道："梁王，你的孝悌之心，感天动地，可是梁国离不开你啊！"

梁王心里"咯噔"一声，知道汉景帝表面上亲切热络，实则对自己恨之入骨，自己已经彻底没有机会了。

梁王无奈返回封地，而汉景帝以迅雷不及掩耳之势，飞快地立儿子刘彻为太子，彻底绝了梁王的皇位之念。

刘彻7岁那年，被册立为太子，生母王美人被立为皇后，母仪天下。

此后十年，刘彻以太子的身份不断学习帝王之术。有王美人与馆陶公主这两位女性保护，他的太子人生，没有再遇到其他波折。

王氏一族暗中欢庆。悲催的梁王却很忧虑。回到梁国之后，有人向他献上一头瑞兽麒麟，实际上是一头畸形的五足牛。梁王看了这怪物，内心惴惴不安，当年就去世了。

梁王一死，对汉武帝威胁最大的对手算是彻底铲除了。但汉武帝与他的奶奶窦太后也因此结怨。

第三章

汉武帝败走后宫

宫战再起

汉武帝建元元年（公元前140年），刘彻17岁。

这一年汉景帝驾崩，刘彻登基为帝，是为汉武帝，尊生母王氏为太后。

登基后，汉武帝发现了一件恼人的事——他说话根本就没人听。

权力，并不在他的手中，而是在他奶奶窦太后的手上。

汉武帝对奏折的批阅，必须要经窦太后复核。窦太后批准了才作数，瞧不顺眼不批，汉武帝的批奏根本不顶用。

原本，汉武帝就对奶奶反对他继位心怀不满。如今登基，权力仍然落在老太太手中，汉武帝顿时就愤怒至极——但愤怒归愤怒，他也不敢对这种制度安排说一个“不”字。没有实权的皇帝，什么都不是，汉武帝只能忍气吞声，在绝望中煎熬。

但是说老实话，窦太后也不是什么坏人，没做过什么悍然逼宫或夺权的坏事。她就是个普通的老太太，起于贫寒，被命运忽然一下子送到了后宫，在后宫盘踞几十年，手中自然握有实权。

窦太后如果有错，那也是因为她太慈爱，太疼爱家人。她就是个心理正常的普通老太太，不希望自己的任何一个儿女受到哪怕一点点委屈。后面这句话的意思是说：皇亲贵戚横行不法，欺男霸女，夺田占产，在窦太后这里是可以享受到豁免权的。

当时后宫里如刘嫖般的皇族公主扎堆。她们都有自己的封地，但都不愿意回去，而是聚拢在窦太后身边，每日在京城抢夺田产，为所欲为。一旦事情闹大，民怨沸腾，这些公主就会飞跑进宫，向窦太后告状。这时候窦太后就大手一挥，禁止朝官妄议私评，所以这些皇亲贵戚的气焰越发地嚣张。

皇亲贵戚们的横行不法，说透了也不过是权力使然，倒也不难理解——但问题是，贵戚们不法的权力资源，来自皇帝。而权力的总额是个不变的固定值，贵戚们的势力越大，气焰越是嚣张，皇帝手中的权力资源就越少。

登基时的汉武帝，面对的就是这么个窘状。他坐在御座上俯瞰下方，发现底下站着的大臣，自己一个也不认识——简单说就是，刚刚登基的汉武帝在朝中没有一个支持者。

幸好，汉景帝死前，已经将掌握权力的秘笈悄悄传授给了他。

这个秘笈，说透了其实也简单，不过两条：

第一，你要有这个运气，坐到龙椅上。没这个运气，就不要想入非非了。

第二，等你坐到龙椅上，再巧立个名堂，从基层提拔一批被压制的人才。这些人是你亲手提拔的，就是你的人。如果有人跟你争夺权力，就让这些人出头去死磕。食君之禄，忠君之事！岂不闻富贵险中求？他们既然不甘于平凡的命运，想要青史留名或谋求富贵，那么就必须付出代价。

把权力抓在手中，就是这么简单。

汉武帝建元元年（公元前140年），17岁的汉武帝，在他继位的第七个月，隆重推出了新政，下诏招募贤良方士，征募敢于直言国事的进谏之才。

各地踊跃响应，纷纷推举当地的读书人。那年月的大汉帝国，普通人家的孩子根本上不了学。读书这种事，一要家里有钱，二要有天资，三还要有点志向追求，这三个条件少了一个，读书就无从谈起。所以，汉武帝的求贤诏虽然声势浩大，但只有一百多人报名，而且报名的人，多半都是白发苍苍的老头。

汉武帝亲自担任主考官，对一百多名士子进行隐秘的面试。他瞧瞧这个，看看那个，举棋不定，犹豫不决。看了半晌，也看不出名堂来，就出题让他们写治国对策。

等到士子们把试卷交上来，汉武帝看到其中一个人的答卷，顿时眼前一亮。

这份答卷的考生，名叫董仲舒。他提出一个十分激进的观点——罢黜百家，独尊儒术！看到这里，汉武帝欣喜若狂：太好了！独尊儒术，甚合朕意！

好在哪里呢？

好就好在，窦太后喜欢道家，喜欢黄老之术！窦太后既然喜欢黄老，那就罢黜了它！

史上罕见的实用主义者

董仲舒，因其为汉武帝提供了夺取权力的强大思想武器，而被视为新一代的袁盎类型的人物。

实际上，董仲舒是中国历史上罕见的实用主义者。他究竟有多实用主义呢？

——董仲舒，成功地把伟大的儒学思想及智慧，改造成为外壳为儒，内核实为法家刑名的统驭之术。

简单来说，他把儒学变成了儒术。

但，能够把伟大的智慧思想改造成为统治天下的刑民之术，同样也是需要真本事的。

公平地评价，董仲舒的智慧比袁盎高出几千甚至几万倍。

但是，年方17岁的汉武帝仍然视董仲舒为新一代的袁盎，让他去替自己监视新一代的“吴王”。

新一代的“吴王”，即刘非。他的年龄比汉武帝刘彻大12岁，是汉景帝当太子时所生的第5个儿子。

也就是说，当汉景帝废掉了长子刘荣时，向皇位发起冲击的，不仅有梁王刘武，还有这位比汉武帝大一轮的哥哥刘非。

而实际上，五皇子刘非的夺标呼声远高于刘彻。

吴王刘濞发起七国之乱的那一年，刘彻才3岁，而刘非已经15岁了。

15岁的刘非，帅气英俊，勇力非凡，主动上疏，要求统兵作战。汉景帝欣赏他的能力，赐他将军印，让他领兵击吴。刘非表现得非常好，平灭吴王之后，被汉景帝封为江都王，管辖的地盘，恰恰是吴王原来的吴地。

对汉武帝刘彻来说，无论窦太后对他的权力造成多大威胁，终究是他的奶奶，没理由夺了他的龙椅。但新任江都王刘非就不同了，一旦他效仿吴王刘濞闹上一场，汉武帝的龙椅可就有点坐不稳了。

汉景帝时代，是靠了袁盎牵制吴王。这也是袁盎明明知道吴王造反却从来不吭声，而且汉景帝事后也不追究的原因——很显然，袁盎是汉景帝派在吴王身边的眼线。袁盎表面上不报告，实际上暗地里一直在与汉景帝互通消息。

而到了汉武帝时代，汉武帝就以董仲舒为新的眼线，由他负责牵制江都王刘非。

必须承认，董仲舒对江都王的牵制，是非常成功的。刘非在王位27年，从未起过反心，而董仲舒也因此成为一代饱学之士，暂时脱离了权力的旋涡——但很快，由于书呆子气发作，他被人拖回朝廷，打到半死。

也就是说，汉武帝又需要新的人手，用来对付窦太后。

他挑选的这个人，名字叫赵绾。

朝中新贵，小人得志

赵绾，山西人氏，饱学大儒。他主要研究《诗经》，是当时名气最大的儒家学者申公的弟子。路上遇到人聊天，必先以《诗经》开头，让人极为厌恶。

此外，还有另一名学者叫王臧，山东兰陵人。王臧和赵绾是同班同学，都在大儒申公座前读书，两人都是当时有名的学霸。

赵绾和王臧这两个人，是窦婴和汉武帝的舅舅田蚡联手推荐的。

先说窦婴，如前所述，他本来是窦太后的堂侄，因为谏阻汉景帝把皇位传给弟弟刘武，激起了窦太后的愤怒，窦太后认为窦婴和自己不是一条心，发布懿旨把窦婴开除出窦氏门庭。当时窦婴在朝廷没法再待下去，就辞职回乡了。等到了七国之乱，汉景帝又把窦婴找出来，再次重用。

实际上，汉景帝当时心里明白，生母窦太后势力太大，过于强势，等儿子刘彻继位之后，摆明了不是老太太的对手。正因为窦婴与窦太后不和，所以汉景帝就故意挑选了窦婴，让他成为刘彻的亲信，专门应对窦太后。

就这样，等汉武帝继位，头一桩事，就是任命窦婴为丞相。

再来说汉武帝的舅舅田蚡。汉武帝的生母是王娡，姓王。田蚡是王娡的弟弟。

可是，汉武帝的母亲姓王，母亲的弟弟怎么会姓田呢?

这是因为，汉武帝的姥姥臧儿是过去燕王臧氏的公主，燕王被汉高祖刘邦灭了，小公主臧儿流落民间，嫁给了乡下人王仲，生下女儿王娡后，丈夫死了，于是臧儿又嫁了个姓田的男人，生了个儿子叫田蚡。

也就是说，王娡与田蚡，同母异父。

田蚡这个人，相貌极其丑陋。但他嘴巴极甜，是个说话没有原则的人，你喜欢听什么，他就说什么，也不管说得在理不在理。当初姐姐王娡在宫里地位还不算高时，田蚡就找到窦婴的门上投靠。当时他在窦婴的府中混得极惨，不过是个端茶递水的仆役而已。史书追溯他在窦婴府上的待遇，称其“时跪时起”，十足十一个跑跑颠颠的狗腿子形象。

但等到汉景帝立王美人为皇后，立刘彻为太子后，田蚡总算熬出了头，不再受窦婴的窝囊气了。等到汉武帝登基，朝中真正能够依靠的就是舅舅田蚡，于是提拔田蚡为太尉。

终于，田蚡可以和窦婴平起平坐了。要知道田蚡是个纯粹的小人，少不了要在朝中兴风作浪。

田蚡虽然身居高位，但他的小人本性依旧未变，尤其是喜欢看人脸色说瞎话，这已经成了他的痼疾。

就在汉武帝登基的第二年，淮南王刘安入朝，田蚡去迎接。与淮南王聊天时，他的小人本性发作，仔细观察刘安的脸色，发现刘安脑子不够用，居然对皇位流露出觊觎之色。

按理来说，田蚡此时的权力地位是靠了姐姐和皇帝外甥才获得的，他理应如汉武帝所期望的，忠心地替外甥守护皇位宝座，可是田蚡却偏偏反其道而行之。

当时，田蚡对淮南王刘安说：“现在陛下继位，没有太子。可见我这个外甥是否有生育能力，还是个疑问。淮南王您是高祖的亲孙子，仁义远播，世人景仰，等陛下百年之后，除了您，谁还有资格做皇帝呢？”

这句话，可是皇帝的亲舅舅说出来的，听得淮南王喜不自胜，送给了田蚡许许多多的财物。

从此，淮南王对皇位的觊觎之心更加强烈。

汉武帝摊上这么个没有原则的小人舅舅，以后的烂事少不了。

田蚡的人品虽然极差，但窥伺人心的本事却极强。他发现外甥皇帝想找几个儒生来干事，就机灵地向汉武帝推荐了赵绾和王臧两名儒家学者。

于是汉武帝传旨，宣赵绾、王臧入朝。

老狐狸入京

赵绾、王臧到来，汉武帝对他们发表了热情的欢迎致辞。但是两人听了半晌，却听得一头雾水，根本听不明白汉武帝是什么意思。

领导的意图不好领会，但赵绾还是硬着头皮建言国策。

他提出一条极不靠谱的建议，建议修筑明堂，作为诸侯朝拜之所。然后，赵绾非常隆重地向汉武帝推荐自己的老师——80多岁的老学者申公。

80多岁的老儒生？汉武帝心里琢磨了一下，寻思着如果有申公帮助自己，应该能够击败窦太后那边的黄老学派，于是接受了赵绾的建议。

汉武帝郑重其事地派出使者，携带束帛、宝玉，驾着由四匹马拉的车子迎请申公。

皇帝如此隆重迎请，申公虽然年迈，也不能不来。可是他已经80多岁，这意味着他出生的时候，秦始皇刚刚平灭了六国。他从秦始皇时代走来，经历了秦二世时代、陈胜吴广大泽乡起事、诸侯灭秦、楚汉相争，他或许亲睹过西楚霸王项羽的雄风；见证了汉高祖刘邦被匈奴困于白登道；他看到了刘邦死后，吕后独揽大权，任由诸吕乱政，而后刘氏反扑，击杀诸吕；他亲历了汉惠帝、西汉前少帝、西汉后少帝、汉文帝、汉景帝时代的纷繁乱局。此时，17岁的汉武帝在他面前，那点小心思被申公一眼就看穿了。

申公明白，汉武帝不辞辛苦地把他找来，可不是什么求贤若渴。汉武帝就是想拿他这个老头当刀子使，往窦太后心窝里戳。

申公在心里暗笑：好你个小子，居然把心眼动到我老头子的身上来了！小年轻啊，我如果没点心计，在这混乱世道，能活到80多岁吗？

拿定主意逗弄一下年幼的汉武帝，申公跪地道："小民叩见陛下。"

汉武帝急忙搀起申公："老人家平身！朕年轻，坐看天下纷乱无序，惶恐至极。烦请老人家指导，这治乱之策，从何着手才是？"

"治乱啊……"申公咧着没牙的嘴巴，失笑起来，"陛下，这个治乱啊，既没什么道也没什么策，就是脚踏实地，把事情做妥当了，天下自然理顺了。"

汉武帝听了心里好不失望，提醒道："老人家，这个天下一统，治理起来，总得先统一思想吧？思想统一了，认识上来了，工作就好干了，老人家说是不是？"

申公笑眯眯道："这个啊，说是就是，说不是就不是。"

这句话是什么意思呢？就是说，你把事情做妥当了，思想自然而然就统一了；事情没做好，就是白搭。

汉武帝急得团团转，又不能把话说透了。难道还能冲着申公的耳朵大吼一声："糟老头子，你跟朕装什么蒜？朕叫你来，就是让你出个主意，搞定后宫那个老太太，你居然装傻，气死朕了！"

汉武帝不敢把话说透，申公干脆就把傻装到底，满脸憨笑地看着汉武帝，一言不发。汉武帝气得半死，袖子一甩，撇开申老头不理，径自进了内室。

汉武帝离开之后，赵绾和王臧急忙过来，低声埋怨道："老师，您这是怎么了？陛下把您请来，是对您寄予厚望。您怎么这样不识抬举？老师，您要是这个样子，我们可真帮不了您。"

申公那混浊的目光，落在两名学生身上。半晌，老头忽然惨笑了一声："唉，你们这两个竖子，枉老夫我多年耳提面命的教导了。说到底，学业这东西，半点也掺不得假。想不到啊想不到，想不到我偌大年纪了，还要替你们二人赡养父母！"

"老师，您胡说八道些什么啊！"赵绾和王臧极为恼火，于是撇下申老头不理，进内室去与汉武帝商量。

进了门，两人急忙趴伏于地："陛下，陛下您不要急，我们老师他……他可能老糊涂了，再等几天，说不定就……就醒过神来了。"

"罢了，"汉武帝宽宏大量道，"人都已经请来了，难道还能再送回去吗？就给这老头一个太中大夫的虚衔吧，把他养起来算了。不过……"

赵绾和王臧屏息凝神，紧张地等着汉武帝的诏令。

只听汉武帝叹息道："不过既然你们老师起不到该有的作用，你们二人的工作量，就要加重许多了。"

赵绾、王臧面面相觑，都知道自己已经没有退路了，但好歹自己这边有皇帝在，应该是有胜算的。

两人心中就这么想着，很快拿定了主意。

太后反击战

转眼间，赵绾、王臧被推荐入朝已经有四个月。四个月以来，他们就做了两件事：一是修筑明堂，二是推荐老师申公。

这两件事，是为一件大事做铺垫。尤其是推荐老师申公，目的是希望借助老师的威望，完成这项艰难的工作。可万万没想到，申公老辣精明，装疯卖傻，不肯卷入政治旋涡，结果这项工作非但没有完成，反而让赵绾、王臧对汉武帝心生愧疚，背上心理负担，不得已背水一战。

这一天，后宫之中，年迈的窦太后正被一群公主围绕着。公主们说学逗唱，使出浑身解数，逗老太太开心。忽然，有个公主匆匆跑进来，向太后报告了一个坏消息。

“太后，听说了没有？陛下身边有两个奇怪的人，叫什么赵绾、王臧，他们给陛下提出个奇怪的……建议。”

“是何建议？”窦太后云淡风轻地问道。

那位公主喘着粗气道：“赵绾、王臧请求陛下，以后不得再向东宫奏报政事。”

“这建议是什么意思？”围绕在太后身边的公主们茫然失措，交头接耳，议论纷纷。

报信的公主大声道：“这还不明白？陛下长大了，翅膀硬了，想踢开太后，自行其是了！”

公主们激愤地议论道：“太后，陛下年龄还小，生于深宫之中，长于妇人之手，哪里懂什么治国之策？如今他临朝头一桩事就是要毁弃先帝遗诏，踢开太后自行其是，倘若出了乱子，该如何是好？”

窦太后慢慢地摇头：“不是哀家说你们，你们就是缺识少见。哀家问你们，还记得新垣平吗？”

“新垣平是谁？他是干什么的？”公主们面面相觑。

“新垣平你们还不知道？对了，他在朝中兴风作浪时，你们还没有出生呢。”窦太后笑道，“新垣平，是文帝时代的人物了。我入宫服侍吕后不久，惠帝就驾崩了，吕后把我们一批宫女遣散出宫。听说我想回河北，负责登记造册的官员就故意把我打发到山西。不想到了山西，却受到代王恩宠，后来代王当了皇帝，我呢，就成了皇后。

“就在那一朝，赵国地方出现了一个神异的望气士，名字叫新垣平。他上疏说，长安西北有五朵彩云，乃神灵之气。当时文帝出宫，探头往西北一看，果然见到西北方向有五朵彩云，形状就像是五个人。文帝从此信了新垣平。

“不久新垣平又上奏，说周朝的青铜鼎要出世。文帝又大兴土木，准备迎接，可迎来迎去，什么也没迎到。然后新垣平又奏说，某年某日，宫外有祥瑞之气，必有献宝之人。等到了日子，文帝派人出宫查找，果然来了个献宝的人，献上玉杯一盏，上面刻有‘人主延寿’的字样。你们说，这个新垣平神奇不神奇？”

太神奇了。公主们头脑简单，从不知道以前宫里还有如此异闻，听得眼睛都直了。

只听窦太后继续说道：“可是后来，新垣平还是露出了马脚，捕吏追查之下，很快发现这一切都是新垣平自己做的局。那只玉杯，是他自己找人刻好，派人送来的，就是想显示自己有异能。”

公主们听糊涂了：“那新垣平这样做，目的是什么呢？”

“你们啊，真是不堪造就！”窦太后生气道，“不是哀家说你们，你们每天除了抢田霸产，肆意妄为，能不能长点脑子？新垣平之所以这样做，目的就是控制住皇帝，为非作歹！”

“这还了得！”公主们同仇敌忾，“我们是皇亲国戚，想做什么就做什么。新垣平他一个江湖骗子，竟然敢冒渎皇权，简直太无法无天了！”

所以，当时的汉文帝就把新垣平给灭了门。

窦太后的眼中突然闪出明亮的光芒，只听她威严地说道：“如今这赵绾、王臧二人，又是新垣平一类的人物。传哀家懿旨，给哀家查一查，这二人究竟是何来历？他们是用了什么邪法，混到陛下身边的？他们又是使用了什么不入流的伎俩迷惑住陛下的？他们的目的是什么？给哀家彻底查个明白！”

流言如刀，人心险恶

汉武帝独自坐在御案前，看着窦太后下令追查赵绾、王臧的懿旨，面如死灰。

他万万也没想到，赵绾、王臧这两人的影响力竟然如此微弱。在窦太后的眼里，他们这两个饱学大儒，不过是江湖骗子之流。两人上奏试图让太后归政，非但没起到丝毫效果，反而引起太后震怒。

窦太后恋权，不肯归政。饶是汉武帝有天大的本事，也束手无策。

他只能宣赵绾、王臧二人上殿，命捕吏将此二人带走。

汉武帝夺回权力的努力，就这样失败了。赵绾、王臧二人在狱中遭受严刑拷打，凶狠的捕吏逼迫他们交出幕后的主使者："说，谁是你们的幕后主使？"

这个主使者正是汉武帝本人，就算他们说出来，捕吏也不会相信，两名儒生被打得上天无路，入地无门，实在忍受不了，双双自杀了。

只有80多岁的老狐狸申公，早知道卷入朝廷权斗就会落个不得好死的下场，所以知趣地装疯卖傻，逃过了这场劫难。汉武帝命人将他遣送回原籍。正如申公对赵绾、王臧两名弟子所预言的那样，此后，他还要替两个不争气的学生赡养父母了。

夺回权力失败，赵绾、王臧双双惨死，汉武帝大受打击，耷拉着脑袋，黯然回宫。

宫里，王娡倚栏而立。背影落寞，无限失意。汉武帝站在母亲身后，默默无言。

良久，王娡开口说话了："天无二日，人无二主。"

汉武帝唇角抽搐，不知如何回答。

王娡转过身来："陛下，你好命苦，政出东宫，手无权柄，满腔抱负，难得舒展。母后心里也同样酸楚。"

汉武帝心如刀绞。他知道，母亲是在暗示，他这个皇帝不能出头，母亲在宫中的日子也极难熬——现在王娡已是太后，可是宫里另有一个真正掌握了帝国权力的太皇太后——窦太后。有窦太后在，这母子二人就绝看不到希望。

王娡仰头看着远方的假树池，说："皇帝，你听说了吗？"

汉武帝疑惑地问道："什么？"

王娡道："我听人说，太后那边有些议论。"

汉武帝大为恼火："那些长舌妇又在议论些什么？朕迟早让她们付出代价！"

王娡轻描淡写道：“她们没议论什么，她们只是一个劲说，先帝从16岁起，每年都会生出一个儿子来，就这些。”

汉武帝疑惑道：“……这跟朕有何关系？”

王娡叹息道：“陛下，你要学会听懂弦外之音。”

汉武帝：“这些议论，到底是什么意思？”

王娡目视汉武帝：“陛下，你今年18岁了，膝下可有一个皇子？”

帝后成冤家

生母一句话，仿佛当头一棒，打得汉武帝踉跄后退。他的脸色惨白，声音沙哑：“恶毒诽谤朕，实在是大逆不道，其心可诛！陈阿娇她难辞其咎！”

陈阿娇又是谁？就是汉武帝现在的皇后，长公主刘嫖的漂亮女儿。

可是阿娇跟这事又有什么关系？因为汉武帝自从6岁娶阿娇，7岁做太子，17岁登基，至今在位两年，已经18岁，阿娇却连一儿半女也没有生出来。

所以，朝野后宫私下里都在议论纷纷，认为汉武帝没有生育能力——满宫花眷少年郎，却没有生子，如果说汉武帝生育能力正常，这事恐怕就连汉武帝都会自我怀疑。

汉武帝对阿娇产生憎恨情绪，只能证明一件事——阿娇的母亲、长公主刘嫖始终在窦太后身边。当窦太后下旨责查赵绾、王臧，以及公主们暗讥汉武帝没有生育能力时，刘嫖她应该也在场。

她一定会在场！因为她需要替自己的女儿解释，何以皇后阿娇没有生子，是因为丈夫有问题。而且刘嫖的理由应该还很充分：如果阿娇有问题，生不出孩子来，那么宫中也应该另有嫔妃生子。可整个后宫冷冷清清，只能证明是皇帝自己出了问题。

登基之初的汉武帝无法生育，已经成为朝野的共识。汉武帝的舅舅田蚡，之所以对淮南王说出陛下没有儿子，死后必是淮南王继位这种话，就是因为当时的人们都坚信汉武帝无法生育。

男人，无论是百姓还是皇帝，最不能容忍的，是别人对自己生育能力的指控！

汉武帝的心，刀剜一般剧痛。

无法生育？这是他拼命否认的事情。但事实上，当这种观念形成主流，连他自己都把握不准了。正因为如此，所以他才会痛恨传播谣言的始作俑者。

一定是长公主刘嫖！

刘嫖这个女人，是个典型的性格放荡、智商低下的女人。恰恰因为刘嫖智商不够用，所以她盲目地干些极度危险的事情，三天两头往宫里跑。

汉景帝时代，刘嫖一趟趟往宫里跑，结果引来了栗姬这个仇家。虽然她借助王美人之力，合力击败栗姬，可到了汉武帝时代，刘嫖旧病复发，不过这一次，她将失去所有的机会，包括她的宝贝女儿！

山雨欲来风满楼，新一轮的宫战再起。

第四章

初生牛犊不怕虎

武帝在江湖

汉武帝借助儒家学者赵绾、王臧冲击窦太后权力的行动失败，为汉武帝的早年人生涂抹上了浓厚的悲剧色彩。

来自后宫的反击阴毒狠辣，暗示汉武帝没有生育能力的流言四起，让这个年轻人的生命堕入暗夜。

被汉武帝视为至亲、叫来替他守护权力的舅舅田蚡，竟然向淮南王献媚，说出当今皇帝无子、死后法统应由淮南王继承的话来。这意味着当时的汉武帝及其所倚重的王氏家族，丝毫也不占据道义资源。所有人都深信汉武帝的法统不正，在他前面排着九个哥哥，凭什么他是皇帝？后宫嫔妃无数，个个美艳天下，可是始终未见哪个嫔妃怀孕，谁还相信汉武帝有生育能力？

正因为群议汹汹，汉武帝遭到四面八方的质疑，所以他的舅舅田蚡才会生出异心。甚至，田蚡根本不相信汉武帝会在皇位待多长时间，来自四周的敌意太过强大，田蚡急切地想逃离这艘将沉的漏船。

对汉武帝的生育能力最没有信心的，其实是他自己。依据就是——他离宫出走了。

后宫无数美女，都留不住他那颗失落的心。18岁的汉武帝率众离宫，游猎天下，一脚踏入了江湖。

为了掩人耳目，汉武帝及其从人都易装为富商，浩浩荡荡的车队招摇过市。为了称呼上的便利，汉武帝还给自己起了个名字，让手下人不可称他为皇帝，而是称为平阳侯。

其实，平阳侯是汉武帝姐姐平阳公主的丈夫曹寿。简单来说，汉武帝冒充自己的姐夫，天天在外肆意妄为。

有一天，汉武帝一行追猎冲入农田，把农家的庄稼踏得乱七八糟。百姓指着这伙人破口大骂："还有没有没王法！你们这样祸害庄稼，我们已经报案，等会儿官吏来了，你们会死得很难看！"

果不其然，过了一会儿，只见车尘起处，当地的县令派出捕吏精锐前来抓捕他们。

汉武帝一行人，匆匆如丧家之犬，急急如漏网之鱼，驾长车踏破农田山阙，于荒野之中没命似的狂奔。但是追赶而来的捕吏们，缉盗经验却是极为丰富，他们仔细观察汉武帝一行逃奔的车尘，分路缉追，抄小路堵在了汉武帝的前方。

眼见逃无可逃，汉武帝傻眼了，只好吩咐道："去个人，带上点信物，带上朕的饰物，跟人家好好说，求个情，让他们放了我们。"

一个胆大的宦官带着汉武帝的饰物迎了上去："别动手！你们看清楚了，这是什么东西？"

什么东西？不过是个破玉佩而已。捕吏们不以为然道："这烂东西，我们家里有的是。"

"这可不是普通的玉佩，"宦官道，"叫你们县令来，他知道这是什么。"

过了一会儿，县令坐车来到，仔细一看那玉佩，顿时大惊，厉声喝道："给本官拿下，这厮居然盗了皇帝才有资格佩戴的龙纹之玉，必是江湖大盗！"

那宦官急叫道："等等，实话告诉你，你们现在围着的，就是当今圣上。"

不可能！县令打死也不信："陛下何等英明神武、爱民如子，怎么可能干出践踏农田之事？"

宦官气急败坏道："普天之下莫非王土，率土之滨莫非王臣，陛下嘛，就是图个乐呵。你到底放人不放人？如果不放，后果你是知道的！"

县令当即就被吓住了："所有人给我让开路来，让他们过去。"

汉武帝急忙驾车逃之夭夭，此时他身上的衣服已经全部被冷汗湿透。

真是过瘾！刺激！开心！

心怀正义的老板娘

经历了捕吏追捕之后，汉武帝食髓知味，乐此不疲，更加迷上了这个冒险游戏，再一次微服潜行，率人来到了柏谷之地，入夜之时，投宿于客店之中。

进了客房后，汉武帝皱起眉头："这屋子比狗窝还脏，去个人，给朕打点开水来。"

随从出来，东寻西找，找到客店的院子里，发现精气神十足的客栈老板站在门口，身边一大群凶神恶煞般的壮小伙。随从叫道："老板，给烧点开水。"

"开水？"老板笑眯眯地转过头来，说，"不好意思，我这家客栈，还真没有开水，不过呢……"

"不过什么？"随从问道。

"不过你们如果想喝尿的话，保证让你们喝个饱。"

老板说罢，站在他身后的壮小伙们齐声哈哈大笑。这时候，汉武帝的随从才注意到，这些壮小伙，个个提刀弄枪，看着他的眼神，极不友善。随从当时就慌了神，忙不迭地跑回房间，向汉武帝报告："陛下，坏了……不是，大人，不好了，咱们可能住进黑店了。我看那老板，多半是个江湖黑道上的人物。"

黑店？汉武帝也吓了一跳，赶紧趴在窗户上小心翼翼地向外张望，正听到老板对那些壮小伙大声说道："一伙不长眼睛的小毛贼，竟然敢住进老子的客店！今夜你们给老子好好干，一定要让他们插翅难逃，全部给我杀掉！"

只听壮小伙们齐声道："老板放心，到时候你只管吩咐一声，我们就叫这伙毛贼人头落地！"

汉武帝醒过神来，意识到事情不妙了！他出门巡游，虽说是微服潜行，但行事作风张扬。可能是太过于蛮横的缘故，被这家客栈的老板认为是一伙路过的毛贼，打谱要等天黑杀掉他们。

这时候汉武帝看看身边的几个人，顿时面如土色：带的人手严重不足，只怕今晚凶多吉少。

怎么办？逃？路线不熟，如何逃走？往哪个方向逃？抵抗？那只会死得更快！

再拿出皇家玉佩？恐怕这招不管用。过去，龙纹玉佩之所以能让县令喝退捕吏，是因为县令是朝廷体制内的人，知道非帝王不得佩戴龙纹佩饰。可这家客店的老板，是个体制外的个体工商户，就算你拿出玉佩来，他说不定还会怀疑你是从行路的客人那里劫来的。

怎么办？汉武帝急得团团乱转，不停地催促身边的人："你们快想个法子，快点想，朕真的不想死。"

可人入笼中，惊慌失措时能有什么法子好想？正惊恐之际，忽然房门被人叩响。一名随从提心吊胆地走过去，开门一看，只见门外立着一个女人。

这个女人风姿绰约、眉目含春，说："客官辛苦了，我是客店的老板娘。我是来向各位赔罪的。"

"你有何罪？"汉武帝颤声问道。

老板娘道："客官，是这么回事，因为你们来的人比较多，又飞扬跋扈，我家男人认准你们是路过的强盗，所以纠集了手下的兄弟们，要杀掉你们。"

汉武帝："老板娘，你能不能劝你家男人，不要轻动，我们真的不是强盗。"

老板娘苦笑道："我劝了。可你们不知道我们当家的，是个谁的话也听不进去的暴脾气，根本就不听我的劝。"

那岂不是死定了？汉武帝懊恼道："烦请老板娘指条明路。"

老板娘道："客官你昏了头吗？没看到外边都是他的人，哪有什么路可逃！"

"那该怎么办？"汉武帝眼巴巴地看着老板娘。

老板娘笑道："客官休慌，小女子虽然没什么见识，但看客官的气质容貌非同凡人，决非打家劫舍的强盗。我劝我家男人他不肯听，于是刚才故意劝他喝酒，把他灌了个酩酊大醉。然后我找了条索子，已经把他捆得死猪一样，动也动弹不得。请客官再耐心等上片刻，外边那伙人不见我家男人出来，等到天黑以为我们已经入睡了，自己就会散去了，到时候你们赶紧逃。"

汉武帝真诚地许诺道："老板娘，你救了我的命，我一定会重重报答你。"

果然，等到半夜，外边的那伙壮汉不见客店老板出来，一个个百无聊赖，很快作鸟兽散。汉武帝一行匆匆登车，飞也似的逃走了。

汉武帝一口气逃回皇宫，次日下令："把柏谷那家客栈的老板，还有老板娘，统统给朕捉来。"

官兵出动，不长时间，就把老板和老板娘逮来了。

汉武帝命令先把老板娘押进来，对其黑店的所作所为不但不予计较，反而笑逐颜开，赞赏道："老板娘好眼力，居然能一眼识出朕非凡人，单凭你这眼光，就应该得到重赏！传旨，赏老板娘黄金千镒！"

再把老板带上来，汉武帝仍然朗声大笑："你也是个狠角色，居然敢纠集人手欲刺杀朕。虽然这是灭门之罪，但谁让朕太年轻，喜欢你这样的血性男儿呢？"

老板不知汉武帝是不是在说反话，吓得浑身直哆嗦，只听汉武帝下诏道：

"传旨，客店老板有胆有勇，如此人才不可埋没，以其为羽林郎。"

当汉武帝说出这番话时，我们才知道，汉武帝表面上不理朝政，游猎江湖，实际上是在秘密培养自己的人才队伍。

公主实在太寂寞

早年前，丈夫陈午在世时，长公主刘嫖与他的感情极为融洽。但是陈午死得太早，刘嫖年纪轻轻就守了寡，实在是寂寞难耐。

或许是在一个月白风清之夜，刘嫖于月下独卧孤榻，手执轻罗小扇，遥望星空中的牵牛织女星。正自怨自艾之际，忽然瞥到假山后有一条大汉，原来这人是自己府中的家奴，名叫董偃。

董偃不是一般的家奴，他擅长经商，经常走南闯北，替长公主家里做珠宝生意，赚了不少钱。汉武帝刚登基时，急需长公主刘嫖的支持，于是不惜低声下气，讨好刘嫖的家奴董偃，三次请其入宫。

汉武帝在刘嫖的家奴董偃面前，连高声大气都不敢，更不敢直呼董偃的名字，开天辟地地创造了常用语"主人翁"。

汉武帝在皇宫称呼长公主的家奴为"主人翁"，这听起来骇人听闻，然而却是真正的历史。"主人翁"这个词广泛流行，但很少有人知道，这个词最早是汉武帝称呼一个家奴的。

总之，董偃不是一般的家奴，而是被皇帝颇为尊重的家奴。

于是长公主威严地喝道："董偃，说你呢，别往假山后面躲了，你躲什么躲？早就看到你了，马上给本公主过来！"

董偃怯怯地过来，伏地跪倒："董偃叩拜主母，冲撞了主母，董偃该死。"

“知道自己该死就好！”长公主怒气冲冲，“董偃，本公主府中白养了你这么个东西，连条死狗都不如！”

董偃吓坏了，赶紧跪地：“主母，何事责怪小人？”

长公主斥责道：“本公主责罪于你，是因为你不忠于主家。”

“小人冤枉啊！”董偃号叫起来，“小人虽然不读书不识字，可也知道规矩道理，不忠于主家是猪狗都不屑为之的。小人或许平日里有些偷懒，但不忠于主家，却是万万也做不出来的。”

“你当真忠于主家？”长公主表示怀疑。

董偃指天划地，发誓道：“小人若是不忠于主母，天雷殛之，不得好死！”

“当真如此？”长公主还是不肯相信，“本公主不信你真的忠于主家，上前来，让本公主仔细验验你的忠心。”

董偃没听明白意思，一时不知所措，怔在原地不动，长公主急了，半嗔半笑道：“还愣着干什么？赶紧上来啊！”

一听长公主这话，董偃有如大梦初醒，顿时眼睛一亮，热血翻涌，赶紧如虎狼一般扑了上去……

这是丈夫陈午死后，长公主得到的第一个幸福之夜。从此，长公主的生命再次获得了绽放。

西汉时代，与家奴私通的公主贵妇大有人在。只不过，这种事只能在背地里偷偷做，绝不可被人知。因为在权贵心中，家奴是猪狗一样的存在，与家奴通奸无异于自降身价，为世人所不齿。

但这种事终究是无法瞒得过人的。一旦做了，无意之间的眉来眼去，就会被有心人迅速捕捉到。所以长公主刘嫖与家奴董偃私通，也是宫里宫外许多人偷偷议论的话题——但议论归议论，长公主与董偃的私通，是在府中隐密之地夜深人静之时，议论者无法抓到实据，充其量不过是猜测而已。

虽然私情无法瞒人，但刘嫖心里淡定得很。毕竟谁也抓不到她的证据，怕什么？

可万万没想到，这绝无可能被人窥破的隐私，还是被人发现了。

深夜的秘密被揭开

汉武帝建元三年（公元前138年）的一天夜里，具体的时间，是在儒臣赵绾、王臧冲击窦太后利益集团失败，双双自杀于监狱四个月后。

长公主刘嫖临睡之前，把董偃叫了进来。正水乳交融之际，耳畔突然听到喊声大震，紧接着见到火把通明，许多陌生人竟不知从何而来，鬼魅般地出现在刘嫖的卧室之中。

“你们……是何方妖鬼？”事发突然，长公主差点没活活吓死，惊声颤问道。

“长公主莫要害怕。”只听那伙人回答道，“我们是长安城中的捕吏，刚才闻报有夜贼潜入长公主府中，欲对公主不利，我等救护公主心切，未待通报就急急闯了起来。”

“胡说！”刘嫖急忙抓过一件衣服遮住赤裸的身体，“你们分明就是故意所为！擅闯本公主府邸，你们可都是死罪！”

“公主所言极是，”那伙人嬉皮笑脸道，“不过我等虽然冒犯了公主，却救护了公主平安，按国律，死罪是可免的。公主身边这人是谁？他不是公主府中的奴才董偃吗？这事可就奇怪了，一个奴才，怎么会在公主的榻上？”

“大胆！你们胡说八道些什么？快点给我滚出去！”长公主嘶吼道。

“对不起，长公主，你的家奴裸身在你的榻上，此事非同小可。我等撞破此事，已经犯了大忌。如果这样悄无声息退出，我们这些人必然死无葬身之地。”只听那伙人笑道，“所以我们为了保全身家性命，只能把眼前看到的事情向陛下禀报。”

“大胆奴才，焉敢如此！”长公主顿时吓呆了。

少顷，只听外边车声辚辚，接着是脚步声“橐橐”地响起，一个英挺的年轻人走了进来，问道：“姑姑，这是怎么回事？”

一见来人，长公主如见救星，急忙抓住他的手：“陛下救我，救我，快点替我把这些人……全部杀掉。”

“姑姑，”汉武帝没好气地斥责刘嫖道，“这些下贱的狗奴才，一个个狡猾无比。他们撞破了姑姑你的奸情，就知道惹下了塌天大祸，知道朕必然会为了保护姑姑的清誉，将他们统统杀掉灭口。所以这些狗奴才在把消息报给朕之前，就故意把你和家奴私通之事嚷开了。此时长安城中，家家户户，老幼妇孺，都知道了姑姑的丑事，难道朕还能下旨，把天下人统统杀尽不成？”

刘嫖惊呆了：“这是谁布的局？太阴毒了。”

只听汉武帝不疾不徐道：“这事，到了朕这里就算了。朕终究不能以国法加之于姑姑。但是姑姑自己也要知道个好歹，这段时间就不要出门了，以免被人耻笑。”

说完这番话，汉武帝一挥袖子，转身走了。他一走，那伙捉奸的长安捕吏顿时一哄而散。

人走光了，长公主坐在榻上，脸色惨白，瑟瑟发抖，身边是吓呆了的董偃。长公主的心里翻江倒海：今夜这事，分明是有人布局害我，可这人是谁？他为什么要用如此阴狠的招术来对付我？

想了半晌，刘嫖也想不明白，到底是哪个仇家。

眼下的情形是，出了这桩事，自己在皇帝心里可就是声名扫地了。要想挽回影响，只能走女儿阿娇的门路。毕竟阿娇是当今皇帝的结发妻子、当朝皇后，自己好歹也是当今皇帝的姑姑兼岳母，只要阿娇在皇帝耳边说上几句软话，皇帝还会像以前那样信任自己，替自己把仇家找出来，斩草除根！

想做就做，于是长公主立即下令：“你们这些狗奴才，主母受辱，都是你们护主不力，居然让外人闯入，还不快给我准备车驾！”

公主嫁给家奴

汉武帝神清气爽地从长公主府上出来，翻身登车道：“朕憋了整整三年的窝囊气，直到今日才一吐为快！”

回头望了一眼漆黑一片的长公主府，汉武帝忍不住摇头：“朕这个姑姑，跟她的女儿一样，都是没脑子忘性大之人。她现在肯定在屋子里苦思冥想，究竟是谁在暗中算计她。她忘了当年朕来她府上的时候，是她亲自引荐董偃给朕，朕才知道她和这个家奴有一腿。可是她居然敢骗朕说，这个董偃是个珠宝商。当时朕为了讨好她，故意不称董偃其名，而是称之为‘主人翁’。朕还亲请董偃赴北宫，与朕一起斗鸡、蹋球、赛狗。朕还曾在未央宫中为董偃设宴，只是被大臣拼死劝止了……如果姑姑不是忘性太大，能想起来这些琐碎小事的话，她就不至于落到今天这个地步！”

车驾启行，驶出长安都城。汉武帝坐在马车上，东张西望：窦太后不还政于朕，朕也没有办法，只能尽情享乐，这谁也甭想阻止朕！

汉武帝的车队抵临灞上，附近有一座美轮美奂的庄宅，住着汉武帝的同母姐姐，平阳公主。

如果刘嫖稍微有那么一点点脑子，就应该想到，自己之所以翻云覆雨、威风八面，就是因为自己是汉景帝的亲姐姐。姐弟情深，血浓于水，所以自己才有了飞扬跋扈的机会。但现在是汉武帝时代，汉武帝也有自己的亲姐姐。

现在的平阳公主，一如当年的长公主。

平阳公主，才是当今真正的长公主，最有权势的长公主。刘嫖，已经过气了。只不过，平阳公主和刘嫖的命运也差不太多。

平阳公主嫁的第一任丈夫，是西汉开国功臣曹参的曾孙曹寿——汉武帝游侠江湖，就是冒充平阳公主的丈夫曹寿——后来曹寿死了，平阳公主又改嫁开国功臣夏侯婴的曾孙夏侯颇。但后来，这个夏侯颇好死不死，和父亲的宠姬通奸，被人当场捉了现行。因为恐惧国法严酷，夏侯颇畏罪自杀，让平阳公主再一次守寡。

所以，平阳公主将来还得找个新的丈夫。可是，找谁呢？

闻知皇帝弟弟正在前来府上做客的路上，平阳公主喜不自胜，顾不上梳妆打扮，赶紧从屋子里冲出来，冲向自己的车驾。一名乖巧的骑奴立即急步趋前，跪在马车前，让平阳公主趾高气扬地踩着他的背，登车出门去迎接汉武帝。

——专门说到这个细节，是因为平阳公主第二次守寡之后，改嫁了现在她踩着登车的这个骑奴。

汉武帝来到平阳公主府邸前，平阳公主满心欢喜地把皇帝弟弟迎进家门。

汉武帝也满脸堆笑道：“姐姐，朕专程来此，就是为了看一眼姐姐。”

平阳公主心花怒放道：“陛下来得正好，姐姐为你准备了一件精美的礼物。”

汉武帝喜出望外：“姐姐，你打小就挑剔，不是最好的东西，你宁可不要。依你的标准居然说出‘精美’二字，这礼物一定是非同凡响。”

平阳公主暧昧地一笑：“陛下看了就知道了。”

紧接着，平阳公主轻击两下手掌，厅堂间的乐工们立即奏起轻柔的音乐。乐声之中，一列女子手擎锦簇花团翩跹而入，很快，曼妙的歌声飘荡满厅，汉武帝心花怒放，紧紧盯着其中一位女子看得入了神，突然“噌”的一声站起来：“姐姐，如此绝世美女，你是从何处寻得？”

“这个美女吗？”平阳公主循着汉武帝的视线看过去，沉吟道，“这事说起来可真是古怪非常。我府中有个姓卫的老太太卫媪，生下了这么个绝世美女。”

汉武帝听傻了眼：“姐姐，这女子有名字没有？”

“有的。”平阳公主道，“她有姐妹三人，大姐卫君孺，二姐卫少儿，她叫卫子夫。”

“姐姐，你可是给朕准备了一件厚礼啊。”汉武帝激动地说道。

说话的时候，汉武帝望向卫子夫的目光早已滚烫，上前就把卫子夫抱起，往后室大步而去。

就这样，平阳公主的婢女卫子夫与汉武帝初次见面就被宠幸了。

后宫惊变

刘嫖匆匆走进宫门，忽见前方一阵骚乱，几个宫人一脸惊恐地冲出来，一见到她就齐声尖叫起来：“长公主，你可来了，快快快，皇后她……她要自杀！”

“什么？”刘嫖吓了一大跳，“我的宝贝女儿阿娇要自杀？不可能！她已经是皇后了，母仪天下，又受到皇帝的恩宠，世上的女人哪个比得了她？怎么会自杀呢？”

阿娇真的是要自杀，拿了条白绫，要挂上房梁自缢，幸亏被宫人死死拦住。

刘嫖急忙冲进来：“女儿啊，你怎么如此想不开！放着皇后的宝座不坐，非要自杀！你自杀了，我这里可怎么办？现在我遇到了麻烦，还指望你帮帮我。女儿，你知道家奴董偃吧？”

“母亲！”阿娇号啕大哭，一头扑进刘嫖的怀里，“母亲，我不活了，不活了，陛下他……他……”

刘嫖急忙问道：“陛下他……怎么了？”

阿娇哭道：“陛下他……不喜欢我，讨厌我。”

“胡说！”刘嫖失笑道，“你忘了你13岁那年，皇帝他刚刚5岁，他当着我的面，亲口说道，‘若得阿娇，愿以金屋藏之’。陛下如此宠爱你，怎么会不喜欢你呢？”

阿娇哭道：“母亲，陛下5岁时说的那句话，是他母亲教的，是为了拉拢你，让你出力扶他登上皇位。现在他的目的达到了，母亲，我们就没有了价值啊。”

刘嫖心里“咯噔”一声，强笑道：“女儿啊，这话岂是可以乱说的？陛下他对你是真心实意。”

“真心实意！”阿娇骂道，“自从他登基以来就没临幸过我。母亲，整整三年了，我独守空床，可见我在他心里的地位是多么无足轻重。”

“那，这事也怪你！”刘嫖无奈道，“谁让你肚子不争气，没有怀上龙子呢？如果你怀有身孕，纵然他不爱你，总不会连自己的孩子都不理会吧？”

阿娇哭道：“母亲，你别说了，你明明知道我为了怀上孩子到处托人求药，单是求药的费用，就花了整整九千万钱，可是……可是陛下他根本不与我亲近，我就算是求来仙药也是枉然！”

刘嫖宽慰道：“那你也不该寻死啊，反正陛下后宫无宠，咱们慢慢想法子。”

阿娇悲声道：“母亲啊，你真是老糊涂了！陛下的姐姐平阳公主，不知从哪儿弄来个叫什么卫子夫的贱婢，他和那女人已经在平阳公主的家里……天地共一春了。而且，陛下离开平阳公主府上时，还曾亲口对卫子夫说‘行矣，强饭勉之，即贵，愿无相忘’……然后就把卫子夫带进宫里来了。”

“你这……说的都是什么乱七八糟的！”刘嫖听得头大，“陛下这是何意？”

“这话不是明明白白的吗？”阿娇喊道，“他就是想让卫子夫做皇后！”

刘嫖失神，跌坐在地。

要是这样的话，那就只能一拍两散！

黄老学派高手出场

汉武帝接卫子夫入宫，这可惹下了天大的乱子。

皇后阿娇抵死不依，大吵大闹。按汉武帝的真实想法，恨不能当场撕碎了这个大自己8岁的表姐。可是，人在屋檐下，纵然是汉武帝，也得低下他高傲的头颅。

这个屋檐，就是后宫的窦太后。

刘嫖和家奴董偃的私情已经惊动了后宫。此时的刘嫖，既不敢入宫为自己求情，也不敢为女儿求情。此时其他的公主们听了此事都幸灾乐祸，兴奋至极，纷纷跑到后宫，在窦太后面前添油加醋叙述这件事。

窦太后听了，气得全身直哆嗦：“唉，刘嫖这孩子小时候挺机灵的，长大了怎么干出这事？干就干吧，怎么还被人当场捉奸了呢？”

是谁下的手？具体是怎么回事，没人说得清楚。

公主们七嘴八舌道：“但事情始发，陛下就匆忙赶到，禁止任何人再谈论此事。”

窦太后松了口气：“皇帝他还算有良心。不对，既然皇帝禁止任何人议论此事，怎么会所有人都知道了呢？”

“说不上来，可能是陛下的封口令下得还是太迟了吧。”公主们猜测，“现在皇后就惨了，失去了陛下的欢心，过去陛下金屋藏娇的誓言都不作数了，听说陛下迷上了一个叫卫子夫的贱婢。”

“皇帝不会迷上贱婢的。”窦太后不敢相信这样的事实，断言道。

“可是陛下的心……”

“哀家说了，皇帝不会被任何贱婢给迷住！”窦太后重申道，“传哀家懿旨，让万石君的大儿子到皇帝身边侍候。”

万石君？公主们相互挤眉弄眼，暗自窃笑：此人出山，必会够陛下喝一壶的。

万石君，名字叫石奋。他有四个儿子，都在朝廷任重职。他和四个儿子，每个人的俸禄都是两千石官，五个两千合起来，就是一万，所以人称其为“万石君”。

万石君这个人，什么本事也没有，什么正经事也干不了，但有个惊人的天赋，就是严肃认真。他是黄老之徒，讲究正事不干，闲事不管，但每逢隆重场合，面部的表情必须贴切到位，差一点也不行。

若逢盛大节日，万石君的表情必然是幸福无比；如若遭逢国难，万石君的表情必然是悲戚忧伤，看一眼都会让你大哭出来。

史书记载，万石君即使在家里也始终是恭恭敬敬，身着官服官帽。如果家人犯了错误，就必须要脱掉上衣，当面向他请罪。犯错之人承认了错误，万石君才肯拿起筷子进食吃饭。总之，这个万石君石奋，是中国历史上少有的表情艺术家，一辈子就靠一张脸吃饭。

窦太后喜欢黄老之术。黄老之术，其价值观的核心，就是如万石君这般无为而为，无为而治。

窦太后罢免了丞相窦婴和太尉田蚡，把万石君的大儿子石建派到汉武帝身边，就等于把汉武帝关进阴沉压抑的铁笼子里，让汉武帝再也乐不起来。

果然，汉武帝出门的时候，万石君的大儿子就迎在门外："陛下，小臣石建，替陛下驾车。"

"你？"汉武帝狐疑地看着石建那张脸。

那张脸端的是天下无双，上面似乎刻写着：我是万石君的大儿子，我正在替陛下驾车，我对陛下忠心耿耿！汉武帝越看他那张怪脸越是害怕，忍不住问了句："石建？"

石建应道："回陛下，臣在。"

汉武帝问道："石建，现在给朕拉车的，是几匹马？"

"回陛下……"只见石建扬起鞭子，一匹匹数过来，"一匹，两匹，三匹……启奏陛下，现在有六匹马拉车。"

汉武帝倒吸一口凉气：你明明知道拉车的是六匹马，却还要认认真真地数一遍——有你这种怪人在朕的身边，朕生不如死啊！

被石建严肃较真的行事风格所震慑，汉武帝从此如坐针毡，虽然把卫子夫带回了宫，却整整一年也不敢去见她。

这就是窦太后的管理方法：皇帝你不是想心花怒放吗？我不拦你，也不劝你，只往你身边安置作风古板之人，让他们的行事风格同化你，让你迟早也变得拘泥古板，从此成熟起来。

汉武帝心想，看来朕要想挣得自由，还得继续举贤良方正，找到自己喜欢的大臣。

皇后千金买代笔

又一年过去，汉武帝19岁。

这一年，被万石君的大儿子石建一张怪脸所困，汉武帝在最早举贤良方正的名单里，偷偷地筛选了一番，筛选出一批人。

这些人中，排第一名的，叫朱买臣。

朱买臣，是中国传统戏剧中久唱不衰的名角。戏剧故事中，朱买臣读书山中，家境贫寒，妻子忍受不了，果断提出来离婚。等到离婚之后，朱买臣却受到汉武帝的赏识，被赐了数不清的钱财。有一天，朱买臣正骑马走在路上，前妻突然出现在他面前，拦住他说："朱买臣，你还记得曾和你共度贫寒的结发妻子吗？我请求复婚。"

复婚？朱买臣冷笑，命人端过一盆水泼在地上，对前妻说："只要你能将泼出去的水收回盆里，就能复婚！否则甭想这美事！"

汉武帝挑选的第二个人，是大才子司马相如。

司马相如帅而有才。他最传奇的故事，是与卓文君的爱情。

四川临邛（今四川成都邛崃市）大富商卓王孙家有一个才貌双全的女儿卓文君，年纪轻轻就守寡在家，司马相如受邀去卓王孙家里做客时，席间故意弹奏一曲《凤求凰》，卓文君隔着帘子暗中偷偷观看，顿时被他的风采迷得神魂颠倒。这就是历史上有名的"司马相如琴挑卓文君"。

卓文君当天夜里就逃出家门，跟司马相如私奔去了成都。

女儿私奔，卓王孙感觉很没面子，就拒绝给女儿陪嫁。司马相如与卓文君在成都的日子过得很穷苦，只好回到临邛，在卓王孙家附近开了家小酒馆。卓文君在店堂卖酒，司马相如洗涤酒器，卓王孙是个好面子的人，受不了街坊邻居的风言风语，无奈只好给了女儿一大笔钱作为陪嫁。

司马相如擅长写赋，写过一篇华丽的《子虚赋》。一次偶然机会，汉武帝看到了这篇赋，顿时爱不释手，惋惜自己不能与这篇赋的作者生在同一个时代，不能一睹他的风采。这时，汉武帝身边的狗监杨得意告诉他，这篇赋的作者是自己的老乡，叫司马相如，还在世。

汉武帝闻言大喜，立即下诏让司马相如入宫。司马相如觐见汉武帝之后，表示《子虚赋》不算什么，自己还能写出更好的赋。于是又写了一篇《上林赋》献给汉武帝，再次赢得汉武帝的欢心，被汉武帝封了高官，就此飞黄腾达。

男人一旦飞黄腾达就容易见异思迁，抛弃糟糠之妻。司马相如也不免落俗，在长安见了各色美女挪不动脚，写诗给卓文君，诗中隐含了离弃之意。卓文君是个聪明人，一眼就看出了丈夫的心思，痛心之余也写了首诗，回忆和司马相如相爱的日子，派人给司马相如送去。司马相如看到后羞愧难当，心软了下来，于是与卓文君和好如初。

司马相如和卓文君的爱情故事，在当时传得沸沸扬扬，就连深居宫中的皇后阿娇都听说了。

时值阿娇正被汉武帝冷落，听说了司马相如和卓文君的故事之后，眉头一皱，计上心来：没想到写诗作赋居然有这么大的魔力，能够叫人回心转意。如果我也这样做，问题岂不就解决了？

可是，阿娇自己根本写不来。但她有钱，就派人给司马相如送去一千金，请他替自己也写一篇，好让汉武帝回心转意。

司马相如收到巨额稿费，心花怒放，大笔一挥，洋洋洒洒写了篇长赋，给阿娇送来。

阿娇拿到那篇长赋一看，顿时喜出望外。司马相如不愧是当代文豪，出手果然非同凡响，这篇赋写得凄婉动人、感人泪下。阿娇相信，皇帝看到后，即使是铁石心肠也会被软化，一定会与自己重修于好！

于是，阿娇将这篇赋献给了汉武帝，焦急地等待着从汉武帝那里传来好消息。

然而，阿娇一直没有等到。汉武帝再也没来看她一次。

汉武帝是何等聪明之人，从小和阿娇一起长大，阿娇肚子里有几滴墨水，他再清楚不过。这篇赋绝非出自她之手，更非出自她之心，一看就知道是司马相如代笔。没有真情实意，花钱请人代笔，这样的人比蕙质兰心的卫子夫差远了，汉武帝对她越发厌恶，铁了心要抛弃她。

谐星也会为民请命

汉武帝替自己挑选的第三个人，是以滑稽娱乐为人生乐事的东方朔。

东方朔，平原人氏，身材短小，相貌古怪异常，生性诙谐，是天生的段子手。不管什么无趣的事情，经他一说，顿时变得妙趣横生。汉武帝把他养在身边，目的就是舒缓万石君家族给他带来的沉闷压抑气氛。

东方朔成为传奇，是因为他始终在努力，要把他的喜剧天赋用到治国上来。

长公主刘嫖的家奴董偃，曾被汉武帝三次请到宫里，并在未央宫设宴招待。当时东方朔连哭带闹，抵死不依。虽然汉武帝没听他的劝，但从此开始敬重这个滑稽小侏儒。

此后汉武帝冲击窦太后利益集团，想夺回权力，失败之后，所有的政务统统荒废了。汉武帝无事可做，就寻思巡猎游玩，恣意人生。但他每次出巡，都是惊险万分，被县吏追捕，被黑店老板追杀。这样的事情多了，汉武帝的内心就怯了。于是他想划出一大片猎场，在此范围内，只许自己有权进入，随意休闲娱乐。

汉武帝下令，把阿城（长安县城）以南、宜春（蓝田县城）以西，包括整个终南山在内，统统划为皇家私产，把这片辽阔的山林作为自己游玩的私地，禁止百姓进入。

听到这个消息，东方朔大为紧张，就来劝诫汉武帝："陛下，这可使不得啊。您现在划出来的区域，面积极大，数以万计的百姓世世代代就生活在这里，可是陛下您一句话，就将他们逐出，彻底剥夺了他们的生活来源。这些百姓失其依所，此非大汉之福啊。"

汉武帝听了，惊诧地看着东方朔，半晌，猛地一拍东方朔的肩膀："爱卿，你刚才的谏言说得太好了。朕得到你这样的诤臣，实乃社稷之福。传旨，封东方朔为中大夫、给事中，赏黄金百镒。"

东方朔大喜："小臣谢过陛下隆恩，代天下百姓谢过陛下！"

汉武帝："爱卿，你谢你自己的，为何要代天下百姓谢朕？天下百姓，跟你有何关系？"

东方朔："陛下，您肯听小臣劝谏，不将百姓逐出世居之所，这是天大的恩德，小臣当然要代天下百姓相谢。"

汉武帝哈哈大笑："谁告诉你朕放弃了？朕要放松身心，没有个大点的山林怎么行？朕重申一遍，自阿城以南、宜春以西，包括中间的终南山，统统划为皇家禁区，居住在里面的百姓全部逐出，私入者以国法论处！"

东方朔惊声尖叫："陛下，您都重赏了我黄金百镒，为何非要逼迫这些可怜的百姓呢？"

汉武帝失笑道："此事已决，毋庸再议！你还有何要事启奏？"

东方朔："陛下，那小臣就斗胆直言了。"

汉武帝："说吧。"

东方朔："陛下，如今皇宫之中积压了诸多美女，而陛下又喜欢四处游玩，根本无意回宫。既然如此，何不遣散那些终生也无缘见到陛下的可怜女子回家与父母团聚，回归天伦之乐？"

汉武帝："此谏尚可，准奏。"

东方朔："臣谢过陛下！不过，陛下您不会又有什么后手，戏弄臣吧？"

汉武帝仰天大笑："看来爱卿你还不算太笨。没错，朕允许释放一批宫女出宫。不过，所有获释的宫女在出宫之前，都要经过朕一个个审视，朕看不中的，才允许她们离开；若朕看着喜欢，那她可就捡了天大的便宜。"

有情人终成眷属

采女大出宫，正式开始了。

先由宫里的采女们自己报名，由宦官登记登册，然后再由汉武帝亲阅。

到了时间，汉武帝端坐在龙椅上，让宫女一个个走进来。汉武帝皱起眉头，把宫女从头到脚看个仔细。看着就没胃口的，汉武帝一挥手，这宫女就获准出宫，自由了；如果这宫女尚有几分姿色，汉武帝看着还顺眼，手一摆，这宫女就只能留在宫里，继续无望地等待汉武帝的恩宠。

有些宫女年纪偏大，汉武帝一挥手，就放她们走了。少数姿色尚存，汉武帝丝毫不理会她们那幽怨的神情，把她们继续留在宫中。忽然间，听到宦官报出下一个宫女的名字，汉武帝顿时呆住了。

"卫子夫！"

只见卫子夫缓步走了进来，脸色青黄，满脸忧郁，痴痴地看着汉武帝："陛下。"

汉武帝失神地站了起来。

老实说，汉武帝带卫子夫回宫是真心实意的。但入宫以来，就受到窦太后势力的百般阻截，身边的重臣全都是像万石君这类的怪人，让汉武帝每天备受煎熬，了无生趣，再加上皇后阿娇的哭闹，起初，他不敢与卫子夫同房，是害怕阿娇下毒手害了卫子夫，可是过了段时间，他自己也没想到，居然真的把这个绝色女子给忘了。

但是汉武帝没有责怪自己的习惯，而是大步走过去，厉声喝道："卫子夫，你居然报名出宫，是要弃朕而去吗？"

卫子夫跪倒在地，泪如雨下："陛下，臣妾从未忘记入宫时的誓言：即贵，愿无相忘……可是，臣妾只能用这个法子，才能见到陛下一面。"

汉武帝不以为然，心说：你当朕是傻子吗？如果朕不是闲极无聊，亲自把关审核出宫的宫女，你不就逃走了？

想到这样的绝色女子要离开自己，汉武帝心中愤懑难平，上前一把抱住卫子夫："朕不允许你走，朕要履行承诺！"

不久，卫子夫怀上了孩子，汉武帝欣喜若狂，亢奋得恨不得昭告天下。

此事让汉武帝获得重生。他的自信回来了，内心深处的恐惧一扫而空。

卫子夫洗清了汉武帝不能生育的冤屈，为汉武帝恢复了名誉，从此身价百倍！

可怜的阿娇，这个娇惯了的皇后，她最后的日子，到了。

母女一条心，联手除卫青

阿娇不能重获汉武帝的垂爱，只能催促着母亲刘嫖替她想个法子，唤回汉武帝的心。

可是刘嫖与家奴通奸的把柄，已经被汉武帝牢牢抓在手里，她根本不敢再向汉武帝提什么要求。但女儿的皇后之位不保，对自家来说是莫大的灾难，此事必须要想个法子解决。

如何解决呢？

刘嫖想来想去，觉得这事还得从卫子夫这边下手，要派人去查一查这个女人究竟是什么来历。这一查，着实把刘嫖吓了一跳。万万没想到，卫子夫的身世，细说起来，复杂到了令人震惊的程度。

卫子夫的生母，是平阳公主府中的卫媪。

卫子夫出生之后，平阳县有个小县吏，名叫郑季，辞职来到平阳公主府中当仆役。不知什么时候，郑季就和卫媪私通了。后来，卫媪又生出个儿子来。

这个与卫子夫同母异父的弟弟，也随了母亲的姓，起名叫卫青。

卫青幼年在郑季家里长大，但郑家人虐待他，根本不承认他是郑家的孩子。卫青实在受不了，逃回了平阳公主府中，成为平阳公主的骑奴。他的日常工作，就是替平阳公主养马，遇到平阳公主外出，卫青就要跪于车前，让平阳公主踩着他的背登车。

卫青，不过是平阳公主的一只廉价踏脚垫，随时可以弃换。

了解到了这个情况后，刘嫖就想，宫斗这种事，攻心为上，攻城次之。既然卫子夫有个同母异父的弟弟，那就派几个武林高手去把那贱婢的弟弟杀掉，让她知道夺人所爱的下场。

于是，刘嫖立即把情夫董偃叫来："我们惹下了天大的祸，现在不好收场了。你赶紧找几个得力的人手，给我把平阳公主的那个家奴杀掉。"

"这人叫什么名字？"董偃问道。

"就是卫子夫的弟弟，名叫卫青。"刘嫖告诉董偃。

"好，你放心，不消一时三刻，我就会把卫青的脑袋给你提来。"董偃信心满满，马上找了一伙帮手出发了。

不久，董偃就回来了，刘嫖拿眼一看，顿时大吃一惊。

只见董偃这伙人去的时候囫囵胳膊囫囵腿，可是回来时都伤残累累，缺胳膊少腿的，居然没有一个完整人。

刘嫖惊问道："怎么回事？不是让你们去刺杀平阳公主家的一个小家奴吗？怎会弄成这般惨相？"

"主母，你的情报不准，把我们害惨了。"只听董偃哭诉道，"那个卫青，他表面上是平阳公主的家奴，实则大有来头。"

"有什么来头？"刘嫖问道。

董偃道："卫青他……他实际上是个江湖人物。"

"江湖人物？"刘嫖不信。

董偃哭道："难怪主母你不信，我们也是万万没想到。我们奉命前去，顺利地把卫青骗了出来，当场架走，准备问罪后杀掉。可不承想，正当我们要下手时，忽然听到荒野中杀声大震，只见一伙人，个个长刀在手，黑衣黑帽，突然杀至。领头的，赫然是江湖老大公孙敖。这伙人对我们一通砍杀，抢走了卫青。”

刘嫖一听这话，当场惊呆：想不到区区家奴卫青还有这层背景！

刘嫖这边只顾吃惊，没注意有个家奴悄悄溜出，飞也似的跑到皇宫，向汉武帝报告去了。

接到安插在长公主刘嫖府中眼线的报告，汉武帝才知道卫子夫的弟弟竟然还是江湖人物，顿时大喜，立即召见卫青，让卫青给他详细讲述事情经过。

听完之后，汉武帝热血沸腾，庆幸卫子夫有这么个不简单的弟弟，于是立即传旨，任命卫青为建章宫监兼侍中，赏千金。

隔日，又封卫青为中大夫，卫子夫为夫人。

皇权终于到手了

18岁那年，汉武帝混迹于江湖之中，留下许多传说。

19岁，异星现于东北，天下无事。

20岁，西汉帝国经济危机，通货膨胀，汉武帝下令废三铢钱，改铸二铢半钱。

21岁，这一年的四月，皇宫发生火灾，汉武帝素服五天，表示向天请罪。

五月的一天，汉武帝的舅舅田蚡满脸狂喜地冲进来禀告道：“陛下，好消息，天大的好消息。”

汉武帝问道：“什么好消息？”

田蚡答道：“回陛下，窦太后驾鹤西去了。”

“什么？”汉武帝难以置信，“果真如此？”

帝国的皇太后，因病不治，溘然而逝，享年61岁。

汉武帝泪流满面：“朕终于君临天下，成为货真价实的皇帝了。朕要好好地大干一场，首先任命朕喜欢的人入朝为官。”

“等等，”田蚡急忙阻止汉武帝，“陛下，任命官员这事，最好先等等。”

“为何要等？”汉武帝恼火地问道。

“这个，”田蚡支吾道，“这个官位呢，陛下，已经满员超额了。”

“胡说！”汉武帝不信，“朕总共也没任命过几个官员，怎么会满员超额？”

“是这样，”田蚡解释道，“陛下您是没任命几个官员，不过，那些想当官的人都来找臣舅我，臣舅我就是改不了心软这个毛病，但凡来人有所求，总是要满足的。所以官职很快就要被人占满了。”

“什么？”汉武帝差点没气死，“你连个朝官也不是，怎么可以如此胡来，越过朕直接任命官员？你给朕留点位置，让朕也任命几个官员。”

“行行行，”田蚡媚笑道，“陛下，现在窦太后不在了，帝国新政也应该有番新的气象了，陛下您看臣舅的丞相之职，也该复原了吧？”

汉武帝疑惑道：“舅舅，你只做过太尉，何时做过丞相？”

田蚡上前，靠近汉武帝说道：“陛下，让臣舅做丞相，说白了不是替您看家守院吗？再说您的母后，她也是这个意思，让臣舅替您看家，您才能放心，是不是？”

“行，你就做丞相好了。”汉武帝生气道。

田蚡大喜：“臣舅谢过陛下。对了，陛下，臣舅这里还有点小事。”

汉武帝：“还有何事？”

田蚡道：“陛下您看，考工官署的那块地一直空着，官衙也没盖。臣舅的意思是，就把那块地拨给我吧，臣舅的宅院太狭小了，也应该扩一扩了。”

汉武帝已经快要被这个不要脸的舅舅气疯了。但他仍以平静的语气对田蚡说：“舅舅，你的要求太少了，你为何不直接开口，把国家武库要去呢？”

“陛下息怒，”田蚡也知道今天要求的太多了，脸不红不白地退下，左顾右盼，目无余子。“现在窦太后归西，轮到我外甥当家，臣舅也替陛下您扬眉吐气！”

此时汉武帝也心潮起伏：终于可以大干一场了。可是干什么呢？好像这天下已经没人敢招惹朕了，那朕跟谁去较劲呢？

汉武帝突然心头一动：匈奴！谁都能忘，就是不能忘了欺压我大汉数十年的匈奴！是时候跟他们理一理关系了！

第五章

帝国死亡笔记

奇人入京师

汉武帝对匈奴的态度，其实是很矛盾的。

汉武帝21岁那年，盘踞后宫长达四十年之久的窦太后去世，政归武帝，从此汉武帝可以自行其是，制定国策不用再先行禀报任何人。这一年，他制定的针对匈奴人的一条政策是：和亲！

兵凶战危，真的不想打。汉朝对匈奴一无所知，只知道人家不好招惹。轻言战事，如果捅出大娄子，这责任谁承担得起？

但几天之后，汉武帝又改了主意，决定撩拨撩拨匈奴人，找点乐子。

史家困惑于汉武帝心思变幻莫测，实际上，在这从和亲到战争的国策改变中，始终贯穿着汉武帝不变的个性——坚持不懈地打击他最大的政敌。

窦太后在世时，以其为中心构成了一个庞大的公主利益集团，这是汉武帝继位以来所面临的最强大势力。可以说，在这股势力面前，汉武帝只有老实挨打的份，毫无还手之力。

等到窦太后去世，这伙乌合之众顿时作鸟兽散，不再能对汉武帝构成丝毫威胁。新一任政敌“哇呜”一声跳将出来，于是有位大思想家倒了血霉，一名孤零零的女子被迫远赴他乡。

这名倒了血霉的思想家是谁？那女子又缘何远走他乡？

此事说来复杂。如前所述，汉武帝21岁那年，阴历四月二十一，皇宫发生火灾，汉武帝素服谢天。隔了一个月零五天，61岁的太皇太后溘然而逝。

窦太后死了，汉武帝得以大权独揽，这时候忽然有人从外而来，偷来文章一篇，引发一连串事件。

这个从外而来的人，名叫主父偃。

狠毒的报复

主父偃这个人，日后将在朝廷上掀起滔天巨浪，但他只是一介草根出身，自幼家贫，苦读苦学。学得差不多了，他就背着铺盖卷出发了，去山东一带游历，寻找赏识自己的伯乐。伯乐没找到，所有他拜访过的学者文人，不知何故，纷纷对主父偃竖起中指，鄙视他。

主父偃不太清楚大家为何一起鄙视自己，所以非常地恼火，于是他决定报复。

可所有人都鄙视他，从哪一个报复起呢？

不如找个名头最大的，小规模地报复一下？主父偃心想。

说到名头大，谁的名头也大不过董仲舒。董仲舒，堪称天下智囊。此人少年读书，读到了痴傻的地步。他家有个花园，他却从来没有进去过。他出门骑马，分不清马的公母。他的心思全在书上，不到30岁就已经学有所成，声名大振，于是开班讲学。

董仲舒讲课，极具神秘主义色彩。上课时，他命人拉起一张帘子，自己坐在帘子后面讲得绘声绘色，学生们只闻其声，不见其人。听得学生们五迷三道，昏头昏脑。讲学多年，他堪称桃李满天下，门人弟子无数。

董仲舒39岁那年，汉武帝刚刚登基，为寻找与窦太后之黄老之术相抗衡的思想杀器，广召天下贤士。董仲舒被举贤良方正入京师，与汉武帝有过一番长谈。董仲舒提出了他的“罢黜百家，独尊儒术”之策，让汉武帝大喜过望。

当时，汉武帝将董仲舒许多弟子统统提拔，最受重用的，是一个叫吕步舒的人，他被汉武帝视为心腹，留在身边出谋划策。

至于大学者董仲舒，汉武帝对他寄予厚望，以其为汉景帝时代袁盎的替身，去吴地江都王刘非处，充当间谍耳目，负责监视刘非，防止刘非也像汉景帝时代的吴王刘濞一样突然起兵造反。

汉武帝忌惮比他大12岁的哥哥刘非，这件事谁也没看出来，但主父偃一眼就看穿了。

主父偃能够看穿汉武帝的心思，应该是他复盘了武帝时代的政治格局，发现这盘棋与景帝时代一般无二。既然汉景帝时代对吴王刘濞忌惮至极，现在必然也是同样猜忌江都王刘非。

于是主父偃取道江都，一路上风餐露宿，终于抵达吴地，先来拜访董仲舒。

董仲舒把主父偃看作游学之人，怜其一路艰辛，接待了他，与其促膝长谈。谈完之后，主父偃恭敬地告辞，董仲舒就带上书去江都王处任职。

等董仲舒一走，主父偃立即从树丛后跳出来，潜入董仲舒的书房，开始搜查起来。

他翻找的，是董仲舒写的文章。找了一篇又一篇，发现都没什么政治隐喻，不够分量，直到看到一篇类似于奏疏的文章，顿时眼前一亮。

这篇文章的主旨是论述皇宫所发生的火灾。文章中，董仲舒分析称，这场火灾的原因是上天发怒了。上天为何发怒呢？肯定是因为人间的皇帝冤杀了忠臣，所以上天震怒，降下灾祸。当时主父偃大喜：这篇文章好，等我给皇帝送去，董仲舒你就死定了！

于是主父偃盗走了董仲舒的这篇文章，连夜赶赴京师长安，又不知走了什么门路，居然见到了汉武帝，把盗来的文章递了上去。

汉武帝打开文章一看，差点没活活气死：好你个董仲舒，居然说皇宫失火是因为朕冤杀了忠臣！朕自打登基以来，万事都要向窦太后请示报告，朕能杀得了谁？你竟敢如此诽谤朕，真是其心可诛！

汉武帝当即把董仲舒的得意弟子吕步舒召过来："小吕你来，给你看篇天下奇文。"

汉武帝故意遮去文章的作者，只给吕步舒看文章的内容。吕步舒看了之后，仰天长笑："陛下，此为愚蠢之人写的诽谤陛下的文章。"

"噢？"汉武帝欣慰地看着吕步舒，"那依你的意思？"

"满门抄斩！"吕步舒大义凛然道，"写这篇文章的人，家里的男丁统统杀掉，女子全部贬为奴，至于其子女，男的当太监，女的卖到青楼。"

汉武帝乐了："好，你既然如此建议，朕也不好不满足你，那就把你老师全家杀光。"

"臣的老师？"吕步舒蒙了，"陛下，臣愚昧，不知此事与臣的老师有何关系？”

汉武帝这才揭开文章作者的署名：“吕步舒，你来看这篇文章的作者是何人？”

吕步舒定睛细瞧，居然是老师董仲舒的名字，当时就“扑通”一声跪在了地上，伸手抱住汉武帝的大腿：“陛下，刚才臣是胡说的，臣的老师年轻时大智大慧，后来去了江都王处，也不知江都王给他吃了什么药，让他变糊涂了，竟然写出这种昏聩之文。求陛下饶过我老师吧，他就是读书读傻了，对陛下绝无二心。陛下，臣和老师对陛下忠心不贰，唯天可表啊！”

汉武帝乐了：“吕步舒，你替诽谤朕的贼子求情，如果朕拿你抵罪，你当如何？”

“拿臣抵罪？”吕步舒哭了，泪水哗哗直流，“陛下，如果严惩臣，能消得陛下雷霆之怒，臣无怨无悔，毕竟臣是沾了老师的光，得到老师的推荐，才得以亲近陛下，受到陛下恩宠的。”

“咱们走着瞧吧。”

汉武帝脸色阴沉，踢开号啕大哭的吕步舒，转身而去。

真正的敌人

汉武帝下令将董仲舒抓起来，查清楚他反动思想的罪恶来源。

董仲舒被官吏打得半死不活，承认了自己的罪行，罪行越承认越多，最后只好判了个死刑。

这时候，吕步舒到处奔走，寻找听过董仲舒这个名字的人，央求他们在联名书上签名，恳求汉武帝饶过董仲舒。接着又倾尽家产，给所有认识不认识的人送礼，央求他们在汉武帝面前求情说话。

然而，汉武帝其实并不在意董仲舒的死活，他关心的，另有其人。

等到董仲舒被押赴刑场之时，汉武帝这才不疾不徐地发布赦免诏书。书呆子董仲舒死里逃生，趴在地上拼命打自己的脸，叩谢陛下不杀之恩。

一场风波过后，人人如释重负。只有汉武帝的心里，越发地压抑紧张。

他在想，这个董仲舒的思想对江都王会不会有什么可怕的影响？

江都王比自己大12岁，又在七国之乱中立下战功。可最后，这个皇帝是自己做了，江都王的心里，怎么可能服气？

就在这时，匈奴派遣使者前来请求和亲。

“和亲？给他们送女人？要不要干脆彻底消灭匈奴？”汉武帝召开御前会议，让大臣们畅所欲言，讨论是和还是打。

会议开始，大家热烈争论起来，意见分成两派。一派是主战派，认为匈奴人都是不知满足的野兽，大汉岂能把皇家贵女嫁给他们？干脆派兵出塞，把匈奴人消灭干净！

另一派是主和派，认为杀敌一千，自损八百。匈奴人盘踞塞外，逐水草而居，连个固定的居住点都找不到，这仗怎么打？再者，大军远征塞外，后勤运输就需要十倍以上的人力，这就意味着整个大汉都要进入战争状态。可大汉有这实力吗？所以，主张战争是无知妄徒的胡言乱语，还是和亲妥帖。

听大家议论不休，汉武帝喃喃低语道：“依朕的意思是不管其他，先打个热闹再说。可如果打起来，江都王突然抄了朕的后路，怎么办？”

“陛下，您说的是？”群臣停止议论，问道。

“朕是问你们，江都王家里有公主没有？”

“公主？”众臣面面相觑，不知这话从何说起。

半晌，才有人回答道：“启奏陛下，江都王的儿子刘建，倒是生了个女儿，名叫刘细君。”

“刘细君？”汉武帝的眉眼顿时舒展开来，“此名甚好。你们看，朕就让刘细君出使，和亲匈奴如何？”

“这个……”大臣怯怯道，“可是刘细君才刚刚5岁，太小，怕匈奴人不答应。”

“什么？刘细君才5岁？”汉武帝乐了，“那就等她长大再嫁到塞外。这一次咱们依然是老法子，在宫里找一名宫女冒充皇家公主，给匈奴人送去就是。”

此言一出，所有人都知道，汉武帝真正忌惮的敌人，不是匈奴，而是江都王。

未有反迹，却遭疑忌。江都王一家，恐怕难保。

土豪的心愿

汉匈和亲作为一项基本国策，顺利地进入了执行期。不想正处于执行期间，又发生了新的变数。

这个变数，来自雁门郡马邑县的一个大土豪，名叫聂壹。

聂壹其人，孔武有力，足智多谋。身为土豪，却心忧天下。这是因为他身居雁门郡，往里走是大汉，往外走就是匈奴，倘若汉匈交兵，对聂壹的个人生活影响最大。

于是，聂壹心想：有没有个好办法，一次性把匈奴人消灭干净？如果把匈奴人消灭干净了，雁门郡就再也不会有战争，我们聂家就可以世世代代幸福地生活下去，岂不美哉？理想很丰满，但现实太骨感。匈奴人来去无踪，飘忽不定，他来杀你，一找一个准；你去找他，比登天还难。

正当聂壹愁眉不展之时，忽然听到汉匈和亲的消息，当时聂壹兴奋地一拍大腿："机会来矣！"

于是，聂壹立即去拜访大行令王恢。

大行令，是汉景帝时代设置的一个奇怪的官职，主要职能是弹压边疆地区的不服不忿。而大行令王恢，也非易与之辈，他本是边塞的一名小吏，由于主张对不臣者动用武力，因此脱颖而出。

当聂壹找来时，王恢其实刚刚抵达边塞，他这一路上好不辛苦，是从台湾海峡一带狂奔而来。从台湾海峡而来，那是因为盘踞于福建武夷山、直到台湾海峡的闽越藩国，悍然对汉朝发出不服的声音，向盘踞于番禺、臣服于汉朝的南越国发起战争。南越国紧急向宗主国求救，于是汉朝遣大行令王恢统率大军，翻山越岭、漂洋过海，去找闽越王讨个说法。

这边汉朝的军队正行军之际，闽越国那边却出了乱子，属臣们私下里商议说："咱们的大王是不是缺心眼？你个破闽越国才多大一点，也敢跟人家汉朝叫板？等汉朝的军队打来，咱们赢上一仗两仗还是有把握的。可问题是，此后的汉朝军队就会无休无止地杀来。打到最后，咱们国家这么点人，肯定会被人家打光的。"

"既然如此，咱们不如……杀掉国王算了。"

闽越属臣商量妥当，趁闽越王不备，突然冲上前去，按倒闽越王，把闽越王的脑袋给砍了下来。

然后，闽越属臣把闽越王的脑袋给汉军送去，说：“你们汉军来打我们，就是因为大王他不识趣，非要跟你们叫板。现在我们已经杀掉了大王，你们还有必要再打吗？”

看着闽越王的首级，当时王恢就乐了。

轻易摆平闽越王国，立下不世战功，王恢信心满满，立即掉头，疯了一样往北部边疆狂奔。他刚刚赶到雁门郡，土豪聂壹就来了。

聂壹说：“大人，你来得正好，草民有个建议，你看咱们把匈奴人斩草除根，杀干净如何？”

王恢道：“战争，是极其简单之事，只要出动大军，浩浩荡荡摧枯拉朽，敌军就自然而然被消灭了。可是现在的问题是，匈奴人在哪儿？”

聂壹：“匈奴人到底在哪儿，我也不知道。不只我不知道，就连匈奴人自己也说不上来，因为他们过的是幕天席地的游牧生活，向来行踪不定。”

王恢：“你看，谁也不知道他们在哪儿，这仗还怎么打？”

聂壹笑道：“虽然不知道他们在哪儿，但我们可以把匈奴人引出来。”

王恢：“引出来？拿什么引？”

聂壹：“当然是拿财物来引。”

王恢：“你当匈奴人傻？你拿财物一引，他们就来了？”

聂壹：“他们肯定会来。此时汉匈刚刚和亲，正是匈奴人对我们最信任的时候，错过这个好时机，就没第二次机会了。”

王恢：“听起来似乎可行，可派谁去把匈奴人引来？”

聂壹：“派我去。”

“你？”

“我！”

对匈奴开战

获得土豪聂壹的支持后，大行令王恢立即向汉武帝上了一封彻底消灭匈奴的奏疏。

汉武帝览疏大喜，但他虽然年轻，也知道兵凶战危，就命王恢入朝参加御前会议，商议此事。

会议开始，王恢率先发言。

王恢说："战争这件事太简单了，只要出动大军，浩浩荡荡摧枯拉朽，敌军就自然而然被消灭了。我的意思是说，与其养虎为患，留着匈奴人不断地祸乱边塞，不如干脆点、痛快地解决了他们。"

听了王恢的话，主和派主将韩安国越众而出：

"王恢，你有多缺心眼，说这种无知的妄语？你的本事，跟高祖比如何？可是当年，高祖远征匈奴，被匈奴困于白登道，整整七天七夜没粮吃没水喝，那叫一个惨。

"王恢，你比当年的吕后如何？匈奴单于写来书信调戏吕后，要吕后侍寝，可吕后也只敢回信说：我是个老太婆了，侍候不动了，你消消火，别生气，等我给你送几个汉室的美貌公主过去。那叫一个窝囊。

"王恢，你可知道，高祖时代，只能送公主给匈奴人；惠帝时代，也曾送过公主；文帝时代，送给了匈奴四个公主啊。到了上一朝景帝时代，同样是憋气窝火，给匈奴人送了三个公主。王恢，但凡有一点办法可想，我们大汉至于这样屈辱，送公主给他们糟蹋吗？"

王恢失笑道："战争并非难事，只要出动大军，集体作战，敌军就会被消灭了。"

韩安国气笑了，骂道："王恢，你没听到吗？过去高祖不也曾出动大军浩浩荡荡讨伐匈奴吗？可到最后，被摧枯拉朽的，却是高祖自己。"

王恢："以前高祖之所以未能摧枯拉朽，非战之罪，只是因为高祖不应该去塞外找匈奴，而应该坐在家里，等匈奴人自己送上门来。"

韩安国摇头："王恢神志不清，不要理他。匈奴人缺心眼啊，自己送上门来？"

王恢依然坚持己见："战争，太简单了，出动大军打就是了。"

此时汉武帝早已按捺不住了："王恢，不要再胡扯，快点说匈奴人凭什么会自己送上门来！"

王恢："回陛下，因为有聂壹。"

汉武帝问道："聂壹是何人？"

王恢："回陛下，聂壹乃雁门郡富商。我们可以派他去匈奴那里，送给匈奴人财物，把匈奴人引出来，然后予以痛击就能消灭匈奴人了。"

韩安国叱道："胡说，这完全是一个疯子的臆想，毫无可行性。"

王恢不理他，问汉武帝："陛下，您看如何？"

汉武帝："朕看……反正咱们闲着也是闲着，要不试试？"

于是，针对匈奴的战争，就这样通过了御前工作会议，正式开始了。

这一天，是汉武帝元光二年（公元前133年）冬十月的一天。

首战告败

虽说战端似儿戏，但帝国既已做出决定，战事一旦开始，就会进入认真准备的阶段。这场针对匈奴人的诱歼战，从十月开始准备，直到次年的六月才完成，整整布置了八个月。

汉帝国派出五员大将——

头一名，主和派主将韩安国。此人一出，大事不妙。因为此人明明是反对战争的，却非要把他排在战场上头一名，这无异于胡闹。

第二名，飞将军李广，为骁骑将军。

第三名，太仆公孙贺，为轻车将军。

第四名，大行令王恢，为屯将军。

最后一名，太中大夫李息，为材官将军。

这是中国历史上最滑稽的阵容。五名统帅中，主张不战的有，主张战争的有，飞骑射敌的有，舞文弄墨的有，就连四六不靠的也不缺。这么一支军队摆出来，遇到敌军，不被活活打死才怪。

这五名统帅，也没个先后顺序，谁也不服谁，谁也不搭理谁，总共带了车骑步卒三十万，挤成一团，全躲进了马邑道旁的山谷里。就等匈奴人一到，大家一窝蜂杀出去。

伏兵到位，聂壹出马了。

聂壹单枪匹马，奔向莽莽塞外，遇到牧人就打听："你知道大单于在什么地方吗？我找他有点小事。"就这样东打听西打听，居然真的把大单于找到了。

大单于在毡包里接见了他，问道："你是何人？"

聂壹回答道："回大单于，草民乃雁门郡人，名叫聂壹。"

大单于："你找本单于所为何事？"

聂壹："回大单于，是这样，我们汉朝的窦太后死了，小皇帝夺得权力，就要推行新政，专门整治我们这些富商巨贾。草民敢怒不敢言，我招他惹他了？竟如此欺负我！"

大单于："此事与本单于何干？"

聂壹："回大单于，是跟您没关系，但我要想报仇，就得借助大单于的力量。现在我已经在马邑安排了人手，随时可以斩杀县令破关。但我一介草民杀个县令，破关而出干什么呢？希望大单于您也能够凑个热闹。我来斩杀县令，打开城门，大单于您就挥军直入，到时候城里的金银财宝和数不清的美女，统统都归您了。"

大单于："本单于素来爱好和平，最讨厌你这种战争贩子了。本单于命令你你立即消失，否则休怪本单于对你不客气！"

聂壹："大单于，您就别试探草民了，草民是诚心归顺的。"

大单于："此话当真？如果你敢欺骗本单于，本单于一定将你碎尸万段！"

聂壹："千真万确！如有欺骗，不得好死！"

大单于："果真如此，不妨一试！"

双方约定好时间之后，聂壹原路返回。马邑城中早就给他准备了几名囚犯，等聂壹进城后就把死囚们的脑袋砍了下来，挂上城头。紧接着，聂壹登上城楼，对城楼下跟来的几名匈奴斥候大声喊道："这就是县令和县丞们的首级，我已经全砍下来了，你们速叫大单于带人来，快！"

斥候急忙回去报告，大单于立即率领十万名士兵，潮水一般向马邑涌来。越过边塞，穿过武州，前方距离马邑已经不足百里。

忽然间，大单于勒住马，挥鞭指向马邑，道："如果敢诱老子进圈套，以后当心你全家！传我军令，马邑方向可能有伏兵，大军立即掉转方向，咱们找个没有伏兵的地方舒展一下筋骨。"

于是，匈奴大军半路突然转向雁门，途中有一座路亭，大单于一挥鞭："给我把这座破亭子拿下。"

匈奴士兵涌上前来，顷刻间把路亭夷为平地，守在路亭里的汉朝尉史被匈奴士兵揪着头发，带到了大单于面前。

大单于看着尉史，问道："你认得我吗？"

尉史颤颤巍巍地回答说："好像是……大单于。"

大单于问道："你是想死，还是想活？"

尉史回答："当然是想活。"

大单于呵斥道："想要活命，就拿点情报来换，明白吗？"

尉史回道："明白明白，实告大单于，汉军在马邑旁边的山谷里埋伏了三十万伏兵。"

大单于大笑道："一路行来，途中不见一个人影，也看不到牲畜，明摆着有问题，果然有伏兵！"

于是，大单于封提供汉军情报的尉史为天王，率领十万大军掉头回去了。

设伏失败，被大单于窥破先机，闻风遁走，制订这个计划的大行令王恢可就惨了。

寻找替罪羊

轻启战端，一无所获，三十万大军无功而返。再想到此后必将战祸频仍，汉武帝龙颜大怒。

此事都怪王恢大言不惭，害大汉白白损耗国力！

可问题是，虽然建议是王恢提出来的，却是经过了御前会议商议，由汉武帝本人拍板认可才进入执行阶段的。倘若以此问罪王恢，不只王恢不服，天下人也会非议。

那就只能给王恢找个别的罪名了。

但别的罪名也不好找。汉武帝愤怒谴责王恢道："王恢，你手中有三万人马，尾随追赶匈奴，为何不发起进攻？"

王恢急忙解释道："臣是有三万人马不假，可问题是，臣是一支孤军，后面几支军队都没跟上来，如果轻率发起攻击，恐怕臣这三万人一个也回不来了。"

"佞臣贼子，焉敢狡辩！明明是你畏敌如虎，不敢开战！"汉武帝干脆不讲理了，把王恢交付廷尉，要斩杀王恢出气。

可王恢不肯就此丧命，还想垂死挣扎，就派人携一千金去找汉武帝的舅舅丞相田蚡求情，对田蚡说："王恢乃帝国栋梁，马邑道失策，并非他的过失，怪就怪匈奴大单于太精明狡猾了，竟然看出前方有伏兵，这事谁又能料得到呢？恳请丞相主持公道，求陛下息怒，不要杀王恢。"

田蚡也很为难，说："眼下这件事，实在是太大了。再傻的人也知道，此番激怒匈奴，后面就是无休无止的征战，不知多少人要辗转死于沟壕之中。这么大的事儿，关乎大汉存亡安危，陛下肯定是要找个人担责。不找你王恢，难道陛下他还能责怪自己吗？"

来人道："丞相，你的意思是，这钱你不肯收？"

田蚡："收收收，见钱不收，傻子才干得出来这事！可是我收下，也在陛下面前说不上话啊。有了，你把钱给我放下，等我去后宫走一趟，让王太后出面劝陛下息怒。"

于是，田蚡去了后宫，找太后王娡。王娡这个女人玩宫斗是一流的高手，但论权术，她还差得远。

脑子不够用的王娡，真的听了弟弟的话，来劝汉武帝："陛下，马邑道之事，好像怪不得王恢，干吗要杀人家呢？"

话未说完，汉武帝当场就雷霆大怒道："不怪他怪谁？难道还能怪朕吗？母后，朕说你有多糊涂，听了舅舅的话，连这事也敢劝？你知道马邑道之败意味着什么吗？意味着我们大汉从此再无宁日，意味着无休无止的战争，一旦被匈奴攻破，咱们就彻底完了，朕就是亡国之君，你也会被匈奴俘虏！

"战祸开启，史官是要记录在册的。后世的人都要问问，是谁惹下了这场大祸？如果不追究王恢，那就意味着这一切都是朕的责任！可是，朕能认错吗？朕要是认了错，天下人还肯再服朕吗？还有那些虎视眈眈的藩王，都会借此发难。倘若再有战事，我们就会腹背受敌。你这个皇太后的宝座，还能再坐上几天？等待母后的下场，不知会有多惨！"

王太后吓呆了："真有这么严重？"

"母后寻思着呢？"汉武帝扔下最后这句话，转身就走了。

汉武帝走后，田蚡蹑手蹑脚地从纱帐后走出来，也不敢跟王太后打招呼，悄无声息地溜走了。

田蚡回去后就把汉武帝的话告诉了王恢的家人。王恢听到这些，自知无望，就在监狱里自杀了。

王恢死不足惜，汉武帝却要为行将爆发的汉匈大战做准备了。

残酷的资源整合

从地缘政治学的角度上来看，匈奴人对地大物博的中原地区有着更为狂热的野心。

说起匈奴，其来历杳不可考。他们是来自中亚草原的游牧者，周初时称为鬼方，继称为严狁，后又称为犬戎。我们能够在古希腊史学家希罗多德的历史记载中发现他们那飘忽无定的影子。据希罗多德记载，一支斯基泰人的小股武装力量，于公元前750年间进犯俄罗斯南部的乌拉尔河，并尾随其后追逐逃亡的当地居民息姆米里人，结果这伙追击者却因为迷失了方向而进入了亚述王国，并以他们那强大的武力，为亚述王国带来了长达一个世纪之久的噩梦。

此后，这伙异乡人在亚述王国遭到了毁灭性的军事打击，其主要军事首领悉数阵亡。他们被迫翻越了高加索山，逃回了亚细亚。这些印欧族裔的野蛮人，所到之处带来的是无边的恐怖。从迦帕朵西亚到米底亚，从高加索到叙利亚，他们的骑士无所不在，当他们蜂拥进入鄂尔多斯北部的时候，中华帝国的诸侯邦国，面临着前所未有的危险。

这些印欧族裔的武士不无惊讶地发现，他们来到了一个天然的栖息宝地，在这片土地上，对于他们是不设防的。倘若他们愿意，完全可以从欧洲的莱茵河畔策马，一路俯冲抵达渤海之滨。

早在春秋战国时代，犬戎就对中华帝国发起过猛烈的攻击。所以孔子曾说：“微管仲，吾披发左衽。”意思是说：“管仲啊，他是一个了不起的人，如果不是他发起尊王攘夷运动，号召天下诸侯对抗那些恐怖的犬戎人，我们都要披头散发，衣襟左开，沦陷于异族人的统治了。”

当西汉时代的中国徘徊于封建与集权两种制度之间的时候，长城外那些早已忘却自己来历的斯基泰人的后裔，正在雄心勃勃地策马迎风。从亚述王国时代开始，他们已经在这里居住了两千年之久，西汉那纷繁的内部冲突与杀戮，激起了他们的万丈雄心。

楚汉相争时代，给了这些异族人机会，而且他们也没有浪费这难得的契机。当刘邦称帝长安的时候，就立即感受到了来自塞外的威胁。为了扫除后患，刘邦不惜亲自出征，结果困于白登，险些有去无回。

到了吕雉乱政时代，匈奴人更加肆无忌惮，他们甚至以书信挑逗吕后，而吕后居然敢怒不敢言，只能赔笑脸。

然而，汉武帝的登基，彻底摧毁了他们的梦想，甚至也摧毁了他们的未来。

不是汉武帝英明神武，而是他好强的天性，使得他成为中华历史上罕见的、能够承担重任、在两个民族的残酷对决中完成最艰难的资源调度，彻底击溃匈奴，并为汉民族赢得辽阔生存空间的不二人选。

简单来说，这场残酷的战争，双方都需要调度无穷无尽的资源，哪一方在资源调度上面力有不逮，就会彻底丧失机会。

而“战争资源调度”这几个字，写起来轻而易举，实际上却是血泪交加。在这几个字后面，隐藏的是无数百姓的绝望哀号和累累白骨。

战争，是人类的天然属性，同时又是最反人性的词。因为人类的天性追求安逸，追求幸福，而战争却意味着毁家灭国，杀人如麻，视生命如草芥。没有人愿意卷入这彻底的绝望之中，这就需要如汉武帝这种人，强行把所有人拖进来进行资源调度。

在未来的民族生存空间竞争中，汉武帝必须完成这项工作，击败匈奴，为汉民族赢得永世荣誉。他完成了，所以后人世世代代怀念他。

那么，他又是如何完成这项残酷工作的呢？后续的战争中，有这样一个细节。

汉武帝在战争资源枯竭的情况下，号召广大青年行动起来，去西域边陲开疆拓土，建功立业。许多逃亡的罪犯纷纷响应这一号召，跑来领受出使符节，自行招募人马组成使节团，赴西域烧杀抢掠——这些亡命之徒大多数一去不回，死于西域茫茫风沙之中，但也有许多人或是击溃了边塞的小部落，或是沟通了更多的邦属与中原建交，以建功立业换取自己和家人的性命。

“封狼居胥山，禅于姑衍，登临瀚海。”至今思之，仍然荡气回肠。

任何时候回顾瀚海黄沙，都能让人感受到那气冲霄汉、壮志凌云的雄浑气魄，但这辉煌而宏大的史诗事业，却需要付出多么惨重的代价！

一个民族为了自己的生存空间，需要付出多少人力财力，需要流淌多少忠义之士的鲜血，远远超出后人的想象。

“可怜无定河边骨，犹是春闺梦里人。”为了自己的民族，他们所付出的不只是生命和鲜血，还有永远也无法诉诸他人的泪水与委屈。

也只有刚强豪迈的汉武帝，才有可能完成这桩伟大功业。

这就意味着，汉武帝不只要对匈奴异族宣战，同样也对天下百姓宣战。他必须以强大的决心、非常的手段，强行把天下百姓送上战场。如此无止无休的缠斗，最终彻底击崩匈奴人的心理底线，为汉民族赢得战争。

当这场空前的民族大对决开始时，所有的人都沦为汉武帝手下的棋子，听任他无休无止的调度。

权力的诱惑

帝国进入战争预备期，人性突然变得残忍暴戾，最先察知天下之变的人，是汉武帝和丞相田蚡。

人类善变就意味着，他们最不喜欢的人要倒霉了。

先动手的是田蚡，他精心选择了自己的下手目标——魏其侯窦婴。

说起窦婴这个人，让人叹息连连。他是去世的窦太后的堂侄，但因为忠心维护皇家权力，惹怒了窦太后，被革出窦氏族门，不再是窦家人。自此以后，窦太后都将其视为对手，打击起来不遗余力。

失宠于窦太后，又未能获得汉武帝的赏识，这是窦婴最大的悲剧。

汉武帝刚刚即位时，就以儒家学者赵绾、王臧为先锋，高举独尊儒术的思想战旗，向窦太后的黄老阵营发起攻击。但攻击失败，赵绾、王臧下狱自杀，而担任丞相的窦婴和出任太尉的田蚡，统统被解除职务。

但田蚡是汉武帝的亲舅舅，汉武帝对他有求必应。所以田蚡虽然没有丞相的职位，却天天在汉武帝身边行使着丞相的实权。而窦婴就惨了，窦太后不认他，汉武帝不搭理他，落得两头不是人。

于是，昔日依附在窦婴门下的趋炎附势之辈，纷纷改换门庭，投靠了田蚡。

而田蚡以前也曾是窦婴家里的仆役，受过无数的腌臜气，所以得势之后，越看窦婴越不顺眼，一直想找个机会整治一下窦婴。

恰巧这时候窦婴门下树倒猢狲散，只剩一个叫灌夫的莽汉与他相依为命。

灌夫，本姓张，他的父亲曾经是西汉开国功臣灌婴的家臣，因而改姓灌。

灌氏家族的人都是战场上骁勇善战的猛汉。七国之乱时，灌夫的父亲担任校尉，年轻的灌夫率领千人追随父亲横行沙场。交战中，灌夫父亲战死，按说灌夫应该扶棺归乡，但灌夫慷慨激昂地表示："父死事小，皇权事大，我要为父报仇，亲手斩下吴王首级以谢君恩！"

接着，灌夫披上铠甲就要出战。军中人多以为他神经不正常，不肯追随他，只有两个人，还有灌夫家的几十个奴仆，手提刀斧朝着吴军的阵营冲锋，疯了一般杀入吴军之中，直杀到大旗之下，追随灌夫的两个人和所有的奴仆统统被吴军杀死，只有他一人平安归来。

灌夫因此战而成名，汉景帝很欣赏这种粗人莽汉，就让他做了中郎将。但灌夫是个不管不顾的暴脾气，没多久就因为暴力行为触犯刑律而丢了官。

此后，灌夫迁居去了长安，前前后后担任过些无关紧要的官职，到了汉武帝时代，他惹下了大麻烦。

有一天，灌夫和窦太后的弟弟喝酒，喝着喝着，灌夫就喝高了。喝高了的灌夫，是六亲不认的，管对方是窦太后的亲爹还是弟弟，揪过来就是一通暴打，直打得窦太后的弟弟半死不活，大喊救命。

史书记载，汉武帝喜爱灌夫这种莽汉，怕窦太后杀了他，就让灌夫去北方的燕国做国相——但另一种可能是，汉武帝掩护灌夫逃走，只是为了让窦太后抓不到殴打弟弟的凶手，存心给窦太后添堵而已。

灌夫不只脾气暴烈，人品也很成问题。史书上说，他家财雄厚，食客数百，就在田园中修筑堤塘，引水灌溉农田。他的族人与宾客依仗他的势力，横行不法，为非作歹，让颍川地方饱受蹂躏。

因为憎恨灌夫，颍川儿童唱起一支歌："颍水清，灌氏宁；颍水浊，灌氏亡。"意思是说，等到颍水浑浊的那一天，就是灌氏灭族之日。

汉武帝元光三年（公元前132年）春，黄河泛滥，颍水突然间变得混浊起来。

豪门实在太龌龊

颍水突然变得混浊，但灌夫毫无知觉。

这时候的他，因为失去权势，结交的达官贵人越来越少。而窦婴则是门客都散得差不多了。这两个人，一个想找几个门客装点门面，一个想找个有背景的人抬高自己，于是顺理成章地走到了一起。

窦婴与灌夫，相互抱团取暖，情同手足。

有一天，灌夫来找田蚡。田蚡对他说："你来得正好，我正要去窦婴家里拜访，串个门聊聊天。"

灌夫大喜，说："那我马上去告诉窦婴，让他准备一下。"

田蚡说："好，你去吧，我到时候就会过去。"

灌夫来到窦婴家里报信，窦婴喜不自胜，认为田蚡肯来家里做客一定是汉武帝回心转意，想重用自己了，就张灯结彩，买酒买肉，忙活了一整天。

可到了约定的时间，窦婴在门口苦苦等候，等到太阳快下山，也没看到田蚡车驾的影子。窦婴很纳闷，就问灌夫："丞相他是怎么了？说好的来家里做客，怎么还没到？"

灌夫火了，骂道："田蚡真不是个东西，说好来的却又不来，做人可以这样不要脸吗？侯爷你在家里等着，我去催催他！"

灌夫到了田蚡的府上，进去一看，田蚡正在榻上睡觉。当时灌夫心里就一股无名怒火，问道："丞相大人，不是说好了去魏其侯家里吃饭的吗？你怎么在家里睡上了？"

田蚡一拍脑门，假装才想起："唉，你看我这记性，把这茬儿给忘了。那咱们现在走吧。"

于是，两人登车前行，但是田蚡故意走得极慢，让急性子的灌夫心里越发地火大。

不管怎么说，灌夫总算把田蚡请来了，窦婴如释重负，立即入席开喝。喝了一会儿，灌夫起来跳舞，边跳边唱。歌舞过后，灌夫向田蚡招手，"丞相，来来来，你也跳。"

田蚡是小人得志，自重身价，最恨灌夫这种不知轻重的莽汉嘴脸，故意把脸扭过去，不搭理他。

灌夫气坏了，回到座位就端起酒觥，“咕嘟咕嘟”一通猛灌，眨眼工夫就喝高了。酒一喝高，灌夫天不怕地不管的本性就暴露了出来，开始骂骂咧咧道：“什么人啊这是？说好的来喝酒，到了时候不来，却在家里睡大觉！老子瞧得起你，你却跟我摆谱？不就是仗着你外甥是皇帝吗？有什么了不起！惹火了老子，老子打不死你！”

听到灌夫大骂田蚡，窦婴吓坏了，急忙堵住灌夫的嘴，强行把灌夫拖走。回来后连连向田蚡请罪：“丞相大人息怒，息怒，灌夫他这人没坏心眼，就是见不得酒，一喝多了连亲娘老爹都骂，丞相大人千万不要跟他计较！”

田蚡哈哈大笑道：“魏其侯啊，我田蚡是那么小心眼的人吗？”

窦婴拱手敬道：“果然是丞相肚里能行船！丞相大人大量，佩服佩服！”

这件事，就这么波澜不惊地过去了。

到了第二天，田蚡派了个叫籍福的门客来找窦婴，开门见山问道：“魏其侯，你家在城南是不是有片良田？”

窦婴不明所以，回答道：“是啊，是有那么一块地。”

籍福不急不慢地解释道：“是这样，丞相大人托我给你带句话。你那块地，闲着也是闲着，不如送给丞相大人吧。”

窦婴气坏了，当场质问道：“田蚡他什么意思？我家的地，他想要就要？他做了丞相就无法无天了？”

这时候灌夫不知从什么地方钻了出来，指着籍福破口大骂道：“籍福，你这个狗腿子，现在是田蚡的门客，就来替你家主子咬人。可你别忘了，你以前是在窦婴家里做门客，有了新主子就翻脸不认旧主子，你说你还是不是人？”

“你这人怎么这样？这事跟我没关系，我就是传句话。”事情没办成，籍福只好悻悻离开。

官场之斗太激烈

籍福回到田蚡府上，把事情告诉了田蚡，但害怕田蚡责怪自己办不成事，就说：“丞相大人，反正窦婴年纪已经不小了，也活不了多久，不如再等几天，等窦婴老死了再说？”

“等什么等！”田蚡火冒三丈，“籍福，你早年是窦婴家的门客，现在给本相跑腿，我们两人的事情，你最清楚。你还记不记得，窦婴的儿子杀了人，是谁救了他？是本相！本相帮了窦婴不知多少忙，如今只是要他一块地，他凭什么不给？”

“对了，还有灌夫，你说这事跟他有什么关系？他跑出来骂本相？”田蚡越说越来气，“你灌夫不仁，就别怪我田蚡不义！看本相不向陛下奏你一本！”

次日，田蚡上殿奏道：“陛下，臣有本奏。”

汉武帝：“丞相，有话快说。”

“陛下，”田蚡奏道，“灌夫家在颍川，他欺男霸女，抢夺田产，当地百姓怨声载道，苦求天子开恩，主持公道。”

汉武帝打断道：“丞相，你说这些没用的干什么？别忘了，你可是当朝丞相。打击豪强，主持公道，是你职责以内的工作！”

“臣，领旨！”田蚡喜形于色，立即出殿，带人杀奔灌夫的家中，“灌夫，出来，你的好日子到头了。”

灌夫走出来问道：“田蚡，你舞刀弄剑，带这么多人来想干什么？”

田蚡一指灌夫：“给本相拿下！”

灌夫丝毫不惧，质问道：“田蚡，你凭什么拿我？”

田蚡叱问道：“灌夫，你在颍川横行霸道，欺男霸女，已经是天怒人怨，我身为大汉丞相，不得不为黎民百姓申冤。灌夫，你如果敢拒捕就死定了！”

“我本来就无罪，拒什么捕？”灌夫笑道，“田蚡，你是不是活腻了，竟然敢来惹我？你忘了你曾在淮南王面前说过的话吗？”

“本相说什么了？”田蚡茫然道。多年前说过的话，他早就忘了。可是灌夫记得。

只听灌夫厉声道：“田蚡，陛下刚刚登基的第二年，淮南王入朝，你迎接他于灞上。当时你对他说，陛下刚刚继位，没有子嗣，看来没有生育能力，一旦陛下驾崩，这龙椅之上，除了他淮南王，别人谁还有资格坐？”

田蚡急了：“灌夫狗贼，竟敢血口喷人，本相对陛下忠心不贰，从未说过这话！”

灌夫冷笑道：“说过还是没说过，这事要弄清楚还不容易？只要田蚡你跟我到廷尉处，再叫来当时在场的人核实，你就知道自己该当灭门了！”

田蚡急了，冲上去打灌夫："灌夫小儿，焉敢如此陷害我！"

这时候，两家的门客一拥而上，把两人架开，七嘴八舌地劝道："两位大人息怒，息怒，眼下这情形，是丞相大人揪住了灌夫的小辫子，灌夫也咬住了丞相大人的阴私，一旦事情闹大，跑不了你也蹦不了他，谁也落不得个好。不如……不如大家坐下来喝顿酒，相逢一笑泯恩仇，如何？"

"喝喝喝，喝死你们！"田蚡怒而登车，转身戟指灌夫，"灌夫，你给我听好了，以后我不找你的麻烦，你也少来管我的事儿，要不然的话……咱们走着瞧！"

田蚡陷害灌夫一事，就这样无疾而终。两人虽然结仇，但因为彼此抓住了对方的短处，谁也不敢正式开战。

可不承想，没过几天，两人的矛盾就激化了。

比李广更高明的武将

几天之后，田蚡迎娶燕王的女儿，太后王娡颁下懿旨，命所有列侯和皇族都去田蚡家祝贺。

王娡提出这样的要求，是因为她终究只是个女人，因为生得美貌，幸运地成为皇后直至皇太后，但她并不懂得太后应该怎么做，只能效仿窦太后。窦太后生前，始终将窦家利益放在最高处。现在的王太后，有样学样，也替她的家族树立威风。

太后懿旨，谁敢不从？到场的列侯皇族有窦婴、灌夫、太后王娡的另一个弟弟周阳侯田胜、开国功臣灌婴的孙子灌贤，还有一名武将程不识。

说到程不识，就必须提到西汉著名的"飞将军"李广。

李广，是历史上赫赫有名的军事将领，而对于程不识，知道他的人只限于专业研究学者——实际上，两人同是汉武帝时代的大将，都替汉帝国守护边关。但程不识早早就封了侯，而李广拼死折腾一辈子，却是竹篮打水，一无所获。

李广担任骁骑将军，镇守云中郡。程不识担任车骑将军，镇守雁门郡。两人带兵打仗的风格完全相反，形成了管理学上的两个极端类型。

李广行军作战，不约束部队，也不布阵，只是拣有水草的地方扎营，士卒们非常随便，没有纪律约束，大家想干什么就干什么。但李广把斥候派出极远，敌军未动，他这边就已经得了消息，慢慢准备也来得及。所以，跟随李广的士兵安逸、轻松，都愿意跟着李广。

程不识则不然，他行军时队伍整齐，扎营时讲究平时多流汗、战时少流血，办理公务时则紧张忙碌，经常从深夜忙到天亮。士兵们跟着程不识，每天累得半死，又不得自由，所以士兵们都不乐意跟着他。

这两种治军风格，哪一种更高明呢？当然是程不识！

跟随程不识的士兵，虽然天天被折磨得半死，但因为军纪严明、小心翼翼，与敌交战时，如果没有友军打侧攻，没有必胜把握，程不识决不轻出。而李广则喜欢轻兵犯险，经常在战场上弄出爆炸性的消息，赢就赢个惊天动地，输就输个一败涂地。有时候输得太惨，不只是随行的士兵无一生还，连李广本人都会被匈奴兵捉走。幸好李广虽是战将，但个人风格更像现代特工，纵然被敌军捉走，也能成功地逃回来。

李广的个人风格变幻莫测，完全没有定数，而程不识则老辣沉稳，风格稳健，远比李广的不确定性更符合管理法则。

东汉时的伏波将军马援曾经说过："学程不识，再差也差不到哪里去，虽然未必能有大成功，但避免了大失败，这就对得起自己了。但如果学李广，多半是画虎不成反类犬，没把李广的胜利学到手，大败惨败更超过李广。"

虽然如此，但程不识这种稳健，因为缺乏戏剧性，也就缺少了刺激性，因此为后人所不知。而李广的大起大落，却是精彩纷呈，以至史官不得不天天蹲在李广的门外，搜集他的点点滴滴写进书里——只是因为，李广比程不识更契合人类追求刺激的天性。

总之，今天这场盛宴，程不识身为列侯，有资格参加，而李广却只能远在门外怨愤地观望："岂有此理！你们这些肥头大耳的杂碎，喝酒也不带上老子，欺负老子没有封侯！"

窦婴赴宴途中，去找灌夫："老灌，你怎么还在家里待着？走走走，宴会就要开始了。"

灌夫说："老窦，我看我就别去了吧？前个儿刚刚和田蚡打了一架，今天偏偏又是他的宴会，你说我去合适吗？"

窦婴劝导道："大家同朝为官，就是混口饭吃，好端端的打什么架啊？再说那天不是已经和好了吗？何况列侯与会是太后的懿旨，你要是不去，反倒让太后生气。”

好说歹说，窦婴成功地把灌夫拉上了。

他真不该强拉上灌夫。这一去，他们再也没机会回来了。

闹酒骂座大开火

宴会开始，大家各自就榻，跽跪而坐，一边喝酒一边聊起天来。

酒过三巡，田蚡站起来给大家敬酒：“感谢诸位来参加本相的婚礼，本相都这把年纪了，没想到还有机会娶到如花似玉的小公主。本相不会说话，你们干了，本相随意。”

所有人起身离席，齐声道：“感谢丞相大人，我等恭敬不如从命。”

田蚡敬过了酒，窦婴就在心底寻思：“丞相是当今陛下的舅舅，又是今天的主家，他敬完了酒，接下来就该轮到我了。我可是窦太后的堂侄，说到地位尊贵，这里谁也比不了我。”于是窦婴站起来，道：“诸位，我敬大家一觥酒，大家给个面子，喝了这觥。”

不承想，只有几个和窦婴有私交的人站起来配合响应，其余的客人全当窦婴是空气，理都不理。

窦婴受了冷落，只好怏怏坐下，脸上非常挂不住。

灌夫一看，不行，这事得自己出头了，于是怒气冲冲地站起来：“我打个通关，不喝酒的，就是不给我面子，我跟他没完！”

打通关开始，前面几个客人害怕灌夫发飙，都站起来赔着笑脸，把觥里的酒一饮而尽。

下一个客人，周阳侯。他是丞相田蚡的弟弟，也是后宫王太后的弟弟。

灌夫阴沉着脸，端着酒觥站到周阳侯身边。

周阳侯不理他，自顾自唱歌，灌夫忍住气，打断周阳侯的自娱自乐：“周阳侯，给个面子？”

周阳侯拿手遮住酒觥，推辞道：“今日喝得有点多，先不喝了。”

“你这个人怎么这样？”灌夫大为光火，扭头冲田蚡喊道，“丞相大人，你弟弟他不喝，你不管管他？”

田蚡眼皮都懒得抬：“他爱喝不喝，关我何事？”

通关打到周阳侯处，周阳侯不喝，这酒就没法再往下敬了。灌夫感觉自己遭受了奇耻大辱，颤抖着回到座位上，心里极为恼火。

刚刚坐下，忽然看到开国功臣灌婴的孙子灌贤正在和程不识眉开眼笑，交头接耳。看到这情形，灌夫的愤怒终于爆发了：“灌贤，好你个两面三刀的小人，你给老子站起来！”

灌贤大惊：“我招你惹你了，你冲我又吼又叫？”

灌夫吼道：“灌贤，咱们两家走得最近，我还不了解你？平时你是怎么说程不识的？你说程不识狗屎不如，听到程不识的名字，你都觉得恶心。可现在你搂着程不识的脖子说体己话，人前一套背后一套，你这算是怎么回事！”

只听“哐”的一声，田蚡把酒觥重重地砸在案上：“灌夫，你太过分了，都是本相把你惯坏了！你竟然当众折辱程将军，程将军何许人也？他是与飞将军李广齐名的大将，本朝的擎天支柱！你竟敢羞辱程将军，必须向程将军道歉！”

田蚡对灌夫的指责，让灌夫狂性发作，只听他大吼道：“老子就是不服，你们凭什么欺负老子？老子也是在战场上一刀一枪杀出来的，怕你们作甚？！”

眼见事情闹大，宾客们纷纷起身告辞道：“丞相大人，我家里还有点小事，先走一步了。”

见众宾客因恐惧而退席，田蚡更是愤怒：“来人，给本相扣下灌夫！他不道歉，就休想离开！”

一群魁梧的家奴立即冲上前来，强行扭住大吼大叫的灌夫。这时候两家的门客都慌了神，急忙居中调解：“消消气消消气，你们两位消消气。灌夫，今天的确是你不对，快点给丞相大人道个歉！”

灌夫大吼道：“老子没错，凭什么道歉？要道歉也是他向我道歉！”

门客籍福急了，上前用力按灌夫的脖颈：“灌夫，都这节骨眼上了你还闹，还不快点跪下磕个头！”可是灌夫犯了驴脾气，打死就是不肯。

事情闹僵，田蚡命人将灌夫按倒捆起来，叫来负责刑案的长史说：“你都看到了，今天列侯皇族来本相府上欢宴，是奉了太后的懿旨。灌夫闹酒骂座，就是污辱皇太后，此乃大不敬之罪，必须严厉追究！”

这一次，田蚡打算斩草除根，彻底清除后患。他把灌夫打入特殊监狱，并让捕吏去捉拿灌夫的家人门客。

这样一来，灌夫就无法揭发田蚡对淮南王刘安说过的不臣之话了。

帝国金殿大辩论

灌夫被田蚡投入监狱，急坏了窦婴。

窦婴说："灌夫只是一个没心眼的莽汉，他就是为了维护我才落到这个地步，我岂能置之不理，袖手旁观？"

家人却哭着拦阻窦婴："现在咱们窦家已经失势了，人家田蚡是陛下的亲舅舅，陛下对他的话是言听计从啊！何况灌夫这事根本不怪你，怪只怪他一喝多了就六亲不认乱骂人。你可千万不要出头，否则只怕全家人的性命难保啊。"

窦婴无奈，只好说道："好，好，听你们的，这事儿咱们不管了。"

好说歹说，家人总算劝下了窦婴。可等到半夜，家人睡下之后，窦婴偷偷爬起来，连夜给汉武帝写了封奏折，托人送入宫中。

汉武帝收到他的奏折，立即召他秘密入宫。

见到汉武帝，窦婴哭得老泪纵横："陛下啊陛下，灌夫真的没什么坏心眼，就是喝多了发酒疯，他好歹也为大汉立过战功，又是一等一的猛将，就请陛下赦免他吧。"

汉武帝道："窦婴，你是国家的老臣了，怎么说出这么糊涂的话？我大汉向来以法治国，国有国法！凡事以事实为依据，以律法为准绳！"

窦婴陷入了沉默，不知如何应答。

汉武帝宣布道："明天举办一场公开、公平、公正的御前大辩论，你上殿来和田蚡当场质辩，再由群臣组成评委会，来裁决他们两个究竟是哪个错，哪个对。"

陛下的葫芦里卖的什么药？窦婴看不懂了。

窦婴不知道，汉武帝其实是给了他一个选择，或者灭族，或者取代田蚡当丞相。看就看他的悟性如何，能不能做出最有利于自己的选择。

但是，窦婴给搞砸了。

输家是评委

次日，帝国金殿首届公开辩论大赛隆重举办。

大赛虽然开始，但由于灌夫已是罪犯，不能出场，所以就由窦婴替他辩护，充当反方的一辩。而田蚡则亲自出场，担纲正方一辩。

辩论大赛由窦婴率先开场：“诸位，灌夫这人，你们都了解，他就是个暴脾气，对陛下忠心耿耿，请大家支持他。”

田蚡反对道：“错，灌夫以下犯上，大逆不道，理应灭门！”

窦婴发现直来直去没有效果，便主动采取攻势：“田蚡，你身为丞相，不理国政，天天蛊惑陛下游乐，你可知罪？”

田蚡不以为然道：“天子就是要享受人间一切福祚，吃喝玩乐有什么错？何况本相结交的，都是斗鸡走狗与歌舞的艺人，这表明本相没有野心。而灌夫，他结交天下豪杰壮士，天天煽阴风点鬼火，发泄对大好形势的不满情绪，这不可相提并论。”

然后，田蚡的矛头转向了窦婴：“还有你，魏其侯，你们勾连一气，夜观天象，日画符咒，制造流言，到处奔走，窥伺于两宫之间，一心希望天下大变。你们的心里，到底隐藏了多少黑暗与邪恶，你敢抖搂出来吗？”

窦婴慌了，赶紧向汉武帝申辩道：“陛下，他满嘴胡说八道！”

汉武帝阴沉沉道：“好，朕宣布，双方辩论到此为止，诸位爱卿，你们认为他们两个，谁对谁错，谁是谁非？”

赛场评委共有三人，分别是御史大夫韩安国、主爵都尉汲黯，以及内史郑当时。

三人开始评判，先由韩安国开始。

韩安国说：“陛下，臣认为，丞相是对的，魏其侯也没错，两人都对。”

汲黯说：“这事岂有两人都对之理？明明是窦婴有理。”

最后一个是郑当时：“窦婴对……不对……陛下，臣能弃权吗？”

汉武帝勃然大怒，大骂郑当时：“你简直丢尽了你祖宗的脸。当年你祖上可是楚霸王项羽手下，也曾叱咤千军。你年轻时，也是个不世出的侠客，仗剑千里，独行天下，如今你少年的威风哪里去了？怎么突然变得如此畏头畏尾？传旨，郑当时胆小欺君，不敢公正言事，贬为詹事。”

田蚡和窦婴面面相觑：这是怎么回事？不是咱们两人生死辩论吗？到最后，竟然把评委给贬职了。

太后大闹保弟弟

汉武帝大怒道："你们这些朝三暮四的小人，朕要把你们统统杀掉。朕宣布：今日的辩论到此为止，朕要去用膳了。"

汉武帝随即离去，留下大臣们在原地呆住：陛下这是何心理？为何要弄出这么一场荒谬绝伦的御前大辩论？

真正的原因是汉武帝的耳目已经把田蚡对淮南王说的话，传到了他的耳朵里。田蚡身为他的舅舅，却散布流言侮辱他，甚至盼望着他早死，希望淮南王继承大统，这对汉武帝来说，是绝对无法忍受的！

而且，汉武帝也已经获得情报，了解到窦婴和灌夫都知道田蚡对淮南王所说的话，之所以御前公开辩论，目的只有一个——要让窦婴当廷指认田蚡，让田蚡无法再狡辩。

可万万没想到，窦婴东拉西扯，有的说没的讲，单单就是不提这事。

所以汉武帝极为痛恨在场的大臣，因为他们都知道田蚡的不臣之心，却谁也不敢当面说出来。郑当时当场被贬，也不是因为他不主持公道，而是因为他到了这个地步还在替田蚡隐瞒。

汉武帝闷闷不乐地开始吃饭，太监突然来报："陛下，不得了了，太后她……她老人家生气了，不肯吃饭，把碗筷全都砸了。"

怎么会这样？汉武帝心下雪亮，他之所以举办这场庙堂大辩论，就是为了针对舅舅田蚡，可是生母王太后也对此心知肚明，害怕儿子弄死自己的弟弟，就派了人监视殿前的辩论，现在，太后是想用大闹后宫的法子，迫使汉武帝收手。

汉武帝无奈，只好去后宫向母亲赔笑脸。

见到汉武帝，太后王娡就厉声质问道："陛下不把窦婴、灌夫斩首问罪，却让他们在朝堂之上当众诋毁丞相，此系何意？"

汉武帝支吾道："母亲，这些人都是皇家的亲戚，原本是一家人，把话说开了有何不好？"

太后王娡把脚一蹬，撒起泼来："可怜我老太婆，一辈子没人疼啊。就只有这么个弟弟亲我疼爱我，所以别人处处给我们添堵，想害死我的弟弟啊。我还活在世上，他们就欺负进门里来了，如果我死了，我全家还不得让人欺负死啊，老天爷，你开开眼啊！"

汉武帝不为所动，假装劝道："母亲息怒，息怒。"

他是个刚愎的性子，只要是他打定主意的事，谁说也没用。既然他已经准备对舅舅下手，母亲再怎么哭闹也是枉然。

知子莫若母，太后王娡早已为儿子准备了一锅大菜。

万石君石奋飘然入宫，求见汉武帝。

秘密毒杀案

汉武帝最恨大臣们小肚鸡肠、私心作祟和自作聪明。任何人对他说的话，他只信三成，另七成慢慢搜集证据加以证实。

但万石君石奋不同。

这人是个死脑筋，对皇家死心塌地，对汉武帝不存丝毫私心——即使有，他也会当面一字一句地说清楚。

所以，汉武帝对石奋的话是百分之百地信任。

石奋禀报汉武帝："陛下，老臣知道一句就说一句。情况是，灌夫在颍川确有不法之举，天下人皆知。而窦婴则是权势心太重，在陛下面前说一套，在背后做一套。此二人，都有欺君之言之行。至于丞相田蚡，外面有无数的风言风语，说他曾对淮南王说：陛下没有子嗣，倘若归天，这皇权大统，必然由淮南王来继承。但这句话，老臣也只是听说而已，并没有切实的证据。"

"现在没有证据，可以慢慢查。"汉武帝欣慰道，"石奋，难怪你这个不倒翁屹立几朝不倒，果然忠诚可靠，有一句说一句，继续保持下去。"

"传旨，收灌夫宗族，满门抄斩。"

"传旨，收窦婴宗族，满门抄斩。"

"传密旨，调查丞相田蚡与淮南王的会面情况，把他们两人会面时所说的话，一字一句给朕复原出来！"

汉武帝元光三年（公元前132年），汉武帝25岁，灭灌夫满门。次年冬，灭窦婴满门。

窦婴、灌夫被灭族后，丞相田蚡突然患上了怪病。他扭曲在榻上，呈现出跪姿，不停地向什么东西叩头，两眼发直，额头发热，口中不断喃喃地谢罪。请来的所有大夫，全都说不清是怎么回事。

有人建议："丞相大人这情况，好像是被阴鬼缠上了，还是找个有阴阳眼、能够看到冥界的人，来给瞧瞧吧。"

家人找来个靠吃阴阳饭的术士，术士进屋，远远一瞧，掉头就走，家人急忙拦住："你别走啊，说清楚是怎么回事再走。"

术士道："不是我不说，只怕我说了，就会被你们送到阴间去。"

田蚡家人劝道："不要紧，你就是干这个的，说出来我们也不会责怪你，你就说吧。"

"好，那我就说了。"术士道，"丞相大人他根本不是病，而是身边有两个鬼，一个是窦婴的鬼魂，一个是灌夫的鬼魂。这两个冤鬼手执鞭子，正不停地殴打丞相。"

家人一听都惊呆了。几天后，田蚡莫名其妙死去。

史书记载，田蚡和窦婴、灌夫前后脚死去。他死后，汉武帝手执送上来的情报，恨恨道："舅舅背叛朕，竟然在淮南王面前咒朕早死，他如果还活着，朕必将他满门抄斩！"

从这些情况看来，田蚡很像是被人毒死。但究竟是他自己畏罪服毒，还是另外有人下的手，这就不好说了。

但如果田蚡真的是被毒杀的话，凶手必是汉武帝。他有着太充足的作案动机：舅舅背叛了自己，必杀不可，但母亲又阻拦不让，秘密毒杀，清除不臣，不失为一个省心省力的法子。

在残酷的战争即将爆发之前，汉武帝正大刀阔斧，清除他眼前所有看不顺眼的人，清除所有的障碍。

汉武帝要干大事，干事就不能分心。在这个时候，让他分心就是错，就没有好下场。

下一个是谁呢？

汉武帝的目光，慢慢转向后宫：阿娇，现在该你了。

后宫巫术初亮相

阿娇在宫中急得团团乱转，不停地流泪啼哭。

汉武帝不再喜欢她，而是宠爱歌女卫子夫，这让阿娇怒火中烧。她几次想下手弄死卫子夫，可是汉武帝心思缜密，早已把卫子夫保护得妥妥当当，阿娇始终找不到机会下手。

想个什么办法，弄死卫子夫，让陛下重新再宠爱自己呢？

阿娇生平最恨动脑子。她想找的，也是不费脑子的方法。

幸好真的有这种法子——巫术！

巫女楚服，飘然入宫："皇后，找我来有何事？"

阿娇道："我给你钱，给你很多钱，你替我咒死卫子夫那贱货，让陛下回心转意。"

楚服笑道："我当什么大事呢，不过是扎小人。皇后，您让人找块桃木来，刻个木人，再想办法把她的生辰八字弄到手，刻在小木人的背上。然后呢，您每天烧香三次，把小人埋在地下诅咒，您所有的诅咒，都会应验。"

"太好了，我马上就办。"

很快，阿娇兴冲冲地就开始动手了。终于把小人刻好，埋在地下，阿娇开始闭上眼睛诅咒。

正诅咒着，忽听"橐橐"的脚步声，汉武帝微笑着走了进来："皇后，好久不见，最近在忙什么？"

"陛下，您可来了……"阿娇亢奋不已，急忙迎上前去。

可是汉武帝怫然变色："皇后，你在干什么？是在摆弄巫蛊之术诅咒朕吗？你好大胆！"

阿娇大惊："陛下，您听我解释，臣妾不是诅咒陛下，真的不是。"

汉武帝呵斥道："休要狡辩！朕有眼睛，看得清清楚楚。来人，把皇后移交给张汤，朕很想知道，这个酷吏会用什么法子让皇后说出实话。"

这位酷吏就是西汉历史上赫赫有名的张汤。小时候，他家里的肉丢失了，父亲怀疑他偷吃了，动手责打他，于是他掘开地面，挖出一窝老鼠，对老鼠进行了严刑逼供。然后又在鼠穴中找到吃剩的肉，搜集齐了证据，写好判词宣判，就把老鼠给活剐了。

张汤审案，雷厉风行，最大的特点是善于罗织株连。这也是汉武帝让张汤负责此案的主要原因。很明显，还有些隶属于阿娇一党的人，汉武帝非常不喜欢她们，也要将她们一网打尽。

这次事件的涉案人员超过300人，由张汤兴起大狱，全部诛杀。不知道张汤是怎么折磨阿娇的，竟然牵连进来如此之多的无辜者。

说好的金屋藏娇，最后却是酷刑折磨，阿娇纵然长泪纵横，也无济于事了。

阿娇在酷吏张汤的折磨之下，终于认罪。

皇后认罪之后，汉武帝龙颜大悦："这就对了嘛，朕就喜欢你这个直爽性格，有错误就承认。不要怕承认错误，过而能改，善莫大焉。传旨，废去陈阿娇皇后之位，打入冷宫。"

不久，废后阿娇病死狱中。

于是，汉武帝舒展了一下筋骨，心说：这下总算清理干净了。可以对匈奴动手了吧？

汉匈战幕拉开

汉武帝元光六年（公元前129年），汉武帝28岁。

这一年，废后阿娇的生母，长公主刘嫖忧死。死前她泪流满面，怀疑是不是有什么地方不对。自己费尽心机地宫斗，最终扶汉武帝登基，可却落了个如此残酷的结局。生平第一次，她终于发现自己愚蠢至极。

但为时已晚，她只能含恨而终。

这一年，匈奴侵入上谷，杀掠百姓官吏。

汉匈百年大战，在这个时刻，徐徐拉开帷幕。

第六章

战天下

赤裸裸的偏心

从上次马邑道设伏失机，到匈奴人大举入侵上谷，已经过去四年了。

可以说，这四年以来，汉武帝每天枕戈待旦，时刻都在等待着匈奴人的到来。

为了这场战役，他做了两项可圈可点的准备：

第一是征收车船税，为战争准备军费；

第二是开渠运粮，准备用来转运军粮。

匈奴人四年后才突然想起来报复马邑道事件，那只是因为他们对马邑道伏击事件原本就未做过理性评估。塞外长风，跃马黄沙，汉民族在他们眼里，不过是一群待宰的羔羊。总之他们此后不再相信汉人，隔三岔五，心情太坏或是心情太好，就会杀入中原劫掠一番。

敌意已不可化解，只能用武力寻找最终的答案。

上谷事件发生后，汉武帝立即下令，命卫家军进入战争状态，追击匈奴。

这是继马邑道战役后的第二战，其特点仍然沿袭了马邑道的战略思路。汉武帝希望能玩个奇谋妙计，把匈奴主力引出来，悉以诱歼。所以，这场战役又称"关市诱敌奇袭战役"——利用边关贸易，引诱敌军出现。这陈旧招数一摆出来，我们就知道这场仗前景不妙。

这一仗的另一个心计是，名臣宿将统统负责打擦边球，轻师险入，以保护从未上过战场的卫青及他所率领的卫家军。

地地道道的卫家军，以昔日平阳公主的踏脚垫卫青为车骑将军，兵出上谷。

这是主力军，任务是掠杀匈奴小部落。

战局的设计如下：

汉朝派出四位将军，各统骑兵一万，各走各的路，各打各的仗。但每位将军所出关隘的地理险要指数不同，决定了他们前方遇敌的风险概率也大不相同。

车骑将军卫青率一万名士兵，出最东方的关隘上谷。而上谷之后，横亘着地势更为险峻的五台山，就算打死匈奴大单于，他也不会挑这险要之地进攻汉朝。所以卫青的风险指数为零，胜利指数为一。

由东向西排列的第二位将军，是骑将军公孙敖。他就是在长公主刘嫖派家奴劫杀卫青时，率人将卫青救回的江湖大哥。此次他率一万名士兵，出代地。代地居两山之间，匈奴大队人马喜欢往来其中。走此路，遭遇匈奴正规军队的概率是百分之百，但遭遇主力还是小股游击队，这个不确定。所以公孙敖的风险指数及胜利指数，是一半对一半。

再向西，是名将程不识镇守的雁门。程不识老辣干练，用兵稳重。没有绝对把握，他是不会出关打仗的。这也同样意味着，雁门关外是匈奴大队人马驰骋的天然牧场。出此关，遭遇匈奴大队人马的概率，是百分之百。如果兵力足够，全师而归是正常的；如果兵力不足，全军覆没才算正常。

汉武帝将李广从云中调到雁门，只给了他一万名骑兵，让他来啃硬骨头。考虑到士兵人数严重不足，李广的胜利指数为零，风险指数爆表。

最西边一路，就是原本由李广镇守的云中。慑于飞将军之名，匈奴人绕云中而不敢近。汉武帝以卫青的大姐夫公孙贺为轻车将军，统师一万，兵出云中。他的胜利指数不确定，但风险指数也绝不会高。

现在我们来看看战斗布局，以求从中窥探汉武帝内心的想法。

从东向西，依次是：卫青出上谷，公孙敖出代地，李广出雁门，公孙贺走云中。在这个部署中，两端是低风险区域，居中的李广和公孙敖，承受着匈奴军臣单于的全部压力。

老实说，这个布置，是很昧良心的。最安全的仗，由卫家军来打，硬骨头让李广啃，却没有援军打侧翼，可想李广心里是多么憋屈。

这一仗，不仅仅是为了打匈奴，也是为了增加卫青的经验值，以便让他迅速成为西汉的明星战将。

战局也未出所料，卫青居五台之险，稳赢大赚。于匈奴人稀薄之地，卫青长驱直入，穷追猛打，一直杀到龙城，击斩并俘虏匈奴七百多人。

最西边的公孙贺也很幸福。他兵出云中，在大草原上溜达一圈，鬼影也没见到一个，说了声：“李广运气不错嘛，守在这风平浪静的地方，倒也自在。”到了约定的时辰，公孙贺就晃晃悠悠地回师了。

卫青和公孙贺两人幸福，就意味着公孙敖和李广惨了。

匈奴武装遍布中亚草原，公孙贺竟然没碰上一个匈奴人。这就表明，匈奴的主力就在公孙敖和李广的前方。

败局之将大丢脸

果不其然，公孙敖率部队行军之时，忽见前方地平线的尽头现出一条黑线，那黑线越来越浓。当时公孙敖一看这形势，立即大喊一声：“逃，赶紧逃，我们中彩了，遇到了匈奴主力！”

从战况上来分析，公孙敖不幸遭遇的，应该是匈奴左贤王，或是右谷蠡王。即使不是这两个部落，也是实力相差无几的其他部落。估算横亘在公孙敖前面的匈奴兵力总数，不会少于四万人。

所以这次遭遇，因为双方兵力悬殊，结果就是一方追杀，一方亡命。

公孙敖的区区万名骑兵，掉头狂奔。可是匈奴人来得好快，只听得翎箭破空，漫飞如雨，汉军士兵中箭的惨号声在天地之间回荡，公孙敖的耳边充斥着绝望的悲鸣。

公孙敖心中只有一个字：逃！

幸亏公孙敖的战马优良，加上匈奴人狂砍逃得慢的汉军，忽视了跟公孙敖计较，终于让公孙敖拼死逃出重围。到了安全地带，公孙敖回头看有多少人逃了出来，看清楚后，他绝望地闭上了眼睛。

他率领的一万多名骑兵，有七千多人或是被射杀，或是被匈奴人俘虏，活下来的，不足三成。

就连剩下来的这三成，也人人挂彩，个个受伤。但不管怎样，他们算是活着回来了，但魂已经吓飞，不堪再战了。

到嘴的鸭子飞了

如果公孙敖认为自己运气不好的话，那李广的运气简直是糟透了。

李广出雁门，他遭遇的应该是匈奴大单于——军臣单于的主力人马。

细想一下，李广不遇到军臣单于才是怪事。因为雁门守将程不识用兵极为保守，轻易不出关。雁门之外对匈奴人来说，等同于最安全的地方，而且水草最丰美，军臣单于选择在这里栖居的可能性极大。

军臣单于的主力人马，骑兵不会少于六万。李广遭遇的，绝对不止这个数字，至少有一支规模性部落配合军臣单于，对李广玩了个歼灭战。

具体战事不得而知，但史书描述这场战役，是李广所率士兵全军覆没。

部队被歼灭，李广立即施展他飞将军的绝技，想逃出生天，可是越逃，前面的敌人越多。匈奴人来势汹汹，数十名匈奴骑士包围了李广，吼叫声惊天动地："抓活的，大单于有令，活捉这名汉将。"十数名匈奴战士，从马背上横空跳起，落下来时，把李广扭成一团。

匈奴人问他："你叫什么名字？怎么这么能打？"

李广回答："我就是飞将军李广！"

"你是李广？"匈奴人既惊又喜，"我们大单于有令，不可杀你，一定要和你交朋友。你快点投降，咱们回去喝酒。"

李广说："投降这事不急，慢慢商量如何？你们的马没有马鞍，我骑不了。"

匈奴人一听，这还不简单。于是，牵过来两匹马，在两匹马中间拉了道网，把李广放上去，然后兴高采烈地回师。

——这个小细节，表现出当时的武器精密度。汉匈大战时期，汉军的战马已经有了马鞍，但没有马镫。而匈奴人属于蛮族，还不知马鞍是何物，打仗时仍然是骑在光溜溜的马背上。所以李广被俘后，只要假称他不会骑光溜溜的马，就给匈奴人增加了押送他的难题。

也亏匈奴人脑子活，居然想到了两马中间拉网绳的妙法。这又等于提高了李广的逃脱困难指数。

走了十来里路，李广突然凌空跃起，准确无误地落在一个匈奴骑士的马上，将匈奴士兵踢落马下，夺过匈奴士兵的弓箭，策马狂奔。

到嘴的鸭子飞了，匈奴士兵气得七窍生烟，大喊道："赶紧追李广，不能让他逃脱了！”于是迅速追赶，可这一次，李广跑得实在太快，匈奴士兵却是无论如何也追不上了。

李广失魂落魄地回来，早有廷尉迎接。一副重重的铁枷，“哐当”一声套在李广的脖子上。

阵前失机，全军覆没，这是要追究刑事责任的。李广郁闷扭头，旁边锁着的，赫然是同样吃了败仗的公孙敖。

公孙敖对李广说：“李将军，这次咱们输惨了，卫青那边杀掠了七百匈奴人，可咱们这边，却一次折损近两万战士，接近于三十比一。陛下他一定快要气死了。”

李广愤然道：“气的是我，我这么能打，可到现在还没封侯，又找谁说理去？”

公孙敖说：“都什么时候了，你还想着封侯！这次咱俩死定了！按律法，咱们败阵失机，该当斩首。”

李广仰天长叹：“好不容易挣了几个活命钱，这次又要被陛下全收回去了。”

史载，公孙敖与李广按律当斩，但两人尽卖家产，缴纳了足额的赎金，免于一死，都被废为庶人。

只有卫青，斩敌七百，被封关内侯。

这一仗下来，汉武帝的内心几乎是崩溃的。与匈奴之间只是随便一场小规模战事，汉军与匈奴的阵亡比例就是三十比一，接下来的漫长战争，可想而知是多么的艰难。

失败之后，伪造胜利

汉军上谷惨败之后，匈奴人精神大振，认为汉朝皇帝是个不学无术的窝囊废，于是不断地骚扰渔阳。汉武帝无奈之下，只好下令以老军头韩安国为材官将军，屯守渔阳。

韩安国出场，才知道汉武帝手中的战备资源是多么短缺。早在窦婴与灌夫两家被灭族之后，韩安国代理丞相。有一天他替汉武帝引导车驾，不留神从车上跌下来，当场跌断了腿，成为瘸子。

连年迈的瘸子而且是主和派的主将都被派到了战场上去，可知汉朝是多么缺乏将才。

韩安国去边关不足一年，就遭遇了一场大洗礼。

秋季，大雁南飞，两万匈奴骑兵也随之入境，杀辽西太守，掠边民两千。然后，潮水似的匈奴骑兵将韩安国的营垒团团围定，白天猛攻，夜晚放火，吓得韩安国老泪纵横，心里不停暗骂道：好端端的干吗非要惹匈奴人？看看，现在人家打上门来了，该如何是好？

渔阳未了，匈奴人再入雁门。名将程不识不打无把握之仗，坚守不出，匈奴杀掠千人而退。

汉武帝厉声斥责韩安国："韩安国，你是怎么回事？怎么会让匈奴人闹成这样？"

韩安国忧恐成疾，不久去世。

连韩安国都死了，汉武帝这边更没人手，于是重新起用飞将军李广。

上一次，李广虽然全军覆没，但他居然不可思议地逃了回来，赢得了匈奴人的钦服。他一复出，在他镇守的右北平一带，匈奴人顿时没了踪影。

汉武帝终于醒过神来了——他的智慧在增长，已经成为一个深思熟虑的军事家——明摆着，指望着靠小聪明扫灭匈奴，似乎希望不大，要想彻底解决问题，就必须按照战争的规律来。

——大兵团作战！

——重锤砸蚂蚁！

所谓战争，不仅是对敌人的战争，而且意味着对自己的战争——杀敌一千，自损八百。

战争，意味着敌我双方的巨大消耗——比的不是谁更狠，而是谁死得更慢一点！

战争规模开始升级，从刚过万人的队伍，开始变成了几万人的队伍、十万人的队伍。为了报复匈奴对渔阳的骚扰，汉武帝以卫青统三万骑兵出雁门，派将军李息替他打侧翼。这一次卫青掠杀匈奴兵民近千人——这仍是场丢人现眼的败仗，卫青有三万人，却只掠杀敌人兵民不足千。这等于三十名汉军骑将抓回一个匈奴百姓。

这是汉匈第三战——战渔阳。这场仗不过是场形象工程，是用来鼓舞士气民心的。

此时的战争仍然停留在尝试与接触上。汉武帝的疑忌，仍然是各地藩王。

攘外必先安内，攻敌必先清己。不知死活的藩王，他们的好日子到头了。

侠之大者，杀男霸女

第一个中标的藩王，当然是汉武帝最放心不下的江都王，五皇子刘非。

实际上，汉武帝对刘非的警惕绝非多疑。刘非此人，好勇斗狠，是个天生的大力士，又喜欢招纳四方豪杰。而且，此人是个天生的军事家。汉武帝马邑道设伏失败，刘非就知道大战不可避免，当即上书要求出塞攻击匈奴。

汉武帝始终保持着对刘非的高度警惕，如何肯答应？到了元朔元年（公元前128年）的冬天，刘非患病身亡，汉武帝这才长舒一口气。

史家称，刘非是正常死亡。但鲁共王刘余、长沙定王刘发相继暴毙，三个藩王在短时间内先后死亡，极为蹊跷。

更蹊跷的是，这时候主父偃与徐乐入朝，他们将承担打击藩王的思想理论创新工作。但这俩人显然没有领会领导的意图，呈上去的奏折洋洋洒洒，离题万里，谈论的竟然都是如何打击民间豪强。

被这两个书呆子一搅和，中国历史上名头最大的侠客郭解悲剧了。

郭解，函谷关东著名侠客，生平欺男霸女，无恶不作。

郭解平生就是个暴脾气，走在路上，谁如果不小心看了他一眼，他就会立即杀掉对方全家。起初郭解杀人，多少还能找出个理由，但他杀的人多了，人人都害怕他，郭解却杀上了瘾，只能找点不是理由的理由，以满足他杀人的嗜好。

曾有一次，有个儒生到当地坐在酒馆里闲聊，听郭解的几个门人正在激情洋溢地赞誉郭大侠："说起那郭大侠，那可是了不起的大英雄、大豪杰。谁家的女人貌美，他马上据为己有；谁家的男人看他一眼，他立刻拔刀就宰。正所谓男儿行千里，微躯敢一言。砍头不过风吹帽，断臂全当鬼吹灯。宁可床头抱美死，何曾吹落北风中？此诚大丈夫也。"

儒生在旁边听得别扭，忍不住插嘴说："照这么说，郭解其人，不过是个睚眦必报的凶徒，一个心理变态的杀人狂而已。这种人，有什么好称道的呢？”

郭解的门人听了，一声不吭站起来走了。不一会儿，郭解的弟子门人大批杀至：“刚才是谁公然诽谤郭解郭大侠？是不是你？你好大的胆子，活得不耐烦了！”说完当场将儒生乱刀砍死，然后割下了儒生的舌头。

出了人命，地方官不能不过问。于是有司把郭解叫过去，问道：“你跟本官说句实话，那个儒生，是不是你杀的？”

郭解哈哈大笑：“有没有搞错？我郭解何许人也？当世大侠也！我杀人还用得着自己动手吗？”

有司问：“那到底是何人所杀？能否把凶手交出来？”

郭解一摊手：“大人，你这就难为我了。试想杀人这种事，谁会无缘无故地承认？就算是我的弟子门人干的，可他们自己不承认，我也没办法是不是？”

地方官叹息一声：“算了，以后不要闹这么大动静了。”这事就这么过去了。

但是主父偃和徐乐入朝，又把这起旧案翻出来了。

起因是，主父偃上疏，奏请把关陇豪强全部迁到茂陵居住，一来充实京城，二来预防祸端——后面这句话的意思是：迁居是伤筋动骨的事，豪强搬了家，多半会遭受惨重的经济损失，纵然想兴风作浪，也力有不逮了。

汉武帝是个高明的管理者，一听此言就明白其中的奥妙，对此建议赞不绝口，当即批准。于是各郡国家财在三百万以上的人家，悉数迁到茂陵。而大侠郭解，也在官方公布的迁居名单上。

但是郭解侠名天下，自然会有人替他说情。来替郭解说情的，是汉武帝的小舅子卫青。

卫青对汉武帝说：“陛下，名单上出了点差错，那个郭解，家境贫寒，就是个善良厚道的老百姓，不如把他的名字抹去吧。”

汉武帝大笑道：“卫青，你忘了朕刚刚登基那几年干些什么了？朕当时夜走江湖，纵横天下，难道还没听说过郭解郭大侠的名头？更何况，他一介平民，竟然能通过你的关系，把门路走到朕这里来，这是普通百姓能干得了的事吗？”

说到底，卫青终究是个粗人，不懂官场规矩。如果他悄悄找到负责迁居的官员把郭解的名字抹去，神不知鬼不觉，汉武帝也未必能够发现。可他直接去找汉武帝，反倒让汉武帝对郭解产生了浓厚的兴趣。

这一感兴趣，就把郭解的门人虐杀儒生旧案给翻了出来。

于是，朝廷召开御前工作会议，对郭解虐杀儒生一案进行重审。审理中，狱吏出身的大臣公孙弘发表了决定性观点。

公孙弘说："郭解这个人，杀人无数。而且他杀人的理由，都是些不是理由的理由，甚至走在路上，有人看他一眼都要杀。说到儒生这个案子，儒生的确不是郭解杀的，是他的门人下的手。这表明郭解已经形成了势力庞大的黑社会性质的犯罪团伙，非严打不足以明纲纪。"

汉武帝说道："此言甚得朕心！传旨，郭解灭族！"

捕吏与军士冲入郭解宅门，郭解的门客和徒弟顿时各施飞檐走壁的绝技，逃向四面八方。大侠郭解被捕，与家人同时斩首。

灭了郭解满门，汉武帝刚刚轻松一点，忽然看到站在堂下的主父偃和徐乐满脸炫功的表情。汉武帝顿时醒过神来："不对，弄岔了，朕找你们来搞理论创新，不是打击民间豪强，你们二人到底听明白没有？"

主父偃能够扳倒董仲舒，不是一般的有心计，一听汉武帝的话，立即醒过神来："启奏陛下，臣有个新的理论。"

汉武帝问："怎么个新法？"

主父偃："这个新理论，叫推恩令。"

推恩令？汉武帝眼睛一亮。

皇家都不是正常人

推恩令，的确是汉武帝时代的一项重大理论创新。

此前，诸侯藩王都由嫡长子袭承侯位或王位，次子和庶出是没有这个资格的。但汉武帝担心诸侯与藩王们的地盘太大，势力太强，主父偃提出推恩令，要求藩王们把自己的封地切割成小块，每个儿子给一块。由此前的嫡长子承袭变成了大家统统有份。

推恩令意味着藩王们即将迎来灭顶之灾。此前大面积的土地被迫切割拆分。其中任何一个小藩王出点麻烦，汉武帝就会趁机收回土地，这导致藩国的地盘与势力越来越小，越来越不成气候。

伴随着推恩令下达的，是秘密缉查藩王劣行的命令。燕王刘定国，成为第一个挨刀的肥猪仔。

燕王刘定国，是燕康王刘嘉的儿子，实为丧尽天良的大奸大恶之徒，主要事迹有：与父亲的姬妾通奸，并生下一个儿子；又抢夺弟弟的妻子，做了自己的姬妾；此外他还和三个女儿通奸。总之，什么事不是人干的，他就专干什么事。

干完这些不要脸的事情之后，刘定国神清气爽，又杀掉了肥如县令郢人。

郢人无罪被冤杀，他的弟弟们上书告状。主父偃少年时曾经游历过燕国，没有受到尊重，于是他大肆宣扬此事，公卿尽知，纷纷请求汉武帝出面处理刘定国。

于是，汉武帝同意公卿们诛杀刘定国的建议，刘定国听说之后就自杀了。

刘定国自杀之后，燕国被撤销，改设为郡。

刘定国犯下累累罪行，无疑应该千刀万剐，但当时的藩王们无一不是淫邪之徒，真要把这些藩王的龌龊事抖出来，刘定国绝对不是最变态的。汉武帝偏偏挑中他下手，其实就是为了完成一次行政区划的变革，目的是为汉匈大战腾出充足的战略转圜空间。

刘定国被定点清除，是因为燕国是抵御匈奴南下的第一道防线。而此前燕国政令不一，导致营救渔阳不力，所以汉武帝就考虑把燕国去国改郡，统一号令。至于燕王刘定国，不管他变态与否，都必死无疑。

就在这一年，边塞冲突升级，匈奴再犯上谷和渔阳，杀掠边民千人。

汉朝采取了即时的报复行动，卫青与李息三出云中郡，击匈奴楼烦并白羊两部。楼烦王与白羊王闻风而走，汉军杀掠数千。

这是汉匈第四次武装冲突，战役地点转向了今内蒙古自治区的杭锦后旗，沿黄河西岸南进，目标是夺取匈奴人的河南地区。一切都表明，更大的战争即将到来，汉武帝已经有点等不及了。

可万万没想到，主父偃年轻时游历燕齐没有受到想象中的尊重，于是满脑子报复欲望。

他根本不知道自己初次入朝扳倒董仲舒、二次成功打击燕王并使其灭国这些成果，并非因为他主父偃有什么不凡之处，而是他的建议恰好与汉武帝为战争的部署卯上了纹路。

但主父偃根本没留意到边塞冲突的严重性，认为自己彻底摸透了汉武帝的心理，兴致勃勃地挑选了齐国作为下一个打击目标，要报自己少年时代的仇。

帝国奇案

细说起来，主父偃开始时，也不是非要灭亡齐国不可。他当时想的是，老子现在有地位了，身份尊贵，是皇帝身边头号大红人，你们那些曾瞧不起我的藩王也该认清形势，巴结老子了吧？

于是主父偃派人去找齐王刘次昌，扬言道："主父偃，天下智识之辈也，是当今陛下倚赖的中流砥柱。齐王你失宠于陛下久矣，何不娶主父偃的女儿为妃，让主父偃做你在朝中的内应，重新赢取陛下的欢心呢？"

齐王刘次昌说："这个事情嘛，兹事体大，需问问母妃才行。"

齐王的生母姓纪，史称纪太后。听说主父偃想把女儿嫁给齐王，纪太后就乐了："谁不知道主父偃家里那傻丫头，一身的土气，连脚丫子缝里的泥都没洗干净。就她？凭什么嫁给我儿子？我儿子可是龙子龙孙，丢不起这个人！"

说亲失败，主父偃愤怒至极："齐王你无情，就不能怪老子无义了！你和你姐姐通奸的事情，必须要曝光了。"

于是，主父偃去找汉武帝，说："陛下，现在朝里都已经传遍了，齐王不自重，竟然和自己的姐姐通奸。这可是整个皇家的耻辱啊，陛下您不能不管！"

汉武帝看着主父偃，说道："现在匈奴大举进攻，火烧眉毛，朕忧心如焚，你还跟朕讨论这事？既然如此，那也好办，干脆让你去齐国好了。朕就委任你为齐国的国相，替朕清理清理门户。"

打发主父偃去齐国，是因为汉武帝发现主父偃即使已经身居高位，却依旧见识短浅。主父偃根本无意替天子分忧，对汉匈大战毫无热情，一门心思地只想在揭人隐私中寻找快感。

汉武帝杀机已起，主父偃却丝毫没有察觉。他兴冲冲地奔赴齐国，到达后做的第一件事，就是把齐国宫中的太监抓起来严刑拷打，逼问齐王与姐姐通奸的细节。太监被打得惨叫，不得不按主父偃的要求，详细交代齐王与姐姐通奸的过程。主父偃急忙拿笔记录，因为太过于激动，鼻尖淌汗，手脚颤抖，写出来的字像鬼画符。

闹出这么大动静，齐王想不听这个坏消息都不可能了。知道自己逃不过去了，齐王做出和燕王一样的选择，干脆自杀了。

齐王没有子嗣，他一自杀就意味着齐国封地也要被收回。

主父偃连灭燕齐两地，威名大震，诸侯对他大为恐惧。为防止他接着对自己下手，汉武帝的七哥赵王刘彭祖先发制人，上疏汉武帝，指控主父偃收受贿赂，欺瞒天子。

汉武帝当即命捕吏捉拿主父偃，严刑拷问他的罪行。

却不想，主父偃小时候吃苦出身，骨头奇硬，纵然严刑拷打，他最多只招认自己收取了点贿赂的罪行，但否认齐王自杀与他有关。

主父偃不认罪，这事就不好办了。

于是，汉武帝找来年迈的公孙弘，问道："主父偃宁死不招，看来只好放了他？"

公孙弘道："陛下，从来只有错抓的，哪有错放的？主父偃入朝以来，当面欺君，背后压臣，不知干了多少坏事。曾经有大臣对他说，'主父偃，你太过分了。'陛下猜主父偃怎么回答？他说，'不好意思，我主父偃游学四十余年，一事无成，舅舅不疼姥姥不爱，被嫌弃够了。到了一把年纪我才出人头地，难道我就不能快意恩仇，活得痛快点吗？你们谁也别劝我！'陛下您听听，他这说的是一个人臣该说的话吗？"

汉武帝发话道："传旨，主父偃灭门。"

主父偃之死，开了汉武帝诛杀谋臣之先河。此后，大批智识能臣只要稍有过失，就会被立即灭门。

就在主父偃被开刀问斩的时刻，匈奴阵营突然爆发骚乱，数万人朝长安城狂奔而来。其中夹杂一人，蓬头垢面，满脸络腮胡子，手上脚底都是老茧，一张决绝的脸上满是风霜刀痕。

他走入长安，顿时泪流满面："大汉，我回来了，终于回来了！"

有人认出了他，惊呼道："这不是那个十三年前出使大月氏的张骞吗？"

北国胭脂之爱

张骞出使西域，始于汉武帝建元三年（公元前138年）。

汉武帝登基之后，权力掌握在窦太后之手，无论什么决策，汉武帝事先都要向窦太后报告申请。再加上后宫谣言纷纷，暗指汉武帝没有生育能力。所以汉武帝心理压力极大，主要工作日程就是游山玩水。

尽管汉武帝玩世不恭，但当时的汉朝却在紧锣密鼓地为汉匈大战做准备。许多在此前的战争中被俘虏的匈奴人，都在汉朝这里受到重视，有专人细心地搜集匈奴方面的情报。还有许多匈奴俘虏被汉化，加入汉军作战。

一个偶然的机会，汉朝从俘虏口中获知，传说在西域有个国家，叫大月氏（ròu zhī），大月氏的国王被匈奴单于杀掉，头颅还被做成酒器。月氏人忍受不了匈奴人的奴役，就向天山北麓奔逃，途中又遭遇了一个乌孙国的攻击。

俘虏说："大月氏矢志报仇，但力有不逮。"

这个消息，让汉朝看到了希望，如果能够联合大月氏夹击匈奴，则此役必然胜券在握。

于是，汉朝征召勇士，出使西域。一名身手不凡的小郎官张骞毛遂自荐，愿担此任。

张骞虽然有勇气，但他从未到过塞外，传说中的大月氏究竟在何处，根本无从寻找。幸好有一个早年被汉军俘虏又汉化归顺的胡人堂邑氏，堂邑氏家中有个奴仆，人称堂邑父，愿意充当向导。

于是，汉朝征募了一百多名不怕死的亡命之徒后，以张骞为首，组织了一支外交队伍，一路西行进入了河西走廊。这支外交队伍走后，就再也没了消息，时间一长，所有人已经把这事儿忘了。

直到十三年后，匈奴爆发内乱，张骞才有机会重返故国。只不过，去时的一百多人，多数埋骨沙尘，回来时，只有张骞和堂邑父两人。

原来，张骞所率百余人一进入河西走廊就遇到了匈奴骑兵，被当场拿下。

张骞一行被押送到了匈奴人的大本营——这个地方，位于现在的内蒙古自治区呼和浩特市。

亲自审问张骞的，是老上单于的儿子，军臣单于。

军臣单于问："你们提刀弄枪，风风火火，闯入我国境内，想打架吗？"

张骞急忙解释道："不是，不是，我们是平民，非兵士。我们进入贵国，不是有意的。"

军臣单于："不是有意的，你们还来了，要是有意那还得了？说，你们到底来干什么？"

张骞："我们是路过而已，绝无敌意，请允许我们通过，谢谢。"

军臣单于："我问你们去哪儿！"

张骞："我们去大月氏。"

军臣单于："大月氏？你们去那么偏远的地方干什么？"

张骞："走亲戚，串个门。"

军臣单于："你叫张骞是不是？出门右转，你的老婆正等着你，保护好她，可别让她被别的男人抢走了。"

张骞大惊道："我老婆怎么会在你们这里？"

张骞出来一看，外边果然有个女人，皮草束身，两颊泛红，眉目含春，低头道："张骞，从现在起，我就是你的妻子了，请你爱我，保护我，永不离开我。"

张骞推托道："不妥……不可！"

军臣单于出来，在后面怒气冲冲道："这么好的女人给了你，你还有何可抱怨的？赶紧进婚房吧，再矫情就宰了你。"

史载，张骞出使西域，途中被匈奴扣留，被强塞了个匈奴女人成了家。于是张骞就放弃了逃跑的念头，踏实过起幸福的小日子。他出使西域十三年，前十年是和匈奴妻子在一起，生了孩子，生活平静。

十年过去了，军臣单于对张骞的监视变得有些松懈。这天早晨，张骞起来，对老婆说要出门办点事儿。

张骞说完就出了门，门外早有堂邑父在等待，两人立即向西狂奔逃走，继续履行他的外交使命。

这一逃，张骞就逃到了现今的乌兹别克斯坦费尔干纳盆地。

史载，途中飞沙走石，冰雪皑皑，寒风刺骨，人烟稀少，没有水源，没有食物，全靠堂邑父射术如神，射点野兽来吃。

当时的乌兹别克斯坦，盘踞着大宛国。大宛的汗血宝马，举世闻名。张骞见到大宛王，代表汉帝国承诺建交，请大宛送自己去大月氏。

这时候的大月氏已经逃到了水草肥美之地，舒服日子过久了，早就忘了与匈奴人的仇怨，对张骞提出的联击匈奴建议没有兴趣。

无奈之下，张骞只好回转。张骞生怕再被匈奴人逮到，选择了绕道而行。可万万没想到，匈奴人恰好刚刚统治了他绕行的地区，结果，他又落入匈奴人之手，被匈奴人送回家，与老婆孩子团圆了。

张骞回家之后，很快军臣单于就死了，匈奴爆发了大规模的内战。

趁着匈奴之乱，张骞带着匈奴妻子和堂邑父，终于在离国十三年后，逃了回来。

父子相残

虽然张骞未能说服大月氏建交，但他仍然成为汉朝战胜匈奴的最大武器，因为他带回了情报。

相信汉武帝看了情报，当时应该是吓了个半死。

他惹到了不该惹的大麻烦——当时的匈奴帝国，其统治区域远比汉朝更辽阔！而这意味着，匈奴的战争资源比汉朝更充足，长期消耗下去，汉朝是不占优势的。

当时的西域，有三十六个国家，最出风头的就是匈奴，击月氏，破乌孙，三十六国中，有三十国沦为匈奴的附庸。就在汉武帝铁了心与匈奴展开民族生存空间大决战之时，他发现匈奴统治的区域极大，大体上来说，东至兴安岭，西达北海，南近燕代（汉武帝灭燕易郡，就是为迎战匈奴做准备），虽然匈奴地区有大片沙漠和戈壁，但其国土面积已经超过了汉朝。

原以为对方只是些飘忽无定的小毛贼，不料掀开战争大幕，汉武帝才发现自己要面对的是超级巨无霸！

汉武帝有一种感觉，他面对的根本不是什么战争，而是死亡地狱！

再说敌军的指挥官，汉武帝突然想找个没人的地方大哭一场。

据司马迁记载，匈奴人的历史已绵延千年之久。

第一个进入中华帝国视野的匈奴首领，叫头曼。按祖制，头曼死后，单于位置应该由大儿子冒顿继承。但头曼有个年轻妻子，生了个小儿子。娇妻请求改立幼子为嗣，头曼慷慨地答应了。

于是，头曼派长子冒顿去月氏国做人质。等冒顿去了，头曼立即向月氏展开疯狂进攻，想让月氏人杀掉大儿子。不承想，冒顿偷了匹好马，竟然顺利地逃了回来。

回来之后，冒顿咬牙切齿道："父亲，你想杀了我是不是？那就不好意思，我先动手吧。"

于是，冒顿苦心训练自己率领的万名骑兵。他下令说："我发号施令，只用一支响箭，我的响箭射向哪里，你们就必须向那里一起射箭。违令者，斩！"

冒顿先用响箭射飞禽走兽，部属立即乱箭齐发。

然后，冒顿用响箭射向自己喜欢的好马，有士兵犹豫不射，冒顿下令斩之。

冒顿又突然把响箭射向自己最宠爱的女人，有的部下不管三七二十一，乱箭狂射，把那可怜的女人射死了。还有人手持弓箭，犹豫不决。

冒顿下令，将犹豫不射者斩杀！

此后冒顿响箭再起，无人敢不射。于是有一天，冒顿与父亲一起打猎时，突然大叫一声："看箭！"向父亲头曼射来响箭，霎时间，只听翎箭破空之声不绝，大单于头曼已然成为一只大刺猬。

亲父害子，子杀亲父，这表明匈奴人的文化依旧是未开化的野蛮状态。

冒顿是位伟大的统治者，他征服诸国，壮大匈奴，最露脸的业绩是将刘邦困于白登，只是因为事先约好的两路援兵未至，冒顿担心有诈，于是放刘邦出逃。刘邦逃出来时，察觉到冒顿兵力雄厚，心怯而去，从此不敢言战。

刘邦死后，冒顿写信给吕后，公然调戏她。当时吕后愤怒至极，找妹夫猛将樊哙说理。樊哙大吼道："太后休要担心，可让猛将季布出马，提冒顿人头来见。"

吕后召来季布，询问他的看法，季布一听就急了："太后，您应该砍下樊哙的狗头，咱们这些所谓的猛将，在匈奴人眼里杂碎都不如，快别自讨没趣了。"

无奈之下，送公主给匈奴和亲就成了西汉立国以来的基本国策。但把自家女儿送到塞外给野蛮人，这是谁家都不愿意的。所以汉朝始终憋着一股子火，只能暗暗积蓄力量，准备与匈奴展开一场大决战。

到了汉文帝时代，冒顿居然还活着。当时匈奴右贤王攻击汉朝，冒顿为此写来书信，称："右贤王攻击你们，是错误的。但这个错误，是你们引起的，谁让你们汉朝不尊重我们右贤王？现在我重重惩罚右贤王，罚他去西域。至于你们汉朝，最好再送几个公主来，这事就不跟你们计较了。"

当时汉文帝接到信气得半死，当场就要宣布开战。大臣们急忙拦住："陛下不可，万万不可啊，匈奴人最近刚刚击败大月氏，正是风头最劲的时候，咱们惹不起人家。再送几个公主过去吧。"

汉文帝没办法，只好回信给冒顿，答应送公主过去和亲。

总之，胡汉和亲，后人称之为民族大团结，但当时满是屈辱，满是血泪。

冒顿单于死后，其子稽粥继位，称老上单于，继续欺负汉朝。

汉不爱我赴匈奴

老上单于的名字叫稽粥，可是"稽粥"这个词到底是什么意思？两千年来，无数学者想破脑袋，也想不出个名堂来。

正是这位老上单于稽粥猛攻大月氏，斩月氏王，用月氏王的头颅做酒器。大月氏悲痛万分，迁国远走。

老上单于时代，正逢汉文帝送公主来和亲，并派宫监中行说伴行。

中行说是汉匈大战中极为重要的人物，是个太监。汉文帝派他去匈奴，他请求说："陛下，求求您，我本身六根不全，已经够惨的了，您别让我去塞外吧。求陛下收回成命，放过我吧。"

汉文帝说："派你去，你就得去，你敢抗旨吗？"

中行说气得半死，心说：先是阉了我，又拿我当牲畜送人，还希望我再忠于你们吗？我呸！

到了匈奴那里，中行说就把中原这边的情报向老上单于和盘托出，从此成为老上单于身边的头号智囊。这才有了汉文帝年间，匈奴十四万人进犯中原，先锋部队杀至雍甘泉的事情。

此地距离长安不足三百里。当时长安城中人人惊恐，登高遥望西方明亮的火光，心中皆有不祥之感。

汉文帝气得直哭，写信给老上单于，请求再次和亲。

老上单于欣然回信，又问汉文帝要了几个公主。结果汉文帝这一送，竟然给匈奴送去了四个公主，这是中国历史上最高的纪录。

老上单于死后，儿子军臣单于继位。这是个有魄力的单于，他琢磨着：咱们匈奴人在塞外待的时间有点长了吧？何不打下长安城，搬进汉朝去住？说干就干，军臣单于放弃和亲政策，转为靠实力说话，向汉朝大举进攻。汉文帝唉声叹气，郁郁而终。

汉文帝死后，汉景帝继位。由于汉景帝做太子时一棋盘砸死吴王世子，结果与吴王刘濞结下死仇，即位时根本没心情理会匈奴这事，一门心思地与吴王死磕。

军臣单于趁此良机，遣使勾结吴王刘濞，准备两面夹击，干掉汉景帝。不承想，汉朝终归是厉害，轻易就扫平了七国之乱，于是轮到军臣单于悲催了。

军臣单于的领导能力弱于其父稽粥，比其祖父冒顿更差。军臣单于在位时，匈奴帝国出现了大规模叛逃热潮，一拨又一拨的匈奴贵族弃国远走，投奔汉国。

但冒顿单于时代打下来的江山，仍足以让军臣单于傲视天下。他始终牢牢地把握住权力，对汉景帝造成极大威胁。结果，汉景帝时代又给军臣单于送去三个公主。

所有这一切，都构成了汉武帝向匈奴宣战的必要条件。

到了张骞从西域返回提供最新情报时，汉武帝亢奋地发现，军臣单于的领导能力弱爆了。匈奴帝国内部的矛盾处于爆发的前夜，汉朝的机会，来了！

战局大逆转

汉武帝元朔三年（公元前126年），汉武帝31岁，正值生命活力的巅峰。

这一年，张骞出使西域十三载归来，为汉朝带回了汉匈军事形势大逆转的好消息。

这一年，匈奴帝国军臣单于去世，按祖制习俗，单于之位传给儿子於单。

可是军臣单于是个缺乏政治头脑的单于，不懂得权力运作。再笨的人也知道，传给儿子王位，首先要给儿子强大的军事实力作为保障，传承才能顺利进行。可是军臣单于也不知怎么回事，当他死后，军事实力最大的，竟然不是他的儿子於单，而是弟弟左谷蠡王伊稚斜。

于是，伊稚斜很不服气："长子怎么了？长子就了不起吗？就有智慧吗？就有领导能力吗？长子继承制太落伍了。我们大匈奴必须与时俱进！来啊，大家跟我一起，杀了於单！”

伊稚斜向於单发起突然攻击，於单支撑不住，率部向汉朝狂逃，请求归降。

趁此混乱，被困于匈奴的张骞也带着匈奴妻子和堂邑父一口气跑回汉朝来了。

这突如其来的大事件，让汉武帝大喜过望。汉武帝太清楚了，匈奴发生内乱，军臣单于的儿子前来投奔，标志着汉匈两国的战争形势大逆转，从此，汉朝就由防守转为进攻，战争将在匈奴的疆域无休无止地展开。

于是，汉武帝传旨大赦天下，汉朝上下一起庆祝这意外的惊喜和收获。

汉武帝将投降的於单封为涉安侯。这个称号的意思是说：你来到汉朝，就算是到家了，平安了。

可奇怪的是，於单受封才几个月就突然死了。

排除人为因素，可能是於单的身体天生羸弱，不堪大任，所以叔叔伊稚斜才会强势地夺取权力。

事实证明，确实如此。

就在於单死亡的当月，匈奴大举犯边，杀代郡太守恭，掠边民千余人。秋天，匈奴再入雁门关，杀掠千人。

但汉武帝认为，这不过是疥癣之患，不足为虑。匈奴势力衰减，正是大汉拓疆的好时机。

汉武帝下令，在东方设立苍海郡，在北方修建朔方郡城。

公孙弘对这两条策令提出异议，说：“陛下耗尽民力国财，只为了占据几片荒地，这值得吗？臣建议陛下放弃这个想法，爱惜天下子民，不要再劳民伤财了。”

汉武帝斜眼看着公孙弘，对一旁的太监下令道：“传旨，召朱买臣进宫，和公孙弘当廷辩论，替朕出口气。”

朱买臣这人虽然干活儿不行，却伶牙俐齿，一上殿一口气向公孙弘提出十个问题。可怜公孙弘是个干实际工作的厚道人，连朱买臣的话都听不懂，居然一个也回答不了。

汉武帝乐了：“公孙弘，你还有何话可说？”

公孙弘回道：“陛下，臣虽然驽钝，但听明白了北方有个难得的拓边机会，东边的苍海郡，应该是陛下为防范万一，在东方设置的堡垒。但臣以为陛下多虑了，东边不会有问题，应该全力对付北方。”

汉武帝道："听起来也有道理。那就依你。"

次年，汉武帝32岁，巡视甘泉，研究攻击匈奴之策。

这一年，匈奴分三路兵马侵入汉境，杀掠汉朝边民数千。

奇人公孙弘

来自匈奴的压力陡然减轻，汉武帝的目光，又回落到对他权力最具威胁的藩王身上。

上一次打击藩王，只灭了燕齐两国，负责这项工作的主父偃就和齐国同归于尽了。这一次，汉武帝考虑，不再犯上次的错误了。不对，还是要按上次的思路来，找个替死鬼，让他和藩王同归于尽！

找谁好呢？公孙弘如何？

之所以选择公孙弘，大概是因为此人行事反常。

公孙弘，少年家贫，喜欢读书，牧猪时削竹为简，把书本的内容抄录在竹简上。他一开始读的是《春秋》，接着改攻《诗经》，后来又转型为《公羊传》的研究大家，在汉文帝时代就已经非常有名。

汉武帝时代举贤良方正，于是公孙弘再度出山。

这次他的对手，一个是90多岁的老学者辕固，另一个是董仲舒。

当时辕固俯视公孙弘，说："公孙大人，你既学《春秋》，就应该知道，做人要表里如一。"

辕固这话，是什么意思？是在暗讽公孙弘表里不一吗？从下面的事情就能看出究竟。

不久，公孙弘的朋友高贺前来投奔。公孙弘热情迎接他之后，让人备了顿糙饭招待他，对他说："敞开了吃，不要客气。"

晚上留高贺在家休息，公孙弘弄来最粗糙的席子："摊开来睡，别客气。"

史载，当时高贺就气炸了，说："公孙弘，老子为什么来投奔你？不就是想好吃好喝一顿吗？你却给我弄来这么一堆猪食，这么粗糙的一张席子，你那么有钱，对朋友却如此吝啬，你说你活着还有什么意思？"

"这个……"当时的公孙弘说了句流芳百世的名言，"宁愿遇到坏客人，也不要遇到老朋友啊！这世上的事，多半都是被老朋友破坏的！”

公孙弘待友如猪的事迹很快传开了，并被有心人报告到汉武帝面前。

于是，汉武帝郑重地亲抓此事，把公孙弘叫过去，问道：“爱卿，朕给你的俸禄不少吧？听人说你仍然吃糙粮、睡糙席，这是为何啊？”

“回陛下，”公孙弘解释道，“老臣也不是什么高风亮节之人，就是品性如此。比如，春秋时代的齐国晏婴，他也是这样。这是习惯，陛下，老臣改不了。”

“改不了？”汉武帝大喜，“改不了好，朕命你为丞相，封平津侯。”

此前，丞相只是官员，不封侯，但从公孙弘开始，丞相史无前例地封侯，汉武帝再次创造出一个新成语：加官晋爵！

公孙弘加官晋爵的第一件事，就是上疏，奏请禁止民间百姓持有武器。

凶险官场路

公孙弘上奏说：“十个强盗拉开弓，百名官员不敢近。所以说，武器是天下祸乱的根源，请陛下禁止百姓持有弓箭。”

“这合适吗？”汉武帝皱眉道。

他不是反对这个建议，而是这个建议本身没什么可行性，汉匈大战已经拉开大幕，汉朝这边最缺的就是军事人才，再禁绝武器，摆明很快会被匈奴打死。但百姓持有武器，确实会对统治政权造成威胁。

举棋不定之际，汉武帝召文学名士上殿，与公孙弘展开大辩论。

结果，所有人都反对公孙弘的建议，大家的意见一致：现在的社会环境极为混乱，盗匪出没，豪侠夜行，之所以还有一点秩序勉强维持，就是百姓家里也有武器，强盗不敢招摇过市，可如果禁绝了天下武器，这世道可就是强盗的天堂了！

当上丞相，第一条建议就没能通过，公孙弘感觉好不沮丧，只好转移注意力干点别的事。

公孙弘的目光，落在了董仲舒的身上。

公孙弘和董仲舒，结怨已久。

两人同为当时的思想大家，公孙弘是《公羊传》的专家，而董仲舒比他更高，一个“独尊儒术”就占据了思想高地。幸好董仲舒学傻了，不留神跌进神秘主义的泥坑，竟然叽叽歪歪，说皇宫失火是因为天下有冤情，结果被主父偃盗走文章，险些因此丧命。但他最终还是活着，这让公孙弘大为不快。

于是公孙弘上奏：“陛下，胶西王现在有些倒行逆施，凶残暴戾，杀害无辜。最近听说胶西王又染上了诛杀官员的瘾，已经杀了多名官员。所以，老臣建议，把董仲舒派去胶西王那里，管着胶西王一点。”

董仲舒大为光火，一下冲了出来：“陛下，公孙弘要害我，我不能去胶西王那里，胶西王杀人不眨眼。”

汉武帝大喜：“董仲舒，你不要怕。朕也觉得丞相的建议甚好，快去吧。”

悲愤的董仲舒，只好扛起铺盖卷踏上死亡之路。可有趣的是，他到了胶西王之处后，并没有遇到危险，反而很受胶西王的尊重。

对公孙弘来说，这是他在扳倒董仲舒。但这项工作，正中汉武帝的下怀——汉武帝任其为相，目的是为了扳倒藩王！公孙弘是想拿胶西王扳倒董仲舒，而在汉武帝看来，这是用董仲舒扳倒胶西王，怎么扳都爽快。

下一个目标是谁？汉武帝用热切的眼神期待着公孙弘。

公孙弘把打击的目标，锁定在同事汲黯身上。

汲黯这个人，本来就极讨人嫌。有一次他曾和公孙弘当面吵了一架，当天公孙弘就起了杀心，一直找机会想弄死汲黯。于是上奏说：“陛下，现在的藩王们，品性太可怕了，有的喜欢杀人，有的喜欢放火，有的喜欢乱伦，总之，必须要好好地管教管教他们。”

汉武帝问道：“怎么个管教法呢？”

公孙弘道：“陛下，右内史这个职位是专门负责管理藩王的。汲黯脾气古怪，非正常人，派他去管理藩王，正好合适。如果藩王们犯罪，陛下可治汲黯的罪。”

汉武帝乐了：“正合朕意！好，就由汲黯负责整治藩王吧。”

布置得当之后，汉武帝松了一口气，遥望大漠荒原：“那边，该有好消息传回来了吧？”

千里大斩首

汉武帝元朔五年（公元前124年），汉武帝33岁。

本年春，汉朝对匈奴发起军事行动，并首次取得了实质上的胜利。

与前几次无目标的攻略相比，汉朝这一次军事行动是瞄准了大仇家右贤王。

右贤王是匈奴贵族最高的封号，这家伙已经很老了，但仍然对骚扰汉朝边境抱有无限的热忱。他在汉文帝时代就曾吓得边民夜夜啼哭，汉文帝从不敢惹。

这一次，在获得了充足军事情报的基础上，汉武帝要为祖父报一箭之仇！

这是西汉时代第一次重骑兵兵团远距离奔袭，也是第一次主次分明的战略部署，这标志着西汉军事思想的成熟。

汉朝行事，讲究的就是重锤砸蚂蚁，此次布置周密，精锐尽出。

来看看双方当时的作战序列。

汉军方面——

统帅：车骑将军卫青；

将领一：游击将军苏建；

将领二：强弩将军李沮；

将领三：骑将军公孙贺；

将领四：轻车将军李蔡——他是飞将军李广的堂弟；

将领五：将军李息；

将领六：将军张次公。

总之，汉军是倾巢出动，所率骑兵总数不少于十万人。六员战将，各统所部人马，奉卫青号令，替卫青的主力清扫两翼的敌军。

再来看匈奴军方面——

匈奴无备，没有主帅。汉朝十万重骑，奔袭的是毫无防备的左贤王和右贤王两大部落，部落人口约八万。

那一夜，右贤王正在营帐中与爱姬相对饮酒，不知十万汉军已悄然入境。

右贤王举盏曰："古人云，酒酒酒，邀朋会友。临风不可无，对月直须有。公子入腹脸似桃，佳人入口腰如柳。美人，给本王爬到案桌上，把你的小蛮腰扭一个！"

爱姬说："大王，您小心点。听人说汉朝野心勃勃，穷凶极恶，正在酝酿对咱们发起突袭斩首行动，大王还是少喝些好。”

右贤王乐了：“爱姬啊，让本王告诉你吧，这无边的荒原大漠，就是天然的好战场。汉军不来则矣，有来必无回。他们人生地不熟，又没有情报，找不到咱们的主力部队，也找不到回家的路。”

正说之际，忽闻外边人喊马嘶，间杂着凄厉的长号。右贤王皱眉怒骂道：“大半夜，吵什么吵？还让不让人喝酒了？”

一名护卫疾冲进来：“大王，不得了了，汉军突然出现，来势汹汹，从四面八方把咱们部落给包围了。”

“一派胡言！”右贤王叱道，“难道汉军是飞过来的？这么大的荒漠，我军岂会一点消息都没有？”

“回大王，是真的，”护卫答道，“这应该是汉军掌握了我们的情报，来的全都是主力骑兵，有十几万人。”

“这么多？”右贤王惊道，“爱姬，快到本王怀里来，本王带你速速转移！”

爱姬迅速扑进右贤王怀中，右贤王用衣甲裹紧了她，迅速出帐上马，率领精锐骑兵数百人，突破汉军的包围圈，冲了出去。

右贤王率精锐突围，余下的可就惨了。右贤王的副手右贤裨王等十多名匈奴贵族，连同部落男女一万五千人，还有牲畜百万头，大半夜里吓得四处逃窜，统统被汉军拿下。

卫青挥鞭一指：“所有匈奴人听好了！你们现在是汉军的奴隶，马上收拾行李，跟我们走！”

十万汉军走成正方形，押着一万五千名匈奴俘虏和百万头牲畜，边走边唱：“这一仗，打得真漂亮，恰似猛虎下山岗，吓跑了匈奴的右贤王，抓来了好多的牛和羊。”

战报飞也似的传到了汉武帝的案头。汉武帝大喜过望：“终于打了场真正的胜仗，朕心甚慰！

“传旨，授卫青为大将军，卫青家里三个正吃奶的娃娃，都封为列侯。”

卫青上疏道：“陛下恩重，卫青不敢受，这次胜利，是陛下的英明指挥，与三军将士的敢打敢拼换来的，卫青岂敢居功？”

汉武帝颁旨：“朕怎么会忘了将士们的辛苦？此次出征的将领，统统都封侯。”

听到卫青家里连吃奶的娃娃都封侯了，始终没机会封侯的李广仰天长叹：“陛下太偏心眼了，遇到必败的仗就让老子上，有打胜仗的机会就不带老子玩了。老子可怜啊！”

匈奴单于伊稚斜获报，严厉谴责了汉朝无耻的行径，并表示：“匈奴决不会任人欺凌，决不会放弃报复！”

汉朝的边防进入高度警戒之中，从春天警惕到夏天，也没什么动静。又警戒到了秋天，警戒得神经快要断裂，终于绷不住了，于是放松一下，忽听满天翎箭破空之声响起——匈奴人来了。

匈奴万余铁骑入代郡，杀都尉朱英，掠边民千余人。

汉武帝把战报仔细研究了一番，乐了。敢情那匈奴单于伊稚斜还没有完成战争的资源整合，根本无余力反击。

那正好，趁这工夫看看藩王们有什么动静。

此时，藩王们的动静已经闹得很大了。

美女间谍夜入京

江都王死后，汉武帝最不放心的，就是淮南王。

汉武帝和淮南王早就结了仇。早在汉武帝登基之初，亲娘舅田蚡就对淮南王说：“陛下一个小屁孩，还没有子嗣，又没生育能力，如果他挂了，那淮南王你就是当仁不让的皇帝了。”从此汉武帝知道淮南王有不臣之心，始终死盯着他。

江都王死时，汉武帝特意赐了淮南王一根拐杖，意思是说：“老家伙，你都这么老了，也该歇歇了吧？”

不知道淮南王刘安是怎么解读汉武帝发出的信息的，他的回应是给汉武帝送来个美貌的女间谍。

这个女间谍叫刘陵，是淮南王刘安的女儿。她不仅美貌聪慧，而且气场极大，书本翻烂，满腹经纶，蔑视天下男子！刘陵野心勃勃，想干一番轰轰烈烈的大事业，就对她父亲说：“父王，你这个破淮南王有什么好玩的？不如让我去长安，潜入敌人内部，搜集情报，配合父王对刘彻集团发起正义的攻势。犁庭扫穴，摧枯拉朽，到时候夺得天下，父王你做个皇帝，岂不美哉？”

刘安笑道：“女儿啊，你自幼聪明，你去长安，我是非常放心的。这样吧，你多带几辆车，家里的金银珠宝，你能带多少就带多少，带得越多越好，可以让你在长安城中更好地活动。”

可万万没想到，美女间谍刘陵到了长安，就落入皇太后王娡的圈套。

话说，皇太后王娡早年入宫之前，已经嫁给平民金王孙，生了个女儿。结果被母亲臧儿胡搅，又入宫和汉景帝生了刘彻。汉景帝在世时，王娡不敢说自己还有个女儿。但等汉景帝死了，儿子登基，王娡才告诉儿子：“陛下啊，母亲跟你说，你现在当皇帝了，可你的姐姐，还在民间被人欺负啊！”

“什么？朕还有个姐姐？”当时汉武帝大惊，立即问了个明白。

于是，汉武帝立即带着人马冲出皇宫，一直找到姐姐家。突然来了这么多人马，当时把他同母异父的姐姐差点没吓死。汉武帝亲切地抱着她说：“好了，姐姐，从现在开始，弟弟保护你，谁敢欺负你，咱们就宰他全家。传旨，封姐姐为修成君！”

儿子爱护家人的态度让太后王娡心神大慰，然后她开始享受幸福的家庭生活，女儿修成君也已经有了女儿，太后把外孙女抱起来：“这孩子天生是个美人坯子，赶紧给她找个婆家嫁了，快点。”

那年月的人，就是性子急，孩子还在吃奶，家人就忙着找婆家了。

皇太后王娡心想，我的外孙女，一定要嫁个帅哥。颜值低，凭什么娶皇家贵女？赶紧找找，谁家的男孩生得帅气？

正琢磨这事，美女间谍刘陵悄然进宫：“太后安好，我给太后带两件可心的礼物，尽点孝心。”

太后问道：“你等等，你娘是谁？”

刘陵蒙了：“我娘她……”

太后打断道：“先甭管你娘是谁了，哀家就问你，你家世子，和你是不是一个娘生的？”

刘陵回答道：“应该是吧。”

太后说：“是就好，刘陵，你是哀家见过最美貌的少女，你弟弟和你一母所生，模样理应也是一等一的好，现在哀家正式决定，哀家的外孙女就嫁给你弟弟了。”

刘陵慌了神："不是，太后……我弟弟他还……正吃奶呢。现在谈婚论嫁，未免早了些。"

太后得意道："你这不是废话吗？哀家的外孙女也正吃奶，让他们两个慢慢吃，吃饱长大，正好成亲。"

刘陵傻眼了，只好溜出宫来，写密信给父亲："父王，女儿深入虎穴，已经取得重大突破，兹俘获皇太后外孙女一名。"

伟大的豆腐神

派女儿去朝中当间谍，结果弄回来个儿媳妇，这事可把淮南王刘安愁坏了。

说起淮南王刘安，其人乃中国历史上极有趣的异类，他的特点是好奇心重，逮什么都敢尝试。他醉心于长生不老，潜心炼丹，终于炼成。刘安在炼丹过程中发明了豆腐和豆浆。这两样东西从此分别成为中国人的家常菜和早餐必备，至今当地人民仍奉刘安为豆腐神。

话说，到了皇太后的外孙女嫁过来的日子，淮南王刘安郑重地与儿子进行了谈话。

刘安说："儿子，明摆着，你老婆是被派来咱家做卧底的，而且她一定身负统战工作，说不定会把咱们家谁给策反了。"

刘安的儿子叫刘迁，是个暴脾气的壮小伙，最大的特点是智商低，听了这话就问道："父王，那依您之意呢？"

刘安道："现在的问题是你，儿子，先说你爱不爱你老婆？"

刘迁道："父王，皇家联姻从来都是乱点鸳鸯谱，这个老婆我一辈子都没见过面，认都不认识，怎么可能爱她？"

不爱就好办。刘安指点道："儿子，等你成亲后，你就坚决不搭理她，不和她同床，不进她房间，她熬不下去，感觉没面子，自己就走人了。"

"好。"刘迁依父亲的话行事，与王太后的外孙女成亲之后，从不搭理她，每天与爱姬美妾快活无比地睡在一起。

新王妃好生没趣，就打报告给皇太后，请求离婚。这时候皇太后也察觉刘安一家很奇怪，就让外孙女回去，择夫另嫁。

离婚之后，刘迁更没人管了。他嗜武学剑，天天到处找人比武。听说郎中雷被剑术高超，就把雷被找来，非要击败雷被。

雷被，是淮南王刘安倚重的八公之一，剑术无双，神勇无敌，大名鼎鼎。但他本事再大，哪里敢惹少主刘迁？于是拼命躲闪。怎料他越躲，刘迁越来劲。雷被一不留神，一脚就把刘迁踢得像断了线的风筝飞上半空。

这下刘迁不干了，满地打滚，连哭带闹，非要杀了雷被不可。雷被知道淮南不能再待了，就躲了起来，上书请求去边关抵抗匈奴。但刘迁不允许，必杀雷被而后快。

雷被终究是学武之人，就易装逃离淮南，逃到长安，上书鸣冤。

汉武帝看到雷被的冤情状时，正值收到卫青击败匈奴右贤王的喜讯，龙颜大慰之时。朝中无事，百官窥伺汉武帝心思，知道汉武帝势必灭除淮南王一家，于是纷纷上奏，强烈要求严惩淮南王。

但汉武帝心思缜密，知道此事不可操之过急，就先命中尉段宏去淮南试探一下。

段宏到时，刘迁命武士持刀提枪，护卫在淮南王刘安身前，单等段宏哪句话说得不顺耳，就杀了他，然后直接扯旗造反。

段宏是个大滑头，察觉到情势紧张，就笑呵呵地打了个过场："王爷好，小臣说来宣旨，实际上就是太想王爷了，来和王爷叙叙旧。"这话让淮南王抹不开面子，下不了手，然后段宏匆匆回来了。

正准备对刘安下手时，突然间边关报急。汉武帝匆匆下令，削去淮南两个县，其余事概不追究，避免激反刘安。他要腾出精力来对付匈奴。

两个县被削，地盘缩小，淮南王刘安哭了："我这么善良，这么仁义，又发明了豆腐和豆浆，这是多么伟大的功业啊。可是刘彻他不但不褒奖我，却反过来削去我两个县，真是岂有此理！"

恰好衡山王刘赐奉旨入朝，途经淮南。

这个刘赐跟所有的藩王一样，每天就琢磨着造反，一心想当皇帝。这些藩王造反，共同的特点是雷声大雨点小，还没什么动作，已经天下皆知。目前，淮南王刘安与衡山王刘赐勇夺造反榜前两名，是竞争最激烈的对手，所以长时间以来，两人关系极差。

但是刘安主动邀请刘赐来府中做客，对他说："敌人的敌人，就是朋友。咱们两个都想造反，就应该联合起来，有反一起造，搞死皇帝！”

衡山王大喜：“此言甚合本王之意！那咱们两家就结成战略合作伙伴关系好了。”

双方结盟之后，刘赐上书，说自己身体不适，等身体好了，一准入朝。

汉武帝收到信，愤怒至极，打定主意，等边关局势稍缓之时，必以雷霆手段处理这些藩王。

汉匈漠南会战

汉武帝元朔六年（公元前123年），汉武帝34岁。

这一年流年不利，开春就从边关传来汉匈战局逆转的恐怖消息。

有鉴于此，汉武帝要做的第一桩事，就是宣称汉匈漠南会战再次取得了辉煌成果，匈奴是山羊尾巴，短到不能再短。匈奴一天天衰下去，我们一天天好起来，匈奴人的末日，就快到了！

“传旨，大将军卫青力战匈奴，再立奇功，斩杀匈奴士兵万人，赐卫青黄金千斤。大赦天下！”

这是汉武帝第二次大赦天下。很明显，战场上急缺士兵，那些喜欢杀人的嗜血狂徒，关在监狱里是最大的人力资源浪费，要想办法，把他们统统弄到边关战场上去。

至于卫青所获得的微薄赏赐，可知这些战果明显是虚报了。如果卫青真正斩首万级，那么，也就是每杀十个敌军才获得一斤黄金的赏赐，这活儿谁乐意干？

追究这次战局大逆转的祸首，就是因为汉武帝太偏心眼。应该是上一次卫青击败右贤王，俘一万五千之众，而匈奴隔了快一年才象征性地来了万把人，骚扰了一下而已。所以，汉武帝感觉匈奴没什么后劲，就掉以轻心，又上演了压制别人、让小舅子卫青唱主角的偏心戏。

漠南会战，是汉匈双方正规兵力首次大碰撞，也是汉武帝与匈奴大战以来军队组织最严密的一次。其战略目的，是在上次全歼了右贤王部落后，转而寻找匈奴单于本部及左贤王部，捕捉战机，予以全歼。

这次大会战的双方作战序列极有讲究，值得回味。

汉军方面——

统帅：大将军卫青，统六员上将；

将领一：中将军，公孙敖；

将领二：左将军，公孙贺；

将领三：前将军，赵信；

将领四：右将军，苏建；

将领五：后将军，李广；

将领六：强弩将军，李沮。

汉军总兵力，十万重甲骑兵。

匈奴军方面——

统帅：大单于伊稚斜；

将领一：左贤王；

将领二：匈奴相国。

匈奴总兵力，估计不少于七万人，单于本部兵马四万，左贤部三万。

这一次，卫青率六名将领，从定襄出击。汉武帝宠卫青宠到了令人发指的地步。他把所有的好处给卫青，不给别人留半点。大队的骑兵主力由卫青统率，只给替他清扫侧翼的右将军苏建和前将军赵信留了三千来人。而最能打的飞将军李广，被故意安排在后面，就是怕李广表现太好，抢了大将军卫青的表现机会。

但话说回来，仗这么个打法就对了，所谓集中优势兵力，全面歼灭敌人。在战场上形成局部优势，古来兵法的要义就在于此。总之，有战争就会有牺牲，沦为牺牲品的两翼部队，就成为战争胜利的必然代价。

几路兵马大进，居中的主力安全无虞，而侧翼随时会与敌军主力相逢，压力不是一般大。但卫青只能依照军事规律行事，没时间悲天悯人。结果很不幸，负责侧翼的苏建和赵信好巧不巧地遭遇了匈奴大单于本部兵马。

赵信是诸将之中最擅长兵法的，眼见匈奴方面烟尘滚滚、声势浩大，看人数应该在七万以上，就知道逃跑已经来不及了，当即下令就地扎营，辎粮筑阵，四面迎敌。这一招果然管用，匈奴潮水般涌上来，打了一整天，竟然无法破阵。

这时候大单于伊稚斜纵马而来，遥望汉阵，顿时皱眉：“不对，这招是咱们匈奴人的打法，汉人怎么也会？去个人问一下，汉军的统兵大将是谁？”

一名骑兵纵马上前：“喂，先别射箭，问一声，你们的统兵大将是谁？”

汉军回答道：“蒙天子恩宠封翕侯，前将军赵信是也！”

“赵信？”伊稚斜摇头，“汉军那边，从来就没有叫什么赵信之人，此人必是我匈奴族裔，让他出来大家认一认。”

匈奴人高喊道：“赵将军，请你出来，我们大单于有话要说。”

赵信出来，以袖遮脸：“有话，你们就说好了。我汉军死都不惧，何惧尔匈奴宵小之辈？”

匈奴人起哄：“赵将军，你拿衣袖遮住脸，可是一个娘们儿上了战场？”

“胡说！”赵信一怒，不由得露出脸来。匈奴人看清楚了他的脸，顿时哈哈大笑起来：“什么赵信，你原来是……是……是谁来着？好久不见你，名字给忘了。你何时跑汉军那边去了？”

赵信大怒道：“你们管不着，老子愿意给匈奴干就给匈奴干，愿意给汉军干就给汉军干，这是老子的自由！”

“管不着才怪！”伊稚斜策马上前，“赵信，你原来是我的兄弟，不管你是因为什么事情叛逃的，都是我的错。因为我是大单于，一定是我什么地方对不起你。你如果不回来，我会下令进攻，但决计不允许任何人伤害你，因为你是我的兄弟。如果你回来，我的酒杯给你用，因为你是我的好兄弟！”

“别逼我，你让我再想想。”赵信策马回去，心里乱成一团。

正如伊稚斜所言，他的确是匈奴的一个部落首领，与汉军交手失利被俘，就加入了汉军阵营。因为军事天资出众，封翕侯，官拜前将军。可在汉武帝眼里，什么前将军飞将军，都不过是让小舅子卫青立不世战功的牺牲品。卫青自统主力走正中，立了功全是卫青的。其他战将替卫青掠阵，一旦遭遇匈奴，重者战死，轻者兵败，根本没个打胜仗的机会。

现在，匈奴王掏心窝子给你，你还抬什么杠？赵信叹息一声，率所部跟伊稚斜回去了。

他突然投降，与他搭档的右将军苏建就惨了。

武帝大卖官

右将军苏建，是地地道道的汉人，与匈奴没有感情牵扯，出于对大汉的忠诚，只能拼了老命冲杀拼逃。

苏建遭遇的，是匈奴左贤王部落，兵力不少于三万。而苏建这边不过千人出头，双方兵力配比是三十比一，这场仗根本就没法儿打。

结果，左贤王长刀一挥："大家伙儿操练起来，杀他个痛快的！"苏建的一千来人，就这么被杀光了。

幸亏苏建机智灵活，竟然单枪匹马狂逃奔回。

见苏建回来，议郎周霸兴奋地对卫青建议道："大将军，今天咱们吃了大败仗，陛下肯定要找只替罪羊出来，不如杀了苏建，让他替罪吧。"

卫青说："不可！陛下英明神武，仁慈推恩。只有一样，陛下要专权独断，最恨别人自行其是。苏建不是不可杀，替罪羊也不是不可找，但这是陛下的决断，咱们可千万别去陛下的槽子里抢食，否则会死得很惨。"

苏建被锁入囚车，押回长安。

汉武帝说："苏建，你身为本朝大将，却临阵失机，只身逃回，理应处斩！但如果斩了你，这一战就损失了两员大将，我们这边就没人了。"

于是，汉武帝传旨，贬苏建为平民，万一战局不利，说不定还要再起用他。

情报说，赵信回到匈奴就被大单于封为自次王，又娶了大单于的姐姐，所以赵信开始死心塌地地为匈奴人卖命。他建议大单于，将匈奴人马远迁，远离边境，如果汉军轻师远入，则拦腰一击，必可尽歼汉军精锐于大漠之间。

战况的发展，明显对汉军不利。而且朝野议论纷纷，俱言汉武帝太宠爱卫青，这次兵败，就是因为兵力布置失当，才导致赵信逃归、苏建全军覆没的。

听到这些风言风语，汉武帝发表了重要讲话："有人说，漠南之役是场大败仗，赵信叛逃，苏建失败，是因为军阵布置失策，他们两人所率兵将太少。朕在这里可以负责任地告诉你们，这完全是胡说八道，是别有用心的诋毁。苏建、赵信他们带的人还少吗？那可是整整三千之众！他们败逃，就是因为对朕缺乏足够的忠心！你看那个霍仲孺，他原来是个县吏，后来去平阳公主府上混饭吃，结果与皇后卫子夫的二姐卫少儿生了个孩子，叫霍去病。

"现在，霍去病已经长大了。朕对他说，去病啊，你看宫里这么多的公主找不到老公，朕给你个老婆好不好？你猜霍去病说什么？这孩子说，匈奴未灭，何以家为？说完他操起刀子就上了战场。就在上一次，他只带了八百骑兵，孤军深入大漠，替他舅舅卫青打侧援。结果如何呢？他以一军之力，斩杀匈奴大单于的祖父辈籍若侯产，斩杀并擒获匈奴士兵两千余人，还俘虏了匈奴国的相国、当户多人。

"传旨，票姚校尉霍去病，击杀匈奴，勇冠三军，封为冠军侯。还有个上谷太守郝闲，四次上战场，每次封赏都把他漏下了，可是他无怨无悔，这次也封为众利侯。"

汉武帝刚讲完，只见大司农越众而出："启奏陛下。"

汉武帝："什么事？"

大司农奏报道："陛下，咱们屡次对匈奴用兵，每次一动就是十数万众。目前奖赏立功将士的黄金，就已经是二十多万斤。我方的战马，死得已经七七八八，有十几万匹战马去了战场，或是被打死，或是被匈奴人抢走了。兵甲粮草的支出就不用统计了，总之现在账面上满是红字，国库里空空如也。陛下，这可如何是好啊？"

大仗还没打，这边国库就已经空了，战争果然是个烧钱的营生。

汉武帝镇定自若道："朕已有办法。传旨，从现在开始，所有犯人只要掏钱，就可以免于刑罚。还有，爵位也可以卖，一级武功爵开价铜钱十七万，这爵位买了可不白买，凡是购买武功爵至第七级千夫的人，可以优先出任低级官职。"

此项国策一出，买官之人汹涌而至，当日国库收黄金三十多万斤。

汉武帝乐了："朕拼到这地步，全看最后能不能灭了匈奴。灭了匈奴，朕怎么做都有理，倘若输了……"

汉武帝的凌厉眼神突然转向藩王："如果输了，那你们也请先走一步。"

做个安静的美男子

汉武帝元狩元年（公元前122年），汉武帝35岁。

有记载称，汉武帝这一年巡幸雍中，路上遇到一个怪物，谁也不知道这是什么，都知道东方朔见多识广，于是急叫东方朔过来科普。

东方朔过来一看就乐了："陛下，这里是过去秦国的大监狱，无数人冤死狱中，此物乃天下冤气所化，名字叫怪哉。”

汉武帝说：“可这怪物挡住路，怎么过去？”

东方朔道：“陛下，这郁闷之人，向来是要借酒浇愁的。只要拿酒一浇这怪物，它就自然满足了。”

于是，汉武帝命人拿酒来，往那怪物身上一浇，只见那怪物欢天喜地的样子，体形越缩越小，最后缩入地下，消失了。

但上面这个故事，并没有被收入正史。正史中，收录的是个差不多的段子。

段子称，35岁的汉武帝巡幸雍中，祭祀之时，逮到一只五只脚的异兽，异兽的头上，还生有一支独角。

——其实就是头畸形牛！

这条消息一放出去，正在胶西王处做国相的董仲舒就有点惊恐，急忙去见胶西王：“王爷，你可知陛下散布这奇怪的消息是何用意？”

胶西王一头雾水道：“本王也纳闷，刘彻神经兮兮，究竟是什么意思？”

董仲舒道：“王爷，这已经是陛下第二次散布五足异兽的消息了。还记得上一次陛下散布这个怪消息之后，谁死了吗？”

胶西王问道：“谁死了？”

董仲舒一本正经道：“上一次这消息发布之后，江都王刘非死了！”

胶西王大惊：“莫非这一次，陛下又要……”

董仲舒：“王爷当心隔墙有耳！”

却说淮南王刘安身边有八个望气之士，都是炼丹高手。他们的名字分别是：苏非、李尚、左吴、田由、雷被、伍被、毛周、晋昌。此八人，又称八公。

但这八个人中，雷被是剑术高手，因为惹怒了世子刘迁，已经叛逃到汉武帝那边去了。

雷被跑了，还有个伍被。伍被是最有智谋的，所以淮南王将造反的大任，交给了他。

但伍被说：“王爷，求你了，还是炼丹更妥当些，炼不好，最多吃坏了肚子。可你现在根本没有造反的基础，无异于以卵击石，当心全家被灭族啊！”

淮南王生气了，说：“伍被，莫非你跟本王不是一条心？难怪丹药老是炼不出来。来人，把伍被的老父老母，全部抓进监狱里，防止伍被叛逃！”

淮南王只顾和伍被较劲，没承想门外有个儿子，把这一切都看在了眼里。

这个儿子，是淮南王和一个婢女生的，名叫刘不害。生母地位低贱，刘不害自己脑子也不太好用，所以淮南王不喜欢他，世子刘迁更不把他当成弟弟，所以刘不害很悲愤。

看到父王与伍被争吵，刘不害大悟：原来我们家要造反！

于是，刘不害匆匆回房间，把这事告诉了儿子刘建。

刘建一听，心思一动，立即写了封秘信，指控世子刘迁造反，派人送往朝廷。

为什么刘建告密，说造反的是刘迁，而不说淮南王呢？

这是因为，淮南王是刘建的爷爷，如果指控爷爷造反，那要满门抄斩，自己也会被砍头。可如果只告发世子刘迁，刘迁却是自己的叔叔，正统的王位继承人。倘若朝廷杀了刘迁，这淮南王之位，岂不就落到自己父亲头上了？这是刘建心里的小算盘。

这孩子很蠢，而且他万万没想到的是，这封告密信，不只是端了自己的窝巢，还把江都王的继任者也一块儿给端了。

汉武帝收到刘建的告密信，喜出望外，立即吩咐廷尉出发，去捉拿淮南世子刘迁。

刘安得道，鸡犬升天

廷尉已经动身，淮南王这边，还在进行激烈的争辩。

争辩什么呢？——如何造反。

原来，淮南王一心想要造反当皇帝，但这个反怎么个造法，他自己说不上来，只好强迫智囊伍被想出法子来。

伍被苦口婆心，劝导良久，没有效果，只好献上一计——伪造皇帝玉玺以及各级官员印信。先派刺客投奔大将军卫青，淮南这边一发动，刺客先杀卫青，届时武帝身边无人统兵，天下唾手可得。

淮南王大喜，立即着手伪造印玺。忽然，他又想起一事："不对，伍被，本王让你出主意，是说本王要发动百姓从军，替本王征战天下，可百姓不答应怎么办？"

"这件事啊，"伍被建议道，"王爷不妨先散布消息，造谣说皇帝要迁富户入长安，激起淮南人对皇帝的不满。然后呢，再把朝廷派来的所有官员统统杀掉。再派个人，穿着士兵服装，手里拿着文书，大声喊：南越造反了，大家赶紧行动起来，保家卫国。等大家行动起来，组织编队，你就拉着队伍，杀奔长安，岂不美哉？”

“妙计！”淮南王拊掌称赞道。正称赞之际，廷尉已经来到。淮南王慌了手脚，先把淮南国相叫来，正要杀，忽然又想到朝廷派来的官员不止一两个，只杀个国相，不起作用不说，反而后患无穷。淮南王犹豫不决，只好先让国相走了。

此时淮南王的希望，寄托在世子刘迁身上。这刘迁勇冠三军，武艺高强，又是个暴脾气。此番廷尉来拿他，他岂有束手就擒之理？必然是怒极而反。正想之际，忽然有人跑来报告：“报告王爷，世子听说朝廷来拿他，吓得心理崩溃，自杀……未遂！”

“什么？”当时淮南王差点没气死。你说这个刘迁，往日里你的凶悍呢？你的勇冠三军呢？你不服不忿非要打遍世间高手的决心呢？嚷得惊天动地，而且你身边的武装力量并不弱，只听说朝廷拿你，你竟然吓得自杀，而且还没死成，这叫什么事啊！

原来，这刘迁不过是个炕头上的光棍、绣花的枕头，往日里倚仗着父亲的权势，什么大话都敢说，看谁都不顺眼，但就怕见真章。只是听说朝廷来拿他，就吓得心理崩溃，畏罪自杀却连自己都杀不成。

这意外的事件，让淮南王阵营彻底崩盘。伍被趁机逃走，举报了淮南王。

淮南王走投无路，气愤道：“本王就是死在这个色厉内荏的儿子刘迁之手，你不会自杀，为父教你。”

“扑哧”一声，淮南王自杀成功。

淮南王死了，但他永远活在人民群众心中。虽然他天真愚蠢，却为中国人发明了豆腐豆浆，这伟大的贡献，是无与伦比的。这样一位文明贡献者这么窝囊地死去，是人民群众万难接受的。

于是，有人编了故事以纪念淮南王：当汉军大举涌来，欲擒杀淮南王之时，淮南王正在八公的簇拥下，于丹房里悠然地炼丹。汉军涌至山前，恰好丹药已成，淮南王仰天长笑：“士兵们，你们远来辛苦了。可是你们来迟了一步，我欲乘风而去，上天做神仙。”说罢，只见淮南王与八公冉冉升起，飞上了天际。

淮南王升天了，但丹药的法力仍然在起作用，只见淮南王居住过的房屋，以及家里的鸡鸭猫狗，一并与淮南王轻飘飘地升上天界。从此，中国文化中又多了个成语：一人得道，鸡犬升天。

智商是短板

淮南王升天，他那没出息的儿子刘迁，还有王妃，被汉武帝下令统统斩杀。

汉武帝想留下举报人伍被。但酷吏张汤不肯，力劝汉武帝道："陛下，我大汉素来以法治国，伍被如果不杀，以后类似事件就会更多！"

"那依你，杀吧杀吧。"汉武帝从谏如流，于是伍被也被杀掉。

下一个目标，衡山王刘赐。

可以确信，从淮南王到衡山王，是有一只无形的手在后面推动。很难说清楚这只手是什么，不排除有人暗中推动，也不排除是权力规律使然。

做出这个判断，是因为衡山王之事，与淮南王完全类似又恰好相反。

完全类似，是指这两起事件全都是两个儿子争夺世子之位所导致。

恰好相反，是指淮南王因为不喜欢庶子而导致庶子告密，而衡山王则因为不喜欢老大，想剥夺老大的继承权转给老二，老大怒而告密。

事情是这样的。衡山王不知何故上书朝廷，要求剥夺老大的继承权，转由老二承袭王位。老大闻知，怒不可遏，立即给汉武帝写来封密信，指控老二私造兵车弓箭，暗示老二在造反，同时指控老二和父亲的姬妾通奸。

不难看出，衡山王家的老大智商，与淮南王家的庶子同样的低，低到了让人欲哭无泪的地步——衡山王大儿子指控弟弟谋反，那他父亲和他本人，岂能脱得了干系？

果然，汉武帝见密信大喜，立即命廷尉收老二。然后，廷尉按照汉武帝的暗示，对老二说："现在你被你哥哥指控谋反，这可是大逆不道之罪。幸好咱们大汉的律法，给了你一条生路。亲不亲，路线分，只要你勇敢地举报，大义灭亲，朝廷也会考虑给你条生路的。"

老二比老大更傻，听说自首可以免罪，举报可以立功，立即瞪两眼瞎举报一气。有的说没的也说，结果网罗进来的人越来越多，到最后，老二发现，不举报父亲已经难以自圆其说了。

朝臣意识到衡山王已是死狗一条，立即群情激涌，强烈要求逮捕衡山王治罪。可怜衡山王与淮南王一样，都有造反的心，但根本没有造反的智商与能力，眼见东窗事发，只有死路一条，也学淮南王自杀了。

连兴两起大狱，所有卷入案中之人都被灭族。被诛杀的有几万人之众。

连杀几万人，汉武帝兴犹未尽，还要继续杀下去。这次杀谁呢？

汉武帝翻阅着两案的卷宗："淮南王全家被灭族，是因为其庶子刘不害的儿子刘建告密引发的。刘建刘建，这个名字好熟悉，朕一直想杀他，可是他表现不错，积极告密，所以就撂下了。且慢，这事不对，这个刘建是淮南王庶子刘不害的儿子，对朕没有丝毫的影响，朕怎么会对他起了杀心呢？"

为什么呢？汉武帝想了半晌，恍然大悟：对了，朕想除掉的，不是这个刘建，而是另一个藩王刘建，长时间来一直是朕的心腹大患！

江都王刘建！

又是一件大怪案

自登基以来，汉武帝就将江都王刘非视为对自己皇位的最大威胁。幸好刘非在汉匈大战之初就死掉了，汉武帝长舒一口气。

刘非死后，其子刘建继位。

淮南王、衡山王双双身死国灭，灭杀刘建就被提上了议事日程。

不可思议的是，江都王刘建的卷宗尽显离奇诡异。简单说来就是，刘建曾数次被人控告，证据确凿，但汉武帝没有治他的罪。而最后杀他之时，史书上却不见控告之人。

刘建第一次被人控告时，老江都王刘非还活着。邯郸人梁蚡要把女儿献给刘非，却不想被刘建遇到了，不由分说就把梁女抱入自己的房间，强行霸占了。

梁蚡对刘建的行为大为不满，到处对人说："这个刘建太不像话了，他身为儿子，竟然抢父亲的女人，真是太差劲了。"

刘建听到传言，就派人杀了梁蚡灭口。梁家人悲愤之下，就上书朝廷举报。可当时恰逢朝廷大赦，无论犯什么罪都不追究，于是刘建这事就算过去了。

刘建第二次遭到举报，是被他同父异母的弟弟刘定国。刘定国的母亲非常希望让自己的儿子继承王位。她发现刘建与妹妹刘徽君通奸，大喜，就花钱雇请了一个叫荼恬的男子出面举报。

此案由廷尉查证处理。廷尉很尽责，对举报人荼恬进行了严刑拷打："说，是谁让你举报的？你说不说？不说就打死你！"荼恬被打惨了，只好供出自己是收钱替人举报。

于是廷尉判决：荼恬收钱举报，斩首弃市。江都王刘建与自己妹妹的事情，属于私生活，跟别人没关系，因此不予过问。

此外，刘建还是个变态。他曾让四名婢女上船，然后把船弄翻，当场就淹死二人。他还经常找借口惩罚宫里的女人，惩罚的方式就是不允许她们穿衣服，强迫她们裸体击鼓舂米。有时候他故意将婢女囚禁起来，不给她们饭吃，看她们活活饿死，以此取乐。后来刘建的兽行越来越变态，竟然强迫宫女与狗或羝羊交配，想看看人兽交配后会生出什么怪物来。

按理来说，刘建这些兽行堪称空前绝后，在当时一定引起了不小的民愤，但汉武帝无动于衷——汉武帝雄踞权力顶端，对人性的丑恶见得太多，见怪不怪了。一个变态邪恶的江都王刘建，对汉武帝的权力不会有丝毫影响，汉武帝当然无心理会。

但是，当淮南王、衡山王两案之后，刘建感觉到末日来临，对人说："迟早会有诏令下来，我怕活不久了。那不如趁着还活着的时候，把我想干的事儿全都干了吧！"

于是刘建把天子专用的旗号插在自己的车上，招摇过市。此事迅速被人报到朝廷，朝官顿时齐齐上书，请求诛杀江都王刘建。

于是廷尉出动，这一次可是玩真的了。刘建知道逃不过去了，也学淮南王、衡山王自杀了。

刘建虽死，余孽难逃，其子刘成光被杀弃市，许多人亦遭株连灭门。

但是汉武帝留下了刘建的一个女儿，刘细君！

此后，刘细君将被汉武帝远嫁乌孙国，承担胡汉和亲的战略使命。

一口气扫灭三王，汉武帝再巡雍地。

这一次，他没有放出遇到怪物的消息，而是遥望焉支山（今甘肃山丹县内的大黄山，又称燕支山）——那边，是匈奴。

是时候发动一场大规模的军事战役了。

河西战役！

第七章

官民货币大战

霍去病狂扫河西

坦白讲，有关河西战役的首役，在历史上迷雾重重——汉武帝至少隐瞒了90%以上的兵力和行动。但他究竟是怎么做到这一点的，仍然无法解释。

总之，疑窦重重，让人无法相信。

河西地区，又称河西走廊。为什么叫走廊呢?

因为有两座山，一座叫祁连山，另一座叫合黎山，两山夹出一道狭长的地带。早年的大月氏国，就在这天然的大走廊之中游牧。但有一天，匈奴人来了，摘下了大月氏国王的脑袋做酒器，于是大月氏人就哭着逃离了。

匈奴人占据河西，由休屠王管理武威地区，浑邪王部落占有酒泉地区。这两个地方是兵家必争之地，谁夺得了这两个区域，就等于控制了西域诸国。张骞出使西域十三年，穿行的就是这片敌占区。

以前，汉武帝不惜民力，耗尽国财，先以十万之众发起河西朔方战役，右贤王携爱姬被迫远走。接着又是十万大军的漠南战役，虽然这次战役中赵信逃归匈奴，局势逆转，但赵信建议匈奴王西走，结果，漠南之地只有匈奴人的三支强势武装——左贤王、休屠王与浑邪王。

夺取河西，不仅会对匈奴心理上造成严重打击，而且会对西域诸国形成强势威慑。这就是河西战役必须发动的原因。

目前，关于河西战役的首役资料，全部来自汉武帝下达的嘉奖令，这个信息无疑是单面的，而且非常不可信。

单看双方的排兵布阵，就让人匪夷所思。

汉军方面：

统帅：骠骑将军霍去病。

兵力：一万人。

匈奴军方面：

统帅：休屠王、浑邪王、折兰王、卢胡王。

总兵力：不详。

但仅休屠王、浑邪王两家就拥有骑兵十万，单是这两家，就够霍去病喝一壶的。

但最后喝了这一壶的，却是匈奴人。战报上称：骠骑将军霍去病，从甘肃临洮出关，杀奔兰州，跨越乌鞘岭，连扫匈奴五个部落王国。

而后，霍去病翻越焉支山疾进一千多里，途中狂扫匈奴战骑，斩杀了折兰王、卢胡王，缴获休屠王的祭天金人，俘获浑邪王的儿子，活捉了休屠王和浑邪王的相国、都尉等，沿途斩杀匈奴军八千九百多人。休屠王和浑邪王哭着逃走了。

这场战役，显然是因为张骞精确的军事情报，让霍去病得以抓住敌军弱点，直捣敌巢。可以确信，纵然张骞未参加此战，但堂邑父肯定参加了，不然，谁来给霍去病这支军队带路呢？浩瀚大漠，万一迷路了可如何是好？

休屠王、浑邪王、折兰王及卢胡王，虽然号称有超过十万人以上的骑兵，但其实多半不过是老牧民，战斗力不值一提。霍去病正是知道这一点，才敢率一万精锐突袭。

实际上，这次战役的总指挥是英明神武的汉武帝，执行者是少年英雄霍去病，但真正的方案策划人，应该是张骞。

张骞在出使西域途中不断搜集情报，在脑子里勾勒此次战役的全景。对于盘踞在河西的匈奴四王的内情，他了如指掌。而匈奴一方，相比之下明显准备不足，大单于伊稚斜只想到了自己的本部兵马，根本没有类似汉武帝这边协同作战的概念，霍去病一击之下，断其右臂，实属情理之中。

河西首役告捷，汉武帝精神大振，再接再厉，以飞将军李广、博望侯张骞为诱饵，牺牲这两个可怜的英雄，吸引匈奴主力，让霍去病统率大军，狂扫河西，毕其功于一役！

迷路大王

二扫河西，汉军兵分两路。

第一路，喂给匈奴人的诱饵。

大诱饵：郎中令李广，统四千骑兵，喂给匈奴左贤王。

小诱饵：博望侯张骞，统一万骑兵，也是喂给匈奴左贤王。

两堆诱饵兵力总量，老弱病残一万五千人。

李广和张骞，面对的是匈奴左贤王，其兵力不少于四万人。

临战之前，汉武帝索性偏心到底，士兵马匹，霍去病有优先挑选权，他挑剩不要的，才轮到李广和张骞。所以霍去病军中皆精锐，兵强马壮，李广和张骞只能呆立在一边，万分悲哀。

尽管李广和张骞心里悲哀，但仗这么个打法就对了。

战争这种事，讲究协同作战，以其下驷，对其上驷；以其上驷，对其下驷。以李广和张骞的老弱病残，牵制左贤王的优势兵力，进而达到让霍去病统其精锐尽歼顽敌的效果。

如果汉武帝在论功行赏时讲清楚这个道理，李广、张骞也必然是心悦诚服。但汉武帝在论功时却装糊涂，指责李广、张骞劳师败绩，这就没意思了。

再来看主战场——

汉军方面：

统帅：骠骑将军霍去病，尽统精锐；

将领：合骑侯公孙敖、司马赵破奴；

校尉：句王高不识、仆多。

兵力总数：不少于四万人。

匈奴军方面：

统帅：休屠王、浑邪王、单桓王、酋涂王、遬（chì）濮王、稽且王、呼于耆（qí）王。

以上诸部兵力总数约骑兵七万人，但应该是夸大了，许多非战斗人员被统计了进来。

按照汉武帝的布置，此役由飞将军李广、博望侯张骞率兵出右北平，不惜一切代价阻止左贤王往援河西。而霍去病及公孙敖等，必须要以最快速度，于河西走廊、祁连山下，歼灭盘踞在河西走廊的匈奴诸部，彻底夺回河西。

汉武帝元狩二年（公元前121年），汉武帝36岁，正值生命的巅峰。

他傲立于御案之前，大声宣布："河西战役，开始了！传令信使，将军令送至西北及右北平。"

大军出发！

主战场，霍去病统率军队，分别从甘肃环县及临洮出塞。进入河西走廊，合骑侯公孙敖有了一个不幸的发现：

他迷路了。

迷路了也没办法，只能到处寻路。直到战争结束，可怜的公孙敖也没找到自己的战场。这已经是公孙敖第二次迷路了，从此他获得了"迷路大王"的光荣称号。

失去了公孙敖的配合，正合霍去病的心思。霍去病这边，每个士兵不止配备一匹战马，跑累了立即换马，行军速度堪称风驰电掣，就算公孙敖不迷路也追不上他，掉队是必然结果。

霍去病疾速向前推进。

从宁夏的灵武渡口过黄河，向北狂奔，翻越贺兰山，涉过浩瀚的巴丹吉林大沙漠，进至居延海地区。然后，霍去病军转而由北向南，沿弱水疾行，到达了甘肃酒泉地带。再转向东南方向，进至祁连山与合黎山之间的弱水上游。

前方，莽莽原野，星火点点，那是匈奴人聚集区，他们隶属于几大匈奴部落。而霍去病的疾行军，已经绕到了匈奴人的背后。

"杀啊！"年轻的天才军事将领霍去病举起他的长剑，"男儿当报国，杀敌不顾身。浩然英风在，青史永留存。"

飞将军被困

塞北战场，飞将军李广带着儿子李敢，率骑兵四千向塞北行进。所有人都心情沉重，此次不知几人能还。

前行八百里，只见尘烟滚滚，铺天盖地。匈奴左贤王统率其部四万人，不疾不徐来到。

“李广，你死定了！”左贤王勒马说道。

左贤王是个典型的匈奴人，一脸大胡子，威武剽悍，霸气凌厉。一双眼睛如同野兽般死死盯在李广身上：“李广，你们汉人屡次三番入侵我境，杀掠我民，今天是我为大匈奴的子民们讨回公道的时候！”

四万匈奴骑士，不慌不忙散开绕行，将李广的四千人团团围困。

十比一，真的死定了。见匈奴战士来势汹汹，汉军全都吓哭了。

李广见状，哈哈大笑道：“大家不要怕，左贤王这家伙，再没人比我更了解他了。你们好好看看他的大胡子，那胡子是粘上去的。”

左贤王气得半死：“胡说！李广你好端端的一个正常人，怎么学会了编瞎话呢？”可是汉军士兵听了这个笑话，齐齐捧腹大笑，笑声把左贤王的辩解淹没了。

随后李广扭头：“李敢何在？”

儿子李敢闪出来应道：“孩儿在！”

只听李广吩咐道：“给你十个骑兵，去敌军阵营里溜达溜达。”

“得令！”李敢率了十个精锐骑兵，纵马冲入匈奴人阵营。匈奴士兵赶紧闪开，都清楚这十个人定非等闲之辈，如果自己不识趣往前凑，先死的铁定是自己。结果李敢在匈奴阵营兜了一圈，平安无事地绕回来了。

见此情形，左贤王叹息一声：“完了，我军锐气受挫，这仗可有的打了。”

果如左贤王所断，李敢率十骑入敌营，大大地激励了汉军士兵的士气。而后李广又命士兵筑成环营，四面迎敌，将交战范围大大缩小。匈奴人虽然数量是汉军十倍以上，若是旷野里展开激战，不消一时三刻，就能将汉军全数歼灭；可如今汉军聚集，交战范围缩小，匈奴人马虽然多，也派不上用场，只能是乌泱泱地连续冲击，计划拖延时间，要把汉军打到累死。

李广布下圆形阵，双方打起疲劳战。双方先是箭仗，互相向对方射箭。射了一会儿，身边人禀报：“报告将军，咱们的箭用光了。”

“箭用光了？真是伤脑筋。”李广说。

士兵继续报告：“咱们中至少一半人，都被匈奴人活活射死了。”

圆形阵有个好处，战场范围小，敌军人数纵然多，也派不上用场。但圆形阵还有个天大的坏处，就是经不起弓箭战，汉军这么多人扎堆，正好是匈奴人的活靶子。

才刚刚交手，四千士兵就有一半被人射死，这仗还怎么打下去？

李广绝望地遥望天际：张骞，你到底在哪儿？不会也迷路了吧？

自古英雄出少年

正当李广陷入绝境之时，霍去病的主力骑兵已经冲入休屠王与浑邪王的军队大营。

匈奴人万万没想到，汉人的精锐骑兵竟然会突然从他们的身后冒出来。

休屠王和浑邪王，原本已被汉兵打怕了，提心吊胆地盯着前方，一旦望见汉军骑兵的烟尘就撤。岂料汉军竟神出鬼没，突然现于身后，匈奴战士的心理当时就崩溃了。

主战场上，匈奴骑兵号称七万，但顶多四五万，此时大战一起，远处的匈奴骑兵立即冲入自家营帐，带着老婆孩子狂逃，牲畜也不要了，先保住家人性命再说。

汉军遇到的唯一抵抗，是休屠王与浑邪王两人的精锐卫队。这些卫队是匈奴人中最强壮的，交手之下，杀死杀伤霍去病部下三千人，杀出一条血路，保护着两王狼狈撤离。

——从这里，可以比较一下李广与霍去病的不同战斗值。

李广四千人被四万大军围困，打了一整天，折损两千人。而霍去病这里有四万人，被两支亡命小队砍死三千人。

战场上，汉军有条不紊地展开了大砍杀，斩下首级三万多，匈奴部落酋长遬濮王也在混战中被砍了头，余者皆降。

霍去病清点俘虏，包含匈奴单桓王、酋涂王、稽且王、呼于耆王四王在内，本次共俘获匈奴王室成员六十余人。

匈奴兵民，降者计两千五百人。

少年霍去病，仰天长啸。这一年，他19岁。

此战结束，夺得河西走廊，等于彻底切断了匈奴人北退之路，将匈奴人的生存空间挤压到了濒临绝灭的境地。时过几百年，匈奴人仍未从这次打击中恢复过来，从此有一支悲伤的歌在匈奴世代传唱：

“失我祁连山，使我六畜不蕃息。失我焉支山，使我妇女无颜色。”

天生英雄也枉然

支线战场，李广四千士兵阵亡大半，箭矢也所剩无几。

这时候，李广下令，所有士兵皆张弓前列，但不要发射。李广本人纵马而出，手持超特大号的黄色强弓，专拣匈奴阵营中的将官射击。翎箭所至，箭无虚发，匈奴将军一个接一个被射落马下。

匈奴人大骇，攻势顿时瓦解。

此时已黄昏，匈奴人停战休息。汉军早已是肝胆俱裂。李广抖擞精神，谈笑风生，给士兵们鼓气，让士兵恢复士气，好好休息，等天明再战。

第二天，匈奴人继续冲阵，汉军阵营摇摇欲坠，始终处于要被攻破但还勉强维持的危险状态之中。就这样，在无望的煎熬之中，终于看到远方扬起阵阵烟尘。

博望侯张骞，终于姗姗来迟。

李广军中爆发出侥幸生还的热烈悲呼。

左贤王手搭凉檐，观察着博望侯张骞的士兵数量。他感觉，发狠攻击，应该还是有戏的——但自己也会付出惨烈牺牲。搞不好，自己的部落就会因为牺牲太惨重，从一个大部落变成小部落。如此两败俱伤，对双方都没有好处。

于是左贤王下令，以精锐骑兵断后，徐徐退走。

李广成功地完成了以弱小之势牵制敌军优势兵力的任务，和张骞退回汉朝境内，静等汉武帝处置。

汉武帝传旨，霍去病立下赫赫战功，食邑五千户。与其同征河西走廊的几员战将，统统封列侯。

余者，公孙敖失机当斩，缴纳赎金贬为庶人。博望侯张骞，失机当斩，缴纳赎金贬为庶人——张骞出使西域十三年的赏赐，全被汉武帝收回去了。

李广以弱敌强，力撑危局，但没有俘获敌人，功过相抵。没赏赐也没惩罚，回去继续努力。

这就是汉武帝的赏罚标准：出战将领，以掠杀敌众斩首数量计功，被安排牵制敌军的，只能认命。

赏赐过后，汉武帝安然地坐下来，现在他有充足的信心扫灭匈奴，从此青史留名。

饮茶之际，早有军情报将上来：“匈奴侵入代地、雁门，杀掠几百人。”

汉武帝失笑道：“匈奴人已经不成气候了，这不过是垂死挣扎。不过也难说，战争这种事，变数太多，说不定突然间一个晴天霹雳，战局又逆转了。”

说话间，霹雳真的来了。但不是汉武帝的霹雳，是宣布匈奴人末日来临的大霹雳。

休屠王与浑邪王，诚请归汉。

新的转机

却说那休屠王与浑邪王，虽然被霍去病两次杀得屁滚尿流，已经无法再立足于河西走廊，但他们终究是匈奴人，绝无投奔汉朝的意识。

但匈奴大单于伊稚斜不干，用力推了他们两个一把，把他们推入了汉人温暖的怀抱。

事情的缘由，是休屠王与浑邪王接连战败，尤其是第二次，竟然被霍去病连杀带俘数万人。大单于伊稚斜非常恼怒，认为应该杀掉此二人，以儆效尤。

不清楚休屠王与浑邪王是如何获知大单于要杀他们两人的，总之两人不谋而合，商议说要想活命，唯有归附汉朝一途。于是二人派出信使，就在边境上拦截汉人：“别害怕，你们别跑，我是休屠王和浑邪王的使者，不是来杀你们的，求你们给汉家天子捎个口信，就说我们家两王有心弃暗投明，拜托了！”被委托传话的汉人，立即向边境的守军报告。

最先接到消息的，是大行李息。

李息知道，汉武帝这些年来始终为匈奴战争所困扰，做梦都渴望赢得战争，获得一个千秋万岁名。而休屠王和浑邪王举部来投，这意味着匈奴帝国内部几近崩盘，意味着匈奴半国来降，意味着在这场漫长的民族生存空间争夺战中，汉武帝率汉民族将取得无可争议的胜利。

李息不敢怠慢，火速把消息报告给朝廷。

整个朝廷都被这个意外的消息惊呆了，因为过度亢奋，大脑陷入空白状态。只有汉武帝面色冷峻，冷冷地坐在御座上：“匈奴人的雕虫小技，也敢拿到朕的面前显摆，朕可不是那么容易上当的。”

群臣惊愕道：“陛下，莫非匈奴人诡计多端？是诈降？”

“难说！”汉武帝沉声道，“谁不知道匈奴人奸诈异常？比如说上一次……上一次什么事来着？对了，是赵信！赵信他一介逃奴，朕待他如何？恩比天高呀！可他说叛逃就叛逃，眉毛都不皱一下。所以呢，休屠王与浑邪王真心投降，也不无可能，但如果他们设计埋伏，也不得不防。”

群臣如梦方醒：“陛下英明！”

汉武帝道：“休屠王和浑邪王，他们到底是怎么说的？”

信使报告：“启奏陛下，休屠王和浑邪王二人说他们辎重过多，老幼人口迁行缓慢，请求大军直赴河西受降。”

“你们看看，”汉武帝道，“此去河西，路途迢迢，倘匈奴人奸诈设伏，我王师必然损兵折将。”

“传旨，骠骑将军霍去病率所部一万骑兵，再返河西。听清楚了，纵然匈奴人真心请降，但数万之众，必有机诈之辈，所以此行远非受降那么简单，仍然要厉兵秣马，以迎战强敌的姿态面对一切。”

果如汉武帝所料，霍去病这边尚未抵达河西，匈奴人那边已经生出变故。

不抬杠会死

连续派出多名使者入汉朝请降之后，休屠王和浑邪王两人每天愁眉不展地坐在一块儿喝酒，一边喝一边唉声叹气。

“唉，故土难离，故国情深。我们匈奴人是天生的雄鹰，最适宜飞翔在辽阔的长空。如今要投降汉人，从此以后就要离开这熟悉的土地，放弃自己的牛羊，要和汉人一样吃大米，喝豆浆，可是，我们已经习惯于肉干和羊奶的胃口，能够适应得了汉人的蔬菜肉食吗？”

发出这么一番感慨的，是休屠王。休屠王的个性比较保守恋旧，害怕生活中的改变，缺乏迎接变化的勇气和信心。

而浑邪王，则是个喜欢新奇冒险的性子，对一切新事物新环境充满了好奇心。听了休屠王的话，很是不以为然，就说：

“你的抱怨纯属多余，咱们匈奴算什么？落后野蛮之地而已。汉朝那可是文明昌盛之地啊，拥有先进的文化和生产力。人家比咱们拥有更多的资源，咱们归顺就对了。匈奴重视年轻人而轻贱老年人，许多人老来无所养无所依，难道我们的落后文化还能战胜汉人的先进文化不成？”

休屠王生平最喜欢舌辩，说：“你差矣，你所言，正是我大匈奴文化先进发达之处。年轻人是社会的中坚，弱肉强食，竞争激烈，这有什么不对？何况汉人也同样野蛮，你看汉军中征战的士兵，有多少白发苍苍的老人？同样的社会文化，同样的社会规则，只有匈奸，才会不遗余力地抹黑我大匈奴！”

浑邪王问道：“……何谓匈奸？”

休屠王解释说：“吃着匈奴的饭，却要砸匈奴的锅！看什么看？说的就是你！”

休屠王又灌下一碗酒，“砰”的一声拍在案上，悲愤道：“难怪，我说咱们大匈奴兵强马壮，士气如虹，但在汉军面前总是吃败仗，不应该啊！我困惑了多日，直到今天总算解开了这个谜。“

“什么谜？”浑邪王问。

“都是因为你！”休屠王“腾”的一声站起来，指着浑邪王道，“都是你这个大匈奸、你这个地地道道的带路党，所以汉军入我境内，来去自如，就是因为你给他们带路，我恨不能……”

眼见休屠王目露凶光，举佩刀砍来，浑邪王急忙摆手制止道：“你先别发火，消消气……咦，外边来的人是谁？”

“谁？”休屠王分了神，伸长脖子向帐篷外望去。忽然间，感觉到小腹间一阵剧烈的疼痛。

休屠王吃惊地坐倒，捂住鲜血直流的小腹，诧异地看着手上的鲜血：“这……这是怎么回事？”

浑邪王以手中染血的长刀指着休屠王的鼻尖，气得颤抖不止：“都说好了一块儿投汉的，你怎么又犯起了抬杠的浑劲？你说你是不是找死？”

休屠王惨笑道：“我死又有何惧？毕竟我还有个儿子，他一定会为我大匈奴报仇，惩罚汉人。”

“我会让你儿子给汉人做个尿盆奴，替女人端尿盆，端到死！”浑邪王咬牙切齿道。

但休屠王已经听不到了，他死了，脸上却挂着一丝微笑，仿佛死得极为安详。

河西大受降

说好的等汉军来后一起归降，不料生出变数。休屠王反悔了，而浑邪王投降心志坚定，当即斩杀休屠王。然后浑邪王随便编造了个借口，收编了休屠王的军队。

但到目前为止，投降只是高层人士的密议，底层的士兵和民众并不知情。一旦休屠王被杀的消息走漏，必然会有大麻烦。所以他心急如焚，急切地催促汉军快点渡河。

霍去病飞渡黄河，迅速向浑邪王驻地奔去。直到看到汉军疾驰的冲天烟尘，浑邪王这才组织军队列队，并宣称：“告诉大家一个好消息，我们不用再在荒原上奔波求生了，汉朝愿意拨给我们土地和田产，等我们过去，就可以过上幸福平安的好日子了。大家不要慌，前面的烟尘，是来保护我们的汉朝军队。那几个，马上放下手中的弓箭，大兵来到，事已至此，你们想自寻死路吗？”

直到这时候，匈奴兵民才知道浑邪王已经降汉，顿时惊呆了，一个个茫然站在原地，看着迅速逼近的汉军雄师，不知所措。

虽然已经看清楚匈奴这边兵民混杂、队伍紊乱，霍去病判断出浑邪王的投降应该是真的，但为了达到威慑的目的，霍去病仍命部队以整齐的编队迅速向前推进。一万铁骑雄师，整齐的马蹄声惊天动地，震得匈奴人心脏狂跳。

突然间一声尖叫，因为过度的恐惧，一支匈奴人的队伍突然炸了营，所有人都发出歇斯底里的尖号，惊恐交加地四处乱窜。更有一些无意降汉的匈奴人趁此混乱，也尖叫着搅乱队列，翻身跳上光溜溜的马背，向着远方疾速狂奔。

看到匈奴人这边突然炸营，霍去病心里有数了。这摆明了是支没有丝毫战斗力的队伍，可知对方的降意应该是真的。他当机立断，率领精骑卫队直冲入匈奴人群中，大声喝道："浑邪王何在？"

"我……在这里。"浑邪王急忙策马过来，"霍将军……远来……辛苦。"

霍去病把脸一板，学着汉武帝的口气道："浑邪王，你降我天朝上国，是真是假？"

"霍将军，"浑邪王差点没哭出来，"你看这里有兵民总计四万人，像是个不真心投降的样子吗？"

"嗯，算你聪明。"霍去病点点头，突然间疾喝一声，"所有归顺我大汉天朝者，站在原地不得擅动。违者，杀无赦！"

19岁的霍去病，声音冰冷、高亢。身边数百名精卫齐声应和，犹如晴天霹雳，震得匈奴兵民个个颤抖，人人失色，果然无一人敢动一下。

此时，汉军万名精锐骑兵突然发出骇人的狂吼，铁蹄震地，刀光逼人，开始疯狂追杀那些企图逃离的匈奴人。

据霍去病提供给朝廷的战报，此次逐杀，共计斩杀匈奴逃人八千。

那么，霍去病斩杀的这八千人，有多少是士兵，有多少只是憨厚的老牧民呢？按照汉文帝时代贾谊《新书·卷四·匈奴》中对匈奴人口的记录估算，匈奴兵民比例为一比四，每五个人中就有一名士兵。那么霍去病部斩杀的这八千人，五分之四是百姓，只有五分之一是士兵，大约斩杀百姓六千四百人，斩杀匈奴士兵一千六百人。

但匈奴人生于马上，人人习武，要想分辨士兵与百姓，在当时也无可能。

转瞬工夫，八千人被杀，两部落的四万匈奴人吓得一声也不敢吭，静静地等待着自己的命运。

霍去病趁热打铁，对浑邪王说："陛下有旨。"

浑邪王应了一声，看着霍去病，想听听汉武帝对他说什么。霍去病却一言不发，凌厉的眼睛直盯着浑邪王。

浑邪王心说：有话你就说嘛，瞪我干什么？

突然间，他醒过神来，"扑通"一声跌下马，学着汉人趴伏于地，说："臣，臣领旨。"

只听霍去病朗声道："朕闻知浑邪王诚心来投，不胜欣悦。已遣沿途军民车骑相送，钦此。"

这是何意？昏头昏脑的浑邪王还没从地上爬起来，两名精壮的军士已将他架起，迅速搀扶上马，簇拥着他飞奔而去。

匈奴兵民呆呆地看着，越看越觉得悲哀。休屠王不见了，浑邪王又眼睁睁看着被挟持走了。匈奴这边已是彻底群龙无首，接下来肯定是回天无力了。

霍去病展颜一笑："接下来，本将军率尔等回国，尔等须服从本将军令，违者军法处置！"

四万匈奴人，被汉军骑兵组织着开始行军，此行漫漫，他们也许即将实现自己的梦想——踏入中原这个花花世界。

真正的大帝

直至接到浑邪王正由沿路官员护送至长安的消息，汉武帝才长舒一口气。

因为过度亢奋，汉武帝当场"精神失常"了。

此前，他不敢相信这个消息是真的，不到最后一步，任何一个变数，都会将他们的梦想彻底击碎。他必须隐忍、等待。终于，尘埃落定，上苍没有辜负他的期望，他赢了。此后的战局不再有悬念，彻底击灭匈奴只是个时间问题。他将成为千古大帝。从汉高祖到汉景帝，列祖列宗都没有完成的大业，在他的手中即将完成。

汉武帝万分激动，想把这个消息告诉每一个人。

"传旨，浑邪王所行沿路，每至一站换乘车骑，各地迅速征集车二万辆，钦此。"

圣旨下达后，群臣顿时面面相觑。从马邑道设伏开始，汉匈已经足足打了十二个年头。这十二年来，十万人以上的队伍远征就不少于六次，每次为保证战役的胜利，无不是征召天下战马，再加上赏赐将军的黄金及不计其数的粮草，如今的大汉帝国已经国库空虚，沦为一个标准的贫寒帝国。

这时候的大汉帝国，百姓穷，官府更穷，根本掏不出银子来买马。各地县官被逼无奈，只好请老百姓帮忙，凑足车马数量，待把浑邪王送过境，就算万事大吉。到时候百姓家的马匹，毫发无损地还回去。

百姓们看了官府的告示，纷纷摇头，说："看到了没有？朝廷这次又出损招了。以前强行征用战马，把我们的马征光了，可那些贪官还不肯放过我们，这次改骗的了。你家的马送去，就再也甭想要回来喽。”

富户人家纷纷把马匹藏起来，让地方官挖地三尺也找不到。

马匹数量凑不足，最惨的是浑邪王。上一站的车骑将他送到下一站，做了交接就迅速返回。这一站又没有车马，浑邪王怎么走？没法儿走，浑邪王好不郁闷。

最后解决这个问题的，还是浑邪王自己。他把自己的钱拿出来，在当地的商人那里买马，终于可以继续前进。

可万万没想到，汉匈两国交兵，彼此互为敌国，汉武帝早已下令，擅与匈奴人交易者，以叛国罪论处，先抓后杀。于是，浑邪王一路上买马买食物，官吏就在后面抓捕与浑邪王交易的商人，前前后后，抓了五百多人，全都判了死罪。

一路行来的窘状，终于报到了汉武帝的案头上。汉武帝勃然大怒：“这是长安令失职，传旨，斩首。”

陛下就是爱抬杠

汉武帝下旨斩杀长安令，引起“冷血怪人”汲黯的不满。

汲黯这个人，是天生的异类，思维方式与正常人类不同。他那种冷血固执，就连汉武帝看了都发怵。

当时，汉武帝接见臣属时，经常吊儿郎当，不拘小节，存心让臣属尴尬。但是，只要听说汲黯来了，汉武帝就会如同老鼠见了猫，“嗖”的一声蹿起来，逃进室内，赶紧穿好衣服戴上帽子，摆出副煞有其事的模样才敢出来。否则，汲黯见了汉武帝仪态不端就会大为光火，斥责道：“陛下，您是何人？您可是真龙天子啊，您必须高高在上，让众人仰承您的鼻息。可您瞧瞧，您这像话吗？”

汲黯在朝中，除了汉武帝，谁的账都不买。当时汉武帝有意抬高卫青的身价，要求所有大臣见到卫青必须下拜。众臣不敢不从。唯有汲黯，根本不搭理卫青，而且说道：“卫青算什么？他的荣耀与光彩，不过是陛下的恩赐。没有陛下，卫青什么也不是。”汲黯经常这么折腾，搞得大将军卫青一见了他就全身上下不自在。

也只有汲黯，才敢当面顶撞汉武帝。只见汲黯摇摇摆摆出列，对汉武帝说："陛下，长安令有什么罪？您非要杀人家？实话告诉陛下，除非把我杀了，老百姓才会交出马来。"

杀你？杀你也并非不可。汉武帝极为郁闷，看着汲黯的脖颈，寻找下刀的最佳切入口。

汲黯根本不理会，继续说道："陛下，那浑邪王不过是叛主逃来的蛮夷小王罢了。他与我汉朝为敌，杀了我们多少子民？让我们流了多少血？按理来说，他既然投降，就应该把他和他的部属统统分配给征战的战士们做奴隶。可是陛下您干了些什么？您竟然让我们的子民去侍奉这些战俘，这像话吗？还有，各地官吏捕捉的那五百名商人，他们不过是在长安城中摆个小摊谋生而已，他们又怎么会想得到，就在长安城中，把货物卖给陛下您当活宝请来的客人，却犯了死罪？陛下您自己说，这叫什么事啊？"

汉武帝斜睨着汲黯："传旨……"

群臣长舒一口气：陛下终于要杀汲黯这个怪物了，该！只恨杀得太迟了。

只听汉武帝一字一句道："浑邪王仰我上国之风，率部来投，就象征性地赏赐他们黄金万镒吧。"

汲黯又在旁边插嘴："陛下，这赏赐太多了，没必要这么多。"

汉武帝："传旨，浑邪王食邑万户！"

万户侯！汲黯在一边跺脚："陛下，投个降就万户侯了？可人家霍去病屡立战功，至今也才不过五千户侯，陛下一定要把霍去病的赏赐和浑邪王抵平了。"

抵平？汉武帝沉吟道："骠骑将军霍去病……"

汲黯："再加五千户！"

汉武帝："霍去病还年轻嘛，以后有的是机会。嗯，就再给他加一千七百户吧。"

汲黯气得咬牙切齿，心中暗道："陛下竟然如此喜欢抬杠！"

神秘匈奴小王子

汉武帝把归降的匈奴部落迁居到黄河以南沿边五郡的旧城塞，仍然让他们保持自己的习惯，分编成五个属国。从此汉朝成功夺回河西走廊，匈奴人已经彻底失去了塞外的蓄息之地，从此之后，匈奴的发展走向了衰退期。

汉帝国向西延长了两三千里之遥，从此京师长安不闻警讯。史书上称，金城、河南并南山至盐泽，空无匈奴。

汉武帝的帝王生涯，终于进入了享受期，他每天歌舞升平，斗鸡走马，沉醉于享乐之中。

有一天，汉武帝在一场宴会之中，忽然想看看自己的御马，就命马奴牵马从自己身边走过，慢慢看过来。当时，后宫的宫女姬妾有许多，都穿得艳丽奢华，簇拥在汉武帝的身边。清风徐来，香气弥漫。马奴们低头牵马走过，一双双眼睛忍不住偷瞟汉武帝的美姬们。

就在此时，汉武帝发现其中一名马奴与他人不同。

只见此人身高八尺二寸，相貌威严，步履间不见丝毫慌乱，经过汉武帝的美姬面前，连眼皮都不抬，根本不看这些美女。

当时汉武帝就惊呆了：此人是谁？怎么敢在朕面前摆这么大的谱？当即厉喝一声："你，就是你这个狗奴才，你牵马走过朕的面前，脸上带有轻慢的表情，这叫欺君，你可知罪？"

那人躬身道："陛下，罪臣不敢。"

不敢？汉武帝更加诧异："你这狗奴才，怎么咬着舌头说话？你叫什么名字？"

那人道："罪臣名日磾（mì dī），字翁叔。"

汉武帝醒过神来了："原来是我大汉俘获的匈奴降奴。"

那人道："陛下圣明。"

汉武帝："你居然还有字，自称罪臣？你的身世一定很悲惨，说来听听。"

那人流下泪来："陛下，臣有罪，臣父乃匈奴休屠王。因父亲执迷不悟，为浑邪王所杀，罪臣与母亲、弟弟一并被俘，现如今入官府为奴，在少府管辖的黄门养马。"

休屠王还有太子？汉武帝大为惊讶："你倒是很用心，干一行爱一行，养的马膘肥体壮，不错。"

那人道："食君禄，忠君事，何况罪臣自幼在马背上长大，能为陛下养马，岂敢不尽忠诚之心？"

汉武帝："朕问你，刚才马奴牵马走过，都在偷窥朕的美姬，你为何不动声色，眼皮都不抬？"

那人道："罪臣虽是个不开化的蛮子，却也读过圣贤之书，知道人臣之礼。罪臣已蒙陛下不杀之恩，赐为马奴，这是陛下对罪臣的再造之恩。罪臣感激尚且来不及，岂敢再逾越君臣之礼？"

汉武帝走到他面前："不错，你虽然是匈奴降奴，但深知人臣大节，这是我朝许多官员都比不了的。对了，朕想起来了，当初霍去病直入河西，追杀你父亲，夺了你家祭天的金人。当时朕就想，这是上天给朕的礼物，却想不到礼物应到你身上。现在朕赐你金姓，从此你就叫金日磾。"

金日磾立即跪下："罪臣谢过陛下赐姓天恩。从此罪臣不再是休屠王之子，陛下赐姓之恩，永世铭记。"

汉武帝龙颜大悦："起来，把这身臭烘烘的衣服扒掉，把身上的泥巴给朕洗干净。"

金日磾："罪臣谢过陛下。"

从此爱心泛滥

金日磾洗净身上的泥垢回来："罪臣见过陛下。"

汉武帝："朕现在封你为马监，替朕把马养好。"

金日磾："小臣领旨，绝不敢有负陛下深恩。"

第二天，汉武帝又把金日磾叫过来："金日磾，朕封你为侍中，这是个没什么实际工作职责的散职。你以后不要再往马厩里跑了，就在朕的身边侍奉吧。"

第三天，汉武帝再把金日磾叫过来："金日磾，现在朕封你为驸马都尉，这个驸马可不是让你娶公主的驸马，而是替朕掌驾副车。以后朕乘车出巡，你就在后面替朕驾驭副车。"

第四天，汉武帝又一次把金日磾叫过来："金日磾，你掌驾副车，在朕的后面，朕看不到你，心里不舒坦。现在朕封你为光禄大夫，这是帝国最高职务，没什么实际责任，主掌朝中议论，任何事你都有权插上一嘴。你赶紧从副车上下来，快到朕的车上来。"

朝中群臣、皇亲国戚，全都目瞪口呆地看着，汉武帝亲切热络地叫金日磾上了自己的车，与自己并排坐在一起出巡。回到朝廷，汉武帝就让金日磾坐在自己身边，不许稍离片刻。

贵戚们万分诧异，纷纷议论起来："陛下这是吃什么药了？我们对陛下这么忠心，陛下却连看我们一眼都嫌烦，如今来了个胡儿，陛下却拿他当了活宝，出则同车，入则同席，陛下这样亲近一个胡儿，太伤我们的自尊了。"

汉武帝的耳朵极灵，但凡朝中有什么议论，从来瞒他不过。听到皇族贵戚们的牢骚，汉武帝龙颜大悦，越发厚待金日磾。

汉武帝从未解释过，他为什么这么喜欢金日磾。也许，自从欢宴之时的那一眼，金日磾就走进了汉武帝的心。

有了金日磾，汉武帝甚至连心性都发生了根本变化，说是爱心泛滥也不夸张。

就在汉武帝任命金日磾的第二年，汉武帝下令大赦天下。

这一年，崤山以东地区洪水泛滥，百姓一时间死伤无数、妻离子散。汉武帝下令救灾——想当年黄河决堤，洪水泛滥长达二十年之久，无数百姓命丧洪涛之中，汉武帝却连眼睛都没眨一眼，始终拒绝救灾，更不肯出动人力封河筑堤。

自从金日磾入朝为官后，汉武帝突然变成了善良仁义的好皇帝。

汉武帝派了使者，把郡国仓库中的粮食全部拿出来赈济灾民，但仍然不够。接着，汉武帝下旨，劝募各地富豪官吏，拿出自己的私粮救助难民，凡出资救助者，统统把名字报到朝廷，由朝廷嘉奖。可这些仍嫌不足，救助费用仿佛是个无底洞，花费越多，灾民的数量反而越多。汉武帝干脆下令大移民，把受灾的难民，有的迁到关西，有的搬到朔方郡以南的新秦中地区，总计迁移了七十多万人。这七十多万人的衣食住行，统统由官府供给。而且，新搬迁的灾民们，在几年之内，生活费用及生产资料全部由官府提供。这等于由朝廷把受灾的老百姓全养起来了。

除了关心灾民，汉武帝同样关心边关将士。他下旨将戍边部队减少一半，大大减轻了百姓的徭役负担。

一时间，汉武帝成了一个宽厚仁慈、爱民如子的皇帝。

如果汉武帝继续坚持目前这个治民风格，他必然会成为人类历史上罕见的仁慈统治者。

可惜好景不长。汉武帝关心群众疾苦没几天，突然静极思动，又想找个对手打上一架，瞬间他又变脸成了个战争狂人。

这一次，他创造出了中国最美丽的神话：牛郎织女！

汉武帝如何鉴识人才

刚刚下旨将戍边部队减少一半，汉武帝忽然间心念一动：朕这辈子，陆战已经是天下无敌了，却从没有打过水仗。不行，朕也要打打水仗。

于是，汉武帝准备讨伐昆明。

昆明，当时称滇国。这个封国的历史非常悠久。滇国出现在战国年间，到了汉武帝时代，仍然留存。滇国地区有方圆三百里的滇池，这激发了汉武帝打水仗的浓厚兴趣。于是汉武帝再行劳民伤财之术，下令挖一个大大的昆明池，专门用来习练水军。

当时的汉帝国，由于连年征战匈奴，百姓疲惫不堪，而且战时管制，法令越发严苛。低级官员稍有过失，就会被解除职务。要命的是，汉武帝为了筹措军费，大肆卖官鬻爵，许多人为了逃避兵役，就花钱买了官。这样一来，能够征用的民力，就越来越少了。

于是，汉武帝下令，凡是具有千夫、五大夫爵位的人，必须出任官员。不愿意当官也行，那就给朝廷上缴几匹好马。至于愿意当官的人，也没好果子吃，一旦被朝廷抓到短处，就立即被贬为民夫，被迫去挖昆明池。汉武帝就用这个办法，既得到了挖昆明池的民力，又弄到一批好马。

汉武帝要挖的昆明池，是古人灵感的聚集之地。就在这辽阔的水域两端，汉武帝命工匠凿铸了一男一女两个巨大的石像：一个是牵牛星，一个是织女星。牵牛织女，隔水相望，所谓佳人，在水一方。这巨大的雕像，激发了当时百姓们空前的想象与创意。

人们坚信，这两座雕像，虽然被残忍地隔开，但当夜晚到来，乌鹊沙哑地嘶叫着成群结队掠过水面时，这两座雕像会踏着乌鹊编织的七彩虹桥，于半空中幽会。于是，牛郎织女的故事，从此在民间广泛流传。

朝中有臣子知道汉武帝渴望长生不老，就声称得到一匹神马，献给汉武帝。

汉武帝大喜，立即叫来大才子司马相如，让司马相如作篇长赋，谱上曲子，再由乐工奏唱。

正当司马相如引吭高歌，唱兴正浓之时，“冷血怪物”汲黯突然出现了。

他一来，汉武帝的脸就沉了下来，满是痛苦。

汲黯根本不看汉武帝那张脸，不识趣地上前添堵道：“陛下可知道音乐这东西是干什么的？是圣人用来教化苍生万民的。可您竟然叫来司马相如谱成曲子在宗庙里唱，老百姓知道唱的是什么吗？”

汉武帝扭过头，不搭理汲黯。

汲黯却越说越上瘾：“还有件事，臣不得不指出。陛下不惜血本征求人才，可是人才千辛万苦地找来了，一旦有一点点小错，陛下就把他们杀了。当年征召来的人才，陛下身边现在还剩下几人？全都被杀光了！”

说到这里，汲黯神情激动，不由自主地高喊起来：“陛下，您这样把人才全都杀光了，谁来替您治理天下啊？”

汉武帝抬头，看汲黯脸红脖子粗的模样，忍不住大笑起来，说：“汲黯，朕这双眼睛，最是识人。哪个时代没有人才？任何时候人才都有的是，就看你有没有挖掘人才的本事！再者，人才是干什么的？不过就是个用来装东西的器皿，就如同菜篮子、尿罐子。没错，是有许多人有才，但有才不用在正途，跟没才又有什么区别？有才不用在正途的人，杀掉他又有什么可惜的？大不了再挖掘几个有才又能用在正途的人，替代他们就好了。”

汲黯被呛了回去，生气道：“臣虽然无才无德，只会阿谀奉承，但这点道理还是懂的，陛下您不要欺负臣愚笨。”

汉武帝摇头，对司马相如说：“听听，汲黯竟然敢说自己是个阿谀奉承之辈，这才是胡说。但他说自己愚笨，还真是恰如其分！”

司马相如：“陛下圣明！”

这段对话，揭示了汉武帝能够率汉民族逐匈奴人于黄沙大漠的原因。中国任何朝代，人才之出，从未如汉武帝时代之盛——而且，也从未如汉武帝时代，人才的非正常死亡率之高。

毫不夸张地说，汉武帝是中国历史上当仁不让、最具识人鉴才眼光的高手。

所以，他是汉武大帝。

汉武帝的货币战争

吵闹过后，汉帝国的大麻烦终于到来——财政赤字！

地方官无奈上报：“陛下，国库已空，经费分文也无。”

汉武帝问道：“你们有何解决方案？”

方案？地方官心中叫苦，说道：“臣以为，要想解决国家库府入不敷出的问题，首先要打击豪强。陛下，现在国家穷成这个样子，许多百姓连裤子都穿不起，可是那些豪强大户却霸占矿山，炼金铸币，占据盐井，煮海制盐。他们家的财产，不计其数。国家有了困难，他们却不闻不问，如此不爱国的行为，理应狠狠打击。”

打击？汉武帝斜眼睨视官员：“要想解决国库空虚的麻烦，必须要有创新型思维，创新懂不懂？”

“不懂。”官员们茫然摇头，“何谓创新？”

“创新就是……”汉武帝道，“一两句话说不清楚，看朕给你们创新一个，让你们开开眼！”

汉武帝的御苑中，有一种罕见的白鹿。汉武帝命人捉来几只，杀掉之后剥下皮，再裁剪成一尺见方的白鹿皮，四周饰上五彩花纹。

然后，汉武帝道：“看见了没有？这就是创新，这块鹿皮，就是朕发明的一个新币种，朕给它起个名字，就叫皮币好了。”

宠臣在一边小心翼翼地问：“陛下，这块皮币，其价几何呢？”

汉武帝：“这可值钱了，那就定价四十万钱吧！”

这皮币，就是汉武帝发明的历史上最早的大面额钞票。直到这大钞发明出来，人们才知道，汉武帝的心思，又转向了整治藩王。

藩王这东西，与疯王没什么区别，都是属于获得点权力之后就失去控制、滥行无道的群体。藩王必须要整治。

比如，胶东康王刘寄。他是汉武帝的十二弟，为皇太后王娡的妹妹所生。就因为这种亲缘关系，他才受封为康王。从血统上来说，他既是皇亲，也是国戚，理应成为汉武帝可靠的政治同盟。可这个刘寄，也不知是哪根筋搭错了，竟然暗中与淮南王刘安勾结，有心造反——他也不想一想，汉武帝是你大姨的儿子，可你跟淮南王远没有跟汉武帝亲，就算是帮淮南王造反成功，他的权力体系里，岂会有你的位置?

只能说，智商是硬伤。

最令人无语的是，康王刘寄参与造反，忙活了半天，什么也没捞到。等到淮南王、衡山王两王事败，廷尉缉查起来，查来查去，竟然把刘寄给查出来了。

刘寄很郁闷："本王就是太聪明了，世所不容啊。"

刘寄自怨自艾一番后，就被活活吓死了。临死之前，他害怕汉武帝按律株连他的儿子，连王位继承人都不敢指定。

案卷呈到汉武帝的御案，汉武帝长叹一声，于是御笔朱批，不追究康王刘寄之事，以其长子继承胶东王位，以其幼子接管衡山王的地盘。

汉武帝的心里对刘邦的嫡系子孙忌禅至极，他宽宥了康王刘寄，但对其他藩王打击起来不遗余力。新发明的白鹿皮币，成为打击藩王的全新经济武器。

汉武帝对藩王和天下人发起了货币战争。

汉武帝正令皇族列侯入京者必须先把礼物或贡品放在皮币上。意思是要求藩王们的贡奉不得少于皮币的面值四十万钱，否则不予通过。

从整治藩王到大额面钞，背后是目的鲜明的财政扩张政策。为了刺激经济，几张皮币远远满足不了帝国的需求，还需要发行更多的大额货币。

汉武帝又推出了三个全新的币种，大号的称龙币，面值三千；小号的是龟币，面值三百——值得一提的是中号，因为币面铸有马的图案，称为马币，价值五百。

财政扩张，通货膨胀，民间不轨势力迅速反弹。私币铸造业一时间风起云涌，无数地方官员也加入货币战争中来，成为当地私币铸造业的幕后操纵者。消费市场上，龙币龟币以及马币，被严重边缘化。

见此情形，汉武帝乐了："看来，这场货币战争旷日持久嘛。"

同时，汉武帝的蛮劲也被激起来："那就来吧，朕倒要看看，是你们这些刁民厉害，还是朕厉害！"

汉武帝的伟大经济思想

汉武帝找来了三个人——东郭咸阳、孔仅与桑弘羊，帮助他向民间发起货币战争。

东郭咸阳，是齐国的大盐商，煮海制盐发了横财。孔仅，则是南阳的大铁商，战争时期，铁是最紧缺的战略物资，如此说来，孔仅当时横吃八方——此二人者，皆系布衣，但富比天下，把朝中百官气炸了肺，轮番建议汉武帝严厉打击此二人。

但汉武帝非但没有严打，反而将此二人提拔为官员，这实际上等于皇家参股，把二人的企业国有化。这固然是汉武帝巧取豪夺，但中国古代向来重农抑商，从秦始皇到汉高祖，乃至后世无数君王，像汉武帝这样天马行空、不拘一格的用人之道，虽不能说绝无仅有，但绝不多见。

无论从什么视角解读汉武帝，单是用人上的这种大手笔，汉武帝就把其他帝王统统比下去了。

汉武帝重用的第三个人桑弘羊，在中国历史上更是大名鼎鼎。

事实上，桑弘羊在中国经济史上占据着举足轻重的地位。但在世界经济史上，桑弘羊却是一个奇葩般的存在，提他不妥当，不提更不妥当，总之让后世之人痛苦不堪。

桑弘羊，洛阳城中的富二代，从小家族经商的思想对他产生了很大的影响，让他成为一位天才的算术家。幼年时就闻名天下，人称洛阳神童。汉景帝时代，他奉旨入京，成为汉景帝身边的财务顾问。到了汉武帝时代，战争经费的筹集与调度成了政务中的重中之重，所以桑弘羊的地位更加重要。

桑弘羊是中国经济史上不可或缺之人，却是世界经济史上的奇葩，这和他那天才的经济理论体系有直接关系。

很多年后，到了汉武帝的儿子汉昭帝时代，朝廷曾展开一场史无前例的大辩论，由桑弘羊独战天下儒学之士。当时双方的辩论极为激烈，几次动了真火，吵得不可开交。

这场大辩论，被当时的史官记录下来，成为中国经济史上的重要典籍。时至今日，《盐铁论》一书仍时常被人提起，但其隐含在简单文字下的经济思想，却严重被忽略了。

表面上，汉昭帝时代的激烈廷辩，双方争论的议题是讨论汉武帝时代两项重要经济政策：均输和平准，并对汉武帝时代的经济政策进行总体评价。但实质上，隐含于双方激辩之下的，是一个伟大而完美的经济学思想！这个经济学思想，可以简单表述为：是否存在一个让统治者与被统治者双赢的经济学法则？

桑弘羊的有力回答是："有！"

儒家学者追问道："既然有，那么这个方法是什么？"

桑弘羊回答："这个方法就是官家垄断！只要把涉及国计民生的重大行业全部交给官府，禁止百姓涉足，那么天下人就会一下子富起来。"

儒家学者愤怒反驳道："桑弘羊你胡说八道，山泽林海，自古以来就是天然资源，无数百姓赖以维生，现在你实行官有垄断，剥夺了百姓生存的基础，却说什么天下人会因此富起来，这怎么可能？"

桑弘羊斩钉截铁道："就是有可能！没可能的话，我的名字倒着写！"

总之，一部《盐铁论》洋洋洒洒数万言，让读者读到哭，却仍然弄不懂桑弘羊到底哪里来的自信。

实际上，桑弘羊还真没错。只是他的经济学思想太超前，又受限于当时的文论表述方法，只能用文言文反复磨牙，说来说去全都是车轱辘话，甚至理论体系内的各组成部分彼此互证，这严重降低了桑弘羊经济学思想的表述效果。

但如果我们站在现代经济文明的高度研究桑弘羊的经济学思想，就会惊恐地发现，早在两千多年前，这位伟大的经济学者就已经提出了市场竞争态势下的宏观经济学和与之相配套的货币政策。

如果说有什么妨碍了桑弘羊的经济思想，那就是汉武帝！

正是汉武帝手中的独裁权力，释放了人性中的贪婪与冷漠。这种贪婪，使得社会生产资源的宏观调控流于表面。这种冷漠，使得桑弘羊的经济学思想沦为独裁政权巧取豪夺的借口与工具。

自汉武帝而后的许多帝王，都是桑弘羊的信徒。他们打着公平正义的旗号，以宏观调控社会生产资源为借口，大肆地剽掠。一旦垄断生产资源，所谓的调控就再也无人提起，能看到的只有花天酒地纵欲无度。

后世的独裁统治者，都在效法汉武帝。而他们，又没有汉武帝的人生目标。

无论汉武帝是如何评价桑弘羊的经济学思想，这位聪明绝顶的帝王，发现了化解战争经费不足的不二法门。

大剽掠开始了，伴随着的，反而是对陷入困境的民众的无限道德苛求。

发动群众互相监督

在皇家权力参股了东郭咸阳的制盐业与孔仅的冶铁业之后，汉武帝正式宣布，这两个涉及国计民生的行业，由皇家权力垄断专营。

配套法律随之下达：民间但凡有私铸铁器或是煮盐者，砍掉左脚，没收生产器具及经营所得。

皇家垄断开始，百姓生存物资遭到灭顶般的掠夺。

看起来，百姓必然在这场不宣而战的经济战争中沦为悲惨的输家。以邪恶及残暴著称的酷吏张汤，越众而出，献上毒计，给民间百姓予以重击。

张汤建议道："陛下，治国最不可或缺的，就是法治精神。什么叫法治精神呢？就是要公平。什么叫公平呢？就是不能只打击民间豪强，也不能只打击盐铁这两个行业。要打击，就必须要以天下百姓为目标，要稳准狠，逮谁打谁，甭管是干什么的，打击没商量。否则，只打击豪强不打击百姓，只打击盐铁业不打击其他行业，这就失去了法治和公平精神。"

张汤进谏之时，汉武帝正陷入对桑弘羊官家垄断的经济思想的狂热之中，一边吃饭，一边和张汤商量具体执行的细节。听了张汤的建议，连连点头："对，张汤此言，深得朕心。对了，你这建议好是好，有没有具体的执行方案？"

"方案有，"张汤道，"所有的民间商户，都必须要估算自己的财产，造册向朝廷申报。大抵缗钱两千，就必须纳税。百姓家有小车和拥有五丈以上船只的，也必须要纳税。如此，朝廷富矣，军资足矣，对匈奴最终一击，也就有了充足的财力保证。"

"很好，"汉武帝道，"但百姓也不是太傻，如果他们故意低报瞒报，你怎么办？"

张汤笑道："此事简单，但凡瞒报或呈报不实者，判处去边关服兵役一年，财产全部没收。这样，陛下您既有了钱，又有了充足的兵源，岂不美哉？"

理想很丰满，但现实很骨感。汉武帝道："好你个张汤！你只知道揣摩朕的心思坑害百姓，却不想想，你这办法有多大可行性？"

张汤："陛下，臣不解，这么好的办法，怎么就没有可行性呢？"

汉武帝："你可知道天下有多少百姓？家家户户向朝廷申报财产，那是多大的行政工作量？朝廷还要加派人手审核每家申报的数字是否准确，这又需要多少官员？张汤，你莫非想让天下人都当官吗？”

张汤笑道：“陛下啊，您经常教导我们，百姓才是真正的英雄。相信百姓，发动百姓，是咱们大汉稳固千秋的法宝。只要我们号召百姓积极行动起来，提高警惕，严防街坊邻居瞒报或不实申报。凡被举报者，流放边关，财产没收，并大大奖励举报者，这样就可行了。”

汉武帝震惊了：“张汤，你好毒，发动百姓互相监督，此计甚妙。只不过，朕全身上下都感觉不大好，这么个搞法，朕岂不成了坐地分赃的强盗头子？”

“这个嘛，”张汤想了想，说道，“陛下，这没关系，只要陛下传旨，推选出一位大公无私的道德模范来，就能够牢牢掌握住道义资源。”

“嗯，”汉武帝龙颜大悦，“传旨，张汤献策，让百姓申报财产并互相监督举报，朝廷在全国推进执行。朕体恤苍生之艰难，为匡扶人心正气，特在汉朝推选忠君之士，钦此。”

张汤傻眼了，心说：陛下您也太不仗义了吧？把好事全都揽在自己身上，坏事都张扬我的名字，那我岂不得被人活活骂死？

帝国道德模范

武帝策令，雷厉风行。

一时间汉朝境内，哀鸿遍野、惨号不断。原本就不富裕的人家被课以重税，许多百姓遭到仇家的举报，被流放边关充当戍卒，所有财产悉被没收。天下人无不恶毒地诅咒张汤，骂得张汤夜夜噩梦。

就在一片怨声载道之中，摇摇摆摆走出一个人来。他的名字，叫卜式。

卜式通过官员上书道：“陛下，臣愚昧，但也知道为子民者，不要问君王为我做了什么，要问我还欠君王多少。小民请求捐献所有财产，并率家人赴前线打匈奴。恳请陛下给小民一个机会，答应小民吧。”

侍中把这封怪信拿给汉武帝看，汉武帝冷笑一声：“欺世盗名！”于是不予理会。

但卜式的第二封信又来了，仍然恳求捐献所有财产，承诺全家上前线打匈奴。

汉武帝看了，冷笑道：“这个大骗子，你想献出所有财产，直接把财产给当地官府送去就是了。想上战场，有人拦着你吗？只说不做，无非想让朕拿他当楷模，忽悠天下百姓罢了！”

卜式的第三封书信又到了。这一次，汉武帝终于犹豫了：“张汤的绝户计太阴毒了，现在的百姓们，哭喊连天怨声载道，必须想个办法，冲淡一下百姓们的号啕声。”于是朝廷发布公告：

“朕的子民们，朕有个天大的好消息要告诉你们。北边的匈奴人，已经日薄西山啦！敌人一天天坏下去，而我们一天天好起来，不是小好，而是大好。河南人氏卜式屡次三番请求捐献家中所有财产，并亲赴前线抗击匈奴。正所谓：奋扫匈奴不顾身，捐出白银与真金。全家老小上战场，吓得匈奴没了魂。朕接到卜式的上书，亲派官员去询问卜式：‘你这么积极表现，是不是想当官？’卜式回答：‘不，我只想做个陛下的小兵，埋骨大漠，战死他乡。我希望天下人都能够有我一样的觉悟，献出全部家财，全家上战场抗击匈奴，则匈奴必灭，汉朝必然昌盛。’

“传旨，任命卜式为中郎，封左庶长爵，赐田十顷。让卜式组成巡回报告团，向天下子民宣讲他的忠心。”

不久，眉开眼笑的卜式就出现在高台之上，对着人群大声疾呼：“你们要向我学习，捐出你们所有的家产吧，不要留恋温暖的小家，率妻儿老小上战场吧，陛下和我，是不会忘记你们的贡献的。”

老百姓郁闷地仰脸看着他：“世道不靖，妖魔出没，天下必有血光之灾。”

这一年春，东北天空出现异星；这一年夏，西北天空出现彗星。

大漠深处，匈奴单于伊稚斜忧心忡忡地看着天象：

“汉家天子，真是个万恶的战争狂！为了筹措攻打我们的战争经费，他竟挖空心思不择手段，肆意搜刮汉朝百姓。上苍，我大匈奴何其无辜，竟遇到刘彻这种对手？”

第八章

惨胜于黄昏之季

被嫌弃的李广

汉武帝元狩三年（公元前120年），汉武帝37岁。

秋季，匈奴大单于伊稚斜以两路大军各数万骑，进袭汉朝右北平和定襄郡，杀掠吏官千余人。

汉武帝接报，传大将军卫青入宫觐见。

卫青来了，汉武帝道：“卫青，朕用了张汤的毒计，总算筹到了足够的费用。你那边怎么样？”

卫青道：“陛下，臣已接报，现在漠北地带，只有匈奴王伊稚斜和左贤王两支大部落。他们听了叛贼赵信的话，已经将主力人马悉数撤向漠北以北。以其大漠之天然险阻，断定我汉军绝难穿过沙漠北进。即使我军穿过沙漠，也已是疲惫之师，届时匈奴一鼓而击之，我军必败。”

汉武帝道：“所以，朕花了几年时间，精选了以粟米饲养的战马十万匹，再加上军士们的自备战马，我方马匹总数不少于十五万。朕考虑让霍去病优先精选战马，让他部下的士兵，每人带三匹战马，就可以达到贯穿大漠而仍不失精锐之师的目的。此外，朕再遣步卒十万，跟在十万骑兵之后负责押运粮草辎重，有此万全准备，只要找到匈奴的主力人马，就可以毕其功于一役了。”

卫青道：“陛下圣明，天佑大汉。臣考虑这次出征，带上公孙敖。”

汉武帝：“公孙敖？”

卫青道：“正是，上一次，公孙敖因为再次迷路，被削去了爵位。只要带上他，打个大胜仗，就可以恢复他的爵位。请陛下答应臣吧。”

汉武帝道："说到公孙敖，朕倒想起李广来了。"

卫青急道："陛下，臣不要李广。李将军太剽勇了，还有他的儿子，打起仗来丝毫不亚于乃父。有他们父子俩在战场上，别人就无法露脸。"

汉武帝："嗯？"

卫青："李广他人品有问题，陛下还记得霸陵亭尉事件吗？李广退居时，有次打猎路过霸陵亭，霸陵亭尉禁止李广通过。李广就怀恨在心，等到陛下起用他时，他附加的条件是征召霸陵亭尉从军。等霸陵亭尉到了他的军中，李广就杀了他。假公济私，睚眦必报，臣真心不喜欢李广这种人。"

汉武帝为难地说："卫青，你说的这些鸡毛蒜皮，谁当回事啊？不就是杀个仇人吗，搁在李将军身上还算个事儿？总之李广他的名气太大了，如果不带他去，不只他自己不服，群臣百官、天下百姓也会有所议论啊。"

卫青道："这天下，难道不是陛下的天下吗？您还怕臣民们的议论吗？"

汉武帝叹息道："是朕的天下不假，可是卫青，你也得替朕分忧啊。难不成朕还能颁道圣旨，说李广因为太急于上战场杀敌，所以朕要灭了他全家不成？"

卫青乐了："陛下，臣明白了。"

汉武帝皱眉道："卫青啊，朕只希望你能把仗打漂亮点，别丢了我大汉的脸面，明白吗？"

卫青道："臣明白。"

说完，卫青躬身退下。

中国历史上最伟大的战役，即将开始。

漠北战役，千秋传奇。

不公的安排

漠北战役在即，双方选手依次出场。

汉军第一战队——卫青军。

统帅：大将军卫青；

将领一：前将军李广；

将领二：左将军公孙贺；

将领三：右将军赵食其；

将领四：后将军曹襄；

将领五：西河太守常惠；

将领六：云中太守遂成；

将领七：公孙敖——他目前的身份是布衣，跟在卫青身边，算是参谋。

兵力总数五万骑兵。

汉军第二战队——霍去病部。

统帅：骠骑将军霍去病；

将领一：从骠侯赵破奴；

将领二：昌武侯安稽；

将领三：右北平太守路博德；

将领四：北地都尉刑山；

将领五：归义侯复陆支——此人为匈奴因淳王，降汉，担任向导；

将领六：归义侯伊即靬（jiān）——此人为匈奴楼剸（tuán）王，降汉，担任向导；

将领七：校尉李敢——李广的儿子，他不知道的是，这场战争，名将李家也是汉帝国要铲除的目标。

兵力总数：骑兵五万。

此外，汉军还有十万步卒，负责后援及押运粮草辎重。也就是说，汉军这边有战将十余员，士兵二十万。两支汉军队伍，卫青这边是名将多，霍去病那边是战马多。

再来看匈奴方面——

统帅：匈奴大单于伊稚斜；

部落将领一：左贤王；

部落将领二：左大将双；

部落将领三：比车耆王；

部落将领四：屯头王；

部落将领五：韩王；

部落将领六：自次王赵信——此时，他是大单于身边最重要的智囊、参谋。

匈奴兵力总数：估计骑兵十万左右，与汉军持平。

此时，匈奴大单于伊稚斜，已经将部队撤至极北，军需辎重撤向更遥远的后方，正严阵以待，坐等汉军上门送死。

汉军的作战计划，是由霍去病从内蒙古和林格尔地区出兵，全力攻击匈奴主力。卫青从河北蔚县出兵，替霍去病扫清外围。这样布置，是因为根据此前的情报，得知匈奴主力在西部。但等到临近出发时，又从匈奴俘虏口中获得最新情报，得知匈奴主力在东部。于是卫青和霍去病两人出击方位大调转。

霍去病去卫青的驻地，从河北蔚县出兵。卫青则率部去霍去病的驻地，从内蒙古和林格尔出兵。

费这么大力气调换两军，只是因为这场战役的军功已经内定给了霍去病。不是霍去病立下战功，赢了也不算。

胜券在握，占尽优势，汉武帝信心满满。

可万万没想到，等到两支汉军出发之后，才知道还是弄错了——匈奴主力部队，并不在霍去病的前方，而是在卫青的前方。

遇此情景，如何是好？两军要不要先回去，再调换位置？

没法回去了。卫青气急败坏，斜眼扫着亢奋至极的李广，吩咐道："李将军，你先回来，和赵食其全军一起，走左路。"

当时李广就呆住了："大将军，我是前锋啊！"

卫青："知道你是前锋，怎么，左路你不敢走？"

李广："大将军，左边是大漠中有名的不毛之地，没有水源，水草稀少，连匈奴人都不熟悉路径，匈奴人不可能躲在那里。"

卫青："李将军，你敢抗命吗？"

李广泪流满面，给卫青跪下了："大将军，我李广，从年轻的时候起就与匈奴人作战，一生最大的心愿，就是能够与匈奴人直面对阵。直到今天，才终于有机会正面攻击匈奴单于。请大将军成全我的心愿，李广发誓替大将军你斩杀单于，提头来见！"

卫青冷笑道："李将军，要不你把这番话，去跟陛下说如何？"

李广："大将军，此言何意？"

卫青的声音，直寒到李广的骨子里："陛下说了，李将军年迈体衰，已不复当年之勇。倘若战场上与敌直面相遇，切勿让他与单于正面交战，恐怕他难以胜任，伤了我军的士气。"

听了这番话，李广慢慢站起来，身体剧烈地颤抖着，慢慢翻身上马。他在马背上发呆良久，才大喝一声，打马掉转方向。

看着李广绝尘而去，卫青身后的公孙敖忍不住说了句："不妙，李广他气昏了头，竟然没有带向导。"

卫青扫了公孙敖一眼，公孙敖急忙偏开视线。此后诸将不再说话，在死寂的气氛中策马疾行。

大单于热爱和平

卫青统率大军向北急速前进一千多里，穿越了浩瀚的大沙漠。正要松口气，突见正前方是黑压压的匈奴铁骑，一个个刀出鞘，箭在弓，怒视汉军。

卫青震惊之下，急令布阵！

汉军迅速围成一个巨大的圆环，环外架上武刚车。这种车子，是当时一种坚固的战车，虽然是木制的，但裹了厚厚的生牛皮。大致相当于原始的坦克，用以防范骑兵冲营，防御值极高。

汉军急速地布营，匈奴士兵一动也不动，列队就这样静静地看着汉军，无数双眼睛，看得卫青心里发毛。

卫青不敢轻敌，先派出五千骑向匈奴发起试探性攻击。匈奴人很讲规矩，立即派出一万骑，与汉军交手。

这时候，太阳正要落山，突然飘来黑烟。只听得沙漠中传来凄厉的尖号声，恍若九幽之门突然大开，无数冤鬼发出的骇人悲鸣。汉军士兵从未见过这情形，一个个面无人色，惊恐地转向沙漠，以为沙漠中有什么可怕的阴兽突然间钻了出来。正当汉军扭头之际，一粒黄沙打在脸上，然后又是一粒，然后是一把大黄沙，"砰"的一声，打得汉军士兵忍不住惨叫起来。

霎时之间，天地之间一片昏黑，狂沙疾落而下，原来是突然刮起了沙尘暴。尘沙弥漫，匈奴士兵和汉军士兵混杂在一起，谁也看不到谁，只能凭声音辨识。于沙暴中闭着眼睛，向对方乱砍一气。

砍了好一会儿，太阳已经彻底落山，两军士兵目无所见，缠斗变得艰难而笨拙。这时候卫青抓住机会，下令散开环阵，让士兵分左右两翼，向匈奴人的阵营掩杀过去，将伊稚斜的骑兵彻底包围。

见此情形，大单于伊稚斜朗声笑道："今日这黄沙大漠，就是无数汉军埋骨之所。他们昼夜行军，穿行大漠，早已是强弩之末。儿郎们，给我狠狠地打，要让这些懦弱的汉人见识一下大匈奴的厉害！"

听大单于发号施令，鼓舞打气，声音雄壮，匈奴士兵顿时精神一振，发狠咬牙，与汉军疯狂对砍起来。"杀啊，兄弟们拼了，汉人已经撑不住了，正是我等报国立功的时候！"漠北这片荒凉的土地，霎时间变成了可怖的修罗场，无数条被砍断的胳膊大腿四处横飞，士兵们濒死前的惨号响彻天地，不绝于耳。

听着这接连不断的惨号声，大单于伊稚斜深情地说："本单于自幼年起，无日不与人厮杀。但，厮杀只是环境所迫，本单于心里，却是始终热爱和平安宁。"说完，跳上一辆六匹骡子拉的大车，率领数百名最精壮的贴身护卫，轻易地把汉军包围圈撕开一个大口子，破围而出，向西北方向疾冲，消失不见。

他竟然撇下自己的大队人马，临阵脱逃了。

原来，大单于身边的部队并不多，与卫青的四万骑兵猝然遭遇，也是出乎大单于意料。他是谙熟兵法之人，观敌瞭阵，就知道汉军兵力远胜于己，而且战马极多，虽然横穿大漠，但因为不断换马并无疲累。打到最后，自己这边多半没什么戏，所以他慷慨激昂地鼓舞起匈奴士兵的作战勇气，就走先了。

无论是匈奴军还是汉军，谁也没有料到大单于居然这么任性，说走就走。此时两军仍然激烈地死拼，双方谁也不服输，死伤比率始终维持在一比一的平衡状态。就这样一直血拼到深夜，双方都感觉应该休息一下，血拼的节奏不知不觉地放慢了。

这时候，汉军的左翼部队，拖来一个伤残俘虏："启禀大将军，此人乃伊稚斜身边的铁卫，最是凶悍，杀伤了我们多名将士。"

"哦？"卫青踱到俘虏身边，"你家大单于在什么位置？"

"大单于？"俘虏脸上露出惨淡的微笑："你看这天，你看这地，你看这戈壁大漠，这就是大单于，他无处不在。"

卫青拔剑："休要信口雌黄！说出来饶你不死。"

俘虏仍然出神地望着剑刃，半晌才道："算了，人家早就撇下我走了，我再恃狠又给谁看？我家大单于，他前半夜就走了。"

“走了？”卫青大诧，“去哪儿了？”

“寘（zhì）颜山。”俘虏喘息着回答。

名将悲歌

“月黑雁飞高，单于夜遁逃。欲将轻骑逐，大雪满弓刀。”这首诗，说的就是汉大将军卫青漠北之战。正当他率部与匈奴军血战之时，大单于伊稚斜却招呼也不打一个，自己悄悄溜走了。

得知此情况，卫青气得两眼发黑，立即派遣一支轻骑狂追。而他自己则命令主力部队撤出战斗，由他亲率，衔尾追杀。

一直追到天亮，驰奔两百多里，仍未见大单于的行踪。这时候，获知主帅弃阵先逃的消息，匈奴战营顿时陷入崩溃，于是战局急转，匈奴被汉军斩杀过万。

卫青一口气追到寘颜山。此地，就是现在的蒙古纳柱特山。突然看到前方有一座城池，卫青愕然止步。

这座城，就是历史上赫赫有名的赵信城。

这座赵信城，是翕侯赵信回归匈奴娶了大单于伊稚斜的姐姐之后，献计而建。

对匈奴人来说，此城的战略价值极高。赵信以此城为基地，囤积辎重粮草，蓄养实力，引诱汉军轻入。按照赵信的策略，倘汉军穿越大漠，匈奴主力倚赵信城为基，辅以河西地区的匈奴骑兵，双向包抄，必然可尽歼来犯之汉军。

计划绝对是个好计划，可赵信万万没料到，由于张骞返汉，带回了河西详尽的军事情报，所以汉武帝撇开大单于伊稚斜部，先取河西。当伊稚斜反应过来时，河西匈奴已被扫清，辛辛苦苦建起的赵信城，竟然沦为鸡肋孤城，守之不住，弃之可惜，彻底丧失了其战略意义。

此番大单于伊稚斜去向不明，赵信城的匈奴守军，在卫青杀来之前，就已经逃散一空。卫青下令先行收缴匈奴囤积在城中的辎重粮草，补充军中耗用。然后又点起一把火，把这座已丧失存在意义的城池化为灰烬。

烈焰熊熊，浓烟升起。就在这时候，被卫青强行打发到无水地带的前锋李广，还有陪绑的倒霉将军赵食其，正忍着饥渴，于无毛之地艰难摸索。两军因为没有向导，于荒漠中走失。经过好长时间的跌跌撞撞，终于从死亡之地中走了出来。

出了不毛之地，迎面是卫青主力部队正唱着快乐的歌凯旋。

虽然会师了，但李广的心已经冰冷。

卫青派了官吏来李广军中问罪：“李将军，你活了这大把年纪，打仗不行，咱们就不说了，难道你连路都不会走吗？大将军有令，让你的随从立即赴大将军面前，听候传讯。”

李广下马，慢慢回答了一句：“抱歉，这道命令，我拒绝执行。”

长史冷笑道：“嘿，瞧你这暴脾气。你行军迟缓，延误战机，还有理了？”

李广回答：“我的部下没有罪，他们不该遭受如此羞辱。”

长史道：“李将军，你都60多岁的年纪了，怎么说出这么无知的话来？你违抗军令，不让部下去大将军面前听候传讯，是想一个人承担全部责任吗？”

李广慢慢拔刀，说：“我李广，冤啊！想我李广从少年时代就征战沙场，一生与匈奴人血战，前前后后打了70多场仗。我的能力究竟如何，天下人知道，匈奴人也知道。可是大将军他……这一次，我有幸与大将军同行，平生终于有机会与伊稚斜正面交手。可是大将军却执意调开我，让我率军走入绝无人烟的不毛之地。此次全军迷路，不是天意，而是人心莫测啊！

“我60多岁了，是真的老了，但我仍然能够拉得动强弓，砍得了匈奴最精壮的勇士。我唯独不能面对的，是那些刀笔小吏的奸诈陷害。”

说罢，李广举刀自刎。

“林暗草惊风，将军夜引弓。平明寻白羽，没在石棱中。”

飞将军李广，勇力惊人，征战一生。他为人清正廉洁，立功时受到朝廷赏赐，全部拿来分给部下，自己不留分文。他和部下吃一样的饭菜，睡同样的席榻。行军打仗如遇困境，他总是身先士卒，一马当先。发现水源时，士兵们不喝够，他决计不喝，吃饭时，士兵们没有吃饱，他宁可不吃。他做了二十年之久的二千石官，但家中却没有多余的财富——儿子李敢倒是偷偷攒了点钱，但不幸被汉武帝发现，以失机之罪判李广死刑，结果这点钱也收入了汉武帝的私人囊中——所以，自杀前的李广已经是家徒四壁，一无所有。他唯一的心愿，就是战死沙场，成就一代战将之名。

但汉武帝和卫青，不想让李广获得最后的满足。

李广死，部下大放悲声，直哭得愁云惨雾，天地失色。消息传回，民间百姓无论是否知道李将军，无论是孩子还是老人，也是人人心伤，为老将军征战一生的悲情，掬一捧同情的泪水。

眼见反响如此强烈，卫青终于意识到这局面不是他能够控制的，慌忙解释说："我派长史去李将军的军中，不是逼迫老将军，而是为了替老将军遮掩。"

史官听到卫青的解释，迅速记录下来——汉朝已经失去一位名将，不能再失去第二位了。

此战之后，卫青淡出，少年英雄霍去病再次成为历史主角。

英雄绝代禅姑衍

霍去病这个主角，一开始就确定了下来。

按汉武帝的剧本设置，正方一号男主角霍去病将对阵反方一号男主角大单于伊稚斜。所以汉武帝才会在临战之前，不惜劳师远行，让卫青和霍去病的十万大军交换防地。但当霍去病上场时，他不无郁闷地发现，自己面前的对手，赫然竟是匈奴二号反派人物左贤王。而一号反派人物大单于，却在卫青的面前。

到底是哪里出了岔子呢？是匈奴人太任性，不按汉武帝的剧本来，还是有人暗中篡改了剧本？

这个答案，还需要一段时间，才能水落石出。

眼下霍去病正忙于整编军队，他的实力比卫青只强不弱，对此战有必胜的把握。但在整编时突然发现，百密一疏。霍去病也和卫青一样，不喜欢别人和他抢风头，挑选战将时，先行淘汰了经验丰富的老将，为的是树立霍去病的绝对权威，可是他突然发现自己连个助手参谋都没有。

霍去病无奈之下，只好把李广的儿子李敢叫过来："李校尉，我暂先任命你为大校，做我的副将，你对此有何考虑？"

李敢大喜，感激涕零："小将微末之技，竟获将军青睐，三生有幸，感激不尽。"

霍去病心说：谁用你感激？老子这也是没办法。

大军起行，以匈奴降王复陆支和伊即靬为向导，这两人自幼生长在大漠，大漠就是他们的家，对自己部族兄弟的活动规律了如指掌。所以此二人为地地道道的带路党，有他们带路，一捉一个准。

先行穿越大漠两千里无烟之地，飞鸟绝迹，热浪滚滚，阴鬼哀号。如果没有向导，霍去病也会像李广一样迷路。但他有两个向导，李广一个没有。所以霍去病能疾速平安穿越大漠。

前方，是左贤王的部落及营地。此时部落及军中一片祥和气氛，浑不知大难将至。霍去病先行命士兵换过精力充沛的良马，抖擞精神，按照出发前指定的编队，呐喊一声，向匈奴人冲杀过去。

沉浸于平静生活中的匈奴人，茫然回头，一张张惊愕的脸，在汉军凌厉的刀锋之下，扭曲变形。

汉军杀来了，快逃啊！惊恐的匈奴人，衣衫不整，光着脚板发疯般地在营帐之中乱窜。喝得烂醉，正在帐中酣睡的左贤王，听到漫天的嘶喊声，惊愕地探出头来："汉军来了？不可能！他们怎么穿过那浩瀚的大漠？"

亲卫们急忙奔过来："大王，赶紧走吧，汉军那边有两个匈奸给他们带路，听人说大单于那边也遭到汉军突袭，大单于已死于乱军之中。"

"那咱们赶紧走。"左贤王顾不上提起裤子，由精锐组成的亲信铁卫簇拥着，匆忙奔向自己的战马。这支生力军向着汉军的薄弱之处，凶猛地冲杀了过去。

左贤王为人实在，不像大单于那么缺德。大单于逃走之前还故布迷阵，导致他逃走后竟无人知晓。但左贤王一逃，就立即被自己的部卒发现了。

匈奴那微弱的抵抗，顿时土崩瓦解。

部落酋长比车耆王当场被斩杀，屯头王与韩王急忙高举双手："我们投降，请求归汉，与复陆支和伊即靬两个带路党做伴。"同时投降的，有王子、将军、相国、当户及校尉八十三人。

贵族们被俘，匈奴士兵的投降却遭到无视，汉军开始进行血腥大屠杀，匈奴吏民被杀者数万，再加上俘虏，俘杀数量达七万余人。

接下来是大追杀。

霍去病死咬着左贤王不放，一路穷追至蒙古乌兰巴托市的东郊。这里有座山，就是有名的狼居胥山。与狼居胥相邻的，还有座姑衍山。

追到这里，左贤王神秘地消失了。

其实，左贤王是另行择路而逃了。而霍去病，他来这里，却是奉了汉民族的伟大使命。

封天禅地！

要把这场伟大的胜利，告知天神。

理论上来说，霍去病虽然全歼左贤王部，但左贤王毕竟只是个有势力的部落酋长，并非大单于。封天禅地的行政工作，由卫青来负责，更合乎情理。但汉武帝的剧本早已写好，少年英雄霍去病当仁不让。

于是，霍去病在狼居胥山祭天神，于姑衍山祭地神。封狼居胥，禅姑衍，成为中华民族伟大的战争史篇章，至今令人怀想。

单于归来

匈奴人从头曼单于开始，于战国年间凌压中原，经历了冒顿单于的鼎盛时期，最终在霍去病将军面前画上了悲凉的句号。

从此，漠北无王庭。华夏民族的生存空间，获得了大面积拓展。

战役结束后，被称为漠北的蒙古高原，出现了一幕诡异的景象，荒原之上，一支又一支队伍在行走，有汉人军队，也有匈奴人的武装。有时候汉军与匈奴军混杂在一起，跌跌撞撞地并肩而行，但结局已定，双方已经失去了交手的理由——搞笑的是，有些匈奴武装，无头苍蝇一样被卷进汉军中，竟然是稀里糊涂地跟着汉军，一路走回了汉朝。

此时，残存的匈奴诸部，派出人手四去寻找探问，想弄清楚大单于伊稚斜的下落。但过去十多天，伊稚斜也没有消息。

显然，不厚道的伊稚斜一定是被战马踩死于乱军之中了。于是，匈奴部族中继大单于部、左贤王部之后，排名第三的部落，右谷蠡王大声宣布："苦难的匈奴子民们，你们的希望来了，长期受汉人欺压的大匈奴，从此站起来啦。告诉大家一个好消息，你们又有了全新的大单于。"

新的大单于？惶惶不安的匈奴人顿时聚拢而来："右谷蠡王，这个新的大单于，快告诉我们他是谁啊？"

右谷蠡王："这还用问吗？新的大单于，当然是我啊！"

你也行？匈奴人无奈，只好硬着头皮陪右谷蠡王玩下去。

于是，匈奴人士气大振，右谷蠡王有条有理地收容各部落失散兵民，调集资源安置难民。为了安抚失魂落魄的兵民，新任大单于每天忙碌不休。这一天，他正在安抚几个被汉军的杀戮吓得神智失常的士兵，忽然听到背后人招呼他："尊敬的大单于？"

新任大单于顾不上回头，问："什么事？"

后面的人回答说："大单于，我等是从战场上整编制撤下来的兵士，请求大单于开恩，依然让我们统领旧部，官复原职。"

新任大单于大喜："现在我大匈奴最缺的就是经历了这场残酷战役，心理没有崩溃而依然意志如钢者，你们是我大匈奴最宝贵的人力资源！官复原职是远远不够的，你们人人都会晋升。"

"谢大单于。"说话的那人终于出现了，他走到新任大单于面前，手抚胸口，躬身道："大单于啊，你看我晋升个什么官职合适呢？"

直到这时，新任大单于才顾得上仔细端详对方一番。这一端详，新任大单于"腾"的一声，跳了起来："伊稚斜，你……你……你怎么还活着？"

"我活着不好吗？"大单于伊稚斜冷笑道，"汉兵诡诈凶残，虽然已经到了令人发指的程度，可是我伊稚斜，岂是那么容易杀死的？"

"你看这事弄的，"右谷蠡王慌了神，"大单于你不能这样，躲起来十多天不露面。我也不是贪恋权位，只是形势所迫，毕竟匈奴不可一日无主啊。大单于你招呼也不打一个就突然回来了，弄得咱们现在有两个大单于了，你说这可该如何是好？"

伊稚斜手按刀柄，目露凶光："右谷蠡王，你说该咋办，咱们就咋办，好不好？"

"大单于你别动手，"右谷蠡王急忙后退，"大单于，你是了解我的，既然大单于平安归来，实乃我大匈奴天赐之福，我现在就卸任，仍奉大单于号令行事。"

"哼，这还差不多！"伊稚斜一屁股坐下来，"酒呢？酒在哪里？对了，忘了告诉你们了，刘彻，他完了。"

右谷蠡王："早就知道刘彻是山羊尾巴，那叫一个短。不过大单于，汉人刚刚打败我们，怎么这么快就完了呢？"

伊稚斜笑道："没错，汉军这次不宣而战，悍然进犯我国，是占了一些便宜。但他们能够占便宜，不是他们的战斗力强，而是他们拼尽了血本。我已经详细研问过了，此次汉军出征，把他们国内所有的战马，全部带来了，总计战马十五万匹。但是连番血战，他们的战马被我军打死十多万，回去的，不足三万，而且都已伤残累累。战马，是军事战争的决定性资源，试想以后的汉朝，连匹囫囵战马都找不出来，他们还能长久吗？"

右谷蠡王心中暗骂："娘的，人家那边拼尽的是马，可咱们这边却连个囫囵人都凑不出来几个！"嘴上却大喜道："大单于果然远见卓识，就让我们继续团结在大单于身边，给垂死的刘彻予以最后的致命重击吧！"

卫青失宠

此时的汉宫中，汉武帝正板着脸，开始对漠北之战论功封赏。

加封霍去病五千八百户食邑，加封霍去病为大司马，官职仅在丞相之下。其部将四人封列侯，李广之子李敢也被封为关内侯，赐予食邑。

获得封赏的将士名单极长，郎官从早晨宣读，一直读到快下午，才终于结束。

封赏名单读完了，但趴伏在地的将领却是一动也不动，人人脸上满是狐疑之色，惊诧的目光悄悄地转向大将军卫青。交头接耳的议论之声，在半空中像苍蝇一般嗡嗡盘旋，却始终落不下来，听不清晰。

所有受封之人，全都是霍去病军中之人，卫青军中的将领兵卒提也没提——说没提也不对，与李广同时迷路的将军赵食其，被交尉吏处理，论罪当斩。当然他可以缴纳赎金保全性命。

这就完了？

陛下他……为什么要这样做？难道大将军卫青击败匈奴单于伊稚斜，论战功不是在霍去病之上吗？

再想想临战之前，卫青与霍去病的两军互调……

原本，汉朝这边得到的军事情报，是匈奴大单于位于内蒙古和林格尔北方，所以汉武帝才安排霍去病兵出和林格尔，卫青兵出河北蔚县。可是临出发前，卫青却说又有个新的情报，匈奴单于并不在和林格尔以北，而是在河北蔚县以北。于是汉武帝不惜劳民伤财，命卫青与霍去病调换出兵方位。

可万万没想到，等到出战之后，才发现最初的情报是准确的，匈奴大单于根本不在霍去病行进的方向上，而是在卫青的前面。结果，卫青大败匈奴单于，而霍去病只是打败了左贤王，连封狼居胥都只能硬着头皮胡来。

到底是什么原因，导致了这个错误发生？

是不是卫青他……“哗啦”一声，簇拥在卫青身边的人，全都溜走了。只剩下卫青孤零零的，看着满脸怒气的李敢，一步步向他逼近。

李敢：“卫青，我父亲他是怎么死的？”

卫青：“大胆，竟敢对我如此说话？”

李敢大骂：“你个卑鄙小人，有什么资格再说自己是大将军？我父亲一世名将，你却妒贤嫉能，把他从主战场调开，逼迫他进入连匈奴人都会迷路的无烟之地，还不给他配备向导。卫青，是你杀了我父亲，今天我要替李家讨还公道！”怒吼声中，李敢已经抡起大拳头。卫青没来得及避开，“砰”的一声，他的眼前顿时一片金星盘旋。

卫青被打倒在地，气得吼叫一声，爬起来正要扑向李敢。忽然注意到四周看热闹的人，齐齐肃容垂手。卫青也急忙束手站好。

只听脚步声起，汉武帝大大咧咧地踱出来：“卫青，你脸上的伤是怎么回事？刚才不还好好的吗？”

卫青不敢说实话，撒谎道：“陛下，臣刚刚走神，不小心跌倒了。”

汉武帝冷笑一声：“你可是习武之人，怎么会这么心不在焉？以后注意着点。”

“臣，恭领陛下教诲。”卫青慢慢退下，出来后环顾四周。发现上朝时簇拥在自己身边的人，此时全都不见了。不仅群臣避开了他，就连他的门客，此时也全聚拢在霍去病的周围。

卫青心里冷笑道：这群趋炎附势之辈，一旦看我失去陛下欢心，就立即弃我而去。迟早有一天，我要让你们这些鼠辈知道我的厉害！

卫青的目光，落在喜形于色的霍去病身上：李敢殴伤之仇，必须报！只不过……唉，自己已经没有这个能力了。

但霍去病可以！

国难临头

汉武帝元狩六年（公元前117年），汉武帝40岁。

这一年春，暴雨如注。帝国进入多事之秋。

正如东方朔所料，旷日持久、声势浩大的汉匈战争，彻底拖垮了汉朝的经济。资源短缺的时代，人性往往会变得异常凶残。由此而后历史上出现的，是一长串帝国能臣的死亡清单！

新一轮的血腥大清洗，又开始了。

第九章

迷案连连

汉皇重色思倾国

残酷的战争过后，资源越来越匮乏。每当这时，一些灵异界人士总是不失机宜地出场。他们的身上，承载着人类永恒的梦想：

无限的资源与无限的可能。

而对汉武帝来说，这个需求表达起来更为简单——长生不老！

听说汉武帝想长生不老，天下骗子界的高手们顿时蠢蠢欲动，都琢磨着来汉武帝这里捞一票。

其中一个，是齐国的少翁。

少翁，就是年轻的老头的意思。也就是说，此人相貌稚嫩，模样俨然是个阳光少年，但他的年龄，却连自己都说不清楚。听到汉宫中传出凄美的歌声，他心念一动，入宫而来。

这支歌，是位叫李延年的伶人所唱，歌曰："北方有佳人，绝世而独立，一顾倾人城，再顾倾人国。宁不知倾城与倾国，佳人难再得。"

成语"倾国倾城"由此而来，专用来形容女性的美貌。

当时汉武帝听了这首歌，顿时心思恍惚，六神无主，于是出宫登车，去往姐姐平阳公主家里。

平阳公主迎驾，问道："陛下闷闷不乐，可是有何心事？"

汉武帝道："唉，姐姐，朕既然来你这里，还能有什么心事？你都知道的。"

平阳公主问："可是卫子夫她把太多时间放在太子的教育上，忽略了陛下的感受？”

汉武帝道：“卫子夫她已经年老色衰，朕非好色之人，只是见了美女迈不动腿。姐姐明白朕的意思吧？”

平阳公主笑道：“明白，明白，怎么会不明白？可是陛下您可知道，您千寻百觅，求而不得的绝世美女，就在您身边啊？”

“谁？在哪里？”汉武帝茫然四顾。

平阳公主道：“陛下既然来我这里，定然是听到了李延年的歌声，没错吧？”

李延年？汉武帝醒过神来：“对，唱那首美人歌的伶人，正是叫李延年。”

平阳公主摇头：“陛下，李延年是男人不假，可是他有个绝色妹妹，那首美人歌，唱的正是他的妹妹啊。”

“有这事？”汉武帝“腾”的一声站起来，“回宫，传李延年，让他把他妹妹领来，朕要见一见！”

李延年的妹妹来了，果然是国色天香，姿色过人。汉武帝一见之下，顿时魂不守舍，于是幸御之，并封其为夫人。

是年，李夫人有孕，生一子，就是未来的昌邑王。

但就在生昌邑王这年，身体羸弱的李夫人很快病倒了。汉武帝来看望她，她躺在席榻上，背对汉武帝，说什么也不让汉武帝看她的脸。

等汉武帝走后，李夫人身边的宫人抱怨：“夫人，您在陛下面前怎么不肯转过身来？这样轻慢陛下，真的好吗？”

李夫人叹息道：“你有所不知，我出身低微，无才无艺，凭什么得到陛下的宠爱？无非凭借美貌而已。夫以色事人者，色衰而爱弛，爱弛而恩绝。一旦让陛下看到我这张饱受病魔摧残的脸，陛下就不会喜爱我了，恩宠也自然而然地断绝了，留给我们李家的，只有灭门之祸！”

后人评述，李夫人实乃大智慧之辈。她比任何人都清楚汉武帝，知道他是个冷酷无情的男人，知道他看重的是什么！她拒绝让汉武帝看到她的病容，这样留在汉武帝心中的，只有美好的印象。

果然，李夫人死后，汉武帝感怀不已，封了李夫人的哥哥李延年为协律都尉，封了李夫人的另一个哥哥李广利为贰师将军。

实际上，正是李广利的到来，导致了大将军卫青遭到冷落并最终失宠的结局。此后的汉武帝，既然不再宠爱卫子夫，自然也没理由待见卫青。

以后受到汉武帝恩宠的，就是李广利了。

李夫人死了，汉武帝伤心至极。史载，汉武帝思念李夫人，夜以继日，寝食俱废。

就在这时候，神仙少翁飘然入宫，问："陛下，您很想念李夫人是不是？要不要让我请她回来，再与陛下相见。"

生魂回返

汉武帝听少翁称自己有法术，可以让他与李夫人相见，顿时神情激动："神仙，只要你做到这点，要什么你开口。"

少翁道："陛下，那小仙就不客气了。我需要李夫人生前的衣服。"

汉武帝："为何要她的衣服？"

少翁："陛下，她回到阳世，怎么也不能光着身子吧？"

汉武帝："也对，还需要什么？"

少翁："一间静室，最好是李夫人生前居住过的。"

汉武帝："没问题！"

少翁："再就是薄纱幕一袭，蜡烛二十枚。还有，当小仙作法时，房间里除了陛下，闲杂人等不许擅入。"

少翁的条件，很容易获得满足。到了作法时间，汉武帝立在薄纱幕前，少翁走进去，回头对汉武帝说："陛下，站那儿别动，一动就惊扰了生魂，只怕李夫人不肯回来了。"

汉武帝一动也不敢动，站在原地，听少翁在薄纱幕里捣鼓。半晌，少翁终于出来，对汉武帝说："陛下，做好准备吧，李夫人很快就出来了。"

忽听薄纱幕后有什么奇怪的声音响起，汉武帝眼睁睁地看着李夫人的影子投射到白纱之上。只见她低垂着头，似乎在沉思什么，飘然而过，然后就消失了。

汉武帝急了："夫人回来，朕要与你重续前缘！"他正要冲上去，这时候少翁冷冰冰道："臣告诉过陛下的，站在原地别动。"

汉武帝绝望地停在原地，呆呆地望着空无一物的薄纱幕："她……她怎么不到朕的身边来？为什么？”

少翁叹息道：“臣实话说吧，陛下和李夫人的缘分已经尽了。若非感激陛下的诚心，夫人是决不肯现身的。如今陛下已经见到了她，应该满足了。”

心愿已了，汉武帝下旨封少翁为文成将军，赏赐财物无数。

有关方士为汉武帝召唤李夫人之魂事件，一字一句地记在史籍中。

武帝如何识破骗局

此后，少翁就成了汉武帝宫中的贵客。他劝说汉武帝建甘泉宫，召唤天界诸神。召唤了一年，也没见一个神仙下来。

有一天，少翁与汉武帝同车出游，行至路上，他忽然道：“陛下，让车子停一下，您看那边有头牛。”

汉武帝：“牛？牛怎么了？”

少翁道：“上天给陛下寄来封天书，此牛就是信使。”

“信使？”汉武帝眼睛瞪得溜圆，“可是牛蹄子里并没有天书，这是怎么回事？”

少翁：“陛下，天书在牛的肚子里。”

“肚子里？来人，替朕宰了这头牛，掏出天书。”

随从上前，不由分说将牛杀掉，剖开牛腹，居然真的从牛肚子里掏出一封写了朱砂文字的丹书来。

汉武帝把丹书拿过来，仔细一瞧，乐了：“少翁啊，这丹书文字的笔迹，怎么和你的一模一样啊？”

少翁失笑道：“回陛下，笔迹一样，太正常了。因为这天书，是和我一道学书法的神仙写的。”

汉武帝龙颜大怒，叱道：“大胆狂徒，还敢嘴硬！来啊，将此人抓起来，施以酷刑，朕要看看他能坚持多久！”

铁制刑具，让少翁求生不得，求死不能，随之而来的，是心理崩溃。他终于尖叫起来：“陛下，饶命啊，陛下，小人只是逗个乐子，想让陛下开心而已。”

“看你痛苦惨号，朕真的很开心！”汉武帝道，“你老实说，这丹书是怎么弄进活牛肚子里的？”

少翁哭道：“回陛下，那很容易，就是要把字写在厚实的帛上，喂给牛吃，牛嚼不烂，只能囫囵咽下肚。”

原来是这么回事。汉武帝再问：“那李夫人生魂现身，又是怎么回事？”

少翁哀求道：“回陛下，其实是皮影戏而已。您饶了小人一命吧，小人再也不敢了。”

汉武帝恍然大悟：“来啊，给朕把这欺君罔上的狂徒斩了！任何人不得把今天的事情说出去。如果有人问起少翁的下落，就说他羽化成仙，回天界点卯去了。”

向匈奴输入先进文化

神仙的不确定性太大。信吧，遇到的全都是骗子。不信吧，万一错过真神仙呢？这事让汉武帝感觉心很累。

还是脚踏实地，做好皇帝的本职工作，陪着凡尘俗子们玩吧。

漠北之战，两国俱残。匈奴被斩杀的将士近十万，降者不论。汉朝这边数万军士埋骨大漠，此外还有十多万匹战马，一去不复返。可怜姑衍山下骨，都是春闺梦里马，总之是匈奴再无还手之力，汉朝亦无再战之勇。

但汉朝是占到了上风的，始终在有条不紊地蚕食北方大地。匈奴人感受到不可承受之压力，大单于伊稚斜，不得不问计于姐夫赵信。

赵信说：“眼下这情形，我方处于极端不利的态势。最多不过三年五载，汉朝就可以恢复过来，而我们要等一代人成长起来，至少需要十年。汉朝不会给我们时间，他们会凶残地掐灭我们最后的一线希望。”

“那应该怎么办？”伊稚斜绝望地问道。

“两手抓，两手都要硬。”赵信指点道，“我们要主动出击，向汉朝提出我们的和平主张。我们要求恢复汉文帝、汉景帝时代的平衡状态。具体说来就是要求和亲，让他们把美貌的皇家公主，给我们送来。这是和平的一手；战争的一手，则是我们每次出去抢掠时，都要事先大做舆论工作，指控汉朝是战争贩子，屡屡撕毁和平协议。”

伊稚斜闷闷不乐道："看来，只能这么着了。"

于是，匈奴遣使赴汉朝，要求和亲。

该不该和亲呢？汉武帝心里也没谱。老规矩，拿不定主意的事，就召开御前会议，让群臣们畅所欲言，集思广益。

有资格参加会议之人，无一不是智识过人之辈。都知道这个议题重大，不敢发言——无论你是支持还是反对，等日后一旦出现麻烦，你就要承担责任。所以呢，官要做，俸禄要拿，建议嘛，尽量不提。

只有丞相长史张敞不知轻重，想在汉武帝面前展示一下聪明，于是站出来道："陛下，我坚决反对和亲的建议。"

"为何反对呢？"汉武帝问道。

"回陛下，是这样，"张敞道，"漠北之战，我军将士飞越大漠，尽扫匈奴，封狼居胥，禅姑衍。这已经把匈奴彻底打残了。只要再来次小规模的军事演习，匈奴非死不可，所以没必要和亲。"

"既然不和亲，那该如何？"汉武帝问道。

"这简单！"张敞道，"我大汉应该抓住这个机会，向匈奴输入我天朝先进的文化，让他们跟我们一样，也趴伏于地，旦夕朝拜天子。总之，就是让匈奴成为我们的附属国。"

"甚合朕意！"汉武帝龙颜大悦，"张敞，给朕把这个计划的实操方案呈报上来。"

"方案？臣也没有方案。"张敞傻了眼，"陛下，方案不难，只须遣使一名，以三寸不烂之舌，说得匈奴诚心来降，就可以了。"

"使者？三寸不烂之舌？"汉武帝环顾诸臣，"诸位爱卿，谁有这本事？"

众臣齐齐表态："陛下，臣等举荐张敞，他既然提出此议，必然已经胸有成竹，我等愚笨，万不能及。"

汉武帝龙颜大悦："好，张敞你就走一趟，朕等候你的好消息。"

张敞一听这话，顿时目瞪口呆，只好收拾行李上路。

到了匈奴处，见到大单于伊稚斜，张敞劝说道："大单于，你已经见识到了我大汉帝国的雄风，更应该学习我天朝的先进文化，若得此良机，成为我天朝附属国，实乃匈奴子民之福也。诚请大单于以匈奴子民福祉为计，抓住这个难得的机会，融入我天朝的先进文明中来吧。"

伊稚斜乐了："你有没有搞错？我让你家皇帝给我送几个美貌温柔的公主来，他却给我送来你这么个大汉。既然你家皇帝没有诚意，那你就留在这里吧，替你家皇帝承担后果吧。"

"大单于，你们不能这样啊！"张敞呆住，就此被扣留。

张敞为自己的建议，付出了代价。

下一个，博士官狄山。

恐怖的逻辑链

博士官，不是现代意义上的学位称呼，最早设立于战国，凡是主管教育的官员，都可称为博士官。秦朝时，博士官成为正宗的技术职称，举凡研究术数、阴阳、六经、诸子者，有了成就就可以获得博士官学位。到了汉朝，博士官重新成为官职，由精通诸子六经的学者担任，在朝中大致相当于学术顾问。

张敞被匈奴扣留后，汉武帝的博士官狄山上书，主张和平，反对战争，请求汉武帝答应匈奴的和亲要求。当时汉武帝拿着那奏疏，看了很久，很是怀疑。

于是汉武帝派人通知狄山："陛下命你准备一下，让你参加殿前大辩论，你是正方选手，可不要露怯。"

狄山："什么？又要举办御前大辩论？能不能告诉我，反方辩手是谁？"

来人道："是陛下本人。"

"什么？"狄山吓呆了。

来人继续补充道："担任本次辩论裁判的，是张汤。"

张汤？那个酷吏？我死定了。博士官狄山用力揪自己的头发，你说我怎么这么缺心眼啊？我学的是六经，如果给陛下弄一套伟大的军战思想，是对六经的发展与创新，这类课题少不了经费，又绝无风险，多好！可我偏偏想不开，拿自己当根蒜，上书言政事，现在后悔了吧？

到了辩论时间，狄山出场，趴伏于地，汉武帝高居御座之上，张汤站在横侧的位置，一双眼睛仔仔细细地在狄山脖子上寻找下刀的位置。

看狄山吓得要死的模样，汉武帝乐了，问张汤道："张汤，你怎么看狄博士？"

张汤道："陛下，他就是个大傻瓜！从头发梢到脚指尖，都散发出浓烈的傻气。"

脑子呆笨之人，最恨别人说他傻。狄山已到人生大限，听张汤说他傻，立即愤怒地抗议道："陛下，臣是傻不假，但臣忠心啊，不像张汤，官拜御史大夫，实则是个奸诈小人。"

汉武帝说："好了好了，别吵了，现在辩论大赛开始，朕先来。狄山，你对朕的忠心，是真是假？"

狄山："臣对陛下一片赤诚，唯天可表！"

汉武帝："那么，朕派你去做一郡之长，你能保证不让匈奴进犯吗？"

狄山一咬牙："陛下，臣做不到。"

汉武帝："那么，朕让你管理一个县，你能不让匈奴进犯吗？"

狄山："陛下，臣没这个能力。"

汉武帝："那么，朕如果派你管理一个要塞呢？"

要塞？直到这时候，狄山才意识到这次廷辩的圈套所在。汉武帝是一步步降低条件，强迫他接受一个他绝对不适合的职位。如果要塞他再说守不住，到最后，汉武帝铁定要让他当个前线的步卒，充当弃子供匈奴人磨刀用。无奈之下，狄山只好硬着头皮说："陛下，要塞还可以，一个要塞，臣还能守住的。"

"好，"汉武帝龙颜大悦，"朕就喜欢你这种只会读书的人，马上出发去守你的要塞吧！"

书呆子狄山，就这样被打发去了边关一座要塞。还不到一个月，前方消息传来："报，日前匈奴一支土匪武装，悍然入境犯我城池，沿途打破要塞一座，守护要塞的博士官狄山被匈奴人砍下首级拎走了。"

这个消息，吓傻了朝中百官。

每个人都清楚，狄山之死，最终的指向，是一个残暴的酷吏时代的到来。

新一代的酷吏

汉武帝用狄山的血告诉每个人：和平只是幻想，和亲之路行不通！敌人每天都在磨刀霍霍，幻想通过和亲解决问题的人，只是对冷酷现实的逃避。

既然和亲之路行不通，就意味着新的战争。

战争需要花不计其数的钱！可是战争打到这种程度，国困民穷，谁还有法子能弄来钱？

只有那些最残暴、最狠毒，对人充满了刻骨仇恨的酷吏有这个能力。他们会把百姓的骨头榨出油来。而酷吏张汤介入狄山事件，传递的就是这样一个讯息。

这同时也传递了一个清晰的信号，要想在这个残酷时代博出位，比的是谁更残暴，谁更能突破底线。

酷吏张汤办案时不择手段，凶残异常，无人可比。但到义纵出世，张汤也就不算什么了。

义纵这个人，有多狠辣呢？

当时函谷关有个都尉，叫宁成，凶悍暴戾，是汉武帝时代的第一个酷吏。

宁成，南阳人氏。他实际上是景帝时代的过气之人，性格暴戾，任性使气。他做下级，一定会欺负上级，不把上级搞到身败名裂，决不罢手；他做上级，就一定会苛待下级，不把下级弄到家破人亡，绝不算完。因其手段残暴狠辣，皇亲贵戚无不惧怕他。为了除掉他，皇族宗室结成统一战线，搜集宁成的犯罪证据，并举报了他。

景帝将宁成交付官吏处置，判宁成髡钳。但在当时，有罪官员的判决，或是死刑或是赦免，从无其他刑罚。对宁成的判决打破了惯例，这让宁成大为悲愤，认为自己沦为权力斗争的牺牲品。

于是，宁成破枷而出，逃至函谷关，说："不能做大官、发大财，就算不上大丈夫。"于是创办小额贷款公司，主营高利贷业务。不久暴富，出行时必带几十名骑士随从。

汉武帝起用酷吏宁成，以其为都尉，当地百姓官吏对宁成无不闻风丧胆。当地流传着一句话："宁可出门遇到小老虎，也不要惹宁成发怒。"总之，宁成之名，在相当长一段时间里，就是恐怖的代名词。

但宁成最多不过是个酷吏。而新一代的义纵，不只是酷吏，还是个酷吏终结者。宁成哪怕只是听说了义纵的名字，都会害怕得瑟瑟发抖。

义纵做了南阳太守后，巡视函谷关。当他到来时，比猛虎还可怕的宁成瞬间变成了只小猫，战战兢兢地趴在路边迎接。义纵不为所动，先把宁成家人抓出来杀掉一批，让宁氏家族支离破碎，一下子震慑住了百姓官吏。

然后，义纵调任定襄太守。他到任后，几天没什么动静。突然有一天，他率了手下人奔袭定襄监狱。

当时监狱中在押囚犯有两百人，前来探监的家属也有两百多人。义纵下令，把这四百人统统拿下，全部杀掉，至于罪名嘛，慢慢想。四百人杀完，他才想出来个罪名，称这些被杀死的人犯有擅自脱下刑具的大罪。

修史者评述说：张汤固然残暴，但好歹还有个法律条文可以援引，而义纵却是个嗜血无度的杀人狂魔。他对人类充满了无法解释的刻骨仇恨，一天不杀人，仿佛人生了无生趣，全身都不自在。

控告义纵滥杀的上诉书，呈递到了汉武帝面前。汉武帝大喜，立即传旨，升义纵为两千石的官职——这个官职，和一生征战沙场的飞将军李广相同。

但显然，汉武帝并不满足于一个义纵，他始终期待着下一个打破义纵纪录的人出现。

这个人果然来了——暴吏王温舒。

嗜杀者侯

王温舒，汉朝十大酷吏之一，著名神探，破案如神，令盗贼闻风丧胆。

他原本是一个小小的都尉，但深知罪犯心理。于是捕捉了当地几名黑社会老大，先行搜集了这些老大的犯罪证据，威胁他们回去当眼线，如若不然，立即公示罪名并诛杀。

几名黑老大成为王温舒的眼线，当地的犯罪势力很快一扫而空，犯罪率大幅下降，这让王温舒极为亢奋。于是，王温舒转而对充任眼线的黑老大们下手，手段毒辣，动辄灭族。于是当地成为汉朝的犯罪禁区，人们只要犯了一点小罪，无不远走高飞，连从王温舒的地盘上路过都不敢。

缉盗有功，王温舒升任河内太守。

王温舒九月到任，未入官衙，他就匆匆下令："马上给我准备五十匹好马，要快，慢一点就杀头！"

马匹准备得当，王温舒风尘仆仆，立刻率人疾扑当地最大的豪强之家，先行抓捕，再搜寻犯罪证据，罪名大一点全家杀光光，罪名小一点也要杀掉当事人。

极短时间内，当地一千多户人家被他彻底灭门。

河内郡中，血漂十里。

王温舒这人没什么爱好，也没什么人生乐趣，他一心扑在工作上，茶不思饭不想，没完没了地加班工作——他的工作，就是无休无止地在刑房中杀人。

有一天，他正在监督行刑，忽然接到朝廷通知，说是时逢春季，要求各地体会春天的生机，一律停止用刑。当时王温舒就哭了，边哭边跺脚说："陛下啊陛下，你怎么如此仁义呢？再给我点时间，最多半个月，我就把这些人杀完了，可现在，工作只做到一半，我心里难受啊。"

汉武帝得知这个消息，感动不已，御笔一挥，升王温舒为二千石的官职。

得到了义纵和王温舒，汉武帝伸了个长长的懒腰："好了，人力资源已经到位，是时候了。"

从现在开始，西汉王朝将推行更积极的货币政策，以挽救帝国那已经破产的经济形势。

杀！

丞相之死

新的货币政策开始推行，死亡名单上第一个被勾掉的，是丞相李蔡。

李蔡，何许人也？他是飞将军李广的堂弟，和李广一样体格强壮，武艺绝伦。汉文帝时代，李广、李蔡兄弟同时被选为汉文帝的贴身侍卫。到了汉武帝时代，飞将军李广名震天下，李蔡的名气虽然不大，但也战功赫赫。他参与的最经典的战役，是追随卫青出大漠，击匈奴右贤王王庭，因此封侯。

那次战役中，右贤王只带了心爱的美姬脱逃，卫青获得大将军印授。李蔡忍受不了战场上的惨无人道，就弃武从文，留在朝中改任文职。

后来，汉武帝以丞相公孙弘对付藩王，导致公孙弘心理压力陡增，最终暴毙。

于是汉武帝挑来拣去，看谁都不顺眼，只有李蔡好歹还有点战功，就让李蔡接替公孙弘出任丞相。

李蔡在任期间，工作成就无非是清理干部队伍，推行积极的货币政策。但当帝国财政吃紧，需要更积极的货币政策时，李蔡就落伍了。

汉武帝说："我们有些干部，跟不上形势的飞速发展，这样下去怎么行！你不肯换脑筋，那我们就换干部。"

时隔不久，有人举报丞相李蔡侵占汉景帝的陵园空地，用于埋葬自己的家人——李蔡有什么理由、什么胆量敢占据汉景帝的陵园？谁又有资格被埋在这里？

景帝陵园，百姓禁足。想象李蔡把一个无关紧要的家人埋在这里，未免太过于离奇——很显然，这是飞将军李广受到卫青挤对，最终仗剑自杀带来的结果。李氏家族遭到近乎毁灭性的打击，而汉武帝却拒绝替李家主持公道。身为丞相的李蔡，在家人面前必然承受着巨大的心理压力。

或许是李蔡本人出于对汉武帝过分偏袒的愤怒，又或许是他的家人出于对李蔡无力庇护家族的愤怒，索性将李广的遗体抬入汉景帝的陵园之中，向先帝诉说自家的委屈。李氏家族先后侍奉了汉文帝、汉景帝与汉武帝三朝，不应该遭受如此不公正的对待。

事件发生之初，汉武帝因为过于理亏，虽然内心懊恼，却也不好吭声。毕竟，人的脸皮再厚也是有限的。但过了段时间，汉武帝想起这茬儿，开始问罪了。

汉武帝下令，将李蔡移交司法问罪。

李蔡入狱后不久，朝廷发布消息："罪臣李蔡，逃避朝廷追究，于狱中畏罪自杀。其人虽死，遗臭万年，为忠臣义士所不齿。"

消息传出，满朝震惊。所有人的目光，转向李氏家族在朝中的最后一个人：李敢！

李敢，战场上无人能敌的新一代铁血军人。他的名将父亲李广死了，而今他的堂叔父李蔡又死于酷吏之手。这一切，对李氏族人来说，都意味着毁灭性的打击。

李敢，他会作何选择？毕竟，他是李氏族人唯一的依仗了。

凶手霍去病

汉武帝元狩六年（公元前117年），继丞相李蔡死后，郎中令李敢家人向朝廷申诉：

“我们李家冤枉啊，老将军李广，阵前失机自杀，少将军李敢，因为赌气打了大将军卫青，遭到卫青甥舅二人的报复，于日前被霍大司马用冷箭射杀，小民诚惶诚恐，唯请陛下主持公道。”

汉武帝接到申诉，面寒如铁。

他亲审此案，称：“关内侯、郎中令李敢，武艺绝伦，忠心报国。他在河西战场及漠北战场都有非凡的表现，是我大汉引以为豪的不世名将。但在日前，李敢随朕游览御苑之时，不幸被一头发情的公鹿挑死，实乃我大汉莫大的损失。朕之心，与天下人同感其哀。”

李广的儿子李敢，在春天被霍去病射杀。汉武帝替霍去病隐瞒，强行压制李氏族人，不许申冤。

到了秋天，传来霍去病去世的消息。

名将陨落之谜

一年之内，帝国两名大将接连陨落，而且他们都是那么年轻，这成了大汉帝国不可承受之痛。

相比于李敢之死，一代名将霍去病的身亡，更让人感伤。至今，他的死亡仍是一个不解之谜，他究竟是怎么死的？是自然暴毙，还是死于谋杀，无从解释。

至少有四种可能。

第一种可能：死于匈奴人悍然发动的生化战争。

这种解释，也是当时人的说法。据传，当汉军大举入境，欲灭绝匈奴之时，匈奴人走投无路，就以染上瘟疫的战马和牲畜投入水源之中。当霍去病穿行大漠，封狼居胥时，取山水饮用，因此染上瘟疫，最终身亡。

第二种可能：死于李广家人复仇。

飞将军李广纵横沙场一生，却冤死于卫青的设计，他的儿子李敢又被霍去病公然射杀。虽然汉武帝压下此事，不许张扬，但李家人绝对咽不下这口气。如果李氏家族之人有人暗中下毒，毒杀霍去病报仇，也是情理之中的事情。

第三种可能：死于投降的匈奴复国分子之手。

早在汉高祖刘邦之时，汉匈经常发生冲突，不断有匈奴降人投奔汉朝。到了汉武帝时代，汉朝终于在国力上占据绝对上风，被迫降汉的匈奴人越来越多——但期望每个投降而来的匈奴人都对汉朝死心塌地，未免太乐观了。

在匈奴降人之中，涌动着一股巨大的暗流，一些极端主义者不择手段，以各种手段对汉朝予以重创。这些人已经接近汉武帝，并着手对汉武帝进行控制。此外，杀害汉朝的名将，无疑有利于扭转匈奴急转直下的颓势。

霍去病因多次征战匈奴有功，受到汉武帝的格外赏识，成了与匈奴复国者的阻碍。设想这些人不对霍去病采取报复行动，是毫无理由的。

第四种可能：死于潜在的最大受益人——舅舅卫青之手！

如果，霍去病真的是死于毒杀，嫌疑最大者，无疑是获利最大的人。

无论谁获益最大，都不如卫青——卫青之所以不能洗脱嫌疑，仅仅是因为漠北之战是卫青人生最后的辉煌。此后，他已经在事实上遭到了汉武帝的废黜。当然，形式上的赏赐还是有的，但他的政治生涯已经完结。

他一定是做了什么事，因而失去了汉武帝的信任。

卫青是个小心翼翼的人，行事从未被人抓到把柄。但漠北之战，疑窦重重，匈奴单于明明就在霍去病的正前方，却因为情报的差错，他和霍去病移宫换位，导致了汉武帝的计划落空。霍去病只是因为击败左贤王就封狼居胥禅姑衍，这严重降低了霍去病的个人威信，导致霍去病在战争史上的争议不断。可以确信，汉武帝对这个结果极不满意。

漠北之战而后，卫青遭到废黜，霍去病成为朝中新贵。在卫青的怂恿之下，霍去病暗杀了李敢，虽然汉武帝极力遮掩，但可以确信汉武帝对此不会高兴。

如果说，卫青在朝中也有仇家的话，那么他的仇家就是外甥霍去病。是霍去病夺走了他的一切，声望、功业、富贵。如果说霍去病之死能够为他带来新的可能，这也是事实。

但，历史在这里沉寂，除了疑问，后世什么也无法看到。

李氏家族连根被铲除，少年英雄霍去病突然暴毙，标志着汉朝的政治斗争已经趋于白热化。而汉武帝就在这晦涩阴暗的历史中大展手脚，尽扫障碍，更积极地推行他全新的货币政策。

也就是说，帝国死亡名单，正变得越来越长。

出人意料的是，死亡名单上勾掉的第二个人，竟是汉武帝极为信赖的杀人狂——义纵。

第十章
黑暗前夜

偷鸡不成蚀把米

李蔡死后，丞相之位空缺，一时朝中瞩目。

此时，朝中威望最高的，就是御史大夫张汤了。

这时候汉武帝传张汤觐见，问：“张汤啊，你说现在官员中，谁最合适出任丞相？”

张汤心说：陛下，您看不到最优秀的丞相人选，就在您面前吗？

可是做人要低调这道理张汤还是懂的，所以他说：“陛下，丞相人选，兹事体大，请陛下容臣想一想，稍后答复陛下。”

张汤出来，匆匆找到太子少傅，把他悄悄拉到一边。

太子少傅的名字叫庄青翟，祖上也是跟随汉高祖刘邦打天下的，但他的祖上没名气没地位，而庄青翟自己凭借读书才能勉强立足于朝堂之上。

张汤对庄青翟说：“庄青翟，我待你如何？”

庄青翟道：“没说的，张大人对我够意思。”

张汤：“那如果我有事需要你，你的态度如何？”

庄青翟：“水里来火里去，没二话！”

张汤道：“那好，现在我有件事，需要你帮忙。刚才呢，陛下找我询问丞相的人选，征求我的意见。我准备推荐你。”

庄青翟大喜：“谢过御史大夫，你是我们一家人的恩公，你对我简直是恩同再造，我庄家定当结草衔环，代代相报。”

张汤大为惊诧："等等，此话何意？你真以为你自己干得了这个丞相？"

庄青翟比张汤更诧异："怎么就干不了？"

张汤："人贵有自知之明。"

庄青翟："张大人，你到底是何意？"

张汤叹了口气："听我跟你说，你的脑子呢，不够用！别说做丞相了，就是做个小小的太子少傅，离了我罩着你，你早被人家扫地出门了。简单说吧，你根本就不是做丞相的料，所以，我就偏在陛下面前推荐你，陛下的态度不用说了，肯定不信任你。你最好的选择，是表示自己能力不够，还需要跟在上司身后认真学习，坚决请辞。然后，你再力推我来做丞相，我资格老，现在是朝中最有威望的。这个丞相不由我来做，谁还有资格？"

庄青翟失望地看着张汤，口中含糊不清地沉吟了一声。

张汤继续说道："这样一来，你因为高风亮节，有自知之明，会赢得陛下对你最大的赏识，对你日后的地位极有帮助。说不定哪一天，你也会像我一样，坐到丞相的位置上来。"

庄青翟反应过来，道："我听明白了，就是你推荐我，我不干，再推荐你，是不是？"

张汤："正是此意。"

庄青翟："好吧，我听你的就是了。"

于是，张汤兴冲冲地带着庄青翟回来："陛下，臣想了又想，终于想到了个最适合做丞相之人。"

汉武帝问道："是谁？"

张汤回答："太子少傅庄青翟！"

说出"太子少傅"四个字时，张汤提高了声音，提醒汉武帝，庄青翟只是个死读书的呆瓜，是朝中最不适合丞相的人选。

可没想到，汉武帝只是轻轻地"唔"了一声，然后转向庄青翟："庄青翟，你有没有信心，干好丞相？"

只听庄青翟朗声答道："庄青翟谢过陛下知遇之恩，臣一定竭忠尽智，为陛下分忧。"

汉武帝心不在焉道："这就好，这样最好……"

庄青翟竟然没有推辞丞相的任命，而是借坡下驴，一口答应了下来。跪在一边的张汤顿时傻了眼。如果不是在皇帝面前，他肯定会破口大骂：“庄青翟，做人可以这样不要脸吗？”

气愤之下，杀机顿起。张汤目露凶光，心说：姓庄的，老子如果不弄死你，就不是人养的！

因为太过愤怒，张汤没有注意到汉武帝已经栽倒，几名宫监急忙冲上来：“陛下，您怎么了？陛下，陛下您醒醒！快叫太医来，快快快，陛下他病倒了。”

神仙都是段子手

汉武帝患病，卧床不起，时而发热，时而发冷，清醒时就会陷入恐怖的噩梦。

在梦中，汉武帝梦到许多穿着奇怪衣服的人，这些人有父亲景帝，有祖父文帝，甚至还有老祖宗刘邦。他们操着陌生的语言，穿着奇怪的衣服，手持器具，无休止地追杀汉武帝。眼看就要被他们抓到活活打死，幸亏汉武帝一个激灵：对，这是梦，我只要醒来就没事了。

睁开眼睛，追杀他的怪人们消失了。汉武帝心中仍惶惶不已，把梦告诉身边人之后，又昏昏入睡。睡着后，又进入了那个恐怖的梦。只见那伙怪人指着他哈哈大笑：“你还敢回来啊，给我往死里打！”

这下子，汉武帝连入睡都不敢了。

汉武帝遇魔，满朝上下震惶。

事情严重了，各地巫师奉召快马加鞭，纷纷入长安替汉武帝诊断。摸过汉武帝的脉象后，巫师们会诊，达成了一致的意见：陛下的病不对劲，我们是束手无策的。但有个巫师肯定能治，这个巫师，原来是个智商平平的凡人，可是有一天他患重病，被不知什么神灵附体，从此成为无所不能的巫者。只不过，此人无名无姓，也居无定所，要想找到他，得凭运气。

整个国家都在抓紧时间找这位巫者，很快就把这个无名的巫者找到了。巫者立即奔赴甘泉宫，开始祭祀与祈祷。

汉武帝派使者去见巫者，问：“陛下的病情，究竟是怎么回事？到底是哪条道上的邪魔，竟然纠缠陛下？”

巫者答道："不要问这个问题，只等陛下病情好了，来此见我便是。"

果然，汉武帝的病很快好了。他来到甘泉宫，与巫者见面。但令人惊奇的是，巫者无形无体，只有一个飘忽不定的声音。

此后一段时间，汉武帝沉迷于与这个声音的交流之中。这个声音来去无踪，但经过时必有风声飒飒。每天，这个声音都会说些营养价值不高的心灵鸡汤。

但汉武帝被这些无厘头的心灵鸡汤迷住了。他每天拿着笔，认真记录声音传递来的这些废话，记录了好久。

有一天，汉武帝又像往常一样离开皇宫，前往甘泉宫去记录心灵鸡汤。这时候他的身体已经康复，终于有精神坐于车上，不怒而威地环视四周了。

这一环视，汉武帝差点儿没气死。

只见从皇宫往甘泉宫的路上，草木不整，道路失修，枯枝败叶满地，触目无限凄凉。

当时汉武帝就火了，问道："这条道路，是由谁负责监督的？"

身边的亲信小心回答："陛下，是义纵负责。"

原来是杀人狂魔义纵。汉武帝陷入沉思："神灵的话，还是有价值的。你们猜，朕这时候想到谁了？"

近侍媚笑道："陛下天纵英武，我们这等愚昧之辈猜不到。"

"朕想到的是卜式，道德模范。"汉武帝说，"还是要弘扬正能量啊！"

走上万家生佛之路

汉武帝元狩六年（公元前117年），汉武帝40岁。

这一年，汉武帝发布诏令：向卜式学习。

卜式，汉帝国曾推出的道德模范，多次上书表态愿意捐献全部家产用于攻打匈奴，同时表示要带领全部家人上战场。汉武帝因此树立他为楷模，重奖厚赏，并号召民众踊跃效法。

汉武帝派出了一个采风小组奔赴卜式家乡进行深入调查。调查表明，卜式对陛下的赤胆忠心，已经在卜家持续了几代。有无数先进事迹，在当地广为流传。新的巡回报告讲演队伍组织起来，奔赴各地。演讲者登上高台，充满激情地宣传卜式的无私奉献精神，并大声疾呼："向卜式学习，捐献出你全部的家产。财产捐光，幸福安康！家留一文，羞耻丢人！我捐家财我快乐，卜式精神伴随我。"宣传标语口号扎实到位。

就这么搞了段时间，汉武帝问管理账目的桑弘羊："怎样了？收上来的钱够打一场大仗的了吧？"

桑弘羊苦着脸："陛下，根本就没钱收上来，别说打场大仗，就连一个小冲锋都不够。"

汉武帝沉下脸道："无耻！自私！倘不能够抓住这难得的机会迅速解决问题，等匈奴恢复过来，这些短视的刁民都活不了！"

桑弘羊点头："陛下圣明，好不容易击败匈奴，只要再有一次规模性战役，就能够毕其功于一役了。可是，能够体会陛下怜惜天下子民苦心之人，少之又少啊。"

"少也没关系，"汉武帝笑道，"朕派杨可跟他们讲清楚这个道理。"

杨可，是负责监督百姓申报财产，谁若被人举报就由他来清查的小号酷吏，名气不大，但作恶极多。他接受汉武帝布置下来的任务后，立即发布告示：几年前，圣明天子怜悯苍生子民之艰辛，颁旨允许百姓主动申报家产，除保留必要的衣食之外，余者征税于朝廷，唯其如此，才能够让天下万民都过上幸福安康的快乐生活。但时至今日，刁民贼心不死，躲在阴暗的角落里煽阴风点鬼火，夜晚于院中挖坑藏匿金银财宝。这无耻的行径激起了帝国臣民的无限愤怒。鉴于越来越多的正义人士主动站出来，检举揭发刁猾之民瞒报家财的罪行，圣天子为嘉奖正义人士，弘扬人间正气，重申凡举报者可获得被举报的刁民之家的一半财产，被举报的刁民一律流放边关。

新的政令再出，民间顿时沸沸扬扬，那些觊觎邻家财产或女人者纷纷捕风捉影，向当地官府举报。一时间此类案子数量激增，各地官员数量不足，忙得焦头烂额，只好请求朝廷支持。

汉武帝对此早有所料，巡视小组早已准备就绪，这时候纷纷出发，去各地抓捕百姓。

就这样过了段时间，汉武帝把桑弘羊召来问道："怎么样了？这次钱应该够了吧？"

桑弘羊："还不够，差得太远。"

汉武帝大惊："怎么会？朕已经派出官吏去没收刁民财产，那些钱哪儿去了？"

桑弘羊为难道："臣也不清楚，恐怕这事得问杨可。"

杨可一来，就"扑通"一声趴在汉武帝脚下："陛下，陛下，这事不怪臣，臣已经尽力了。"

汉武帝冷冰冰地问道："我来问你，你派出去的人在哪里？"

杨可："实告陛下，他们都被关在了监狱里。"

汉武帝蒙了："什么？他们怎么会在监狱里？"

杨可哭道："陛下，是酷吏义纵把他们抓起来的。这事也出乎臣之意料。"

汉武帝纳闷道："义纵他好端端的抓你的人干什么？"

杨可回道："陛下，义纵说我派出的专案组捕捉百姓过甚，严重扰民，违反律法，所以把他们全抓了。"

"岂有此理！"汉武帝失神坐下，困惑不解，"这个义纵，他当初做定襄太守时，一日之间杀掉囚犯和探监家属四百多人，这是多大的手笔？可现在的他，思想怎么会发生如此大的变化，走到万家生佛的路上去了？"

再考虑汉武帝病时，义纵拒绝修治皇宫到甘泉宫的道路。这两个资料整合在一起，就只能得出唯一的结论：

义纵，之所以在定襄血腥屠杀，并非他本意如此，而是他善于揣摩上意，知道汉武帝正在寻找视人命为草芥的杀人狂徒，以为鹰犬之用。而当他升官后，恰好汉武帝病重。他显然是估摸着汉武帝命不久矣，所以改变了自己的行为方式，用这种办法改善名声，收买人心，给自己留条后路。

是不是这样呢？不清楚。

汉武帝也没心思弄清楚："传旨，义纵公然抗旨，处死。"

死亡名单上的下一个人，大司农颜异。

酷吏刑案实录

颜异，官拜大司农。他在朝中没有任何人脉，但谁也比不了他的背景深厚。

他是孔子门下最优秀的弟子颜回的第十代孙子。年轻时，他做过一个小小的亭长，因为正直廉洁获得机会进入朝廷，并最终成为九卿之一。

汉武帝推行全新积极货币政策，先是五铢钱改三铢，三铢改两铢半，然后两铢半改三铢，三铢再改五铢。这样改过去再改回来的真实目的，就是让百姓手里的铜钱彻底丧失价值。

这招果然狠辣，许多百姓辛辛苦苦积攒点儿家财，币制一改，旧铜钱作废，老百姓的积累顿化乌有，顿时就傻眼了。

于是民间应时出现了铸钱培训班。几乎所有的百姓都以饱满的热情、以各种方式参加了学习，虽然没有毕业文凭可拿，但都学会了铸钱之法。这样一来，五铢钱作废，百姓们立即积极地生产三铢钱，三铢钱作废，大家立即转产两铢半钱。就这样，你有政策，我有对策，百姓总算在这风云变幻的大时代获得一线存活机会。

但是，告发及株连政策非常严厉。因为举报的成本低廉，只需要一纸书信，就能够获得别人的一半财产。于是民间形成了举报狂潮，地方官每天加班加点，连吃饭时间都不离开刑场，不停地斩杀被举报的人。

从五铢钱政策推行以来，短短几年时间内，民间百姓因为被别人举报而被斩首的人数，已经超过十万人。这个数目，远高于漠北战场上死亡的将士数目。

这就是说，当时的汉帝国，死亡率最高的地方，不是战场，而是百姓家中。

但，只打击天下百姓，远不能满足更大规模战争的货币需求。

于是，汉武帝推出了他举世无双的新型币种——专门卖给藩王和列侯们的皮币。

皮币最大的优势，是无法伪造，因为用来制造这种货币的原料是白鹿，只有汉武帝的御苑中才有。

汉武帝让张汤负责制造皮币。张汤只懂法律，不懂货币学，就来询问大司农颜异。

颜异诧异地问道："为什么要制造这种怪东西呢？"

张汤回答："这是钱啊，你莫非跟钱有仇？"

颜异解释说："当年我十世祖宗颜回在孔圣人身边学习时，圣人曾经耳提面命，教导说，'足食，足兵，民信之矣。'孔圣人还说过，'自古皆有死，民无信不立。'夫治理国家，以信用为先，谁听说过弄张白鹿皮，定个吓死人的高价，就能够让国家强大的呢？"

张汤问："你的意思，莫非是说这皮币属于溢价发行？"

"当然是溢价！"颜异说，"一张鹿皮，再贵还能贵到哪里去？藩王们进献的最高质量的美玉，也不过价值几千钱，可这么一块鹿皮就敢开价四十万钱。你自己说，这是不是太缺德了？"

张汤："我明白你的意思了，等我去问问陛下。"

张汤回来，把颜异的话告诉了汉武帝。

汉武帝龙颜大怒："朕就知道，每当帝国的经济发展，蒸蒸日上之时，总会有别有用心的人跳出来兴风作浪。颜异此人，对朕和朝廷早就心怀不满，但他平日里隐藏得极深，朕也是心太软，每次都想再给他个机会，可谁知道，朕的姑息，最终让颜异走到了与朕、与朝廷、与天下人为敌的道路上去。"

张汤："陛下，臣明白了。"

于是，张汤遣人告发颜异，再亲审颜异之案。

颜异披枷戴锁，立于堂下，大声说："张汤，你这个奸诈小人，想诬陷我吗？没那么容易！尽管把你的刑具拿过来，看看圣人族裔的骨头有多硬。我怕你才怪！"

张汤摇头道："颜异，你把我看成什么人了？说什么刑具骨头的，这是对我张汤最无耻的诋毁。告诉你，我张汤断案，向来是以事实为依据，以律法为准绳。我既然审理此案，就一定要做到公开、公正、公平，也一定要让你心服口服。"

"那好！"颜异问，"张汤，你说来听听，我犯了何罪？"

张汤打开厚厚的案卷："颜异啊，这事要等我说出来那就没意思了。"

颜异："我还真好奇，想听听你手里有我的什么犯罪证据。"

张汤撇了撇嘴："我看你是不见棺材不落泪，不到黄河不死心！几日前，你在家里与来访的客人闲聊，那客人讥讽陛下的政令残酷暴戾，待百姓苛刻至极，此事有还是没有？"

颜异："当时在场的，只有我们两个人，他说的话，入我之耳，根本没第三个人听到。我明白了，原来那客人是你派去的线人，专门诱我进圈套。"

张汤大喝："你认真点，此事有还是没有？"

颜异："没错，是有此事！"

张汤："你承认就好，下一个问题。当客人诋毁天子策令时，你有何反应？”

颜异：“我没什么反应。”

张汤：“嗯？实话瞎说，这可不像你。”

颜异：“你把客人叫来，我敢当面跟他对质。我当时什么话也没说。”

张汤突然一拍案几：“但是，当时你的嘴角，向下撇了一下。”

颜异：“我的嘴角向下撇了一下？”

张汤：“正是。”

颜异：“就算有这么回事，又能证明什么？”

张汤：“证明你对陛下心怀不满，腹诽陛下的政令。”

颜异：“开玩笑，你说我腹诽我就是腹诽？敢情你是我肚子里的蛔虫，我想什么你都知道？”

张汤：“如此说来，你承认了？”

颜异：“承认什么？张汤，你这是审案吗？你这纯粹是诬陷！我大汉律令，根本就没有腹诽这一条。”

张汤：“不好意思，腹诽之罪，是我昨夜请示了陛下，今天早上刚刚添加上的。”

颜异：“张汤你捏造律条，陷害忠良！”

张汤“啪”地一拍惊堂木：“现在宣判：大司农颜异，身为九卿，看到诏令有不当之处，不进宫向天子奏明，而在心中诽谤，腹诽之罪，论罪处死。”

颜异被处死，腹诽罪从此成为口袋罪。朝官个个惊心，列侯人人胆战，不管是入宫还是出门，一定要在脸上挤出阳光灿烂的笑容，生怕因为脸色难看，就被控以腹诽。

死亡名单越来越长，名单上的下一个人，却让所有人大吃一惊。

皇家出了个强盗王

汉武帝元鼎元年（公元前116年），汉武帝刘彻41岁。

这一年，济东王刘彭离，成为当仁不让的主角——实际上，这一年无论是汉朝还是匈奴，都没有大事发生，唯一引发朝野关注的，就是刘彭离的倒行逆施。

说起这济东王刘彭离，算是汉武帝的仇家。因为刘彭离的生父是早年间与汉武帝争夺过帝位的梁王刘武。梁王刘武，是汉景帝的同母弟弟。汉武帝刘彻年纪还小时，刘武一度成为皇储的热门夺标人选。但最终，梁王错失帝位，于五足异兽出世的奇怪年景，暴病身亡。

梁王死后，他的儿子刘彭离被封为济东王。

虽然刘彭离当了王爷，衣朱紫，食金玉，身边美貌的婢女与姬妾环绕，但他却痛苦不堪，坐卧不宁。他说："我不快乐！这不是我想要的生活。"然而，他想要的生活，是什么样子呢？

刘彭离自己也说不上来，但他说："我的地盘我做主，我的生命我安排。"

于是，他收拾起一个小包裹，离开了富丽堂皇的王府外出游玩。正迷茫之际，刘彭离突然看到前方有个身材走样的村姑，手里拎着个小包裹，正独自走在路上。

看到前面的村姑，刘彭离突然感受到了一种生命的战栗。有一种熟悉而又陌生的感觉如潮水般突然涌至，将他全部的身心裹挟于其中。这种感觉是什么呢？答案呼之欲出却又遥不可及。这分明就是他正在寻找的生命意义，分明就是他苦求不得的生活。

他终于找到了。

当他清醒过来时，发现自己全身颤抖地躲藏在路边的树木之后，远方传来那村姑模糊的呼喊声："快来人啊，有人抢了我的包裹，快来人抓贼啊！"

刘彭离摇头道："真是没出息的毛贼，连个丑村姑的包裹都不肯放过。倘若让本王抓住那毛贼，一定要……"然后刘彭离低头，不无惊讶地发现，他的手中，正死死地捏着村姑被抢走的那只小包裹。

原来，我上下求索的生命价值与意义，就是这个？

他的心里，既沮丧，又极度亢奋。

从此，济东地方就出现了一个奇怪的强盗，专门在人少的地方抢劫，抢女人的包裹，抢小孩子的糕饼，甚至还抢老人的拐杖。有司下大力气缉查，有几次就差点把这个贼捉到，可是眼看着那毛贼逃入济东王的府中，消失不见了。

当地缉捕也不是吃素的，敏锐地察觉出了毛贼的身份，就在济东王府附近加派了人手，打谱要活捉这个毛贼。

可是，刘彭离的基因毕竟是来自汉高祖刘邦，智商是不缺的。发现官府已经盯上他之后，他当即亮出斩仗，摇摇摆摆出门，就在当地找到几名暴脾气的亡命少年，带他们回了王府。

此后，刘彭离就把这些亡命少年，还有府中多名富于冒险精神的家奴，组成了一支杀人小分队，经常趁着夜色，悄悄溜出门去，沿途杀人劫财，然后回到王府分赃。

这伙人，在济东道上盘踞多年，视官府如无物，甚至还向当地的几伙黑社会性质的暴力分子发起挑战，并成功地将对方打出济东道。

济东王刘彭离就这样混成了杀手团的头目。被他们杀害的无辜路人，有名有姓的，就超过一百人。

被害者的家属都知道这事是济东王干的，就纷纷入京伸冤。事情闹得太严重，终于捅到了汉武帝这里。

汉武帝皱眉道："看来，还得开个御前工作会议，讨论一下这件事情。"

会议开始，群臣小心翼翼地窥视着汉武帝的脸色——以前，群臣是不需要这样的，汉武帝虽然喜怒无常，杀戮无算，但终究还讲道理。可现在不行了，因为始终筹不足发动大规模战役的经费，汉武帝怒不可遏，发火杀人的概率陡然升高。最要命的是把腹诽罪写入律条，彻底改变了朝堂上的君臣关系。此前那种鸡飞狗跳的场景，再也不见了。现在的群臣，早晨上朝，能否有命回来，已经是把握不准的事儿。

所以，群臣说话前，会先窥视汉武帝的脸色态度。但是，年过四旬的汉武帝心智已经成熟，他的脸色从来都是无喜无悲，高深莫测。群臣摸不透汉武帝的态度，只能是按以前的惯例，建议杀掉济东王。

"为什么要杀掉他呢？"汉武帝问道。

"因为……"群臣嗫嚅，"济东王生性残暴，杀人如麻，现在已经杀了一百多人了。如果不杀掉他，只恐无法服众。"

"朕，还需要服众吗？"汉武帝问道。

群臣不知如何回答，吓得齐齐趴伏在地，头也不敢抬。

汉武帝道："眼下，最重要的工作是加大力度，继续推行积极的货币政策，万不可不知轻重不辨缓急，丢了西瓜捡芝麻，有负朕对尔等的期望。"

"陛下圣明。"群臣齐声道。

"至于济东王刘彭离，还是要批评教育嘛。"汉武帝温和道，"要和风细雨，要谆谆教导，虽然他犯了点小错误，但本质还是好的。不能一棍子打死，生路总是要给他留一条的嘛。”

“将刘彭离贬至上庸！”

汉武帝起身离去，张汤慢慢爬起来，摸了摸自己的脑袋。他感觉皇帝的心思越来越难以揣摩了。

天子突然起疑心

汉武帝元鼎二年（公元前115年），汉武帝42岁。

这一年，汉宫发生重大案件，多名重臣被杀，朝中官员减少大半。

引发这起惊天大案的，是一个极小极小的人物，名叫鲁谒居。

鲁谒居是御史大夫张汤手下的工作人员，是死亡组的骨干。

张汤手下，有两套班子，两组工作人员。两套班子的职能性质毫无区别。但一个组被称为活命组，另一个组则是死亡组。顾名思义，进入活命组审理的案子，铁定是无罪释放，哪怕他当面杀人，也是无罪。而由死亡组负责审理的案子，则必死无疑。

张汤审案时，先行与汉武帝沟通，观察汉武帝的心思。如果汉武帝希望当事人不要有事，张汤就将此人送入活命组；如果汉武帝憎恶当事人，张汤就将其送入死亡组。所以张汤负责刑案多年，始终深得汉武帝欢心。

而鲁谒居，就是张汤手下死亡组的重要干部。他的主要工作，就是搜集当事人的犯罪证据，其方法是先行去当事人家里拜访，并当着当事人的面斥骂朝政，如果当事人随声附和，罪证就落实了。如果当事人不置可否，就如同大司农颜异，那也没关系，一条腹诽之罪，同样也结果了你。

除了替汉武帝清除对手，张汤自己也有仇家。比如御史中丞李文，就让张汤恨得咬牙切齿。

李文，河东郡人氏，他和张汤结有小怨，从此耿耿于怀。他每天不停地搜集张汤判案文书，一字一句地研究，想找出对张汤不利的证据，把张汤弄死。但因为张汤精通律法，李文始终抓不到把柄。

尽管未授人以柄，但李文如此虎视眈眈，迟早有一天，会被他揪到哪件事，届时就麻烦大了。

于是，张汤叫来亲信鲁谒居："谒居啊，这个李文有问题啊。他每天死盯着我，这样下去怎么行？你先把手头的工作放一放，处理一下这件事。"

鲁谒居奉命立即去拜访李文，回来之后就控告李文图谋不轨，暗行奸邪之事。审判官是张汤，顺理成章地把李文杀了。

张汤杀的人多了去了，汉武帝从未过问。但这一次，不知道为什么，汉武帝突然把张汤叫去，问道："张汤，告发李文图谋不轨的案子，是如何引起的？"

张汤微微抬头，做出认真思考的模样，回答说："回陛下，此案系李文的旧友因为怨恨他冷落自己，愤然上告，才导致此案发生。"

汉武帝看着张汤的眼睛："是这样吗？"

张汤："陛下，应该没错，要不，让臣再仔细查一查，给陛下一个报告？"

汉武帝摆了摆手，道："张汤啊，刑案如果有奸恶在内，是最难瞒住人的。因为刑案要经手一组工作人员才能落实，倘有不轨之行，总会有人说出去的。你说是不是？"

张汤："陛下圣明，只言片语，胜过臣在刑案方面多年的苦修。"

张汤满头大汗地退出来，心想：事情不妙，如果陛下从鲁谒居这边下手，我就死定了。

于是，张汤赶紧前往鲁谒居家里。

酷吏心冷却情重

张汤到了鲁谒居家，惊讶地发现，鲁谒居患了重病，快要死了。

当时张汤就落下泪来："谒居啊，你这病是活生生累出来的啊。不说别的，就上次大司农颜异那个案子，从陛下把任务下派到执行，雷厉风行。你先去颜异家里搜集证据，回来后立即写材料，写完材料分发给大家，再开会讨论如何攻破颜异的心理防线，如果不是你，谁又会注意到颜异当时嘴角往下一撇呢？没有这个破绽，颜异又是异常地顽固，反侦查能力不是一般强，案子就难以攻破了。开过案情分析会，你又主动参加了对颜异的庭审，颜异认罪后，你又负责大量的文案卷宗。就那起案子，你整整七天七夜没回家，天天工作到深夜，饿了就啃口冷馍，渴了就喝口冷水。至今我还记得你踉跄走出衙门时，因为七天七夜没有洗浴，没换衣服，全身散发着浓烈的臭味。哪怕是铁打的汉子，也扛不起这么煎磨啊。"

鲁谒居也失声哭起来："大人，我的病没什么，辛辛苦苦这么多年，能够得到大人这么一番公正评价，我鲁谒居……知足了……"

两人相拥而泣："陛下啊陛下，你知道我们在想你吗？为了国祚千秋万代，为了彻底消灭对我大汉虎视眈眈的匈奴，陛下你狠下心肠，施行严刑酷法。因为你知道，如果不这样，就无法筹足经费，就无法打出像河西、漠北那样的漂亮大胜仗，就不能御匈奴于千里之外，就不能保障我大汉子民，夜夜安卧，安享和平。现在好了，仗是打赢了，人人都感激出征的前线将士，可谁又知道我们为此付出了多么惨烈的代价？现在人人都在背后诅咒我们，骂我们是铁石心肠的酷吏，骂我们是杀人不眨眼的冷血屠夫。可这些人不想一想，但凡有一点办法可想，谁不想做个满脸堆笑的好人？谁又愿意铁下心来开罪天下人？谒居啊谒居，我们好冤啊！"

张汤慢慢把鲁谒居放平在榻上，问道："谒居啊，我看你这情形也撑不了多久了。你还有什么未了的心愿，告诉我，我一定为你办到。"

鲁谒居泪流满面："大人，我唯一的心愿，就是为了陛下与国家的安康，别无所求，只是我现在病倒，我的脚……我的脚……好疼。"

张汤扭头一看："我的天，谒居，你的脚肿成了葫芦，这是淤毒积血吧？"

鲁谒居点头："痛彻心肺！巫医说，是因为我长年在阴暗冷潮的房间里工作，伏案书写日久，疏于走动，淤毒无法排出所致。"

张汤哽噎抽泣："谒居，你这是职业病，现在我的脚也是每天浮肿痛疼，疼不可忍。"说着话，他俯身，替鲁谒居按摩浮肿的脚。

次日，张汤上朝，忽见前面一人，黑衣黑帽，不疾不徐地走着，忽然间回头，对张汤启齿一笑。张汤的心仿佛被重锤撞击，顿时轰鸣一声。

这个人，就是最让朝中大臣们害怕的刘彭祖。

此人突然来到，张汤心里顿生不祥之感。

安静的美男子

刘彭祖，是汉景帝的第七个儿子，汉武帝刘彻的异母兄长，比汉武帝大十岁。

刘彭祖相貌柔美，性情温和，说话时语速缓慢，与人对视，一双黑白分明的眼睛，透着让人心神皆醉的纯净。所有人都喜欢和他打交道，他从不驳斥任何人，哪怕是不同意你的意见，也只是温静地微笑。

他就是这样一个安静的美男子。

他先后被封广川王和赵王，因为他态度温和，许多大臣都希望去他那里做国相。可奇怪的是，派去的人在他那里都待不过两年，不是自杀，就是因被人揭发不轨之事而伏法。所以刘彭祖身边的国相，任期从未有超过两年的。

起初，张汤对刘彭祖的印象也是极好。但有一年，权臣主父偃先后灭了燕国和齐国，当时藩王胆寒，列侯束手，赵王刘彭祖却越众而出，举报主父偃收受贿赂，图谋不轨。

当时，朝中人都对刘彭祖的正直举动钦服有加，只有张汤忽然意识到在满腔的正义及柔美的外表掩饰下，刘彭祖其人实则是个狠辣的角色。

主父偃私受贿赂，那是何等私隐的秘事。这类事情，从来都是你知我知，除当事人外，别人一无所知。

但是刘彭祖居然知道！

张汤是刑案大师，立即就明白，刘彭祖在整个朝廷都布下了眼线，所以才会搜集到主父偃的罪证。直到这时候，张汤才意识到，刘彭祖身边的国相任期从来不过两年的秘密。原来，每当一任国相到了刘彭祖身边，刘彭祖就派了亲信，或是勾引国相行不轨之事，或是直接搜集国相犯罪的证据。然后，刘彭祖就以罪证相要挟，逼迫国相替他干坏事，如果国相不从，就立即举报告发。就算是答应替他干坏事，但最终，刘彭祖的要求越来越高，迟早有国相无法满足的时候。

但这些事，只有刑案经验最丰富的张汤知道，而朝中大臣对此一无所知。汉武帝是否知道，这却是一个谜。

就在张汤从鲁谒居家出来的次日，他在上朝时遇到刘彭祖。刘彭祖回头对张汤一笑，那笑容纯净澄澈，阳光一样的灿烂。任何人目睹这迷人的微笑，都会感受到心中的阴霾一扫而空。

那一天，张汤就是在这种正能量的光环笼罩之下，看着刘彭祖出列。他的声音，仍然一如既往的温静柔和：

“启奏陛下，臣有一事困惑不解。”

汉武帝问道：“赵王，何事竟会让你困惑？”

刘彭祖慢慢转身，看着张汤：“御史大夫张汤，是朝中重臣。鲁谒居，不过一介侍从。可是昨日，御史大夫张汤去了鲁谒居家，亲自替鲁谒居按摩脚。臣心想，御史大夫做出如此惊世骇俗之事，必然有个完美的理由。”

霎时间，朝中所有的目光，齐齐转向张汤。张汤目瞪口呆，呆若木鸡。

太恐怖了，张汤觉得自己遇到的事情真的太恐怖了。他在鲁谒居家里，因为说起工作上的委屈和辛苦，一时动了感情，替鲁谒居按摩浮肿的脚。当时周边，里里外外，根本就没有人，除了他和鲁谒居，没人知道这事。

可是这刘彭祖居然知道。他是怎么知道的？

张汤一生审案无数，从未曾想到过世上最离奇最难解的怪案，竟然发生在他自己身上。

这刘彭祖，究竟是人还是鬼？张汤震愕之中，只见汉武帝威严的脸转向他问道：“可有此事？”

此时张汤魂飞魄散，已然丧失了机能反应，唯有机械地点头：“陛下，有此事。”

汉武帝下旨道：“传廷尉，收鲁谒居。”

张汤失神，跌坐在地：完了，这下子可是跳进黄河里，再也洗不清了。

假装不认识却坏了事

廷尉率领士兵，冲入鲁谒居家中：“鲁谒居，出来跟我们走吧。”

屋内没有回应，只有呜呜咽咽的哭声，丝丝缕缕，飘忽不定，令人心里发毛。

廷尉忍住心里的惊惧，走进屋一看，只见鲁谒居躺于榻上，已然是具冰冷的尸体。家人正跪于榻前，失声痛哭。

廷尉回来报告，汉武帝瞥了张汤一眼：“本事不小啊，死无对证了是不是？”

张汤慌了神：“陛下，臣发誓，与鲁谒居绝无私情。臣冤枉，陛下，鲁谒居他是工作劳累，活活累死的啊。”

汉武帝叱责道：“朕让你说话了吗？”

张汤面色灰白，慢慢退下。

汉武帝下旨道：“收鲁谒居的弟弟，朕跟赵王一样好奇，想知道这是怎么回事。”

张汤的心在流血，一个声音在嘶喊着：陛下，陛下啊，您想知道，问问臣不就行了吗？臣可以告诉您，之所以替鲁谒居按摩脚，只是因为说到工作的委屈与艰难时情动而已，不由自主。可是，陛下您为何不信任臣呢？

张汤默默地回到衙司，正见鲁谒居的弟弟被小吏以重枷套在脖子上，强拖进来。

张汤心说：这事都是我引起的，无论冒多大的风险，我也一定要救他，不惜一切代价！就向鲁谒居的弟弟眨了眨眼，意思是，不要急躁，我会救你出去的。

这一眨眼，鲁谒居的弟弟认出了张汤，顿时大叫起来：“张大人啊，我是鲁谒居的弟弟，我无罪啊，大人你快给我作证，我真的无罪，让他们放了我，求大人让他们放了我吧！”

张汤又眨了眨眼，意思是，你切莫冲动。

鲁谒居的弟弟看得清楚，叫声更大了：“大人，你干吗装不认识我？我就是鲁谒居的弟弟，大人你不要只顾眨眼睛，快点替我说句话呀。”

张汤做出无动于衷的样子，冷冰冰地走过去。

看张汤不理睬他，径直走了过去，鲁谒居的弟弟气炸了肺：“张汤，你属狗的，翻脸不认人是不是？你不救我，我就把你一块儿拉下去。张汤，老子要把你谋逆造反的罪行，统统向朝廷举报。”

被鲁谒居的弟弟这么一闹，局面已经完全失控。此时的张汤，就算再长两张嘴巴，也无法辩白了。

微妙的时刻

鲁谒居的弟弟，恼恨张汤不救他，举报了张汤，说张汤与自己的哥哥罗织罪名陷害御史中丞李文，并有谋逆不轨之举。

汉武帝听了，命将此案交由与张汤素来不睦的吏员减宣办理。

减宣，与宁成、义纵、王温舒、张汤、赵禹等十人，并称西汉史上十大酷吏。他本是一名地方小吏员，有一年，大将军卫青到当地买马，发现了这个人才，就向汉武帝推荐了他，减宣因此入朝。

减宣办理的最有名的案子，就是主父偃灭亡燕齐案。简单说，主父偃之所以死得那么顺溜，就是因为碰到了他减宣。而他与张汤向来彼此憎恨，同行是冤家，谁也不服谁。如今，减宣负责此案，他打定主意，要让张汤死得难看。

但减宣发现，此案大概是他一生遭逢的最艰难的案子——张汤是西汉第一刑案高手，在罪证确凿之前，他无法像收捕其他犯案官员一样，先行收捕张汤。

减宣必须把案子做扎实了，才能名正言顺地抓捕张汤。这就意味着，此案将是场旷日持久的大案，不可能很快出结果。

于是张汤每天仍是照常上班，照常公务，并参加例行会议，与减宣商量工作安排。而且隔三岔五去汉武帝身边开会讨论国政，俨然一切如旧。

但就在这节骨眼上，又发生了一起蹊跷怪案。

汉景帝陵园中，埋有殉葬用的许多钱币。却不知哪个胆大的家伙用洛阳铲掏了汉景帝的坟墓，把那些钱全部掏走了。

此案重大，张汤立即与丞相庄青翟举行了会晤。

酷吏不是人养的

张汤与庄青翟已经好久没有像现在这样，面对面坐在一起。

自从上一次，张汤假意举荐庄青翟为丞相，原以为庄青翟不够条件，会主动推辞，可没想到却被庄青翟就坡下驴，真的出任了丞相，让张汤竹篮打水，从此两人交恶。

张汤原本想找个罪名捏死庄青翟，可没料到，风云突变，几路政敌突然杀至，让他手忙脚乱，就把庄青翟这茬儿给忘了。现在两人举行会晤，他终于想起来这事来。

于是，张汤问道：“先帝陵园被盗，事关皇家荣誉，丞相大人打算如何处理？”

“这个事嘛，”庄青翟道，“还是要先行整顿文化市场。现在许多人，目无王法，什么书都敢写，居然还有种专门讲如何盗墓的书籍大量刻印发行。你想啊，人们看了这种书，思想岂能不混乱？做出盗墓这种事来，实属情理之中。”

张汤严肃点头：“果然有丞相风仪气度，让我刮目相看啊。我张汤，还要向丞相大人认真学习。”

庄青翟心花怒放道：“张大人太客气了。”

张汤道：“那就这样吧，我们两个现在去陛下那里，向陛下做个简洁的汇报。陛下向来耳聪目明，只怕早已得知了消息，我们汇报晚了，陛下未必喜欢。”

“好，咱们一道去。”庄青翟摇摇摆摆，和张汤一道去见汉武帝。

到了汉武帝面前，庄青翟上前请罪：“陛下，先帝陵园被盗之事，臣是有责任的，臣虽然事先已经有所察知，但因为……”

汉武帝拿眼睛扫了张汤一眼，张汤急忙跪倒：“陛下，要臣说，此事还真不能怪丞相，虽然丞相早就发现有奸人刻印盗墓挖坟之类的图书，料到必有掘坟盗墓之类的事件发生，可谁又想得到盗贼竟然如此狂妄大胆？”

汉武帝的嘴唇翕动了一下：“料到会有此事发生，却不做任何防范，庄青翟，你有负朕之所望！”

当时的庄青翟震惊得眼珠差点没跳出来。

这是怎么回事？自从得罪张汤，当上这个丞相之后，庄青翟就知道张汤会对自己展开报复，所以小心翼翼，不让张汤抓住把柄。可万万没想到，就是刚才的正常会晤，自己只说了那么一句话，就让张汤给装进去了。

随便说句话，就能把你诬告成罪犯，张汤简直不是人养的！

庄青翟震恐之中，只听汉武帝发出那沉静而可怕的声音：“庄青翟，丞相的日常工作，你还要做好，配合张汤把此案查清楚，听明白了没有？”

“臣，领旨。”庄青翟躬身退下，慢慢站直，心中万分愤懑不平。

现在这个朝廷，真是越来越有意思了，朝堂上衮衮衣冠，全都是犯罪分子。张汤正在接受减宣的审查，我在接受张汤的审查，这都叫什么事啊？该死的张汤，别以为我庄青翟没背景没人脉，就由得你欺负！哼，告诉你，我也是有朋友的！既然你不仁，就别怪我不义！咱们就过过招，看看到最后鹿死谁手！

庄青翟发了狠。

绝地反击

庄青翟请了三位部属参加饭局。三人全都是任丞相府长史。

头一个长史，名叫朱买臣，楚国人。

张汤做小吏时，曾在朱买臣脚下伏跪，后来张汤的官职越来越高，两人的地位反转，朱买臣不得不跪伏在张汤脚下，张汤就经常捉弄他，因此朱买臣对张汤恨之入骨。

第二个长史，名叫王朝。他是专业技术人士，精通方士之术。他脾气暴烈，不甘屈于人下。他在朝中主要的工作，是当有神仙级别的灵界人士来时，提供参考意见。张汤极为鄙视他，经常羞辱他，所以王朝对张汤久怀杀机。

第三个长史，名叫边通。

边通是纵横学派的高手，看问题角度离奇，死局能够被他看出活路，活局经常被他说死。他曾两次出任淮南王刘安的国相，但从未卷入谋逆事件中。他和朱买臣、王朝的情形大同小异，以前都比张汤地位高，但又都失去了官职，经常受到张汤的鄙视羞辱。

这相当于一个失意者集团，一个反张汤联盟。庄青翟把他们三人叫来，说起张汤，三人顿时火冒三丈，不绝于口地大骂起来。

骂了一番之后，庄青翟不失时机地说："我说你们几个，光骂是解决不了问题的，反而会带来灾祸。我不说你们也清楚，逞口舌之快，伤不了张汤分毫。但如果这些话传入他的耳朵，恐怕下一次聚会，我们中的人数，就会少几个。"

三人顿时变色："张汤这个奸邪小人，竟然要赶尽杀绝啊。"

庄青翟："为今之计，须想个法子才好。"

三人痛苦搔头："想个什么法子呢？他是酷吏，精通律法，你无论如何也抓不到他的把柄。"

庄青翟反对这种观点："怎么可能一点把柄也没有？是人就会犯错误，难道张汤不是人吗？"

三人摇头："张汤是大奸之人，欺君之罪是明摆着的，只是陛下太宠他了。"

庄青翟："这样说不行，我琢磨过了，此事必须有确凿的证据。必须有犯案之人，有相关证词，没这两样东西，你就扳不倒张汤，三位也难逃悲剧的命运。"

可是这事，真的没辙。三人更加绝望：“我们都是文官，上哪儿找什么证人证词呢？”

庄青翟叹息一声：“我为三位的智商深感忧虑，都快要被张汤弄死了，还给我装。说什么找不到证人证词这种话，谁会相信？”

三人悻悻：“你看你，丞相大人，你说话怎么这么难听？”

庄青翟：“老子说话难听，那是因为你们吃相太难看！你们心里都恨不能把张汤扒皮剔骨，却非要假装正人君子，只想等别人动手，自己坐享其成。倘若出了事，自己又不担干系。醒醒吧三位！现在张汤正借陛下推行积极货币政策的机会，不择手段剪除异己。颜异是怎么死的，你们都看到了吧？平心而论，你们中的哪一个比得了颜异品格高洁？如果你们还稍有那么一点点脑子，就应该知道，颜异死了，下一拨就是你们几个！”

三人面面相觑：丞相大人都把话说到了这份上，我们也不要躲闪逃避了，赶紧振作起来，拿出勇气，直面人生挑战吧。

庄青翟一拍几案：“这就对了嘛，就应该这样。”

共识达成，四个人的脑袋迅速凑到一起。

土豪的冰桶挑战

长安城中，最大的富商叫田信。他经营的业务比较广，从农产品、军工品到日常用品无所不包。而且他还是个爱国主义者，积极响应朝廷号召，为打匈奴不断地捐钱捐物。据说大将军卫青和骠骑将军霍去病的战马，都是他精心喂养捐献出来的。

田信最痛恨那些自私自利的人，常说：“没有大汉，你什么也不是。作为一个商人，如果不关心国家大事，不在抗击匈奴中作出自己应有的贡献，你就不配称为一个人！”

自打大盐商东郭咸阳、军火商孔仅获得朝廷任命，成为官员后，田信表现得更为积极。他说：“我是个愚昧的人，没有读过书，但我生来贫贱，不得不学会了粮草的长途输运。如果帝国需要我在这方面的特长的话，我是不会推辞的。”

由于田信积极热诚，朝中官员对他的印象非常好，他也因而能经常在地位极高的官员家出入。

这一天，朝中负责财政的重臣桑弘羊，派人来叫田信，让他去参加会议，讨论负责推行平准均输经济政策的官员人选。这个消息，田信已经期待太久太久了。他仔细地研究过国内的技术人员，知道在这个领域里，没人能超过自己。这会不会是陛下感于他的诚心，像起用孔仅、东郭咸阳那样，也要起用他呢？

匆匆登车，田信心急火燎地催促车夫："快，快一点，别让大人们等急了。"田信的心里，充满了无限的期待。

忽听辕马嘶声长鸣，疾奔的马车突然停止，田信猝不及防，差点从车上跌下来。他气恼地骂道："活得不耐烦了吗？为什么突然停车？"

"老爷，你看前面。"车夫用下颌向前示意了一下，让田信看个清楚。

前面，一排军士肃然而立，排成整齐的队列，阻住马车去路。田信探头一看，乐了："嘿，这些士兵们的衣甲武器，全都是我捐赠的。喂，你们拦在路上干什么？将官是哪一位？我肯定认识他。"

一名校尉，衣甲鲜明，缓步上前："你可是田信？"

田信："就是我，你的模样面生啊，负责长安城治安的官员都尉，我都认识，怎么没见过你？"

校尉道："小将奉御史大夫张大人之命，有请先生商议国事。"

御史大夫张汤？田信兴奋地一拍大腿："张大人我熟啊，我们前天还在饭局上碰到来着。张大人居然有请，真是三生有幸。唉，但我刚刚接到桑弘羊大人的通知，说要参加个会。"

校尉冷声道："一码事，请大人随我来。"

一码事？田信大悟，原来张汤大人也要参加这个会。命令马车起行，由这队军士护送，向东而行。走了一段时间，道路渐渐狭窄，行人也越来越少，四周的建筑仿佛笼罩了一层灰尘，尽显压抑。田信心里纳闷：这是什么地方？怎么朝中的大人偏捡了这么个冷僻的地方开会？转身欲问，却发现那名模样陌生的校尉不在身边，正要扭头，后脑突然"轰"的一声，眼前一片黑暗，他失去了知觉。

醒来时，第一个感觉是疼痛，全身骨头被打碎了一样的疼痛。微弱地呻吟一声，终于听到有个声音在叫他："田信，醒来，田信你醒醒。"

田信挣扎着睁开眼睛，看到有四个人站在面前，正伸着颈子仔细地看着他。而他躺在一张极脏的案几上，鼻子闻到的是多年未打扫过的积尘霉味。四周光线阴暗，窗棂上罩着许多奇怪的东西。

他吃力地抬头："这是什么地方？"

只听四人为首者道："田信，你涉嫌盗窃帝国机密，囤积居奇，破坏陛下的经济发展政策，现奉陛下旨意，对你进行调查。"

调查？对我进行调查？田信慢慢坐起来，发现自己果然是被摆放在一张案桌上，桌下是只木桶，桶里满是清水。水面上，漂浮着晶莹的冰块。只见为首者伸手在水里在蘸了蘸："可以了，等会儿要记住多加冰块。"

然后，为首者踱到田信身边，正要说话，田信已经认出了他："是丞相大人？丞相大人，一定是什么地方弄错了，我对大汉和陛下忠心耿耿，我捐献的钱、粮草，还有兵器衣甲，已经不计其数了。"

那为首之人，正是丞相庄青翟。他身边的，是三名没有实权的长史，田信反倒不认得。只听庄青翟柔声道："田信，你要相信陛下，陛下决不会冤枉一个好人，也不会放过一个坏人。现在请你配合我们的工作，把衣服脱掉，光屁股坐到冰桶里去。"

"不要这样！"田信绝望地号叫起来，"连我这么爱国的人都要严刑逼供啊，还用坐冰桶这么毒辣的刑罚，我我我好冤啊。"

庄青翟低声道："就是走个程序而已，请理解我们。"

四面合围

几日后，汉武帝升殿，只见酷吏减宣出列奏道："陛下，御史中丞李文被杀一案，现已查明。"

汉武帝："查明白就好，禀报上来。"

减宣："陛下，是这么个情形，御史大夫张汤素与李文不睦，李文曾多次企图陷害张汤未果。后张汤遣侍从鲁谒居，赴李文府上搜集证据，以鲁谒居和李文的对话为证，将李文处死。"

张汤慌了，急忙闪出："陛下，不是这么回事，您听臣解释……"

汉武帝："退下！谁允许你插嘴了？"

强威之下，不得不从，张汤咬着嘴唇退下。只听减宣继续说道："张汤犯有欺君之罪，请陛下裁决。”

汉武帝正要说话，丞相庄青翟出列：“陛下，臣有本奏。”

汉武帝：“奏来。”

庄青翟：“陛下，近日长安城中，破获一起惊天大案，涉及了廷议机密泄露。据被捕的大商人田信交代，他在朝中有内应。每当陛下制订法令，或是推行新政，田信都会及早得到消息。他掌握了机密信息，所以能够囤积居奇，让陛下的苦心，付诸东流，也让天下百姓，受尽了新政无法推行的苦难。”

汉武帝点头：“此事一点也不假，朕身边确有不轨之人在泄密。每次朕欲推新政，奸商们总是比官员更早知道消息。而且商人们的情报，非常之准确，朕针对哪项物资推政，商人们就囤积什么物资。张汤何在？”

张汤急忙上前：“臣在。”

汉武帝：“你说，这事奇怪不奇怪？”

张汤：“这事，实在出乎臣之预料。”

汉武帝：“丞相，你继续说下去，不知道朕最恨吞吞吐吐吗？”

庄青翟恭敬地说道：“陛下，臣得到有司呈报，唯恐不实，亲自提审了奸商田信，据他赌咒发誓，把廷议机密泄露给他的，是御史大夫张汤大人。参与现场提审的，还有长史朱买臣、王朝与边通，这些都是人证。”

什么？我？泄露机密？张汤两眼圆睁，嘴巴大张，已经全然失去反应。

汉武帝失笑道：“如此说来，张汤是个当面一套，背后一套，心怀奸诈，欺君罔上的小人了？来，让朕问一问，爱卿，你是这样的人吗？”

张汤猝然发出一声恐怖的尖叫：“陛下，陛下您要明察啊！这庄青翟，勾结了朱买臣、王朝、边通四人，设毒计陷害臣，臣冤枉啊，臣是无辜的，真的是无辜的啊！”

汉武帝微笑摇头：“爱卿啊，你到底有罪无罪，你说了不算，朕也是好奇非常。这样吧，廷尉何在？把李文和田信这两个案子，合在一起再审一遍。”

铁骨铮铮

酷吏张汤，进入了他的生命倒计时。

汉武帝下令给张汤专门设立了个专案组，搜集到的犯罪证据，摞起来比人还高。专案组信心满满，带着这些证据，来撬开张汤的嘴。可万万没想到，张汤一生浸淫律令，辩才无双，专案组在他面前，竟然无计可施。

办案人员："张汤，你欺瞒天子，罪证确凿，还有何话可说？"

张汤："我张汤的心，剖出来只是个忠字，随你栽赃陷害，大不了就是死而已。但想让我屈打成招，却是万万不能。"

办案人员："你还嘴硬？看这份材料，你让鲁谒居陷害御史中丞李文，将李文害死。可当陛下问你之时，你却谎称是李文的旧友举报，这你狡辩得了吗？"

张汤："我何须狡辩？我每天处理的案子，何啻成百数千？李文一案，陛下突然问起，细节疏失也是常理，这怎么能说是欺瞒陛下？更何况，鲁谒居和李文，原本相识，说旧友举报，又有何不妥？"

办案人员："哼，看来你是不见棺材不落泪。泄露廷议之密，勾连富商田信，这可没冤枉你吧？"

张汤："没冤枉才怪！一面之词，罗织之罪，我张汤岂会心服？"

办案人员："张汤，你也太顽固了，看来要让你坦白，须得走上几趟程序才行。"

张汤："无非是冰桶挑战而已，冰下是五十度开水烫秃噜皮，我张汤怕你何来？与我把冰桶搬来，我自己跳进去。要是我稍微皱一下眉头，也是我张汤骨头软。"

"张汤，你简直是茅坑里的石头，又臭又硬！"办案人员傻眼了，没想到张汤这么硬气，活生生的证据摆在他面前，他铁嘴钢牙硬是不认账。案情就这样僵住了，办案人员去见汉武帝，跪伏于地，承认自己无能，啃不动张汤这块硬骨头。

看了这情形，汉武帝厌恶地皱了皱眉道："赵禹何在？"

"臣在。"须发银白、破衣烂衫的赵禹，站了出来。

江山代有酷吏出

赵禹，汉武帝时代十大酷吏之一，和宁成一样，都是汉景帝时代的老人。

简单说，赵禹是景武年间第一位酷吏。他办案果断，手段狠辣，皇族宗室怕他怕得要死，有心扳倒他。可是赵禹人品极正，无欲无求，饭菜馊了也能吃，衣服再破也能穿，他不喜钱，不好色，不喜欢音乐歌舞，也没什么人生乐趣，就是闷头坐在刑房里，把案犯一个个拖过来上刑。人人恨他恨得要死，却又暗自钦服，拿他毫无办法。

汉景帝时代，名将周亚夫曾平定吴王刘濞的七国之乱，威名赫赫。曾有一次，汉景帝让赵禹与周亚夫合作，但周亚夫断然拒绝。

汉景帝问："周亚夫，你为何拒绝与赵禹合作？"

周亚夫回答："陛下，我虽然在战场上杀人无数，但多少还有点良知，与正常人之间的距离不算太远。但赵禹此人残酷冷血，嗜杀如狂，我以与他的名字并列而羞耻。"

汉景帝："你看你这个倔脾气，那算了吧。"

就这样，赵禹从汉景帝时代一路嗜杀而至汉武帝时代，到了晚年，心肠更冷酷，手段更狠辣。每当他走进刑房，看到案犯当事人见到他时那张虽生犹死的嘴脸，他的心里就有一种极大的欣慰与满足。可是有一天，他正在刑房对犯人用刑，忽然间，汉武帝派人把他叫了去。

汉武帝问："赵禹，你最近没什么事吧？"

赵禹诧异地回答道："陛下，臣好好的，每天稀粥喝三碗，一觉睡到大天亮，一切正常。"

"不对，"汉武帝慢慢摇头，"赵禹，你老实说，是不是对朕心怀不满？"

当时赵禹就吓惨了，急忙趴伏在地："陛下，这话从何说起？臣一心扑在工作上，每天考虑的只是如何对犯人用刑，绝不敢对陛下怀有二心。"

汉武帝："既然如此，那朕问你，你何以心肠越来越软，对案犯越来越温柔？"

对案犯温柔？赵禹困惑了："陛下，臣刑审一生，从未曾改变过个人风格，说到心肠软，绝对不是我。陛下，我明白了。"

汉武帝："你明白什么了？"

"是这样，"赵禹解释道，"陛下，先帝时代，官吏们的治案风格，都是走的温和路线，只有我对案犯向来是秋风扫落叶一样的无情，但凡案犯落入我手，必然要先行走程序，上刑具，招不招回头再说。所以，先帝时代，我成为天下人人惧怕的煞星，酷吏之名，不胫而走。

“但是到了陛下时代，因为陛下过于圣明，体恤子民、爱惜百姓，天下英才辈出。臣老矣，新一代的酷吏涌上前来，比如义纵，出任定襄太守，一日杀人四百多，实在是大手笔。比如王温舒，此人当官，灭门逾千，这也是臣比不了的。”

汉武帝恍然大悟：“这话倒也没错，景帝时代，别的吏员都是循常办案，只有你专走酷刑路线，所以人人说你是冷血酷吏。可是现在，年轻一代的义纵和王温舒登场了，他们的手段更狠，更毒辣，这就把你比下去了，显得你心慈手软了。”

赵禹应道：“陛下圣明，正是这样。”

汉武帝发话道：“好了，朕明白了，你下去吧。听着，保持你的晚节，别让自己遭到年轻人的羞辱。”

“臣，明白。”赵禹退下。

此后的赵禹，果然小心翼翼，虽然与减宣、张汤等酷吏同事，但始终没被人抓住把柄。最终的结果，是汉武帝派他前来，挫败犯罪分子张汤的嚣张气焰。

赵禹出场，张汤黯然失色。

纵是酷吏也动情

走进刑房，赵禹冷冷地看着张汤，坐下不说话。张汤也看着他，一声不吭。

长时间的静寂，赵禹不疾不徐道：“张汤，你有什么话要对我说吗？”

张汤：“我是受人陷害，是无辜的。”

刚刚开口，只听“砰”的一声，赵禹一掌拍在案几上：“张汤，你还有完没完？”

只听赵禹厉喝道：“张汤，你摸摸自己的良心想一想，自打你办案以来，杀过多少人？用过多少次大刑？那些落在你手里的人，有几个是真的罪有应得？你何曾给过他们半点申辩的机会？”

赵禹俯身向前，继续说道：“你之所以不给那些人机会，不是你残忍嗜血，也非私人冤仇。这个残酷的时代，容不下我们的儿女情长。匈奴为患，几成国祸，轻率兴兵，祸福难明。简单说，当陛下决心对匈奴用兵，就把这个时代的每一个人带入求生不能求死不得的绝境。可这条路你非走不可，逃无可逃。

“战争时代最残酷的，其实并不是战场上，而是后方对战略资源的挤压。每一次战争，沙场死十，后方死百。沙场死千，后方死万，沙场死上数万人，后方就会有数十万人丧命。张汤，这些年来，你和我听到的沙场战报，不过是数万人而已，而我们亲眼看到死于刑房或刑场的，早已达到数十万。

“张汤啊，我知道你心里委屈。可是你心里这点小委屈，算得了什么？你有那被枉杀的数十万人委屈吗？你有被从幸福的家庭中强拖出来，推上战场送死的将士们委屈吗？这是一个残酷的时代，也是一个委屈的时代。所有的委屈都将被后人所凭吊，以怀想这个大时代的雄伟风貌。但唯独你我的委屈，在这个现实中，没有意义。”

听到这里，张汤已经失声号啕起来。赵禹拿起刑案，递到张汤面前。这时候的张汤，仿佛突然苍老了几百岁。赵禹对张汤说道：“张汤啊，我们办案，是否冤屈不是我们该问的，我们唯一关心的是人力和粮食资源的节省，还记得你对申诉者的愤怒吗？任何申诉都意味着巨大资源的投入。如果，你此前不能容忍这些，那么，现在这个法则仍未改变。”

张汤泣不成声：“请允许我提最后一点微小的诉求。”

赵禹允诺道：“好，我破例答应你。”

民权无存，天下益困

赵禹回来，向汉武帝禀报道：“陛下，结案了。”

汉武帝问道：“怎么个情形？”

赵禹回答：“张汤已伏罪自杀。”

汉武帝：“噢？又少了一个。他留下什么话没有？”

赵禹把张汤的遗书呈上。汉武帝说道：“念！”

赵禹念道：“罪臣张汤，无寸尺之功，从刀笔吏起家，因为受到陛下的宠幸，官至三公。没有任何可开脱罪责之处，然而陷害臣的，是丞相府中的三位长史。”

汉武帝：“抄他的家。”

不久，廷尉来报："启奏陛下，臣率军士进入张汤家中，但见家徒四壁，空无所有，只有他年迈的母亲拄杖当庭而立。她对我们说：'感谢陛下和朝中大臣们的厚爱，只是儿子愚笨无能，未能逃过奸人陷害，辜负了陛下对他的希望。这样没出息的儿子，实是家门之耻，他没有资格在棺椁中下葬。'然后，臣检点张汤家中全部所有，大概价值五百金。"

汉武帝："才五百金？"

廷尉："没错，陛下，可以说是家徒四壁。"

汉武帝："朕明白了，给朕找到大商人田信，弄清楚此事。"

不过一夜之间，张汤的案子又翻了过来。

丞相庄青翟及三位长史陷害张汤的过程，被查得清清楚楚。汉武帝下令，将朱买臣、王朝、边通三人斩首弃市，丞相庄青翟下狱。

几天后，庄青翟于狱中自杀。

这一年，盐铁商孔仅被任命为大农令，桑弘羊为大农中丞，汉帝国开始实行全面经济垄断，控制天下货源，试点均输法，调剂各地货物。

这一年，汉武帝终于找到了完美的货币解决方案。他下令上林苑三官铸造铜币，币上有高精度的防伪标志。民间市场，非此钱而不得用。民间私铸币的现象顿时绝迹。因为新铜币的铸造，要求特殊的技术，民间无法掌握，只有极少数的豪强与专业人士还能继续仿制。

从此经济主动权彻底掌控在汉武帝之手，天下百姓越来越穷。许多人无以为生，被迫铤而走险，沦为盗贼。而出使西域十三年的博望侯张骞，悲哀地发现，他已沦为汉武帝新经济政策的牺牲品之一，个人经济状况陷入绝境，已经无法养活家小。

第十一章
西域不只是传说

博望侯实在太落魄

一大早，张骞就悄悄爬起来，无声无息溜至门口，推门就走。

他已经溜出了门，可是一只手突然掐住他的脖子："张骞，你还是爷们儿不是？一大早你就想逃走？"

"别别别，"张骞慌了神，"夫人，是我不好，你放手，放手！"

"不能放手，一放手你又逃了。"妻子说道，"张骞，你我夫妻已经二十多年了，在漠北时，你说逃就逃，像扔掉一只破鞋一样扔掉这个家，一逃就是一年，我怪过你没有？现在你故伎重施，又想逃走？"

张骞委屈道："夫人，我没有想逃啊，我这是去早朝，陛下他正在金殿上等着我呢！"

"胡说！"妻子斥道，"你的爵位官职，六年前就被削了。你和街口摆摊卖芋头的苏老二有什么区别？都是无职无禄的布衣百姓。你却天天骗我说去上朝，有谁见过布衣百姓自己花钱雇车上朝的？"

张骞用力想掰开妻子的手，吼道："国家大事，你懂什么？朝中衣冠衮衮，都是酒囊饭袋。只有我张骞好歹有过海外经历，多少知道点西域的情形。漠北之战后我大汉又错失良机，未能抓住机会一举歼灭匈奴，如今匈奴人的势力已经恢复，正虎视眈眈、蠢蠢欲动，说不定什么时候就会突然杀至。陛下承受着巨大的心理压力，每天都要问起漠北之事，我是这方面唯一有经验的人，当然要为陛下分忧。你为何如此贬损我，将我与街头卖芋头的相提并论？"

妻子委屈道："既然陛下还在用你，就应该恢复你的爵位，或是给个官职。

正所谓食君之禄，忠君之事。没有俸禄却不停地使唤你，陛下是想让我们全家喝西北风吗？”

“说反了，应该是不要问陛下给没给你俸禄，而要问你为陛下做了什么，”张骞推开妻子，掸了掸衣袖，“不要再胡搅蛮缠了，误了上朝，倘陛下责怪，你担罪不起。”

妻子道：“那你也应该想办法借点钱，家里已经三天没有吃的了。”

“行，行，我去借钱行了吧？”张骞早已不耐烦。

可是妻子还不肯罢休：“我是在问你，今天怎么办？你走了，看我们娘几个饿肚子吗？”

“唉，”张骞无奈道，“看你这脑子里，装的都是自己的小算盘。陛下已经实行了平准均输，最多几年，粮食不足的问题就能解决。到时候我大汉百姓，每天可以吃五顿饭，为什么呢？因为粮食多到吃不完。”

妻子撇撇嘴：“你说你傻不傻？等几年，你全家都饿得只剩骨头了。”

张骞大怒：“骨头就骨头，我张骞生来就是硬骨头，你奈我何？”

妻子眼圈红了，后退两步，低声说：“好了好了，说你两句你就吼。也不知你饿着肚子哪来这么大的力气。呐，拿着，这是我以前偷偷攒的钱，你上朝的路上买几个芋头吃。”

“钱？”张骞十分错愕，看着妻子那干枯的手里握着几枚铜钱。正要伸手去接，突然大叫一声，“你怎么还藏着这个？这是犯法的！”

“什么？”妻子满脸惊恐地看着他，“我自己的钱也犯法？”

张骞：“当然犯法，你这是好几年前的两铢半钱了，早就不允许使用了。应该交付有司，让上林苑三官回炉重新铸成五铢钱。”

妻子：“把这些钱上缴，那新铸的铜钱，还是咱的吧？”

张骞冷笑道：“朝廷不追究你铸私钱的大罪，已经是法外开恩，你还想再把钱拿回来？”

妻子大怒：“张骞，你看清楚了，我手里的这些钱，就是你出使西域回来之后朝廷给你的赏赐。难道我要花掉朝廷赏赐的钱，也是犯法？”

“当然是犯法！”张骞回答道。

“凭什么？”妻子急了。

“这事跟你说不清！”张骞一把抓过妻子手里的钱，推门就走。

妻子追出来，在后面喊道："张骞，你可别太缺心眼，真的把钱缴上去。这些钱还能花，我前些日子就是用这些钱买的舂米。"

张骞已经大步远去了。

钓鱼执法

走到街头，冷风袭来，张骞听到肚子里的咕噜声，忍不住裹了裹衣衫。

长街的对面，是一家米铺，是张骞以前经常买米的地方。此时这家米铺，已经是门可罗雀，店门被砸开一个大洞，墙上立着一块衙司的警戒牌。多半是这家老板干了什么坏事，店铺被官府给抄了。张骞的脑子里，浮现出军士持刀冲入店铺，老板及伙计们一张张惊恐的脸。唉，战争不能结束，日子一天比一天艰难。

卖芋头的苏老二还在，空气中传来芋头的香气。苏老二正在招呼几个客人，张骞匆匆走过，肚子里又发出了轰鸣声。

但是张骞打定主意，决不能花女人给他的钱。这些钱虽然是陛下给他的赏赐，可已经作废了。对于陛下的厚赏，因为币制改革作废这事，张骞也曾听到过一些议论。但他不想听得太清楚，他知道汉武帝是什么样的人。

他也不会把这些废钱花掉，他曾是博望侯，永远是。他是有骨气的人！

只是，肚子真的很饿。

又走过一个街口，空空如也的腹中一直轰鸣，已经震动到了耳畔。现在的张骞已经饿得耳鸣眼花了。怎么会这么饿？昨天上朝时，陛下不是赐了点吃的吗？对了，陛下赐食是有，然后陛下就询问西域情形，身为臣子，岂能不顾体面地大嚼大吃，不回答陛下的问题？结果只顾回话没顾上吃，等回答完了，低头一看，食盘已经被宫侍撤下去了。忽然之间，张骞止住了脚步。

他的眼睛，死死地盯在一个人身上。

那是一个年轻人，正在一家卖芋饼的摊前排队，他手中有几枚铜板，不时地高抛并拿手接住。

张骞看得清楚，那枚铜板，跟妻子给自己的一样，也是两铢半钱。

这钱真的能花吗？张骞半信半疑。两铢半钱早就宣布作废，此事众所周知。就连改铸的三铢钱，都已经作废。现在合法的铜币，是上林苑三官铸造的五铢钱，市面上竟然还有人拿着两铢半钱花，这怎么可能呢？

张骞站在路边，留神观看着。他看得清楚，终于排到了那年轻人，他把手中的两铢半钱递给摊贩。摊贩苦着一张悲惨的脸，端详了一眼那两枚铜钱，叉了块芋饼，递给年轻人。年轻人把芋饼拿在手上，一边吹气，一边吃着走了。

没想到，这钱真的能花！

张骞的腹中，又是一声炸裂般的轰鸣，好像肠子都已经饿断了。

看看那芋饼摊，再看看手中的铜钱。张骞生平，第一次感受到了什么叫痛苦！

这钱能花！但如果他宁肯饿死也不花，未免傻过气了。可如果他真的花了，却是陛下最憎恨的犯法之举。不过话再说回来，这些钱就是他汉武帝赐给张骞的，赏赐之后再宣布花他的赏赐是犯罪，这岂不是太荒唐了吗？

明明是陛下给我的钱，为什么不能花呢？张骞的心里，突然涌起巨大的悲愤。

老子就是要花！

他理直气壮地走过去，排在两个人身后。几个正在路边袖着手的闲人，似乎也突然感觉到了饥饿，接二连三地走过来，在张骞身后排队。张骞也没有理会，心里庆幸自己快了一步，否则就要排到后面去了。

轮到张骞的时候，他漫不经心地把两枚铜板递过去。

摊贩接过铜板，仔细地看了看："客官，你这是两铢半钱。"

张骞心里顿时紧张起来，"刚才那个人，不也是用这种钱吗？"

摊贩的眼神，透着一种让人心悸的阴寒："客官，官府有告示，私铸铜钱是犯法的。"

张骞心里一紧，几只大手突然从后面抓住了他："又抓住一个，竟然敢私铸铜钱，你有官司吃了。"霎时，经历了西域之行而养成的求生本能，让张骞迅速地做出了正确的判断。他没有转身向后逃，向后是逃不了的，后面那几个排队的人，实则都是官府的衙差。他遇到的，是钓鱼执法——张骞的身体如狸猫突缩，猛地一蹿，跳起来从芋饼摊子上跃了过去，身后发出几声惊呼。

然后，张骞拔足狂奔，心里充满了惊惧。如果被捉到，朝廷那些权贵该是一张张何等幸灾乐祸的嘴脸：什么？博望侯知法犯法？私铸铜钱？啧啧啧，枉陛下对他一片信任和厚爱，没想到他竟然如此胆大妄为。

眼见前方有个胡同，只要冲进去就能成功逃脱，张骞赶紧发力疾冲。不提防路边突然闪出一个衙捕，枪杆横扫，张骞躲闪不及，脚踝上顿感剧烈的麻痛。他听到自己痛叫一声，凌空飞起，重重摔落在地。

十几双手牢牢地按住了他："哼，逃得了吗你？自打你藐视王法，私铸钱币时，就应该知道有这一天！"

大水淹了龙王庙

张骞被横拖竖拽，拖入官衙邻侧的一幢宅子里。

入门，是一张高案。起初排队用两铢半钱买芋饼的年轻人，正跷脚坐在案后，用一柄颀长的刀，小心地修着指甲。

看到他，张骞这才明白过来。

难怪这家伙能够花掉两铢半钱。只怕就连那个芋饼摊都是官家恶意设的局，先由官捕假扮客人，用两铢半钱买芋饼。路人见此，以为有机可乘，也拿家里作废的两铢半钱来排队，于是被诱捕，就如自己所遭遇的一样。

听到张骞被拖进来，年轻人并不抬头，冷声吩咐道："先挂起来，等兄弟们吃饱了肚子，有了力气再用刑。"

几名衙捕强拖着张骞，往刑柱前走去。张骞奋力挣扎，大吼道："奴辈住手，你们这些该死的杂碎，先等等，我要见一个人。"

高案前的年轻人笑道："你知道这里是什么地方吗？既然进来了，你只能见鬼，不能见人。"

几名衙捕同时大笑，表示年轻人的笑话极有品位。

张骞等他们笑完，才厉喝道："大胆，单这一句话就足以让你灭族。"

"哎哟，吓唬我。"年轻人笑了，"你拿什么来灭我的族？"

张骞："我要见陛下。"

年轻人："你要见谁？"

张骞："博望侯张骞，在这里郑重通知你们，我要见陛下。"

年轻人失神地站起来："你是博望侯张骞张大人？"

张骞："正是。"

年轻人霎时面色如土，扑通跪倒：“张大人，你不早说，你看这事弄的，欢迎博望侯张骞张大人来我衙司检查指导工作。”

开口千言，离题万里

张骞来到了皇宫。

汉武帝踞蹲而坐，他的身侧，有几位侍女撑起纱帘。帘中坐有一名女子。隔着轻纱，看不清晰女子的容貌。

一名衣衫奇特、相貌不凡的方士，侍立于东阶之侧。当张骞上来时，正见那方士拍了拍手掌，一字一句地说道：“临兵斗者，皆列于前。”话音落下，只见朝堂两侧的大旗突然而起，如被人平持一般，于空中缓慢前进。

张骞扭头不看。这花活，他在西域见得多了，早已视觉疲劳。

但汉武帝看得目瞪口呆，一直盯着那两面战旗于空中撞击格斗。旗杆相碰，发出清脆的颤音。两旗相斗甚久，一旗明显力怯不支，另一旗凌迫更甚，步步紧逼。忽然间怯旗急速盘旋，升上高空，似有逃遁之意。另一旗飙追疾至，有穷追落水亡寇之意，却不想变局倏生。怯旗突然向下一落，另一旗速度过快，“嗖”地掠过，被怯旗趁势一挑对方旗尾，只听“啪”的一声，另一旗连打几个旋子，“噗”的一声，插回了原地。

怯旗用计险胜，得意扬扬地在庭堂盘旋一圈，也“噗”的一声，落回原位。

战旗已落，满朝皆惊，却无人说话。半晌，才听到汉武帝叫了声：“东方朔何在？”

听汉武帝叫唤那个惯喜滑稽的东方朔，张骞气得直跺脚，心说：陛下，这事儿你问东方朔没用，他不过是个弄臣，你应该问我才会弄明白。

可是汉武帝没问他，张骞也只能一声不吭。身材矮小的东方朔皮球一样滚出来应道：“臣在。”

汉武帝问道：“栾大先生的这个法术，你能破解吗？”

东方朔笑道：“陛下，我们都知道太阳里面有只三条腿的乌鸦，这只乌鸦啊，生性贪吃，逮到什么都吞进肚子里。有一次，三足乌想吃地下的灵芝草，古神羲和氏就急忙用手捂住三足乌的眼睛，不准它飞下来。怕就怕这只三足乌吃得太安逸，不乐意动弹了。”

汉武帝蒙了：“你这段神神叨叨，从何说起？”

东方朔道：“陛下，臣小时候贪玩，有次不留神跌入井底，几十年也没能爬上来。”

汉武帝：“你几十年没能从井里爬出来，那你靠什么活着？”

东方朔：“陛下，臣更小的时候，到紫泥海去玩，紫泥弄脏了臣的衣服，臣就去虞泉把衣服洗了洗。洗了衣服后，臣就在冥间的崇台上坐下来休息，不知不觉睡了过去。后来冥间的王公把我拍醒，王公说，‘小朋友，你饿了吧？吃点红栗霞浆，再来几杯九天上的仙露。’臣当时回答说，‘我年龄还小，不能饮用刺激性过强的液体。’王公说，‘没关系，你偷偷喝上半杯，没人知道。’”

东方朔说完，汉武帝更加困惑：“谁能告诉朕，东方朔这说的都是什么意思？”

“陛下，”台阶下斗旗的方士答道，“东方朔的意思是，饮了冥间的红栗霞浆，喝了九天的仙露，因此不会感到饥饿。”

汉武帝：“那他干吗天天缠着朕，没日没夜打报告，要求增加俸禄？”

方士笑道：“陛下，这所谓的俸禄，于他而言是没有意义的，但对陛下有。”

汉武帝：“行了，别一唱一和的，朕懂你们的意思。东方朔，你继续说，你陷在井里几十年，也爬不出来，后来如何了？”

东方朔：“后来……后来，井里出现一个人，带我去采灵芝草。途中遇到条红河阻路，无法通过。那人脱下他的一只鞋，送给了我。我把那只鞋放在河水中，当成一只鞋船，因而渡过浩瀚的红河，抵达了一个奇异的国度，那里的人用珍玩串成席子，用云霞织成纱帐，用墨玉做枕头。我到达后，当地人铺了褥子让我睡，我仔细一看，那褥子是用光线编织成的。我往上面一躺，只听‘嗖’的一声，掉下去了。”

汉武帝的脸上充满了绝望：“好你个东方朔，每次问你点事，你就跟朕玩离题万里。这次你玩得太远了，就问问你这旗子飞起来是怎么回事儿，你给朕胡说八道，还不速速退下！”

东方朔退下，正退到张骞身边，就朝张骞挤了挤眼：“反正我都说明白了，陛下自己不理解，我也没办法。”

张骞低声骂道："少胡说八道，你就是个大忽悠。"

东方朔怒道："你胖你先吃，你行你去说！"

张骞摸了摸脖子，叹道："唉，我还是多活几天吧，活着比什么都强。"

帝子推心

张骞等候在台阶下，听汉武帝与那名方士聊天。

汉武帝问道："先生，你可曾见过仙人？"

那方士笑道："陛下，这个问题太难回答，怎么答，都是错的。"

汉武帝皱了皱眉，困惑地问道："先生何出此言？"

方士道："设若有人问长安城中的一个布衣，问他见过陛下吗，他就会陷入巨大的谎言中。说没见过吧，陛下时不时出宫巡幸，他可是多次在远方遥遥目睹。可他要是回答见过吧，远远地瞥上一眼，也算见过吗？所以这个问题，实际上是个伪问题，无论怎么答，都是错的。"

汉武帝："朕明白了，你是在绕着弯子批评朕对你们方士不信任。朕在这里明确地告诉你，朕这辈子，什么也不信，就信方士的话。朕之言，句句发自肺腑。"

方士道："陛下真诚之语，化外之民，感怀于心。"

忽然间，汉武帝动了感情，说道："先生啊，你是神仙之属，应该知道这尘世间最丑恶的便是人心，最不可信的是人说的话。先生，朕对你说句憋在心里快四十年的话吧，朕自打7岁那年被立为太子，此后朕习文修武，一心一意想等登基之后做个体恤苍生的好皇帝。可是到了朕9岁那年，朝野之间，忽然间谣言四起，乌云滚滚，百姓到处奔走相告，俱言朕当了两年太子还未生育，说明朕没有生育能力，无法传承祖先基业。可是先生，朕当年不过是个9岁的孩子，身体尚在发育之中，他们竟敢诽谤朕，岂不是太荒唐了吗？"

汉武帝突然爆料出独家隐私，朝臣们惊呆了，方士栾大张大嘴巴望着汉武帝，更是不知所措。

汉武帝心里又惊讶又懊悔，又说漏嘴了，让这些奸诈的臣子茶余饭后凭空多了无限的乐趣。汉武帝捏了捏自己的嘴巴，看着栾大："先生明白朕的意思了吗？”

栾大恍然大悟：“莫非，陛下是在告诉我，有关我那个可怜的同行少翁被陛下诛杀的消息不确切？”

“岂止是不确切！”汉武帝声如雷鸣，“想当初少翁先生入宫，从冥府唤回了李夫人的幽魂，朕是亲眼看见的，少翁先生的法术是货真价实的。”

栾大：“化外之民替灵异界同仁谢过陛下。陛下对我们的肯定，才是我们推动凡人与天界交往的最大动力。”

汉武帝：“但朕也有句话，要告诉你们。”

栾大：“化外之民恭聆陛下教诲。”

汉武帝：“你们这些经常与神仙来往的散仙之属，也要多加学习，别像东方朔一样天天吊儿郎当，躺在经验簿上吃老本。虽然你们要么吃过天果，要么饮过冥浆，但如果不多加学习，那你们跟凡人也没什么区别。就拿少翁先生来说，他可是习谙长生之术，驻颜得法，活几千岁了，仍然保持着童子的容貌。可是他在尘世间久了，尤其是受到西域的不良影响，结果退步了，神仙之术也失灵了。有一天朕带他出门巡游，路上我们停下来野餐烧烤，朕烤全马款待他，他吃了马肝，竟然中毒死了。活了几千年，到朕跟前偏偏中毒死了，你说让朕跟谁说理去？”

栾大伏首：“陛下对化外之民推心置腹，化外民无以为报。化外民幼年得获仙缘，被神仙收为徒弟，师父曾经告诉我，点石成金不过是雕虫小技，长生不老实乃天界常事。而陛下诚心求仙，却多年未见结果，不过是这人世间的纷嚣谣尘，遮迷了天地，惶惑了人心。现在陛下把话说开挑明，事情相对来说就容易了。”

汉武帝满脸期待地望着栾大。只听栾大继续说道：“陛下若想成仙，容易，只要把化外民的师父请来，羽化升天不过转瞬之间。但有一桩麻烦，化外民的师父，架子不是一般大，除非自己的亲眷相求，才会答应。倘陛下愿意视我师父为亲属，则事半功倍矣。”

汉武帝仰天长笑：“先生，你说这事多有趣？朕和你，想到一块儿去了。”

栾大也随之大笑，突然间汉武帝神色一敛，栾大脸上的笑容却一时间收不回来，僵在那里极为尴尬。

汉武帝凛然道：“传旨！”

公主被嫁给大骗子

黄门官出列，以清朗的嗓音高声宣布道：

“圣旨下，封栾大先生为五利将军，赐印。”

五利将军？哪五利？这是什么称呼？群臣面面相觑。

“封栾大先生为天士将军，赐印。”

群臣愕然：“陛下大手笔，一下子就封这个江湖骗子两个将军，老子替陛下干了这么多年，啥也没封到。”

“封栾大先生为地士将军，赐印。”

什么？连封三个将军？不过也对，天士将军都封，地士将军也得给他。群臣释然。

“封栾大先生为大通将军。赐印。”

什么？连封他四个将军，陛下可是豁出血本了。群臣惊得脑子都麻木了。

“封栾大先生为天道将军，赐印。”

好，五个将军！此时群臣都已经死心了。

“封栾大先生为乐通侯，赐印，食邑五千户。赐府邸，僮仆一千。”

栾大先生捧着六枚印信，满脸幸福地站在朝堂。群臣个个义愤填膺：无数军士喋血沙场，封功论赏苛薄吝啬，稍有差池马上就会被剥夺功爵没收财产，原来陛下弄这么多钱，只是为养栾大这么个骗子！

“传旨，朝中臣属、列侯，均亲往栾大先生府中，为栾大先生与长公主的新婚祝贺。”

这时，张骞第一个醒过神来，原来如此！

难怪汉武帝对栾大突然说起他做太子时遭受政敌攻讦，被谣传没有生育能力的旧事，原来汉武帝一直都在为这事耿耿于怀。

当时汉武帝与皇后阿娇成亲，汉武帝还是个少年，阿娇却已经成熟，婚后两年未有子嗣，导致汉武帝对谣言信以为真，对自己产生了怀疑。直到在姐姐平阳公主家里邂逅卫子夫，后来卫子夫怀上身孕，才让汉武帝恍然大悟自己并没问题，从此恢复了自信。

这个长公主，就是卫子夫替汉武帝生的第一个孩子，这个孩子证明了他的能力和清白，让他恢复了人生的信心，所以汉武帝对这个女儿宠爱至极，破例封其为长公主。其地位待遇，在所有的皇子与公主之上。

卫长公主最先是嫁给皇朝开国功臣曹参的玄孙曹襄，后来曹襄死了，长公主守寡。大家都知道依长公主的性子，断无可能守寡守贞，但她会再嫁给谁，却是让所有人津津乐道的话题。

可万万没想到，英明神武的汉武帝竟然把自己最宠爱的女儿嫁给了一个江湖骗子。

但这也不能怪汉武帝。击败匈奴，汉武帝的人生已经达到巅峰。他的下一个人生目标，就是长生不老，羽化成仙。这个目标，正常人是帮不上忙的，只有方士才敢大包大揽。

看明白了眼前所发生的一切，张骞脸上堆出灿烂的笑容，挤在群臣之中，向栾大和卫长公主拱手："恭喜二位，贺喜二位，正所谓'九天仙子临凡尘，凤舞鸾鸣一家亲。瑶台驭车是虎豹，羽化飞升拜仙人'。我们等这杯喜酒，已经太久太久了。"

有人轻拍了张骞肩膀一下。张骞回头，只听身后的黄衣侍从说："博望侯，陛下正在等你。"

张骞最后看了一眼栾大，心说：你这个大骗子，真希望咱们俩能换一换。

随即转身跟在侍者身后，大步而去。

西域爱情传说

张骞到了之后，见汉武帝青衣小帽倚坐在榻案上。旁边恭立着一位年轻人，正眉飞色舞地说着什么。看张骞过来，汉武帝敛住笑容，摆了摆手："敬声啊，你先下去吧。"

张骞看着年轻人退下，心说：原来这孩子是公孙贺的儿子。想那卫媪生了三个女儿，三女儿卫子夫是现在的皇后，太子和嫁给栾大的卫长公主，都是卫子夫生的。卫子夫二姐叫卫少儿，与家奴霍仲孺生下霍去病和弟弟霍光。卫子夫的大姐叫卫君孺，嫁给了卫青的朋友公孙贺，生子公孙敬声。

现在的朝廷，卫青已经边缘化了，霍去病又不明而死，公孙氏却仍然是一支强大的力量。只是象征着李夫人势力的李延年与李广利，正在获得越来越大的话语权。

张骞心里想着，在汉武帝面前跪下："陛下。"

汉武帝："张骞啊，朕这段时间，心里总是犹疑不定，像是有什么事情让朕挂念。但朕左思右想，却想不明白。朕心不快，张骞你给朕讲点域外故事吧。"

"讲故事？"张骞道，"好，臣给陛下讲个猎骄靡卧薪尝胆，杀仇敌为父报仇的故事。"

"话说在葱岭以东，敦煌以西，有一支骁勇善战的游猎部落，名叫乌孙。乌孙国主，名叫难兜靡，他身强体壮，英俊非凡，但年纪已经很大，仍未娶妻。部落人劝他说：'我们的王啊，您年纪偌大而不娶亲，等到您年迈体弱，我们乌孙部落指望谁呢？'

"难兜靡回答说：'不是我不想娶妻，而是我心中有个愿望。若不是国色天香、妙绝天下的女子，是入不了我的眼的。如果你们告诉我哪里有这样的女子，我一定娶回来。'

"有位年迈的老者就告诉难兜靡：'我们的王啊，莫非您没有听说过吗？越来越强大的匈奴部落，首领的名字叫冒顿。冒顿有个女儿，因为出生在胡水畔，就叫胡水女。听人说那胡水女不只生得美如天仙，香软如玉，更奇异的是她力大无穷，骑射无双。她在湖湾里洗澡之时，就连天上的云彩都来偷看。于是，各部落的酋长，都向冒顿提出请求，请求娶胡水女为阏氏（yān zhī）。冒顿就把女儿叫过来，问：'你看这么多的部落酋长喜欢你，他们个个都是大英雄，你想嫁给哪一个呢？'

"胡水女回答：'父亲啊，我要嫁的男人，他必须能够征服我，打败我，我才会死心塌地地爱上他。请父王替我主持一场比武大赛，让所有的求婚者都来与我比武。他若是赢了我，我就是他的。他若是输了，我就杀死他！'

"于是匈奴王冒顿就为女儿举办了选婿比武大会。所有男子无论什么身份，只要有不凡的身手，都可以上场与胡水女比武。不料，前前后后有十几名部落勇士信心满满地上场，却全死在美貌的胡水女的长刀之下。那些想娶她的人知道自己万万不是她的对手，因而不敢上场，从此再也没人来与她比武，胡水女寂寞又忧伤。每逢月圆之夜，她孤零零地站在芦花蓼草之中，眺望空无一人的比武场，唱着悲伤的歌。

"难兜靡听了兴奋不已，说：'我等待的女子，大概就是她吧。'

“于是难兜靡收拾行装，前往匈奴部落求婚。匈奴王冒顿对他说：‘难兜靡，你可要想清楚了，如果你死于我女儿之手，你的部落不能因此寻仇。’难兜靡答应了，于是手提长刀上了比武场。

“那比武场设在胡水畔边的草原。东侧是蓼花飞扬，西侧筑有高台，冒顿等人在台上观看比武。胡水女手持长刀，站在比武场上。难兜靡一看，果然是人间罕见的美女，立即对她一见钟情，正要说话，胡水女已经手持长刀，凶神恶煞般扑了过来。一刀劈下，难兜靡用刀一挡，只听‘当’的一声，他手中的长刀已然飞了出去。

“难兜靡惊呆了：这看似弱不禁风的美女，却有着比蛮牛还大的力气。还没等他多想，胡水女又是狠狠一刀劈来，他就地一滚，躲了过去。胡水女发出可怕的喊杀之声，疾追而来。难兜靡跳起来，朝着水畔发足狂奔，胡水女穷追不舍。两人一追一逃，顷刻间来到了沼泽地。只见难兜靡朝着水中，一头跳了进去。

“胡水女持刀追至水边，正持刀向水中观看，寻找难兜靡的踪迹。不提防她脚后的淤泥里，突然伸出一只手，抓住她的脚踝，用力一扭。胡水女惊叫一声，被扭翻在地。

“原来，难兜靡发现，比拼勇力是无法赢胡水女的。除非把她诱到水边，利用自己水性惊人的优势，以智取胜。果然，两人在烂泥里好一番厮打，压倒了无数的蓼草芦花，最终，胡水女在水中憋气的功夫上败下阵来，不由自主地伸出双臂，紧紧地抱住了难兜靡粗大的脖子。

“匈奴王的女儿比武求婚，终于有了个结果，冒顿喜形于色，用最好的酒款待难兜靡。连喝了几天几夜，难兜靡这才踉跄上马，回自己的部落准备婚事。经过一番长途跋涉，他终于回到了自己部落。此时部落里冷冷清清，不见一个人影，没有挤羊奶的妇人出来，也不见奔跑玩耍的孩子。但难兜靡处于极度亢奋之中，没有发现异常，只顾高喊道：‘我回来了，你们勇敢的王难兜靡回来了，带来了天大的喜讯给你们。’

“‘什么喜讯？’随着这一声冰冷的发问，部落的营帐里突然钻出无数大月氏骑士，个个手持刀枪，脸上挂着不怀好意的狞笑，看着难兜靡。

“原来，大月氏王也垂涎胡水女的姿色，一心想占为己有。只是知道自己不是胡水女的对手，才咬牙隐忍。不料想乌孙部落的难兜靡以智取胜，赢得胡水女的芳心。这激起了大月氏王的妒意，于是趁难兜靡不在部落时，突然率精骑发起攻击，杀光了乌孙部落的人，然后藏起尸体，再埋伏起来，等难兜靡自投罗网。

“见月氏人如此卑劣，竟将乌孙部落人杀光，难兜靡悲愤交加，当场与月氏人厮杀起来，与月氏人杀了整整一天，杀死杀伤月氏骑士近百人，终于力竭战死。”

讲到这里，张骞停下来，发出粗重的喘息声，好像只是讲述这个故事就花费了他极大的力气。

静寂中，汉武帝轻声问道：“这个故事，你是从何听来的？”

张骞：“臣上次出使西域，途经乌孙时听当地人讲的，这个故事，在当地无人不知。”

汉武帝：“可这不合逻辑啊，照你刚才的讲述，乌孙部落不是已经被月氏人杀光了吗？连乌孙王难兜靡都战死了，乌孙国又如何会死灰复燃呢？”

张骞道：“陛下，这是有原因的。”

汉武帝：“是何原因？”

张骞：“乌孙王难兜靡战死，部落遭受灭顶之灾。但十个月后，匈奴部落有位未嫁人的公主，生下了个孩子。公主告诉人们，孩子的父亲就是乌孙国王难兜靡，所以这孩子的名字就叫猎骄靡。

“这孩子长大后，也是一条勇力过人的好汉，而且足智多谋，说服了匈奴王冒顿，自为前驱，向月氏人宣战，一战而败月氏，摘下了月氏王的首级，制成了酒器。从此月氏西走，乌孙复国。但此后，乌孙国与匈奴人因为水草之争，龃龉横生，双方多次冲突后，猎骄靡也率乌孙西走，游猎于祁连山下。”

汉武帝道：“真是个好故事，听得人心情震荡。想那怀有乌孙骨血的公主，定然是美貌惊人、武艺绝伦的胡水女了。”

张骞道：“陛下，不是，据说复国的乌孙王猎骄靡，其母是胡水女的妹妹。”

汉武帝尖叫起来：“怎么回事？不是说难兜靡要娶胡水女吗？怎么反倒和胡水女妹妹有奸情？”

张骞道：“臣也纳闷这事，所以一直狐疑于心，想弄个明白。”

汉武帝：“什么意思？张骞，莫非你想重返大漠？”

张骞：“陛下，臣正有此愿。”

君臣合计联乌孙

张骞道："陛下，自打臣从西域归来，那乌孙国的传说与风情就让臣念念不忘，难以释怀。这些日子以来，臣反复研究西域诸国的地理位置，终于发现，我大汉欲灭匈奴，就必须与乌孙结盟。"

汉武帝的兴致高了起来："说来听听。"

张骞继续说道："陛下，臣研究漠南地理，发现自打匈奴浑邪王部落投降以来，陛下将他们全部换地方安置，以防死灰复燃。但漠南大面积的地区已经无人居住，成为匈奴人重新崛起的跑马场。所以臣想，倘能把乌孙国召回，让他们举国搬到昔日浑邪王的地盘，成为我大汉的附属国，替我大汉守护北疆。臣以为这样的话，陛下就能够多睡几个安稳觉。"

汉武帝假装沉思："这样好吗？"

"陛下，这样很好。"张骞道，"倘乌孙国归来，倚为屏藩，则西域诸国也必将受到影响，甘愿臣服，这就等于我们一锤子打断了匈奴的右臂，就算匈奴人百足之虫死而不僵，但一个缺胳膊少腿的对手，对我大汉无疑是有利的。"

汉武帝："此举可行性如何？"

张骞："陛下，事在人为。"

汉武帝："张骞啊，你的考虑是对的，但朕担心事与愿违啊。"

张骞微笑道："陛下，战略结盟这种事，最大的特点就是变数太多，已经超出了人力的控制。就拿乌孙国来说，国王猎骄靡的生母是匈奴人，他自己又在匈奴王庭长大，可最终，乌孙与匈奴走到了势同水火的敌对状态，难道他们自己愿意这样做吗？时也，势也，运也，他们身在局中，也是不由自主。"

汉武帝："朕明白你的意思了。"

张骞："陛下圣明，就如同上一次，臣出使西域只是为了召回大月氏，但这个目的并没有达到，却意外地搜集到了有关漠南的详细军事情况，所以我汉军才会一击奏效。这一次，同样也会有意外的收获，臣对此信心满满。"

"好！此事就依爱卿所奏。"汉武帝终于拿定了主意。

老成谋国

汉武帝传旨，以张骞为中郎将，精选报国之士，再走西域，出使乌孙。

第一步是人选的问题，张骞首先挑选副使，副使的人选在皇室边缘阶层选拔，必须有曾在朝中做过高官的背景。无论是从军还是当官，充其量是个替人背黑锅的冤大头。

谁也不清楚张骞为何制订出这样的标准，张骞也不解释，自顾去拜访霸陵人安国少季。

安国少季，是在当时很有名气的一个人，大概算是个社会名流，或者是汉武帝时代的大V。做过官，不大；理过财，不多，但他为人豪爽气派，精明心细。尽管如此，也没听说他有什么过人之处，但奇怪的是，就连汉武帝都知道这个人。

张骞拜访安国少季，说："少季啊，你不是没有本事之人，为何要这样委屈自己呢？跟我去西域吧，这恐怕是你人生唯一的机会。"

安国少季摇头："侯爷请回，少季志不在此。"

张骞纳闷地问道："少季，你数十年蛰伏，必然是一鸣惊人。难道这西域之行，真的不是你的机会吗？"

安国少季道："侯爷有所不知，少季的机会，在南方。"

"南方？"张骞茫然道，"没听说陛下要对南方用兵啊。"

少季道："侯爷何必装糊涂？昆明池畔的牵牛织女，就连瞎子都看得到。"

张骞："明白了，不过少季，不是我倚老卖老，你虽然能干，但终究缺乏历练，机智有余，沉稳不足。我送给你一句忠告，倘你时机来临，你一定要跟随老成持重的人，不可独当一面。"

安国少季拜倒："少季恭聆侯爷指教。"

说完抬起头来，看着张骞登车远去，他才从牙缝里挤出一句："老糊涂，以为谁都像你一样不开窍吗？"

张骞没听到这句评价，继续按自己拟定的名单去拜访，最后凑足了三十个人，才上金殿来见汉武帝："陛下，臣远行，副使的人选已经备齐，这是名单，请陛下过目。"

汉武帝拿眼睛一扫，顿时大为惊诧："张骞，你搞什么鬼？副使怎么这么多人？”

张骞：“陛下，这些副使，臣还怕数目不够，多一个副使，就多一种可能，多一个机会。”

“怎么说？”汉武帝问道。

“是这样。”张骞解释道，“陛下，此赴乌孙，千里迢迢，乌孙国对我大汉到底是什么态度，实乃未知之数。但沿途所经，道路无数，每条路各通往一个国家。有的去往大夏（大致相当于现在的阿富汗），有的去往安息（大致相当于现在的伊朗），还有的去往身毒（大致相当于现在的印度）。如此之多的道路，如此之多的国家，正所谓歧路亡羊，谁也不清楚我们究竟能在何处觅得机会。”

汉武帝：“朕明白了。”

张骞媚笑道：“陛下圣明。臣的打算是，每行经一条岔道就派遣一名副使，手持陛下所赐的节杖，沿路去诸国访问，扬我国威。所以臣精选了身体健壮、知书达理的世家子弟三十人，他们对陛下忠心耿耿，都是最适合的副使人选。”

汉武帝大喜：“太好了，张骞你果然是老成持重之人，如此四面开花，遍地结果，必有获益。”

接着，汉武帝传旨，再由张骞精选敢死少年三百人，每人各带两匹马，共牛羊万头，黄金几十万镒，货币、绸缎不计其数。

坐井观天说大汉

汉武帝元鼎二年（公元前115年），汉武帝42岁。

这一年，张骞率使臣团队三百人，再出西域。

一路行来，张骞每到一个路口必要仔细地询问，打算放下一批副使。可这事就奇怪了，途中的道路千回百转，竟然都是通往乌孙。

张骞心里有点醒过神来，敢情这个小小的乌孙国，恰好堵在了汉朝出使的大门口，不管你想去哪儿，都要经过乌孙不可。

河西已经没有了匈奴的踪迹，张骞的使臣队伍，浩浩荡荡抵达乌孙，向守关的士兵报告，请求递交国书，面见乌孙王。

乌孙王，号称昆莫。当时在位的，正是张骞所讲的故事中那个由匈奴公主所生的猎骄靡。

张骞递交了请求之后，等了几天，不见动静，于是前往乌孙贵族家里拜访。黄金开路，轻易地砸开了对方的家门。

张骞请求道："烦请阁下在昆莫面前多多美言几句，让昆莫接见我们。"

对方大大咧咧地回答："不要急，短日长日，十天半月，昆莫总是要找个时间见你们的嘛。"

张骞说："希望能够快一点，我可是带了厚礼，给昆莫的啊。"

对方答道："我可要提醒你一句，你的礼物虽然厚重，但你们国家太小了，见到昆莫时，万不可提出什么过分的要求。"

"我们国家小？"张骞诧异地望着对方，"我大汉可是中原大国啊，怎么可以说小？"

对方答："好了好了，你们国家很大行了吧？"说完爆发出刺耳的大笑。

张骞满心狐疑出来，隔几天不见动静，再去催促。就这样催来催去，过了十几天，昆莫猎骄靡终于同意接见汉朝使者。

张骞率一队副使过来，乌孙方派了十几个光膀子壮汉，"呜呜呜"地吹起牛角，算是迎宾曲。走入大名鼎鼎的猎骄靡的王庭，张骞心里叫了一声娘，这乌孙国王的日子过得忒凄惨了。他的王庭，巴掌一点大。

虽然在见过世面的张骞眼里，乌孙人的居住条件实在是太可怜了，但看在场乌孙诸部贵族的表情，俨然以自己的成就而自豪。当张骞入帐看到居中而坐的猎骄靡时，心里说不出的失望。

猎骄靡不失为一条威猛的大汉，只不过，大概国王的舒服日子过久了，耽于酒色，身体显得肥胖臃肿，估计骑马对他来说，无异于酷刑折磨。令张骞奇怪的是，猎骄靡看着他的表情似笑非笑，古怪非常。

张骞心里纳闷，又不好问，只能硬着头皮，操着生硬的当地语言开口："尊敬的昆莫，我是天朝汉朝来使张骞，我朝天子威行天下，仁泽四方。久闻乌孙昆莫之名，特遣我来，希望能够迎请贵国重返南漠，与我大汉朝结为兄弟。为表诚意，我汉朝愿意以公主嫁与昆莫，从此乌汉两国，永结盟好。"

"哦？"猎骄靡的脸上挂着古怪的笑容，"我听说你们的汉朝也不小？"

张骞："回昆莫的话，我大汉不是大小的问题，而是辽远无边，居于天下之中，所以古来称中国。"

“哈哈哈，”王帐之中，突然爆发出一阵哄堂大笑。张骞茫然环顾，发现领头大笑的，正是昆莫猎骄靡，或立或坐于两侧的酋长和贵族们也都在前仰后合地捧腹大笑。这笑声让张骞惊疑不定，出什么事了？我说错什么话了吗？他们怎么会笑成这个怪模样？

好长时间过去，才见猎骄靡摆了摆手：“好了，远来是客，不要同使者开玩笑了。”然后很严肃地转过身来：“使者，你们汉朝部落，有十万人吗？”

这句话可把张骞问住了，他万万没想到，这个乌孙国，从国王到贵族，竟然如此无知，对天朝上国竟然全无了解。因为事出意外，张骞脑子僵住了，憋了半晌，才憋出一句话来：“昆莫，不要开玩笑了，之前我大汉对匈奴的漠北之战，仅出动的兵力就超过了二十万。”

猎骄靡认真地思考了一下，说：“如此说来，你们被匈奴凌压，整个部落的人包括老人和孩子还有女人，全都上了战场吗？”

“我们没那么惨。”张骞都快要气疯了，“昆莫，你对我们天朝汉朝，不是太了解。让我来告诉你吧，我汉朝从南到北，不少于百万里。北方冰天雪地，南方却是烈日炎炎。我汉朝从东到西，也不少于百万里，天子出巡，行经数月而不见其边。我汉朝有郡一百零三，郡下有县一千五百八十七，其中侯国一百八十八。这其中，大郡人口逾百万，小郡人口也不少于十数万。我汉朝每天出生的婴儿，就不少于二十万。前者漠北之战，我汉朝只是调遣了北部边疆的几个郡县，就足以尽扫狼烟，打得大单于伊稚斜闻风而走，从此不敢犯我边关。”

当张骞说话时，猎骄靡诧异地看着他：“使者，我们乌孙有句话，嘴巴太大的人，不可以让他接待客人。”

张骞气得一跺脚：“昆莫，你不信也罢。我请求昆莫派几个使者，等我回去时，与我同返天朝。届时昆莫就知道，我的话绝无丝毫夸张。”

“好，好，你不要动气，我信你还不行吗？”猎骄靡嘴上说信你，但任谁都能听得出来，他实际上是说：行，行，论吹牛咱吹不过你，那你自己找个地方吹去吧！

天子钟爱汗血宝马

张骞回到汉朝，面见汉武帝。汉武帝悠闲地倚坐着，聚精会神地听张骞讲述。

张骞：“陛下，我好说歹说，终于说服了乌孙昆莫，派了几个使者，跟我们一道回来。我们带着乌孙使者，一路行来。过了边关之后，使者的眼睛就不够看了。前方到得一个驿站，使者急忙凑过来，问，‘这里就是你们汉朝的王庭吧？’我告诉那两个乌孙人，这只是家普普通通的驿站，我汉朝像这样的驿站有几十万个。陛下，臣说出来您都不会信的，看那两个家伙脸上的表情根本就不相信！再往前，看到一座小县城，那两个使者就震惊了，说，‘张骞啊，你们的汉朝确实不小，人口也蛮多嘛。’我告诉他们，这只是一座小到不能再小的县城。等到了长安城，你们才算见世面。陛下，等到了长安城，那两个没见过世面的呆瓜，整张脸都变形了，嘴巴这样大张，眼睛这样突凸。”

汉武帝哈哈大笑起来，笑得前仰后合，不停地重拍案几。张骞也陪着大笑，笑着笑着，汉武帝的笑容突然一敛：“张骞，事情你没办成，是不是？”

张骞好不窘迫：“陛下，且听臣慢慢说。”

汉武帝横了他一眼：“你说！”

张骞满脸晦气道：“陛下，乌孙昆莫猎骄靡虽然身世传奇得很，但又蠢又愚，更没什么志向。他被匈奴打怕了，对咱们大汉一无所知，以为咱们大汉不过是个十几万人的小部落。听臣劝他迁国远走，他哼哼唧唧根本不表态。不过陛下您放心，等他们的使者回去，那乌孙就知道好歹了。”

汉武帝：“乌孙使者归国，总不能让他们空着手吧？张骞，朕告诉你，尔等出国，不只是了解诸国风物，更紧要的是弘宣我大汉威严。现在朕封你为大行，你马上准备去江都，为江都公主刘细君主持和亲的准备事宜。”

刘细君？张骞心里“咯噔”一声。他还记得，刘细君的爷爷是早年与汉武帝争过皇位的江都王刘非。好长时间以来，汉武帝以刘非为心腹之患，提防日紧。甚至到了刘非死后，汉武帝仍是放心不下，那时候张骞就曾听汉武帝说起刘细君之名，打谱要把这个可怜的姑娘送到塞外蛮荒之地。

但是这些事涉及皇族内部极为复杂的矛盾，远不是张骞能够插嘴的。他俯身道：“陛下，臣领旨。只是，臣还有件事要向陛下禀报。”

汉武帝："说！"

张骞："陛下，臣在乌孙国时，多方了解到了域外诸国情形，派了副使们手持节杖分道而行，前往大宛、康居、大月氏、大夏、安息、身毒、于阗及周边诸国。刚才臣问过了，那些副使多数还没回来，臣想，这些人迟迟不归，必会有好消息回来。"

汉武帝无可无不可地说了句："但愿如此吧。"

过了一年多，真有好消息传回来。这一天，张骞正在朝中与人商议江都公主刘细君和亲乌孙的琐碎细节，忽然圆球一样的东方朔滚进来："张骞，去大宛的副使回来了，还带回几匹大宛的汗血宝马，听人说陛下见了那马，喜形于色，你时来运转了！"

张骞匆匆赶到马厩，远远就听到汉武帝兴奋的声音："小心，给朕小心着点，这可不是人间的凡马，这是天马！对，没错，是天马，朕现在就赐名为天马。"

张骞走过去，正见早年匈奴休屠王的王子金日磾，正牵着一匹汗血宝马，让汉武帝欣赏。见张骞来到，汉武帝高声叫道："张骞，你还真不是说嘴，这次终于给朕立了大功了。现在你接旨，朕要你再选派几支使节团前往大宛，替朕再要些天马来。"

从此，西域道上，络绎不绝，一支又一支的汉朝使节团昼夜不停地向大宛进发，替汉武帝讨要汗血宝马。昔日荒凉的大漠，从此热闹了起来。

与仙女缠绵

又过去了一年，汉武帝元鼎五年（公元前112年），汉武帝45岁。

匈奴大单于伊稚斜死了，其子乌维继单于之位。

汉朝河东郡守也死了。他没有料到汉武帝静极思动，突然来到他的地盘巡视。事出意外，什么准备也没有，龙颜大怒是必然之事。所以，河东郡守立马自杀，避免牵罪于家人。

接下来死的是陇西郡守。与河东郡守一样，他好端端地在自家衙门里冲老百姓要威风，忽见道路上飞尘遮天，汉武帝招呼也不打一个就突然来了。一下车，汉武帝的大队人马就要吃要喝。慌了手脚的陇西郡守，把能找到的食物全给汉武帝送了过去，但汉武帝的随从没得吃，就怒气冲冲在汉武帝面前告御状，指控西陇西太守久怀谋逆之心。太守无奈，只好选择了自杀。

下一个轮到谁了？朝臣神色紧张，充满期待。

张骞拿定主意，做好自己的事情，除了对西域诸国的外交事务，其他一概不闻不问。世道艰难，人命如草，能多活几天，就努力争取吧。

这天上朝，东方朔又凑了过来："好消息，栾大先生回来了。"

"栾大先生？"张骞问，"他去哪儿回来了？"

东方朔："去东海找他师父去了，听说他师父已经答应来朝廷，教导陛下如何羽化成仙。"

"有这事？"张骞郁闷道，"我还以为他和卫长公主成亲之后，从此幸福地生活在了一起，他真舍得抛下美貌温柔的公主，远赴东海？"

东方朔嬉笑道："哪有这种美事？陛下可是明确说过的，倘有成仙机会，抛弃妻子儿女就如同扔掉一只破烂的鞋子。若非有这番诚心，怎么可能把卫长公主嫁给他？"

张骞道："栾大先生去东海求仙，你应该陪同啊。你不是说，东海的仙岛你去过不知多少次了吗？"

"呃，这个嘛，"东方朔的脸不红不白，"我们走的不是同一条路，更何况东海的仙岛极多，仙人无数，他认识的仙人我未必认识。这就好比侯爷你去西域，我也去西域，但我们遇到的人，多半不是同一个。"

这话好像有点道理。两人进了金殿，按序排好。张骞整理完衣冠，抬头一看，只见汉武帝仍如往常，高坐御座。卫长公主又出来了，这次撤掉了纱帘，张骞仔细端详，发现她的美貌果不虚传。而且她的气色非常好，不时地跟身边的婢女说说笑笑。栾大先生华服高冠，立于公主身旁，不时用脉脉含情的眼神看着她。

太温馨了。张骞心里想，温馨的朝堂，和谐的氛围，满满都是正能量，真希望这种情形能够多一些。

少顷，朝臣安静下来，只听汉武帝柔声说道："栾大先生，你远行辛苦，朕一直期待着你的好消息。"

栾大走到台阶下，奏道："陛下，臣这次出海，不敢表功，但确是竭尽了心力。臣的师父原本行踪不定，有时乘坐六龙驾驭的天车，去东王公那里做客。去的时候泰山还是一片汪洋大海，回来时泰山已变成一座高山。有时候，师父会去蓬莱岛与仙子董双成下棋，有一次仙子悔棋，把棋子藏到了衣袖里，不小心掉落凡尘，砸出一个深坑，后来形成了洞庭湖。仙子董双成也为此受到天帝的贬斥，罚入九渊之地牧龙。陛下啊，就是这么个复杂情形，可想而知我的师父是多么难找。单说这次出海，恰逢惊涛骇浪，好多条鲸鱼包围了臣的座船。有条鲸鱼的尾巴轻扫，臣的船只立即被扫为碎片，臣跌落水中，遇到一个人，身穿麻衫，头戴高冠。他带臣去了九渊之下的地心，那里有片牧场，无数只生了双翼的独角兽在吃草。”

栾大讲述时，朝堂鸦雀无声，只有东方朔踮起脚尖，贴在张骞耳边说了句：“私货太多，穿帮了。”

“什么？”张骞没听清，见汉武帝冰冷的眼神扫来，急忙收敛心神，全神贯注听栾大讲述。

“臣在牧场上遇到一个女子，说：‘妾身董双成是天界的仙子。因为和你师父下棋，偷藏棋子一枚，不慎跌落，形成了洞庭湖。天帝罚我在此牧龙。栾大你能来此，是因为我们有姻缘，请你马上脱掉服冠，与我缠绵。’臣断然拒绝：‘臣的娇妻是当今圣明天子的长女卫长公主，虽然仙子有命，不敢相从。’董双成就说：‘若如此，则你为陛下的求仙之路，横生坎坷。’说罢，她唤来一只双翼独角兽，送臣去了昆仑山巅，于天池中见到了师父。师父叹息说：‘栾大，你为人世间情欲所困，险些错失了为陛下求仙的良机。董双成所谓与你缠绵之意，并非人间欲情，而是要授你化羽天术。你错过这个机会，还需要再等十年。十年后，我将与你共赴朝廷，带你和陛下驭龙升天。’”

栾大一口气讲完，喘息了一会儿，听汉武帝回应。

只听汉武帝叹息道：“栾大先生果然有情有义，即使错失了朕驭龙升天的良机，但也是为了守护人间真情，朕也不应该责怪你是不是？”

栾大先生哭着拜倒：“虽然如此，但臣耽误了陛下大事，还请陛下责罚。”

汉武帝点头：“栾大先生所言，朕全都相信，只是想和你核实一个小小的细节。”

栾大：“臣恭聆陛下之教。”

汉武帝：“你最终，到底有没有和仙子董双成巫山云雨？”

栾大："臣对天发誓，绝对没有。"

汉武帝："真的没有？

栾大："倘若欺瞒陛下，臣永世不得超生！"

"朕看悬，"汉武帝怒道，"宣仙子董双成上殿。"

什么？汉武帝这句话不止把栾大惊呆了，把朝堂诸臣也都震惊得面面相觑，那天界的仙子董双成，真的下凡来了？

御前的对质

只见几个黄衣宫监挟持着一个衣衫破烂的年轻女子转入殿来。那女子头发蓬乱，满目惊惶，只有一只脚上套着鞋子，另一只脚上满是泥垢和污血。当她看到在场如此之多的人，顿时吓得脸形扭曲，失声尖叫起来："各位达官大老爷，饶了小女子吧，小女子给你们磕头，放我回家吧，小女子知罪了。"

听她的口音，是齐国地方的人氏。黄衣宫监叱道："大胆，见了陛下还不跪下！"

"陛下？"女孩吓惨，跌跪于地，"真的是陛下吗？"

汉武帝头向前探："你不要怕，朕问你话，你只须照实回答。明白吗？"

女孩："明……明白。"

汉武帝："你叫什么名字？"

女孩："回大老爷，小女子姓董，叫董双成。"

黄衣宫监怒道："已经告诉你这是陛下，什么大老爷？"

汉武帝抬手，制止宫监，继续温和地问道："你是做什么的？"

董双成："小女子不做什么，家父开了家客栈，生意勉强凑合。小女子日常就在店里，帮助客人端盏递水。"

汉武帝："你家客栈，在什么地方？"

董双成："就在泰山十八弯下的拐角处，大老爷你要是来，我爹肯定会给你打折，冷清时节，正是登山观景的绝佳时候。"

汉武帝："最近，你家客栈有客人吗？"

董双成："有啊大老爷，还是京城里来的侯爷。对了，这里就是京城皇宫，对了，你是陛下，陛下饶命啊，民女无罪呀，求陛下开恩，饶过小女子吧。”

汉武帝大笑起来：“董双成，你看朕像那么凶的人吗？”

董双成定睛，仔细地瞧着汉武帝：“陛下，不像不像，您慈眉善目，是小女子无知，缺见少识。对了，小女子该死，还没有回答陛下的问话。没错，陛下，半年前客栈来了好多客人，簇拥着一个衣衫华贵、气宇不凡的人。他们先声称自己是路过的客商，可我们开店的，什么样的客人没见过？一看他们就是微服出游的达官贵人。果然不错，小女子给那贵人斟酒时，贵人抚摸着小女子的手，说，‘想不到这山野之间，鲜花居然可以开得如此之美。’小女子有心推开他，可是贵人的力气好大，他还拿出六枚黄金铸造的印信，给小女子看，说，‘丫头，看清楚了，这可是皇帝亲赐的印信。’小女子无知好奇，只顾摆弄那几枚印信，谁知道那贵人就把小女子给……呜呜，小女子不好意思说，羞死了。”

汉武帝点了点头：“是这样啊，那董双成，如果再见到那男子，你能认得出来吗？”

董双成咬牙切齿：“他答应带小女子走，说是要让我享受荣华富贵的，可谁料他是个骗子，在客栈住了大半年，突然之间就悄无声息地逃走了，连住店的钱都没有付，要是再见到他，哪怕他被烧成了灰，我也能认得出！”

汉武帝：“那你看看这个人在不在朕的朝堂之上？”

“就是他！”董双成站起来，手指栾大，“你这个大骗子，溜走前还骗我替你遮掩，说什么回来后就娶我为妻，那你也应该告诉我你连住店的钱都没有付啊，你把住店钱还给我！”

出乎所有人意料，栾大不惊不慌，哈哈大笑起来：“原来陛下派人追查到臣在泰山上居住的客栈了，这又让臣的师父说中了。臣离开客栈就赴东海，入九渊，登昆仑，其间十数万里之遥，岂是这乡野村姑能明白的？陛下，直到现在，臣才明白过来，当臣离开昆仑山时，师父对臣说，‘此去有野栈，殿上野丫鬟。人主休惊疑，天地有神算。’臣当时还不明白这句话是什么意思，原来说的是这件事。”

汉武帝眨眨眼：“如此说来，朕命你赴东海求仙，你确曾先去了泰山住了大半年的光景，这才启程前往东海？”

栾大：“陛下明察，正是如此。”

汉武帝：“你难道不是离开泰山就直接回来了？”

栾大："陛下，臣岂敢欺瞒陛下。"

汉武帝："那好，咱们就核对一下你离开客栈后每天的行程吧。"

黄衣宫监立即高声道："宣，栾大回京沿途各家店栈相关人等入殿。"

栾大一屁股坐在地上：陛下你狠，连这些你都给掏出来了。这可如何是好？没咒念了。

汉武帝元鼎五年（公元前112年），江湖术士栾大欺骗汉武帝事发，以欺君之罪被腰斩。同时腰斩的，还有推荐栾大入朝的乐成侯。

栾大的妻子、汉武帝最宠爱的大女儿，从此消失于历史，不闻声息。

第十二章

南方惊变

帝国青春往事

“司马相如，已经死了六年了。”汉武帝叹息道，“倘相如在，朕定然不会如此忧心。”

听了汉武帝的话，没人敢言语。张骞和东方朔两人匍匐于地，偷偷用眼神交流：陛下今日，缘何突发如此感慨？但两人在对方眼神里窥视到的，只有疑问。

张骞努力回想上朝来的路上，长街寂寥，空无一人，只有寒风袭掠着枯叶，间或有神色慌张的军士疾奔而过，究竟发生什么事了？他满心茫然。

汉武帝的声音更加肃冷：“起来吧，鸟之将死，其鸣也哀，总不能就这样一直僵持下去。”

张骞和东方朔提心吊胆地站起来，只听汉武帝说道：“早年间，朝廷遣使往夜郎国，其国主问使者，夜郎与中国孰大？此事传回，成为笑谈，从此人们称坐井观天、缺识少见的人为夜郎自大。后来朕遣唐蒙为中郎将，率军士一万，后方输运衣食粮草者万人，再征数万役夫，打通夜郎之路。岂料唐蒙有负朕望，修路者逃死无数，主帅唐蒙按军令被诛杀，巴蜀百姓夜夜惊恐。幸有司马相如单骑入蜀，传朕旨意，昭告天下，由是西夷咸服，去国设郡，从此无患。是谁说书生无治国之能？朕看司马相如，其胸中智蕴，朝中没有几个人比得了。”

汉武帝仰头长叹，继续说道：“可惜相如智长命短，朕尚未大用，他却已于六年前辞世。空留书赋百卷，又有谁能够承其衣钵？”

汉武帝不停地夸死去的司马相如，不过是责怪其他大臣无能。但张骞仍是不明白，此事跟他和东方朔有什么关系？他负责西域，东方朔负责搞笑，陛下偏挑他们两个说这事，这不是跟他们过不去吗？

平静了片刻，汉武帝说："东方朔，朕心疲惫，给朕讲讲司马相如少年时代的事儿吧。"

司马相如的少年往事？东方朔抓耳搔腮："陛下，相如与臣一向交好，他是文帝年间生人，自幼聪明颖悟，闻一知十，他的赋恢宏大气，读来荡气回肠。他喜欢美貌的女子，臣常嘲笑他见到美貌女子就浑身绵软。还请陛下明示，不知陛下想听相如的哪段经历？"

汉武帝："说说他琴挑卓文君的故事，也不妨。"

东方朔："陛下，相如少年时听说谁家的女儿美貌，就备薄礼登门做客。卓文君的父亲是个大富翁，有一次宴请了司马相如，司马相如席间弹奏一曲《凤求凰》，躲在屏风后面偷听的卓文君为之心动，当夜私奔。但卓王孙以此事为耻，拒绝给司马相如陪嫁，于是司马相如就命卓文君布衣荆钗，当垆卖酒。卓王孙羞愧无地，只好送了一大笔钱给司马相如。"

汉武帝听了，半晌才问道："少年多情，浮浪子弟，原本是人生难得的乐趣。司马相如拜访卓王孙家的时候，是他一个人去的，还是另有同伴？"

"同伴？"东方朔茫然地看着张骞，"陛下，这事太久了，已经成为传奇，谁也不清楚当时的具体情形了。"

汉武帝声音冰冷："再给朕讲一个。"

还要听？东方朔大窘，用眼神向张骞求助。这时候张骞终于醒过神来，汉武帝知道一切。

就像对待江湖骗子栾大一样，汉武帝也在他的身边布置了眼线，对他组织副使出使西域的过程了如指掌，知道他认为最适合担任副使的人是谁！

那就只能说了。

于是，张骞上前说道："陛下，司马相如的浪漫情事，是我大汉当时的风俗。琴挑文君，美女夜奔，类似的美好事情，非此一件。"

汉宫离奇情案

张骞说："大致和文君当垆卖酒同一时间，长安城中，发生了一起极为轰动的事件。

“有一对老夫妇从邯郸而来，在长安城中落了脚。这户人家姓樛（jiū），有一手磨浆的好手艺。他们家卖的浆，细腻柔和，味道甘甜，就连许多朝官，每天上朝之前，必要饮盏樛家甜浆。所以樛老头家的生意，堪称红红火火，门庭若市。

“樛老头家有个女儿，年方十二，肤如凝脂，香柔诱人。两只圆溜溜的眼睛，秋水般澄澈。生意繁忙时，樛女也会出来帮父母招呼客人，每次她一出来，门口就会聚一群浮浪子弟。

“附近人家看到了樛家女儿的姿色，纷纷托人上门求亲，可是都被樛老头委婉地拒绝了。他说，‘我们老两口年纪大了，只有这么一个女儿，将来还指着她养老，小门小户的，不敢高攀啊’。

“有个在宫中当值的军官，名叫婴齐，每天来到樛老头的店铺，买一碗浆汁。每次他来的时候，樛女都会找理由出来接待，两人眉目往来，早生情愫。

“既然有心，必生孽缘。于是有一天，婴齐又来买浆汁时，趁樛老头夫妇不注意，悄声问道：‘姑娘，你家的店铺，每天都这样忙碌吗？有没有歇业的时候？’

“樛女低声答道：‘寒食节的那天，我父母都要去神祠上香，只有我一个人看家。’

“婴齐兴奋起来，知道樛女的意思，她是暗示到了那一天，让他悄悄来家里私会。到了日子，婴齐匆匆赶去，不想樛女却不肯为他开门，只是隔门相对，喁喁情话。或许婴齐本意，只为偷欢而去，但见樛女如此端庄，发乎于情，止之于礼，反倒心生钦服，对樛女敬爱有加。

“此后每隔十天半月，樛女就会与婴齐秘密幽会，情景一如之初，樛女虽然对婴齐脉脉柔情，但始终不肯越雷池半步。两人幽会两年，樛女才在婴齐的百般恳求之下，于窗棂中伸出雪白的手，与婴齐十指相扣。

“樛女承诺说：‘天在上，地在下，纵地老，虽天荒。我与婴齐，不舍须臾。永结同心，不离不弃。’

“婴齐很是亢奋，就准备了聘礼，请了街坊三老和媒人，以及禁宫侍卫中与自己交情最好的一位兄弟，这五人一起前往樛家求婚。

“一如婴齐所愿，事情非常顺利。樛氏老夫妇了解到求婚的婴齐是禁宫中的侍卫，满意非常，当场收下聘礼，并当场约定了大婚之日。

“次日，樛氏夫妻像往常一样早起磨浆，没听到樛女房间的动静，也没有在意。等到日头上来，客人越来越多，渐渐招呼不过来时，老夫妻就招呼樛女出来帮忙。可是樛女毫无响动，樛氏夫妻十分诧异，进女儿房间一看，才发现房中空无一人。

“樛氏夫妻当日向衙司首告，并派人通知宫禁婴齐。衙司不敢怠慢，立即进行侦捕。几日后，人们才发现，宫禁中与婴齐私交最好、替婴齐去樛女家里说情的那位兄弟，也在樛女失踪的当夜，下落不明了。

“接下来，侍卫婴齐也突然失踪了。此案上达天听，据说后宫有懿旨，务须找回此三人。两个月后，从邯郸方向的快马报来消息：有两名年轻男子，持刀激斗于邯郸城外的一家客栈中，两人各受重伤，现场还有一名年轻的女子，脸色惨白，伫立观看斗剑。及至官兵来到，女子始终不发一言。

“京师使者快马赶到邯郸，辨认出现场的女子，正是失踪的樛女。而两名斗剑的男子，正是京城挖地三尺寻找的禁宫侍卫：婴齐和他最要好的朋友。此时两人已经伤愈，却从朋友成为生死仇家，只要看到对方，就会冲过去不死不休地砍杀。使者逼问三人何以如此，三人却不肯回答。

“此案几成悬疑，无人可解。于是天子入后宫，问太后。太后说：这种案子，你们男人是无法破解的，而我们女子只需一眼就知道发生了什么。

“事情的经过，应该是樛女与婴齐相恋两年，只有过一次十指环扣的刻骨铭记。但千不该、万不该，婴齐不该请了自己要好的朋友去樛家说亲，结果樛女与婴齐的朋友一见倾心。两人当时虽然一句话也没有说，但四目相对，彼此已有默契。所以那天晚上婴齐的朋友私离禁岗，来到樛女家门外，樛女却早已准备好，见他来到就悄悄开门出来，两人一道私奔了。

“谁也没想到婴齐好友竟与樛女失踪有关，只有婴齐想到了。他心中悲愤至极，倾心樛女两年，樛女只答应了他一次十指相扣。而樛女与婴齐的朋友只一见面，就立即以身相许，一起远走高飞了。这让婴齐备感羞耻。于是婴齐私离禁岗，追踪两人到了邯郸城外，终于在客栈相遇，当场大打出手。

“朝廷议论此案的处理结果，朝臣们的意见是，樛女不贞不洁，毁弃信言，当斩。两名宫禁不以国事为重，私离禁宫，按律当斩。但后宫不允，提出让樛女在他的两个追求者挑选一个，选中者就是她的夫婿，未选中者处斩。但樛女举棋不定，一味哭泣。而两名擅离职守的宫禁都声称，死尚不惧，难舍樛女，结果又形成了僵局。

“后来不知是谁，想出来个奇怪的法子，命人送两柄剑与樛女，让她自杀。而实际上，这两柄剑分属婴齐和他的情敌，无论樛女选择哪柄剑自刎，被选中者，就是她的丈夫。未被选中者处斩。

“结果，樛女自刎时顺手抓起一柄剑，而那柄剑，是婴齐的。

“于是这场古来罕逢的奇案，就这样了结了。樛女下嫁婴齐，另一名宫卫斩首。”

妙手天子

故事讲完，张骞停下来等待着汉武帝的反应。好半晌，才听到汉武帝说道：“张骞，你讲的故事很好。”

张骞：“承蒙陛下喜欢，臣之荣幸。”

汉武帝：“你当然也知道，当时送到樛女面前让她自刎的两柄剑，其实都是婴齐的。无论她挑选哪一柄，她的丈夫都是婴齐。”

张骞：“臣也听过传言，今天才得到陛下亲口证实。”

汉武帝：“樛女必须下嫁婴齐，因为婴齐姓赵，名赵婴齐。他是南越国王赵眛（mò）的太子，送来我大汉为人质，在宫中担任侍卫，所以才有机会结识樛女。”

张骞：“此事臣也有所耳闻。”

汉武帝：“不过，不允许被樛女选为丈夫的那名宫卫也并没有被杀掉。你二出西域，选择副使人选，第一个想到的就是他。”

张骞嘀咕了一句：“安国少季。”

汉武帝：“如果朕派他出使南越，你们认为可行吗？”

张骞摇头：“陛下，这的确是一步好棋，樛女下嫁赵婴齐，后与赵婴齐返回南越。赵婴齐在父亲赵眛死后，继任南越国王，樛女就成了王后。现在南越王赵婴齐死了，樛女已经成为太后。她当然有心回归，改南越为郡。安国少季与樛太后曾有一段缠绵情缘，也确是完成这个任务的不二人选，只是……”

汉武帝："只是什么？"

张骞："陛下，有句话叫老成谋国。何以谋国者非要老成？因为国之一事，纷繁乱杂，千头万绪，非老成者不足以安抚人心。安国少季虽然与南越国的樛太后早年有私情，但论及老成，却火候不足，臣恐误了大事，悔之晚矣。"

汉武帝："张骞，你初出西域，多大年龄？"

张骞："那一年，臣正值年少，二十有六。"

汉武帝："你老了。"

张骞："臣明白了。"

汉武帝："你们下去吧，让安国少季进殿。"

血气方刚

张骞回到家没多久，门人禀报："老爷，有个叫安国少季的客人，正在门外。"

张骞："快请。"

安国少季大步而入："侯爷请了。"

张骞："少季啊，你可来了，若不是陛下有旨，恐怕我这小小的寒舍，还真的请不动你。"

安国少季哈哈大笑："侯爷，你可真是老成精啊，还真是陛下让我来的，让我临行之前，听你叮嘱几句。说到底陛下还是不放心我。"

张骞道："少季，你这话就说错了，陛下对你的赏识，那是毫无保留的。之所以让你来我这里，绝非什么叮嘱，而是我到底多吃了几年闲饭，你要想为出使之事找个人商议，我还是有可能帮得上一点忙的。"

安国少季摇头："侯爷差矣，西域和南越，情况完全不同。拿西域的经验来谈南越，那可等于刻舟求剑了。"

张骞："少季言之有理，言之有理啊。说到底还是我老了，脑子清醒的时候少，糊涂的时候就多了点。"

安国少季笑道："虽然如此，还要劳烦侯爷替我推荐一下副使的人选，说到挑选人，侯爷的眼光可是最犀利的。想当初侯爷二出西域，挑选副使，那叫一挑一个准。侯爷师出一无所获，但副使个个满载而归，这叫什么？这叫过人的眼光！当今天下，也就陛下和侯爷能有这份本事。”

“不敢不敢，”张骞拿出份名单来，“少季啊，你看这几个人怎么样？他们都曾跟我两度出使西域，有独当一面的能力，把事情交给他们，我是最放心的，所以才会向你推荐。”

安国少季接过名单，扫了一眼：“侯爷，你给我的这几个人选，最年轻的，孙子都已经娶媳妇了。除了这些老头子，侯爷你就不能给我推荐几个年轻点的吗？”

张骞变了脸色：“少季啊，我推荐这几个人，是有用意的。你虽老成，但性子不改少年时的冲动，容易为情绪所左右。我也知道说这话你不爱听，可找个年纪老成些的，弥补你年轻气盛易冲动的缺点。毕竟你这是出使，所谋者大啊。”

安国少季无奈把名单收起来：“侯爷也是一片好心，那我再考虑考虑吧。”

说罢，他站起来，向门外走去，走了几步停下来，笑着说道：“在侯爷眼里，我安国少季始终是那个为了女人，和知交好友斗剑于客栈的多情少年。侯爷啊，人会老，心会变，我安国少季，已经不复当年了。”

听着安国少季远去的笑声，张骞看了看眼前碰也未碰过的茶盏：“唉，说什么不复当年，连端起茶盏的礼貌都没有，就这样子出使番国，不捅出大娄子来，才是怪事！”

说完，张骞靠在椅子上，嘀咕了一句：“老了，说这么几句话就感觉乏累，就让我倚在这儿歇上一歇吧。”话音低弱，他昏昏睡了过去。

少顷，一个仆人蹑手蹑脚走近轻唤道：“侯爷，侯爷，到席榻上去睡吧，睡在这里容易着凉。侯爷？”拿手一推，张骞栽倒。仆人顿时发出一声哀号：

“不好了，侯爷死了！”

满朝碌碌

听说张骞去世的消息，汉武帝大为伤感：“张骞是位罕见的中正之士，自26岁出西域以来，始终都在报答朕对他的恩典。朕和张骞，既是君臣，也是难得的人生诤友。可惜天不假年，老天无情，夺走了朕最信得过的臣子。如今在这朝堂之上，衣冠衮衮，可又有几个比得了张骞？一个个钩心斗角，私欲泛滥。朕可要告诉你们，再这样下去，你们就没几天舒服日子了！

“朝廷，不是让你们混日子的地方！如今新一代的年轻人成长起来了，他们远比你们更忠心、更聪明、更有头脑，也更有能力和勇气。如果你们终日昏昏，抱残守缺，你们会看到自己是如何被优秀的子侄辈无情淘汰的！难道你们就真的没有一点危机感吗？给朕宣安国少季上殿！”

安国少季健步而入，拜倒于地：“陛下，臣恭祝陛下万岁万岁万万岁。”

汉武帝：“少季，你屡次三番上书非要见朕，有何事啊？”

安国少季：“启奏陛下，臣以前有个交情莫逆的朋友，叫赵婴齐。他是南越国赵眛之子，在我大汉当人质，当时为宫中侍卫。臣曾与婴齐联剑邯郸，还曾替婴齐出面，赴樛家说亲求婚。不久樛女为婴齐生了个儿子，起名叫赵兴。后婴齐一家返国，婴齐继位是为南越王，妻子樛女为后。近日臣闻，好友婴齐已然身死，子赵兴继位。王太后樛氏思念故国，仰怀天子圣恩，于是尽收朝中印信，上书朝廷，唯愿陛下开恩，让樛氏率南越举国回归，去国设郡，从此天下一统，海内安靖，岂不美欤？但臣想来，王太后樛氏归国之心，固然可悯，然归国事大，南越人不归王化久矣，人心滋扰，变在肘腋。所以臣想效法博望侯张骞，提三尺剑，入番禺城，助王太后樛氏率国来归，以分陛下南疆之忧，此诚臣之心愿也。”

汉武帝大喜，环顾左右：“听见了没有？你们听见了没有？当年的张骞，也和他一样的豪壮，一样的勇敢！朕就喜欢这种人才。张骞虽去，精神犹存，朕心甚慰啊！”

朝臣队伍里顿时发出一片嗡嗡声，全都在附和汉武帝，对安国少季赞扬不绝。只是声音微弱无力，且人人都在缩头缩尾，生恐赞扬的声音太大，被汉武帝点了将，那可就划不来了。

汉武帝这辈子最恨的就是大臣们的缩头缩尾。只听他哈哈一笑道：“少季啊，出使南越，与你少年游剑是不同的。那时节你只需要一腔豪气，而现在，你可是肩负着朕的无限期望的。”

“陛下休要担心，”安国少季道，“臣近来结识一位朋友，名叫魏臣，其人乃聂政、荆轲一类的剑侠人物，最是仰慕古时侠风，豪气冲天，力大无穷。臣以魏臣为副使，此行必然成功。”

汉武帝沉下脸来："少季，话不要说得那么满！朕已经说过了，你此行，不是少年人的任侠使性，隐忍不可缺，老成不可少。毕竟谋国之事，不是力气大的莽夫能够胜任得了的！"

这句话说得声色俱厉，安国少季不敢回应，群臣开始拼命往后缩，心说：来了来了，陛下要点将了，老天开眼，可别点到我头上。

果然，汉武帝凌厉的眼神扫过，怒吼道："司马相如死了，张骞也死了，难道朝中就没人可以为朕分忧了吗？"

朝堂之中是一片死寂，一潭死水般的死寂。

汉武帝盛怒之下，抬起一只手，正要点出几个有资格出使的大臣名字，这时候廊下突然响起一个清稚的声音："陛下，臣愿往！"

汉武帝定睛一看，顿时大喜："太好了，我大汉有像甘罗这样的人在，朕高枕无忧矣！"

少年请缨

一群沉默的朝臣中走出一个少年，自告奋勇道："陛下，臣愿请长缨，必羁南越王而致之阙下！"

这个人到底是谁呢?

君不见，弱冠系虏请长缨，自古少年出英雄。汉宫风云说终军，万古千秋是豪情。于朝堂之上，主动站出来请缨出使南越的，是一位少年臣子，名叫终军。

终军，少好学，博闻强识，能言善辩，文赋冠绝一时，18岁被举荐为博士弟子，出函谷关。过关时，守关的官吏递给他一件帛繻。终军诧异地问道："此为何物？"官吏回答："此物，就是个凭证，证明你是汉朝之人。等你回来后，验明正身，才会允许你入关。"

终军大怒，"啪"的一声把帛繻摔在地上，说："男子汉大丈夫，西出此关，终不复还！"

说罢，一脚踩了过去，守关官吏看得瞠目结舌。

理论上来说，终军这一去，就应该回不来了，但古人的记载也不知哪里出了岔子，总之他到了长安，成了汉武帝的近臣。

一次，终军随汉武帝到雍地祭祀，随从捕捉到一只异形兽，五蹄独角。同时，又见到一株奇异的合抱树。汉武帝问道："诸位爱卿，见此异物，是何征兆啊？"

终军越众而出，答道："陛下，臣自幼从书上得知，见此两种异物，人主安康，天下大治。"

汉武帝大喜："从哪本书上看来的？"

终军回答："臣记性不好，忘了。"

此次对答让汉武帝龙颜大悦，于是改年号为"元狩"。

另一件事是，汉武帝实行中央集权垄断，推行盐铁令，严禁民众私自煮盐冶铁。齐国百姓求生无路，遂有博士徐偃巡视当地，假汉武帝之令，仍允当地人煮盐冶铁，于是百姓皆称天子圣明。而徐偃因此遭到酷吏张汤的控告，被指假传天子诏令，按律当斩。徐偃据理力争，引《春秋》之语，解释自己的行为是合法的。张汤无言以对，不敢擅专，于是请示汉武帝。

汉武帝道："谁去一趟，噎死这个徐老头，他都快要把朕气死了！"

最擅辩术的终军挺身而出："臣愿往！"

于是，终军去和徐偃辩论："我来问你，《春秋》是什么时候的书？"

徐偃："乃春秋年间，圣人所著。"

终军："我再问你，现在是何年月？"

徐偃："现在是……圣明天子在位的大汉。"

终军："你可读过《韩非子》？可听说过刻舟求剑？徐老头，你拿上古的书来说现在的事，能行得通吗？"

徐偃正色道："少年，你岂能如此无耻！纵万古千秋，也改不了民以食为天这个最大的事实。岂有事易时移，百姓性命不重要的情况存在？"

但终军理也不理他，已经回去禀报自己赢了辩论。徐偃因此被治罪。

汉匈漠北战役后，匈奴主力被歼，无力再战。汉朝这边也是拼至绝境，没有余力灭亡匈奴。从此，双方展开了心照不宣的外交战役，使者频繁往来，都在等待己方恢复实力。但外交战也极为凶险，使者一言不慎就有可能再也回不来了。

于是，终军主动请缨，对汉武帝说："陛下，臣不过是一介刀笔吏，不谙战事，不能为陛下披坚执锐，擒杀大单于以分陛下之忧，臣常为此羞愧无地。现在臣愿尽心竭力，奉佐明使，画吉凶于单于之前。”

汉武帝大喜，真的把这个不到20岁的孩子派了出去。

终军抵达匈奴后，尽展舌辩之才，可怜那匈奴人汉语都不会讲，如何说得过他？于是，终军在外交场上扬大汉之威，得胜凯旋。

值此南方有警，朝臣畏缩，只有少年英雄终军主动请缨，汉武帝对他寄予了无限厚望，希望他能够成为外交场上的霍去病。

史上最长寿帝王

安国少季、终军及勇士魏臣一行，翻山越岭，渡江跨河，昼奔夜行，数日便抵达了南越国。

南越，又称南粤。秦始皇并吞天下时，南越是秦帝国的南海郡。到了秦灭亡时，南海郡尉赵佗起兵，兼并桂林郡和象郡，建立了南越国。

刘邦击败项羽，建立大汉帝国，赵佗先向刘邦称臣，后来发现这个大汉帝国不过如此，遂宣布独立。此后汉朝的历任君主，为了这个南越无不操碎了心，一心想吞并而不可得。直到汉景帝时代，南越赵佗仍然在位称帝。

南越帝赵佗，是人类历史上最长寿的帝王，活了足足103岁。到他死的时候，刘邦的子孙都已经有七代了。

赵佗的长寿，是南越太子的噩运。可怜的太子活不过赵佗，先行离开人世。赵佗去世之后，只能由孙子赵眜继位。

赵眜继位没两年，闽越国就打上门来。赵眜招架不住，赶紧向汉武帝称臣求援。

汉武帝大喜，立即遣大行令王恢远征闽越。却不料王恢未至，闽越国内乱，臣属恐战祸连连，遂暗杀闽越王，向汉朝求和。结果王恢不战而胜，这导致了王恢从此脑子不够用，长途奔驰去北部边关，接受豪民聂壹建议，意图在马邑道设伏诱歼匈奴大队人马，不想被匈奴军臣单于看破，从此掀开了汉匈大战的序幕。而王恢，被汉武帝追责，下狱自杀。这是前面已经说过的事。

当时的汉武帝一边挑衅匈奴，一边想诱南越王赵眜入宫，趁机拿下，南疆之患永久平息。但赵眜也非心眼不够之人，他接受了臣属的劝告，若去汉朝，必然不返，于是以退为进，一边宣示和平之意，一边派了二儿子赵婴齐入长安。

结果赵婴齐到了汉朝，权充侍卫，爱上了樛女，而樛女却对安国少季情有独钟。这场三角恋的结局，是赵婴齐抱得樛女归，返国后在汉武帝的支持下，成为南越第三任国王。

但赵婴齐福薄命短，英年早逝。他死后，樛女所生的儿子赵兴成为第三任南越王。赵兴年龄还小，王太后樛女主政，孤身异域，风土大异。她渴望回到故乡，于是收南越诸臣之印，向汉武帝发出请求。

汉武帝大喜，策划了这么一次行动，以和王太后樛女有过肌肤之亲、至今情愫不断的安国少季为汉朝秘密武器，以能言善辩的少年英雄终军为宣抚使，赴南越宣读汉武帝的旨意，传南越太后樛氏并少主赵兴赴长安觐见，汉武帝将按汉朝诸侯的待遇安置此二人。但如果此行不顺，就由勇士魏臣露两手，让他们见识一下北地豪侠的身手，以督促他们启程。

为了以防万一，汉武帝另派卫尉路博德统兵马一支，屯桂阳。路博德曾随霍去病远征匈奴，称得上沙场老将。有他在后方坐镇，汉武帝信心满满。

安国少季抵达南越王庭，太后樛氏、少主赵兴及老丞相吕嘉相见。

安国少季宣旨，汉朝皇帝全面接受南越太后的要求，此后南越国比照诸侯待遇，南越王可三年朝拜一次，取消边境关隘，从此两国相通。另外赐南越王丞相吕嘉银质印信，赐内史、中尉、太傅印信。圣旨上还承诺，此后南越国的官吏，自己决定设置，天子不过问。但必须取消南越国现有的脸上刺字及割鼻子的刑罚，此后南越国的法令改为汉朝律条。汉朝的使者，此后就留在南越，尽到对吏民的安抚责任。

安国少季宣读完毕，抬起头来，仰视樛太后。

分手日久，樛氏在宫中过着锦衣玉食的日子，居移气，养移体，变得比少女时代更白更胖，但华服凤簪的装扮，使得她比在长安城时更平添了几分夺人的高贵之气。

看到昔日老情人安国少季如今就在自己面前，樛太后不由得感到一种久违的激动。

于是，樛太后下令诸人退下，威严道："容哀家与汉使说几句家乡话。"

更无一个是男儿

隔日，安国少季从王宫中回来，和终军、魏臣开会，交流信息。

安国少季说："才明白樛太后为何要回归故国，原来这南越的王庭竟如虚设，无异傀儡。南越国人都把太后和少主视为中国人，对他们心存疑虑，纵有号令，也推三阻四不予执行。而朝中阻碍王命执行的大反派，就是老不死的丞相吕嘉。吕嘉其人，早在南越开国时就担任丞相，后来辅佐二任主赵眛，现在又是少主赵兴的丞相。他树大根深，历任三朝，家族中人于朝中为官者，有七十多人。这个王庭，与其说是南越王的，莫如说是他吕嘉的。而且，吕嘉族中的男子，娶的都是王族之女，吕嘉家族中的女子，全都嫁给了王族，敢情这赵氏王族与吕家，两姓相互嫁来娶去，肉全烂在锅里，全都是一家人。实际上吕嘉的势力远比南越王大，他还和苍梧的秦王赵光有亲族关系。简单说来就是，在这南越王庭之上，少主赵兴和太后樛氏发出的号令没有一点威信。"

终军听得头大："好复杂，樛太后还说什么了？"

安国少季回答："太后说，她和少主，名为国主，实际上等同于被困宫中。身边没有可信之人，所举没有可行之事。此前太后与少主，多次上书汉廷，急欲思归，却总是被吕嘉所阻。所以，要想完成任务，救樛太后与少主出宫，带他们重返汉朝，就必须解决吕嘉！"

终军："解决吕嘉，可有腹案？"

安国少季："腹案这东西嘛，我来之前，并没料到情报如此复杂。还以为这天下王庭俱如我们汉廷，陛下专断独裁，令出法随。想不到世上竟然有说话没人听的王侯。这，太出人意料了。"

终军："真的好生奇怪，南越果然是化外蛮地。这里丞相的权力怎么会比国王还大呢？真是岂有此理！"

安国少季："你这不废话吗？若非如此，人家太后少主好端端地享受荣华富贵，何苦非要去你汉朝只做个小诸侯？"

终军："那眼下这局面，如何解决？"

安国少季："你怎么来问我？你主动请缨，不就是来解决这个问题的吗？"

终军急了："我是主动请缨，但请缨时也不知道樛太后和少主形如囚徒啊，还以为樛太后和少主举棋不定，犹豫不决，本欲逞三寸不烂之舌，说得他们消除疑虑，率国来投，怎料事情如此复杂离奇。”

安国少季：“现在也没什么区别，只不过你这三寸不烂之舌，不需要说给樛太后和少主，而是要说给吕嘉听，能把吕嘉说服，也是奇功一件。”

终军：“那好，请你发出天使符节，宣吕嘉来见。”

安国少季：“也只能这么着了，死马就当活马医吧。”

于是派了随从，手持使者符节，往召吕嘉。不久，使者回来，说：“小人适才到了南越相爷的府上，呈报使令，可是那守门人说，‘哎呀，你这个北方蛮子说话好难懂，是不是要请我家相爷赴宴啊？如果是这样，那你来得真不巧，现在相爷患病，吩咐过门人不见外客的，改日吧’。”

改日？安国少季和终军面面相觑。这吕嘉，好大的盘口，竟然连天朝上使的邀请都不当回事。

安国少季和终军没办法，等了几天，只好再派人去请吕嘉，可是吕嘉仍称病不出。终军急了，想直奔吕嘉相府，面见吕嘉展开舌辩，却被安国少季所阻。

安国少季说：“不可，此举万万不可，我们可是天朝上使，吕嘉不肯来见，已经让我们没面子，严重削弱了我大汉在南越人心目中的威信。如果你一意孤行，径闯相府，被吕嘉挡在门外，见都不见你，那咱们就把人丢光了，彻底沦为笑柄。”

“那这事怎么办？”终军急了，“总不能让魏臣打进相府吧？”

武人魏臣，是个一点就着的暴脾气，怒道：“开什么玩笑？凭我一人之力，岂能杀入戒备森严的相府？如果能杀进去，那还叫相府吗？”

这也不行，那也不行，南越之行，使者团竟然陷入僵局之中。就这样僵持了好多日子，终于把宫中的樛太后激怒了。

樛太后说：“你们还是爷们儿吧？一群大男人，坐困愁城，苦思无计，真是丢尽了大汉的脸！”

四万万人齐傻眼，更无一个是男儿！让我们女人来吧！

朝宴杀机，太后操矛

唯恐丞相吕嘉抢先发难，杀入王庭，樛太后主动出击，以宴请汉朝来使的名义，下旨在宫中设宴，百官均需到场。

也只有这一个办法，能够把吕嘉引出来。

到了日子，王宫门外车马络绎，百官纷纷到会，差不多人都到齐了，唯独缺了丞相吕嘉。樛太后的脸色，变得说不出的难看。

宴会时间到了，丞相吕嘉仍然不见人影。正当众人心里疑惑之时，忽报说王庭门外，有一队森严的兵甲由大将军统领，迅速地将王宫包围。又过了一会儿，才听见门官传报："丞相吕嘉大人到。"

只见一个衰朽的老翁，被几个下人搀扶着，一步一咳步入宫来。宫中所有人轰然肃立，恭身叫道："相爷大人好。"

"咳，咳咳，各位同僚好。"随着吕嘉这有气无力的声音，朝中百官潮水般涌过去，将吕嘉围在当中，纷纷问候。汉使安国少季、终军并魏臣看得目瞪口呆，面面相觑。老天爷，原来这南越朝堂全都是吕嘉的家人，只有他们三个，再加上樛太后，在这个庞大家族面前形同于无。

怪不得樛太后想要归国，这么个地方，哪个正常人待得下去？

百官们依次上前问候吕嘉，纷纷攘攘，折腾了好久，这才慢慢落座。樛太后脸色铁青，坐在那里一言不发。只听吕嘉笑道："唉，老了，身子骨也不行了，每次入宫来都像是要了老夫的命。少主还好吗？身体可安康？太后的气色比以前好些了，喝得惯我们南方人煲的汤吧？"

樛氏不吭声，少主赵兴是个眉目清秀的孩子，举起杯来敬道："谢丞相过问，丞相须以国事为重，无论如何也要保重身体。"

吕嘉咳嗽道："咳，咳，老臣老矣，衰朽残年，蒙少主挂念，老臣感激不尽，铭记于心。"

接下来有朝臣询问吕嘉家人近况，吕嘉回答，这些人全都是打断骨头连着筋的亲戚，一个问完了另一个问，问过了阿公问阿婆。威严的王宫国宴，瞬间变成了吕家人的家事讨论大会。没人理会三名汉廷来使，也无人再搭理樛太后。安国少季和终军如坐针毡，拿眼偷看樛太后，只见她正襟危坐，眼睑低垂，仿佛已游离出这陌生的国度。

武人魏臣把自己的座位稍微向后拉了拉，与安国少季并终军隔开距离。这意思是说：你们的事儿，咱不掺和了，你们爱怎么玩，就怎么玩吧。

安国少季脸色铁青，却又不好当面责难魏臣。

宴会持续了好长时间，终于，吕嘉捧盏转向了被冷落太久的汉使：“咳咳，这几位远道上朝的来使，英气内敛，蕴智含珠，老朽生平竟有机缘得见上国衣冠人物，实在是三生有幸，三生有幸啊。”

安国少季终于等到了说话的机会，当即大声道：“老丞相请了，我等奉天子之命，宣抚宝地，传天子意旨，南越王及太后可三年觐见一次，不知丞相之意如何啊？”

“太好了！”吕嘉满脸激动的表情，“老朽生平侍奉过三任君王，说到觐见大汉天子，早在我南越开国时就有此意。到了二任君在位，日日夜夜，想的都是这件事。如今圣主在位，此事终于提上议事日程，老朽我，咳咳，老朽喜不自胜啊。”

终军插进来一句：“幸蒙丞相深明大义，我等感激不尽，但不知启行日程，丞相是怎么考虑的？”

“这个，”吕嘉正色道，“这要听取少主与太后的意见，老朽身为臣子，一切听少主吩咐。”

“不对吧？”樛太后冰冷的声音响了起来，“哀家记得，丞相以前可不是这么说的！”

吕嘉满脸茫然，眼神无辜：“太后这话，让老臣羞愧，不知此话从何说起啊？”

樛太后遽然变色：“吕嘉，你这只老狐狸，少玩人前一套人后一套的鬼把戏。哀家问你，哀家和少主屡次三番让你安排赴汉朝觐见天子事宜，你为何推三阻四，迟迟不办？”

樛太后突然发难，把安国少季和终军吓了一跳。两人生于汉朝，长于汉朝，浸淫汉朝的权力文化久矣。最讲究一个话只说半截，留三分见面余地。哪怕在战场上杀得血流成河，宴会上仍然一团和气，从未见过如樛太后这般当面把人戳穿。事发突然，两人不知所措，都在心里埋怨樛氏终究是民间出身的女子，不识大体不顾大局。

果然，樛太后当面发难，吕嘉却只是哈哈一笑：“太后啊，你误会老臣了。须知谋国事大，不可与寻常人家搬家相比，所以要深思熟虑，方方面面都要顾及。”

“胡说！”樛太后根本不理会吕嘉的解释，厉声喝道，“我南越小国，归属汉朝是迟早之事，如今圣主虽然年幼，却以百姓身家性命为计，不惜派使相请。此事有利于国，有利于民，有利于天下，丞相你为何执意阻拦？你到底安的是什么心？”

“言重了，太后言重了，”吕嘉痛心疾首，“百官在此，你们是知道老臣的，老臣为了国家殚精竭虑，不敢有丝毫懈怠。太后如此指责，老臣我……百死莫赎啊！”

樛太后叱道：“吕嘉，事已至此，你还敢胡说八道，蛊惑人心？来人，给哀家拿下！”

说到“拿下”两字，樛太后“腾”的一声站起来，掷盏于地，目视三名汉使，等他们几个动手。

可三个汉使哪想过这事？这可不是在自家汉廷上，只要天子喝一声“拿下”，就会有黄衣武士现身，当场将人拖走。他们以为太后既然下令，王宫中自然会有人执行命令。可眼下，太后的命令根本没人理会，太后指望的，是他们三人出手。

安国少季手忙脚乱，扭头去看终军。终军回头去找据说力大无穷、武力过人的勇士魏臣，可魏臣佯装喝多了，伏案不睬。

只是这愣怔的工夫，百官已经乱起来，三名汉使面前，涌上来一群朝官，七嘴八舌地说着当地方言，其意在阻止三人的行动。

樛太后的忍耐已到极限，只听她尖叫一声，竟然从身后拿出一柄长矛，握在手上，大喝一声：“吕嘉老贼，你欺负我孤儿寡母无助是不是？今天不是你死，就是我亡！”

太后持矛疾冲，朝堂上无人敢阻。就在这时，少主赵兴突然冲上前来，一把抱住樛太后的腿：“母后，你清醒清醒，不要冲动，你看武士们入宫来了。”

担任南越大将军的吕嘉亲弟弟，已经率甲士疾冲起来，护住吕嘉，不看樛太后一眼，转身便走。顷刻之间，宫中百官散尽，只有樛太后手拄长矛，面如死灰，呆然而立。偌大的朝堂之上，樛太后和三名满脸茫然的汉使，犹如几个死人，寂静无语。

满朝文武皆吃货

接到安国少季发来的急报，汉武帝看后大怒："安国少季这个饭桶，这么点小事都办不成！此番南越王室已决意归属，不过是一个快死的丞相阻路，他竟然无计可施，实是让朕失望！"

于是，汉武帝叫来大臣庄参："朕现在传你旨意，由你率两千人突入南越，携南越王和太后入朝觐见。"

不想庄参并不接旨："等等，陛下，您是让臣去做使者吗？要是做使者的话，那边已经有了咱们的精英使者团，会说的有，能打的也有，臣去了也是多余。"

汉武帝道："当然不是做使者。"

庄参："既然不是做使者，那就是与南越接仗了。可是陛下，南越国虽小，但两千人马，真的不够人家打的。臣请陛下多拨兵马，否则臣难当此任。"

汉武帝怒火攻心："时机难得，稍纵即逝。这种事要的是乘虚而入，快刀斩乱麻。若待大规模作战，单是准备工作就得持续一段时间，莫非你想抗旨？"

庄参："臣虽无能，但还没笨到家，不敢从命。"

"大胆！"汉武帝当场将庄参革职，逐出朝廷。

放眼朝堂之下，汉武帝心里说不尽的悲哀："满朝都是酒囊饭袋，就没个有真才实学的人替朕分忧吗？"

这时候，朝臣队伍的末尾走出一人："陛下，臣愿提精兵两千赴南越国，携其国主来朝。"

汉武帝大喜："你是何人？朕看你模样好面生。"

那人答道："回陛下，臣是郏县人氏韩千秋，曾出任济北国国相。"

"好，就是你了。"汉武帝精神大振，"韩千秋，满朝庸臣，朕只见到你这么一个勇士。南越国德政不修，太后与丞相朝堂上矛枪相见，其国兵治必然无备，这是你立下不世功业的最好时机，朕亲自为你壮行，等你得胜归来。"

韩千秋："臣，领旨。"

汉武帝："对了，朕再给派个帮手，南越国樛太后的亲弟弟樛乐，望你二人同心协力，为朕立下不朽功勋。"

勇士韩千秋并樛乐率两千人出发。时隔不久，南方有快马报来消息：

“报！勇士韩千秋并樛乐率两千人突入南越，破十余城，杀至距番禺不足四十里的石门，遭到南越军疯狂反扑，韩千秋并两千人尽皆死国，南越王赵兴并太后，以及使者安国少季、终军并魏臣，悉为丞相吕嘉攻杀。”

“什么？”汉武帝如遭雷击，气得颤抖，“大胆吕嘉，朕不灭你南越，誓不罢休！”

当汉武帝陷入愤怒时，他没有注意到，在他的身后，有一个人正在微笑。

金日磾！休屠王王子。他等待这个时机，已经太久太久。

他为灭了他部落的汉武帝准备了盛大的厚礼。他在汉朝朝堂中的隐秘政治活动，已取得突破性进展，这将让此后的历史布满愁云惨雾，变得扑朔迷离。

第十三章

爱国者捣蛋

山雨欲来风满楼

道德模范卜式的府邸。门外忽然传来几声叩门响和一个家奴诚惶诚恐的禀报声："老爷，不得了了，咱家的商队又被官府查扣了。"

"又查扣了？"卜式失笑道，"这是第几次了？自打我们卜家的忠君爱国号商队上路以来，汉朝的情形堪称波涛汹涌啊。什么匈奴派来的奸细啊，拿了匈奴银子的卖国贼啊，全都跳出来了，处处与我们卜家作对。我卜式忠君有什么罪？我爱国有什么错？值得这些人大张旗鼓大动干戈？哼，我早就给陛下上奏过的，请陛下对那些匈奴奸细和卖国贼来一次漂亮的收网行动，把他们统统送上沙场……"

说到这里，他又冷哼一声，对着门口吩咐道："知道了，多大点的事儿啊，让大公子去衙司走一趟，问问他们，他们到底是谁家的衙司？对我们卜家又是个什么态度？对陛下究竟是个什么态度？让大公子把商队领出来，就没事了。"

"不是，老爷，"门外的家奴急声道，"这次事态有点严重，大公子他……他和商队一并被衙司锁拿了。"

"什么？"这一次卜式想不吃惊都不可能了。他"腾"地站起来道，"看来这次可是大风暴了。那就来吧，我卜式，不怕你们这些匈奴奸细，誓与尔等周旋到底！"

这次不上陛下的当

轿子在缉捕衙司门前停下，一个家奴弯腰掀起轿帘，卜式板着一张忧国忧民的脸，动作缓慢地环顾左右。

衙司左边，是堆积如小山般被查扣的商货，每堆商货边上都有几个戴着枷锁的人，应该是违反朝廷政令私自贩运商货的货主。

衙司右边，是一排排囚笼，笼里关着的全是年轻女子。这些女人，都是犯官或犯民的妻女，按朝廷法令，这些女人一律充官拍卖。卖得的银钱，用来充当朝廷的军资费用。

卜式注意到，囚笼中的女子，不乏细皮嫩肉、虽面目凄苦仍不失温婉气质的富家或官家之女。这些美女是官市上最抢手的货，一上市就会被抢购一空。

一个满脸凶狠的年轻人从衙司走出来，他就是负责缉捕私商的都捕。那双犀利的眼睛，一眼就窥破了卜式的心思。

只见他上前一步，笑道："卜老爷，你可来了，恰好昨儿个陛下震怒，没官了两家侯爷之女，正值妙龄，我吩咐过先行造册暂不上市，就是给老爷你留着呢。"

"侯爷之女……"卜式嘀咕了一声，"没见识！陛下封侯，除了像飞将军李广那种干到死也封不到个侯之外，朝官捕吏、鸡鸣狗盗之徒，封侯却比茅坑拉屎还要容易，昨日还在村东口烂泥里挖芋头的野丫头，稍不留神就是侯门之女了，买回家洗八百遍还是满身的腥泥味。哼，老夫上陛下这个当久矣，这次不进套了。"

卜式仰头望天，做悲痛欲绝状："这世道，要变了吗？匈奴奸细和卖国贼们又在兴风作浪了吗？为什么忠心耿耿的爱国人士，却要一次次受到打击和羞辱？"

都捕一脸茫然："卜老爷，此话从何说起啊？"

卜式缓慢扭头："为何我那一心忠君报国的犬子会被你们捉来？这里边一定是出了什么误会！"

"有这事？"都捕大为吃惊。

"你……"卜式气得浑身颤抖，"你看清楚了，他就被枷械在那边，和一堆烂泥在一起！"

“怎么会这样？”都捕震愕已经到了极点，“卜老爷莫急，等我去查查看……”说罢，掉头就跑进衙司。

片刻，都捕脸色凝重地出来：“卜老爷，这事……”

“到底是谁下的令？”眼见儿子被枷械遭罪，卜式急了，厉声问道。

都捕回答：“是大农令。”

卜式的脸色大变：“桑弘羊！你这个匈奴奸细，我早就知道，你迟早会有一天跳出来，向我们这些忠君爱国之士发难！”

伤自尊了

卜式进门就听到美妙的弦乐之声，远处轩厅人影往来，能清晰地看到衣着华丽的乐女正坐于堂中演奏。

没人来迎接他，卜式只好忍住心里的屈辱，一步步往里走。到了轩厅门前，就看到主位之上坐着一个五绺长须的瘦子。桑弘羊这般形貌，是卜式最讨厌的。卜式喜欢年轻人，年轻人在他面前，总是抑制不住惊喜和激动，对他深受天子恩宠充满了景仰和羡慕。他厌憎比自己年长的人，那些老家伙，总是能一眼看穿他的心理，让他很不自在。

他一脚踏进门，仍不见有人理睬他。桑弘羊端坐在上，手拿杯盏，正与左右两边的人聊得起兴。

左边是个肥腻的胖子，满身赘肉。右边则是一个精明强干的中年人，双目低垂，但开阖之间，精光骇人。这两个人，就是名满天下的大盐商东郭咸阳与大铁商孔仅。这其中，肥腻的东郭咸阳和卜式还是老乡，只是卜式曾多次暗示拜访，却未获得东郭咸阳的丝毫响应。

卜式进门来，桑弘羊和东郭咸阳只顾热烈交谈，根本没看到他。坐在右边丝毫不起眼的孔仅，却闪了一下眼睛，轻叩桑弘羊的案几，意在提醒他有客人来了。

孔仅的观察能力，令卜式暗暗心寒，心说倘若我一定要有个敌人，但愿不是孔仅。

至于桑弘羊，他转过脸来，带有几分茫然地看着卜式，半晌才恍然大悟：

“是你，那个卜……就是嚷着带全家上沙场的卜什么来着？对了，叫卜式，你应该是为令郎的事来的吧？”

“没错！”卜式悲愤道，“我是生平第一次踏进大司农府，府门前没看到通报的门丁，就一个人晃悠悠地走进来了，请大司农恕卜式擅闯之罪。”

卜式这句话，是有内涵的，他在暗示自己在桑弘羊的府上遭到冷遇。如果桑弘羊是个明白人，就应该当场向他道歉。

不承想，桑弘羊却是当时官场极为少见的技术官僚型，他的特点是简明扼要，不事虚礼，根本不理会卜式的言外之意，而是如连珠炮般干脆利索地说道：

“安国少季一行覆灭于南越，因此陛下对南用兵，势在必行。但说到用兵，第一没有人手，青壮年都在漠北战场上打光了，连老翁都送上了战场，如今街头巷尾，只见白发苍苍的老妪。不知陛下如何解决这个问题。但第二个问题落在本府这里，为筹措战事款银，朝廷已经宣布停止一切民间贸易，一切商务由官府经营。有犯禁者，一律充军上战场。”

卜式默不作声，看着桑弘羊那两片迅速翕动的嘴唇，听他说道：“如今道路空旷，商旅绝行。可是贵府公子却驱赶着一票商号公然上路，挑衅朝廷威严。更荒唐的是，贵家公子的商号，还插着面小旗，叫什么忠君爱国票号。你走私就是走私，贩运就是贩运，这跟忠君爱国有何关系？你以为打着爱国的旗号，就可以为所欲为了吗？我桑弘羊不吃你这套！”

卜式板着一张悲愤的脸，一声不吭。

桑弘羊继续道：“是我亲自下令拿下的令郎。按律，令郎应该充军送上南越战场。这岂不正是你孜孜以求的梦想吗？”

这时候孔仅探身，在桑弘羊的案几上叩了一下，替卜式说情。

可是桑弘羊不为所动：“律令就是律令，不为任何人所通融。”

孔仅又在桑弘羊的案几上叩了一下。

桑弘羊犹豫了：“嗯，虽说律令就是律令，但你卜家，是陛下亲自彰显的道德典范，是万民的一面旗帜。如果令郎因罪而充军，必然是震动朝野的大事。这样吧，此事到此终止，你可以拿我的手令，将令郎带回家。但有一条，此事可一而不可再，倘他再敢触及国法，恐怕天子面前，你也无可辩白。”

卜式谢过大司农，低下头，长舒一口气。

无论如何，儿子总算是平安无事了。接下来的工作，相对来说就简单了。

这个桑弘羊太伤人尊严了，一定要弄死他！

云端浮城

车仗停下，公孙卿急忙上前接驾："化外野民，恭迎陛下。"

汉武帝应了一声，仔细地扫视着这个奇异的人。

公孙卿，是那种你无论怎么猜也猜不透他年龄的人。气质儒雅，皮肤白嫩，几绺须髯，根根透肉，自带一种洒脱飘逸的气质。此人是世俗仙人中较为低调的那一种，因向汉武帝献天书而知名。有关黄帝乘龙升天，臣属揪着天龙的须髯而上，扯断龙须而纷纷从半空坠下的宏大叙述，就是此人的始创。

汉武帝暗中派人查过公孙卿的来历，但也没查出个什么名堂。问东方朔，也是含含糊糊、语焉不详。总之能够确认，公孙卿应该是到过瑶池，也和东方朔一样偷吃过仙果之类，所以形貌才会如此的奇特。

汉武帝脚趾微动，车前立即有三个人行动起来，接奉天子落仗。

此三人者：身材高大、隆鼻深目的金日磾，少年英雄霍去病的异母弟弟霍光，以及霍去病才刚满14岁的儿子霍子侯。

目前汉武帝允许接近他身边的，就这三个人。一个隐秘的、真正的权力中心正在隐然崛起。

这是汉武帝元鼎六年（公元前111年），汉武帝46岁，正值壮年。

这个年龄的男人，心智已经极为成熟。如果他不喜欢，谁也欺骗不了他。但如果他喜欢，那就不好说了。

汉武帝落车，金日磾与霍光左右搀扶。他转向公孙卿："真的看到了？"

公孙卿："臣亲眼所见。"

汉武帝："具体是怎么个情形？"

公孙卿道："陛下，那一日，臣经此而过，忽然听到一丝绝美的乐声，有种似曾相识之感。臣恍然之际，忽然想起，过去臣游瑶池时，依稀曾闻听此律。这是仙乐，必有仙人经过。

"于是臣留神四看，只见西边天际，烟云滚滚，隐现出一座巍峨城池，城中尽皆上古衣冠，往来穿行。仙人所行，或赤足御风，或座下异兽。偶见天女悠然飘逸，漫空洒下华丽的繁花。臣心里想起了陛下的嘱托，就立即诚心默念，希冀仙人能够近前一晤，可是仙人却如风散尽，半空中只见一条白龙的光影掠过，伴随着云端古城的远去，再也不闻仙乐异香。"

汉武帝爱听不听的样子，失笑道："公孙卿，你莫非想学少翁和栾大？这两个家伙，前一个把帛书喂给牛吃，后一个在泰山脚下客栈躲藏多日，结果都被朕识破，送了两条小命。"

公孙卿摇头："陛下，可否允许臣问个问题？"

汉武帝："准奏。"

公孙卿："请问陛下，仙人在人世间可有所求？"

汉武帝喟然怅望天际，满脸落寞："仙人居于天界，不化不生，不朽不灭，与天地同在，与日月同光，在这悲哀的人世复有何求？"

公孙卿道："陛下，正是这个道理。仙人在这尘界并无所求，是凡人求仙，而非天仙求人。既然是求仙，就要表现出清宽，心要大，胸要宽，宁可碰错，不可错过，臣斗胆请陛下想想，是不是这个理？"

汉武帝冷声道："理是这么个理，但是证据呢？"

公孙卿疑惑道："证据？"

"对，"汉武帝道，"你说此地有仙人出没，可有证据？"

公孙卿："臣斗胆请陛下低头。"

汉武帝低头一看，顿时遽然变色：这仙人留下来的脚印，可真不小！朕居然就站在仙人足迹的大拇脚趾处，这莫非是个大足仙？

于是，汉武帝传旨，命各郡国修葺道路，整治观宇、名山并神祠，一旦发现仙人踪迹，不管是大足仙还是小绿人，要立即向朝廷禀报。

犀利如炬

汉武帝坐下来，吩咐道："把卜式的上书拿过来。"

卜式的上书？霍光脸上现出惊讶之色，看了看金日磾。金日磾不动神色，只要汉武帝身边还有第三个人，他就绝不说话，把说话的机会让给别人，把犯错误的机会也留给别人。这位过去的匈奴小王子，虽是夷狄，却远比朝中任何一个人更明白言多必有失的道理。

霍子侯却忍不住叫起来："陛下，您刚刚上朝理政，怎么就知道卜式上书了？"

汉武帝冷笑："这么个人，无知无识，心术又不正，文无安邦之才，武无拓边之能，朕却赐他良田美女，让他养尊处优，所为何来？不过是因为他比别的人更明白朕的心思罢了。"

汉武帝顿了顿，沉声问道："他的上书是怎么说的？"

霍子侯展开一道奏折，回答道："陛下，卜式的上书是这么说的。他请求陛下允许他献出全家的良田女眷，让他和儿子一道赴南越参战。他要生擒南越丞相吕嘉，执南越王赵建德交由陛下问罪。"

良田女眷？汉武帝皱起眉头："卜式的意思，是想再要点田产，再让朕赏他几个妙龄女子。不过，他的上书中为什么偏偏要提到他的儿子？莫非他的儿子触犯刑律了？"

"给朕查一查。"汉武帝吩咐霍光道，"不要引人注目，查清楚了报给朕就是了。"

"臣领旨。"霍光俯首道。

汉武帝继续道："传朕旨意，封卜式关内侯，赐黄金六百……嗯，六十斤，再给他良田百顷……不，良田十顷。"

艰难时期，钱还是省着点花吧。

"把卜式的上书昭示天下，让每个人都看到。还有，让卜式父子披红挂绿，赴列侯之门宣读他的上书。要在最短时间内，巡游每一户列侯府。"

霍光失笑，抬眼看看金日磾。

如今在朝在野，被封列侯之家，几近千人。让卜式父子一家家走过来，就算累不死他，也把他的舌头磨出大泡来。

看来，陛下其实很讨厌卜式。

为列侯挖个墓穴

十几天后，汉武帝登座，问霍光道："卜式巡游列侯的事，完成得怎么样了？”

霍光奏道：“启奏陛下，臣闻卜式父子，驱车如飞，如电光石火，一日要疾奔于数十家列侯门前，就连入夜也不休息，挑灯宣读陛下诏旨。近千家列侯，已于日前宣游完毕。”

“够快的啊，”汉武帝笑道，“都有几家列侯响应啊？”

这次霍光不吭声了，连霍子侯都紧紧地把嘴巴抿上。

“怎么，一户也没有吗？”汉武帝哈哈大笑起来，“这似乎并不出乎朕之所料啊。”

“对了，”汉武帝又想起什么来，问霍光，“卜式儿子的事情，可有结果报来？”

霍光答道：“回陛下，尚未有结果。”

汉武帝收敛心神，说道：“朕早就说过的，我大汉是讲律法的，律法面前无论是列侯还是布衣，概不容恕。传朕旨意，卜式忠心为国，以其为御史大夫。让他立即制订一条新律法，把这些私心作祟、不肯献出女儿金帛的列侯统统装进去！朕要听到那些列侯的妻子女儿们彻夜不休、绕梁不绝的哭声。”

这条律法，卜式早就为汉武帝准备好了。这边任职的圣旨一到，使者就带着卜式制订的新律法回来了。

新律法规定：祭祀之日，列侯须献黄金助祭，若成色不足或缺斤短两者，概以不敬之名问罪。

这条律法，听起来制订得容易，但卜式委实是煞费了苦心。就在使者宣旨之后，他避入内室，一个人负手在屋子里走来走去，自言自语道：

“桑弘羊？这个隐藏在朝廷内部的匈奴奸细，肯定和南越有不可告人的勾当。为了帝国的千秋万代，我必须替天子除掉他。不除掉他必有后患。可如何除掉他呢？告诉陛下他贪贿？这招不管用！

“陛下身边的臣子，哪个是省油的灯？哪个不公然贪贿？倒是飞将军李广不贪贿，知道陛下为何偏偏就不喜欢他，死也不给他封侯了吧？

“桑弘羊可不是李广，他丝毫也不会亏待自己。明里暗里，他捞了不知多少。陛下对此心知肚明，只不过还要指望他来筹措庞大的战争经费……对了，何不控告他筹措军资不力？这招应该会有效果！

“唯一的麻烦是，要保护陛下江山永固，除掉桑弘羊，就必须先把丞相装进去，让他沦为陛下基业的牺牲品。

“现在的丞相，是赵周。赵周，世袭高陵侯。其父叫赵夷吾，曾任楚郡国太傅，因为不从楚王反叛，被杀掉了。陛下就是看他们一家好欺负，才捡了他来做丞相，无非等这个时候拿来试刀而已。”

就他了。

厮杀是那么快意

旬日，丞相赵周下狱。罪名是：明知列侯所献黄金数量不足，却不上报。

同日，赵周死于狱中，诏书称其自杀身亡。

与赵周同日而死者，有列侯106人，罪名都是所献黄金数量不足或成色不纯。这些列侯的妻子女儿及家产，悉数没官。

京师的获罪列侯，阖族男丁被戴上重枷，集结于监狱门外。御史大夫卜式摆开轿仗，带着儿子赶到，对这些人训话。

卜式站在台阶之上，说：“几天前，我曾经告诫过你们，陛下对你们的征召，是绝对真诚的。大好男儿，志在远方，建功立业，血染沙场。成者如霍去病，威炳史册，千古流芳。失者如终军，如安国少季，纵不能执番君问罪于朝廷，也要在青史留下请缨之名。仰天出门，轻掷头颅，这样的人生，才是你们应该追求的。生而为男，怎么可以躲在祖荫之下，贪恋儿女情长？

“你们，都是有罪之人，罪不可恕！

“但陛下仁慈宽恩，没有追究你们的弥天大罪，而是宽厚地给了你们一个机会，让你们在沙场之上，重新赢回你们的荣誉。南疆不远，夜路迢迢。过去秦始皇打造的郡县制，让你们生活的世界成为一个大囚笼，不，成为一个大军营。你们每个人，都在朝廷登记造册，从出生那一天，你们就居住在指定的地方，你们是看守，也是囚犯。当你们踏上这条不归路时，就知道你自打生下来就已经加入陛下拓疆的宏图伟业中来。如果你们更早知道自己存在的意义，那么今天在这里，为你们饯行的，不是我而是你们的父兄。但是愚昧蒙住了你们的双眼，直到现在，陛下重新唤回你们与生俱来的使命。

“前方就是战场，用你们的刀枪，洗尽锦衣玉食、花前月下带给你们的耻辱。就从现在开始，向前，越过高山，涉过长河，帝业在征召，战场在前方，厮杀是那么快意。当你们载誉归来，你们家族那破败的门楣，必将重放光彩！”

身后，一个人适时接过话头。这句话，顿时引发了囚犯们的一片号啕。

卜式恼火地回头一看，只见大司农桑弘羊不疾不徐地下车，阴阳怪气地冷笑道：“御史大夫，你很卖力嘛。”

“尽职而已。”卜式冷冰冰回答道。

桑弘羊走过来，仔细地打量着这支披枷戴锁的囚徒军，说道：“队伍里，好像差了两个人啊。”

卜式心里明白，桑弘羊这句话的意思，是暗讽他们卜家父子，也应该站在这支囚徒军里。但桑弘羊虽然不在权力中心，却是汉武帝最为信任的少数几个重臣。卜式一纸上书，连丞相赵周都能够下狱杀掉，却唯独拿桑弘羊没办法。他在心里发恨，脸上却堆满了笑容：“大司农，这支囚徒军，我已经编排好了，他们出征后的粮银度支，就有赖大司农了。希望这支军队能如陛下所愿，早日抵达南越，擒获番王赵建德与吕嘉。”

桑弘羊哈哈大笑道：“御史大夫，你这玩笑开得大了。南越在什么地方？千里迢迢啊，等到这支囚徒军一路经行，进入荒僻之地水土不服，上吐下泻，死净死绝之后，南越那边的战事早就结束了。”

说这番话时，桑弘羊有意提高声音，让所有的囚徒都听清楚。只见那些人面色如土，再度发出濒死般的号啕。

卜式变了脸色：“大司农，你这话说得可不妥当。我天朝大军，疾掠如火，不动如山，攻无不克，战无不胜，只有对陛下怀叵测之心者，才会出言诋毁我天朝大军。”

桑弘羊回答道：“所以，御史大夫你可要小心了，不要散布那些诋毁圣明天子的言论了，这对你在朝廷中的前程，可不是什么好事。”

卜式气得鼻孔翻转：“大司农，那句话明明是你说的。”

“我说什么了？”桑弘羊茫然地东看西望。

“你说，”卜式怒吼道，“这支该死的囚徒军，走不到南越就会因为水土不服上吐下泻，活活地跑肚拉稀而死……”激愤之下，卜式把桑弘羊的话全说完了，才突然醒过神来，惊恐地急忙掩住嘴巴。

“听听，”桑弘羊摇头叹息道，“卜式，你一而再再而三地散布这类诋毁圣朝的言论，大家听到可不止是一次两次了。”

看着慢悠悠踱过来的大胖子东郭咸阳和精明如利箭的孔仅，卜式满脸悲愤屈辱，掉头匆匆走了。

看着他的背影，东郭咸阳有些担心：“桑大人，这就是个地地道道的小人，你何必招惹他呢？”

孔仅却道：“无妨。昨日陛下任命了石庆为丞相。你们知道，本朝的丞相向来是命不久，死得快而惨。但石庆这个人不同，他父亲可是万石君石奋，出了名的大猾头。早年石家是窦太后的人，可是陛下获得权力之后，石家人丝毫未受影响。现在石庆做丞相，此后的丞相就不再是替罪羊了。那新的替罪羊是哪一个，大家心情好的话，不妨猜上一猜。”

看着卜式驶远的车子，三人相视而笑。

只有他了，这个欺世盗名的骗子！

新权力中心

桑弘羊、东郭咸阳及孔仅三人，是朝中不可或缺的技术官僚，而且他们极其聪明，不争权，不争名，踏踏实实地做汉武帝的后勤班子。朝廷的重臣走马灯一样来来去去，一拨人下狱身死，又一拨新贵当权。只有这三人稳坐于他们固定的位置上，一声不响地看着。

但与卜式产生权力冲突，这标志着新一轮权力的较量开始。在他们之上，一个隐秘的新权力体系正在形成。

但目前这个新型的权力中心，结构过于奇特了。

金日磾及霍光父子，这三个人能否完成一次权力的神秘转移，是极为可疑的。此时，桑弘羊三人所能做的，只是眼看着这支必然死于途中疾疫的囚徒军编队行进。而他们的耳畔，回荡着的则是南方各州郡囚徒军的行军脚步声。

恶毒的玩笑

入夜，杨仆独立岸边，看着一支奇怪的军队向着他所在的战船方向行来。他忍不住叹息一声。

这当然是一支囚徒军，只有刚刚从死牢中放出来的犯人，行军之时才会如此的疲惫、惶恐与绝望。

杨仆是河南人，戎马一生，征战无数。他暗中评价朝中诸将，在军事能力方面，他唯独钦服李广，至于卫青及霍去病，在杨仆看来，他们打的根本不是阵仗，不过是侧翼军队受天子之命所迫，将成熟的胜利拱手送给他们而已。

事实上，杨仆是汉朝的第一个楼船将军。他认为这是汉武帝对他能力的认可，是对他以“水上李广”自诩的高度认同。

他确实是第二个李广，甚至比李广更惨。

李广毕竟是死于沙场之上，甭管是自杀还是战死，好歹地方没死错。可杨仆就悲惨了。

还记得三年前，汉武帝分封有功之将，就当着杨仆的面把关内的土地全部分封完毕，然后故意问杨仆：“杨仆，关内的土地已经没的分了，你就做个关外侯如何？”

陛下这是开的什么玩笑？太恶毒了！我杨仆家在关内，却要把我分封到关外去。难不成我家世袭的领地上，来让别人做侯爷不成？

幸亏杨仆当时还算机灵，赶紧奏报道：“陛下，臣之心，不在于封侯，而在于国家的万世永固。所以臣以为，目前函谷关的地域需要扩充，不扩充不足以起到中流砥柱的作用。”

汉武帝智慧过人，当时就听明白了：“杨仆，你玩的好花招，函谷关一扩，你这个关外侯立即就变成了关内侯。聪明，聪明，朕就喜欢聪明人。好，朕就依你。”

汉武帝嘴上说喜欢，但心里却是讨厌他。汉武帝真正喜欢的，或是如安国少季那般的青春美少年，或是如匈奴小王子金日磾那般外形奇特的男人，对这两类人，汉武帝有一种病态的偏爱。

在漠北，汉武帝为了让少年霍去病立下不世功勋，活生生逼死了李广，还两次强迫卫青与霍去病移师换将，只为了让霍去病击败匈奴王。

在南越，汉武帝故伎重施，把两个不谙世事的懵懂少年安国少季和终军送入虎口。

现在，还是在南越国，汉武帝还想继续把这个游戏玩下去。

此番有数支囚徒大军正向番禺集结。伏波将军路博德率桂阳囚徒走湟水，杨仆率豫章囚徒走浈（zhēn）水，归义侯严为率零陵囚徒走离水。除了这三路水师，陆路上还有两支军队，全部是从牢中放出来的死刑犯人，再加上江淮以南十万后勤之众，此次出征的人数，比南越国的人口还要多。

这只是帝国的南部战役，北部还有十万之众，正在杀奔西羌。无论是西羌还是南越，这么多的死刑犯蜂拥而至，当地人吓也吓死了。

总之，胜利是必然的。只不过，汉武帝如此排兵布阵，只是想让路博德获取胜利和荣誉。

那老子就成全你好了！杨仆愤愤不平地想。

忽悠的最高境界

看着那些七长八短、满脸惊恐的囚犯，杨仆最后动员训话道：

“可能有人对你们说过，你们非常非常幸运，你们中的许多人可是死囚，臭烂在牢房里，只等秋后拖到法场，一刀下去，一命呜呼。可现在你们突然又获得了一次机会，一次有可能出将入相、彻底改变自己命运的机会。

“如果你们有谁真的这么想，那你们就错了，大错而特错！这样想的人，会死得很惨！老实说，你们在战场上根本没什么机会。就算是你们侥幸没被敌军打死，也逃不过死在自己人手中的命运。如果你立了功，身边的人就会因为嫉恨而害死你。一样的死囚，凭什么你时来运转、出人头地？

“我杨仆，堂堂的楼船将军，前程尚且如风中残烛，摇摇欲坠，你们这些死囚又算得了什么？

杨仆这番话说出来，死囚队伍中顿时一片号啕声。

突然间，杨仆一声大喝：“回答本将，你们苟活至今，到底有何意思？”

他这一声，嗓门极大，震慑了当场，让号啕声顿时低沉下去。

杨仆手指远方，以激昂的声音高喊道：

“让本将来告诉你们吧，你们的前途，在南越国的国都里，在南越国后宫那些宫女身上，在南越国的金银珠宝上！所有的人，你或我们，都是要死的，死于囚牢也是死，死于南越国宫中的美女身上也是死。你们选择吧！”

“选择美女！选择金银珠宝！”

所有的死囚眼神突然变得狂热，他们开始齐声嘶吼起来。

“好！”杨仆回答道，“既然如此，那就随本将出发！本将保证，你们每个人都能有所收获！”

水上李广

杨仆的囚徒军推至南越国石门。

就是在这里，汉朝勇士韩千秋以及他率领的两千正规军，被南越国军队悉数全歼。

闻知汉朝成年男子已经死光，汉朝派来了一支囚徒军。南越国守军连连摇头：有没有搞错？

他们丝毫也不怀疑，又一次歼灭战开始了，从监狱里临时释放出来的死囚，能有多大的战斗力？怕是汉朝的天子，拿这南越国当死刑场了，居然派了死囚前来，让南越国的军人试刀。

可万万没想到，临至接仗，只见汉朝那面的死囚一个个疯了一样，拎着刀扑上来狂砍。南越国几曾见过这种疯子军队？顿时阵脚大乱，被杨仆轻易夺取了石门。

占据了石门，南越国的国都番禺就近在咫尺了。

杨仆喝令部队扎营，等待命令。他率领一小支精锐部队，溯浈水而上。行不多久，清晰地听见前方鼓乐之声传来，只见水面上一艘艘战船顺流而下。看不到船上的士兵，反倒能清楚地看到正在甲板上翩跹起舞的乐女。

“岂有此理，这孙子真是会享受！”杨仆心里嘀咕一声，命士兵通报。

这支载歌载舞而来的船队，当然是大汉帝国伏波将军路博德。此时他踌躇满志，正在船上饮酒作乐。见到杨仆，顿时放声大笑：“哈哈哈，杨兄，又是你那套大忽悠理论是不是？不然，你的行军速度怎会如此之快？”

杨仆闷声道："只要这招还管用，我就不打算用新招。"

路博德："杨将军，要说忽悠别人去死的高手，本朝非你莫属啊！哈哈哈。"

路博德笑得如此开心，是因为他苦熬了一辈子，终于时来运转了。

他是中国历史上的第一个伏波将军。但此前，他也和杨仆一样，在漠北战役中负责替霍去病打侧翼。霍去病一战功成，彪炳千秋，他却什么也没捞到。

但这次，路博德的机会来了。

一切迹象都表明，汉武帝分明有心把南越之功赐给路博德。杨仆忽悠死囚是高手，但很不幸，在汉武帝的棋盘里，杨仆只是为路博德建功立业的一颗棋子。两人同为大汉帝国的水师大将，路博德是伏波将军，而杨仆是楼船将军；杨仆负责卖命，而路博德负责建功。所以路博德才会心花怒放，而杨仆则是满脸的怒气。

两人之间既相互敬重，又相互鄙视。彼此托以性命，但又有忍不住在对方背后猛插一刀的强烈欲望。

此时的路博德就有了忍不住插老伙计一刀的冲动，说插就插！

路博德大笑道："杨将军，你是不是又犯了擅作主张、孤军深入的老毛病啊？打仗要听从英明神武的陛下指挥，一步步来。毕竟上战场又不是进洞房，你说干吗猴急成这模样？哈哈哈。"

语带双关，讽刺挖苦，路博德狠狠地暗示了杨仆悲惨的命运。杨仆就是为别人立功做嫁衣裳的，何必这么着急？

可不承想，杨仆此来也是为了插路博德心窝一刀。要不然他何必劳师远顿，辛苦前来呢？

只听他忧心忡忡地说："路将军，听说你跟霍去病将军关系不赖啊。"

"还凑合，"路博德道："想那小毛孩子霍去病，如果当时不是老子替他……总之，霍将军盖世英名，匈奴闻之而远遁，本朝得此良将，实见陛下圣明啊。"

"路将军说的极是，"杨仆接道，"霍将军英雄祚短，陛下不胜惋惜，听人说陛下已召霍将军的异母弟弟霍光以及霍将军的儿子霍子侯入朝，恩宠有加啊。"

路博德听懂了杨仆的暗示，顿时怫然变色，半晌才道："霍氏满门忠义，天子慧眼有加，实乃你我统兵之人的楷模啊。”

“路将军所言在理，”杨仆欣赏着路博德痛苦的表情，索性把这一刀子捅瓷实点，“要不要你我联名上书，请霍光与霍子侯出征，统领你我？我敢说，若闻霍家英雄之名，南越国宵小，必然是灰飞烟灭。”

“杨将军你……”路博德难堪道，“我看杨将军你是太过多情了，以陛下的圣明，这场仗到底应该怎么打，似乎不劳你操这么多的心。”

杨仆笑道：“话虽如此，但路将军你知道我的暴脾气。你我统率的都是天杀的死囚，煽动起他们的死志容易，可如果再让我像此前一样消消停停地等下去，我是担心迟则生变啊。”

路博德冷冰冰地道：“我想陛下不会喜欢听这个。战场上的一切，必须完全符合陛下的心思。如若不然，你我的脑袋就危险了。”

杨仆道：“我是想啊，陛下高居庙堂，肯定也期望着一场胜利不是？肯定是这样，尤其是安国少季覆灭之后，这场胜利完全符合陛下的预期，应该不会让陛下不满。”

路博德大骇：“杨将军，你想干什么？你忘了飞将军李广是怎么死的了吗？哼，跟你说句掏心窝子的话吧。李广以及他儿子李敢、堂弟李蔡之死，还远不足以赎补他们为上天带来的怨怒。上天的不测之威，还将以雷霆般的激烈，落在李家第三代人李陵的身上。你不信，那就走着瞧吧！”

杨仆沉默半晌，忽然笑道：“我不过是一个危路之中的旅人，前有狼，后有虎，悬于孤壁，井下是毒蛇，维系我悬挂的细弱藤条随时都会被老鼠咬断。这时候的我，唯一的心愿，就是品尝一下唇边那滴甘露。”

路博德惊讶地望着杨仆：“杨将军，你鬼迷心窍了？你忽悠人忽悠到了疯魔入心，连自己都忽悠进去了？我可告诉你杨仆，这一步你如果敢于迈出，你就是下一个李广！”

杨仆坚决道：“这辈子唯一的一滴甘露，没人能够阻止我品尝。”

说完这句话，他站起来离开。

路博德向前追了两步，茫然地看着他的背影，张嘴欲呼，却又无可奈何地摇了摇头。

疯子的战争

年轻的南越国王赵建德站在城楼上，旁边立着年迈衰朽的丞相吕嘉。他们怀着悲凉的心情，看着两路汉军在城下扎寨。

赵建德问吕嘉：“老丞相，你确认这些汉军，全都是死囚犯？”

吕嘉道：“没错，老夫的情报准确无误，汉朝皇帝刘彻昏庸，好大喜功，穷兵黩武，连年在漠北用兵。国中成年男丁已经悉数死尽。此时西羌又乱，刘彻发十万囚徒赴西羌。来攻打我南越的，也全都是江淮地带的死囚。只要我们招降对方，承诺给他们军功女子金帛，这些死囚就会立即反叛。”

赵建德摇头：“老丞相，你说的那些，对常人或许会有效果吧？怎么我瞧着这些死囚汉军……好像不是正常人呢？”

吕嘉失笑道：“汉军虽然是死囚，可他们也是人，也是一个鼻子两只眼睛，也有喜怒哀乐悲欢忧愁，刀子扎进他们身上，他们也会感觉到疼痛。他们怎么就不正常了？”

赵建德拿手一指城楼下方：“老丞相，你自己看嘛。”

吕嘉揉着老花眼，定睛细看，顿时毛骨悚然。

只见城楼下方，一支衣衫不整的汉军冲了出来，个个疯疯癫癫，一手执火把，一手执钢刀，唇边喷着白沫，朝城墙狂奔而来。南越守军立即放箭，可恐怖的是，箭翎射在这些汉军身上，他们竟然不痛不痒，径直冲到城楼之前，攀爬而上。上面的滚木礌石砸下，赵建德和吕嘉看得清楚，有些汉军已经被砸得全无人形，理论上来说早就断气了，可这些怪物竟然顶着流矢爬了上来，一登上城楼就立即抛掷火把焚城。

吕嘉看得肝胆俱裂：“这……这是怎么回事？汉朝怎么可以把这些疯子弄到战场上来？”

没办法，玩不过这伙疯子，那就赶紧逃吧。

南越国崩溃了，国主赵建德和吕嘉渡海而走，被撇下的军队朝汉军路博德大营撒腿狂奔，乞求投降。双眼血红的杨仆军在后面奋勇追杀。

路博德手忙脚乱，一边接受南越军的投降，一边派出士兵顺海路追杀赵建德与吕嘉。

按说这船一入海，海天茫茫，想追上根本不可能。可是南越国的郎官都稽勇敢地做了南越奸，带了汉军去抓自己的前主公。有他带路，不消一时三刻就追上了赵建德的大船。

士兵一骨碌儿冲上船，汉军校尉司马苏弘扑过去，死死按住赵建德，大喊大叫："我抓住了赵建德，老子要封侯了，封侯了！"

带路的南越郎官都稽见状，学着苏弘的样子，也冲过去按住老头吕嘉："我抓住吕嘉了，吕嘉是我抓住的，我也要封侯！"

封封封，没问题。汉武帝在军功封赏上是毫不吝啬的，唯独除了对李广。

路博德再行加封，杨仆封为将梁侯，抓获赵建德的苏弘封为海常侯，抓获吕嘉的前南越郎官都稽封为临蔡侯。

此外，南越国还有四名降将也统统封为侯。

看似一派皆大欢喜的气氛，但对杨仆的罪行指控很快也到了。

谢你个大头鬼的恩

汉武帝的诏书上，杨仆被指控犯了五大罪。

其罪一，将降兵视为战俘，砍下死人头颅冒充斩获首级。

其罪二，南越国在战事中获得了东越国的支援，这是杨仆的失误。

其罪三，杨仆曾私离军营，回家乡炫耀。

其罪四，杨仆眷恋娇妻美妾，以军营生活为苦。

其罪五，隐瞒自己知道蜀地市场价格的实情，欺君罔上。

诏书最后，汉武帝充满温情地质问道："杨仆，你犯下如此弥天大罪，朕追究了你没有？

"没有追究！

"朕为何不追究你？

"还不是看你愚昧无知，如果追究了你的罪过，你的家人就会流亡街头，拍卖于官市。朕实不忍。

"如此重罪，而朕既往不咎，杨仆，你当何以自处？

"还不赶快叩谢天恩，带着那些和你没什么区别的死囚犯，去把嫌命长的东越国给朕平了。"

诸如此类。

当时杨仆蹲在军营门口，把这份诏书看了一遍又一遍。最后，他小声嘀咕了一句："陛下，您的心眼为何如此之小！我谢你个大头鬼的恩。"

汉武帝的幸运年

汉武帝元鼎六年（公元前111年），是汉武帝的幸运年。

在汉朝国力疲惫的光景下，路博德和杨仆所率的死囚军，竟然兵不血刃，轻而易举地攻破了南越国。夜郎国闻之，吓得肝胆俱裂，立即遣使入汉，表态臣服。从此夜郎自大成为历史，汉朝对夜郎国进行了全面接管，改设为郡县制。

下一个，东越国。

说起那东越国，也是一把鼻涕一把泪，无尽的辛酸。

南越国、东越国，名字中都有个"越"字。那是因为这两个小国都是春秋年间越国的延续，是卧薪尝胆的勾践的后人。

战国年间，具体的时间是公元前334年，越王勾践的六世孙无疆，忽然感到人生了无生趣，便率师伐楚。可当时楚国正值巅峰时期，楚威王是天下的霸主。只见楚威王翻手一巴掌，越国国君无疆连同小小的越国就被拍死了。

越国灭亡，勾践的一支族人渡海而逃，一口气逃到了现在的广东和福建，与当地闽人合流。久而久之，广东这边就建立了一个南越国，福建那边则建立了一个东越国。

所以，东越国又称闽越国。国家虽小，却最不省心。汉武帝即位之初，他们就闹腾个不休，四处征讨，攻打一个更不起眼的小国东瓯国。汉武帝下令讨伐，东瓯国趁机要求移民，举国搬到了江淮居住，东瓯国就此消失。

然后，东越国又来攻打南越国，当时的大行令王恢，奉命赶来弹压。东越国国君郢就派弟弟馀善迎战王恢。

行军途中，馀善和众人商量说："不是我对王兄不敬，我这个哥哥确实神经得厉害。你看咱们这个国家如此之小，却非要招惹强大的汉朝，这岂不是作死？诸位，要不咱们宰了我哥哥，由我来做国王吧，我将实现你们期待已久的和平。”

于是东越国军队返回，拿小铁矛“扑哧”一声捅死了国君郢，然后向大行令王恢请降。

此后，汉武帝传旨立馀善为东越王。南越国杀死太后及汉朝使臣安国少季，公开与汉朝进入战争状态时，联络东越国一道对抗汉朝，于是，东越国君馀善大喜率水师前往。但这支队伍却在海边停了下来，想坐观汉朝与南越国的争斗，坐收渔利。

可不幸的是，杨仆对死囚们的忽悠大法大起作用，摧枯拉朽地灭了南越国。

南越国亡，东越国已经是形只影单，没几天活头了。这时候国君馀善突然发疯，给自己刻了枚印，意思是说他才是天下之主，汉武帝刘彻不作数。于是，杨仆趁自己的囚徒军癫狂劲尚在，向汉武帝请求消灭东越国。

但汉武帝这个人，皇帝做久了，过于随心所欲，久而久之不再拿自己当人，而是当成神。

神性人格的特点，就是一切以自己的主观臆测为准，想怎么样就怎么样，如果自己的臆测不准，那就是现实错了。这种思维对战争的理解是，战事成败一概由自己来决定。想赢就赢，想怎么赢就怎么赢，想让谁赢就让谁赢。

事实上，大汉帝国在这场漫长的战争中被拖垮了。而大汉帝国之所以被拖得这么惨，是因为汉武帝比匈奴、南越国、东越国的统治者更任性，更疯狂。打到最后，举国死囚被推上战场，就是汉武帝的手段。

当时，汉武帝恼恨杨仆的自作主张，不允许杨仆再建功业，制止他对东越国用兵。等到东越国这边越闹越凶，这才慢条斯理地下诏斥责杨仆五罪，责令其伐东越国以赎罪。

然而，杨仆再度征战时，死囚的癫狂劲已过，纷纷受挫，被东越国打得灰头土脸。但此时，东越国再度与汉朝对抗，其国内的政治格局呈现出与郢王攻伐南越国时同样的模式，于是内乱再次发生，东越人杀死惹祸招灾的馀善，向汉武帝请求投降。

汉武帝下令，东越国举国搬家，统统搬到江淮之地居住。毕竟这个小国人口数量不多，正好用来填补大汉连年战争带来的人口损失。

南方尘埃落定，御史大夫卜式分析判断，负责为战事筹措粮钱的大司农桑弘羊，已经没有利用价值了，于是想要一举端掉桑弘羊技术官僚集团。

第十四章

诡异的战事

陛下释放信号

老实说，汉武帝对卜式很够意思。

霍子侯无意中说到一件事，说御史大夫卜式在朝中近来时常发牢骚，抱怨官府垄断盐铁，给百姓生活造成了极大不便。官府的盐铁产品，质次而价高，老百姓是拒绝的，但官府强迫百姓购买，不买就抓就杀。此外，车船税赋过高，商人不堪其负，经商人数大幅减少，导致各地物价昂贵，百姓苦不堪言。

这就是朝中新权力体系的运作模式，光禄大夫霍光负责搜集资讯，金日磾负责分析加工，再由天真烂漫的少年霍子侯闲聊时让汉武帝听到。这是确保汉武帝掌握朝中舆情动态的唯一安全模式，并确保不会因为汉武帝的愤怒而损害到这条渠道。

听霍子侯这么一说，汉武帝才知道，最善于揣测圣意的卜式这次枪口明显走偏，正在集中火力向技术官僚桑弘羊开炮。

汉武帝默默摇头，这可不好，对匈奴的战事一直都在筹措中，战争的结束还遥遥无期，桑弘羊的价值，至少在相当长的时期里，是无人可以替代的。必须释放个信号球给卜式，别让这个家伙走得太远。

于是，汉武帝说：“朕在宫里待腻了，朕要出巡，看看北部边境。”

元封元年（公元前110年），汉武帝刘彻47岁，巡视北方。

奔跑吧，兄弟

汉武帝车驾出长城，登上单于台。

汉武帝宣布："朕要编练十二路大军，亲自指挥。如果匈奴敢惹事，朕就灭了他。

"那边那个负责外交的臣子，你叫什么名字来着？郭吉？这名字不错。现在朕命你去匈奴那边走一趟，面见他们的单于，告诉他们：汉天子威震天下，南越王的首级已经悬挂在汉廷北面的宫门之上，宫门上还空出个位置，大单于岂有意乎？

"去告诉单于，要用朕的原话，不许偷奸耍滑，使用含义模糊的外交术语。"

"臣，领旨。"郭吉心说：得了，老子的职业生涯，这么快就走到头了。没办法，战争年月的外交，原本就是脑袋掖在裤腰带上，有今天没明天的事。

外交工作的重点，就是维系社会人际关系。一个人能够担任某一国的使者，就是因为他在当地有人缘，能够见到必须见的人，办成必须办的事。郭吉此前曾随张骞出使，在匈奴方面认识了个有势力的贵族。这道人际关系，就成为他在朝中的饭碗。但现在，是他支付饭钱的时候了。

郭吉到了匈奴，先找到贵族老友，送上丰厚的礼物，说："麻烦请你替我引荐一下，让我面见大单于，我汉家天子捎了几句话给他，务请帮忙！"

对方狐疑道："可千万别是什么难听的话。你家汉朝皇帝是出了名的霸道狂妄，从来不会说人话。要是好话见见无妨，要是话太难听，还是免了吧。咱们还是留着这颗脑袋喝酒吃肉吧。"

郭吉笑道："当然是好听的，咱们兄弟的关系，难听的话岂会找你引荐？要是连累了你，兄弟我以后还做人不做了？"

"好，那我就替你引荐了。"对方找到乌维单于，说他这里来了个汉使，带来了好消息。乌维单于大喜，立即接见了郭吉。

郭吉走进大单于军帐，当堂一站，宣布道："我汉家天子有旨，如今南越国王的首级已经悬挂在了汉廷北面的宫门上，旁边还空出一个位置，专门给你大单于留的。大单于你要是有种，就与汉家天子一战，让汉家天子把你的头，早一点悬挂上去。倘若你没种，就赶紧提上裤子向北部荒漠狂逃吧，跑慢了可别怪汉军的刀快。”

“大胆狂徒，怎么说话的你？”当时大单于被羞辱得震惊了，叱道，“是谁把这家伙带进来的？叫他过来，给我摁住他，摁瓷实点。再拿生锈带齿的钝刀，一定要钝刀，给我慢慢地割下他的头，一定要慢，越慢越好！”

引荐郭吉的匈奴贵族临被杀前，悲愤地哭道：“郭吉，你怎么这样呢？你不想活了，就找个墙角一头撞死呗，干吗非要拉上我？”

“没办法，”郭吉抱歉道，“使命在身啊，兄弟，我这辈子就对不起你了，下辈子再报答你！”

大单于下令：“把这个不会说人话的郭吉给我扔到北海去牧羊。老实告诉你，我要在北海建立一个汉使牧羊区，你就在北海安家立业吧。”

郭吉被匈奴扣留，此时汉武帝已经巡游到了桥山，在黄帝墓前愕然止住了脚步。

当时汉武帝震惊地问：“公孙卿，你以前不是说黄帝御龙升天了吗？那这里怎么会有座黄帝的墓？”

公孙卿飘然而出，笑道：“陛下，这座墓只是个衣冠冢，是黄帝驭龙升天之后，百姓及臣属无限想念他，就立了这么座衣冠冢，以供后人凭吊怀想，陛下切莫当真。”

汉武帝仰望高天，叹息道：“等到朕驭龙升天，做了神仙，天下百姓也一定会痛哭流涕，无限缅怀朕的伟业，必然也会为朕建一座衣冠冢。可天上的神仙们，你们到底在忙些什么？为什么不快点来接朕？朕期待已久了。”

朕的成功无法复制

在路上，汉武帝召集臣子，伤心地问道：“司马相如在吗？”

“司马相如？”众臣大骇，面面相觑。

“司马相如都死了好久了，怎么陛下又提起他？”

“对了，司马相如到底做了什么，让陛下对他念念不忘呢？”

“其实相如也没做什么，”汉武帝解释说，“他就是眼光更好点，早就看出朕非庸君！司马相如早就知道这些，所以他死前留书，建议朕去泰山封禅。封禅，就是效法秦始皇向天上的神仙报告自己在人世间的非凡业绩。

“封禅的目的，也很简单，就是暗示天界的神仙，该接朕回去了。你们好端端地在天界享福，却让朕下凡来替凡人操劳。朕已经把该干的活全都干了……朕在人世间的事业，已经超越了古往今来任何一任帝王。朕在这尘世间已经没什么工作要干，朕就是想回家看望一下。朕就这么一点点的小要求。

“传旨，命儒臣制订封禅礼仪。”

这道旨意一下，儒臣们顿时如泥坑里的蛤蟆，呱唧呱唧地争吵起来。每个儒臣都有自己的一套封禅礼仪，跟别人毫无交集。要命的是，这些全不挨边的礼仪规范，听起来都有点道理。而且儒臣们坚持自己的建议来自独家资料，是对秦始皇封禅规范的完美复制。

这事麻烦大了，只能提交陛下圣裁。

汉武帝说：“朕的成功，无法复制。尔等制作不出正确的封禅礼仪，是正常的。因为你们都是凡夫俗子！凡人岂可仰望天界？所以你们根本不知道封禅礼仪，只是一味附和朕，胡言乱语罢了。这世上，唯一知道正确封禅礼仪的，就是朕。毕竟，朕来自天界，终究要回归天界。对这些流程，还是记得一些的。

“所以这具体的封禅礼仪，要由朕自己来制订。你们能亲睹这天界规范的制订与执行，就是天大之福了！

“传旨，御史大夫卜式不学无术，不读书不识字，承担不了本职工作，现将其降为太子少傅，让他陪太子刘据去玩吧。”

汉武帝打定主意要登泰山封禅，霍光与金日磾四目相顾，骇然失色：霍子侯完了！可怜这孩子，他才刚刚15岁啊！

正值青春年少，大好韶华。

可这般年龄的美少年，岂不是最适宜用来洗得白白净净，祖裎于神灵之前，向天界表达最虔诚的祭祀奉献吗？

朕和仙人有个约定

汉武帝一行抵达缑（gōu）氏城。这里就是公孙卿遇到云端中的天界之城，并发现仙人巨大足迹的地方。

落车之后，汉武帝扫了一眼跪在近前黑压压的当地官员，问了句：“都谁听到了？”

“我，他，还有他，他离得远，但也听到点动静……”当地官员们互相指来指去，汉武帝居高临下地俯视着这群人，在心里估摸着人数比例。最后满意地点了点头，“具体，是怎么个情形？”

官员们表情迷惘地说：“臣也说不大清楚，事情发生前毫无预兆，极其突然，就是有声音突然间从少室山中传来……”

汉武帝问：“能听清楚那声音说什么吗？”

众臣懵懵懂懂道：“听那意思，是那声音在喊‘万岁，万岁，万岁……’，感觉后面还有句……这是山中声音的原话，不是臣欺君……‘万岁到哪儿嗨去了？怎么没见到你’……不能确定是不是这么个意思。”

汉武帝叹息道：“这是朕过去在天界时的老友。朕和仙人们应该是有事先约定的，约好在这少室山见面。难怪这些日子朕忧心忡忡，急不可耐地往这少室山赶，总感觉好像有点什么事。唉，想不到朕在这凡尘日久，已忘初心，全然不记得和老友们过去的约定了……朕来迟了，想朕的天界老友在这少室山久候朕而不至，是何等的落寞。

“都怪这些百姓！是他们非要上山打猎砍柴，惊扰了仙人，让朕与仙人失之交臂！

“传旨，以后这少室山，禁止百姓进入，不准打猎砍柴。这是朕的地盘！”

仙人托我给你带个话

少室封山，汉武帝游东海。

尚未启程，只见道路上黑压压一片，涌来的人数过万，都是公孙卿的老乡。这些人在路边拼命地招手：“陛下，您停一停，天界的仙人托我带个话给您……”

汉武帝急令停车，命捎话人上前，仔细询问。众人纷纷讲述自己是如何进入瑶池，如何与仙人邂逅，如何吃了仙丹妙果，又如何回到这乏味的人世之间……据史书统计，当时的天界仙人，委托了一万多名捎口信的人，向汉武帝请求恢复联络。

委托一万多人捎口信，这仙人真不嫌累啊。

汉武帝和天界专业人士公孙卿立即着手甄别。这么多的人，都说神仙托自己给陛下带来了口信，有没有骗子滥竽充数呢？

经过严肃紧张的甄别，这些自称捎来神仙口信之人，至少百分之九十不能证实。

能够证实的，不过是百分之十，这也意味着捎信人数以千计。

汉武帝很纳闷，问公孙卿："一千多个捎来神仙口信的人，也太多了。朕很好奇，你究竟是如何甄别的？"

"回陛下，这很容易，"公孙卿告诉汉武帝，"凡是说口信是从瑶池捎回来的，一概不能证实，因为他们所描述的瑶池风物，与本人赴瑶池时所见不同。凡是说口信从蓬莱山捎回来的，都可以通过初选，因为他们描述的蓬莱风景，与我当年去的时候，一般无二。"

"这个……"饶是英明神武的汉武帝也被公孙卿的专业精神弄糊涂了，"传朕旨意，以公孙卿为朕的天界联络先遣队，率他甄别出来的那一千多术士前行，命官府给这一千多人，每人配备专车御者及秘书行政班子，沿途郡县，有拒绝其财物要求者，斩首。朕命这一千多人，先行与天界取得联系。"

于是公孙卿率一千多人，各自乘坐着官府提供的专用车辆，浩浩荡荡出发了。这是有史以来最成功的骗子团队。只见烟尘蔽日，车声隆隆。不一日，公孙卿从东莱传回消息："启奏陛下，臣已经见到仙人。"

"好！"汉武帝心花怒放。但再听下去，汉武帝的心花就谢了。

公孙卿的报告叙述说："臣在夜间，见到了那个仙人。如何知道他是仙人呢？因为他是个巨人，怎么巨法呢？这巨人大拇脚指甲上，至少能够站十几个人。臣见到仙人，就立即挥动天子符节，大声唱道，'前面的仙人看过来……'可是那巨人却犹如一股尘烟，霎时间散尽了。现场，只留下巨人的一只大足印。"

"又是脚印？"汉武帝愕然：这个公孙卿，怎么走到哪儿都能遇到大脚印。

无奈之下，汉武帝只好派官员去查验仙人足印的真假。

官员们组队去了，不久回来报告："启奏陛下，那脚印臣等看过了，好奇怪，那足印确实是足印，但类人而非人，似鸟又非鸟。臣在求仙领域的专业素养不足，无法证实这足印是不是仙人留下来的。

“虽然此事无法证实，但郡县的官员们跟臣随意交谈时说到一件事，在他们来的路上，遇到一个奇怪的老人，牵着一条狗，对官员们说：‘我想见天子。’官员们答复道：‘当今天子圣明慈爱，你要见也可以，且容本官先去奏报。’可说完话一转身，那老翁和他牵的那条狗，竟然都消失不见了。

“你说这老翁怪不怪？你要见天子就见，干吗要消失呢？”

英明神武的汉武帝，听着臣子们的议论嘀咕，思忖着。

眼下这些事，只有两种可能：

一种是，这来的上万名方士、公孙卿以及朝中所有官员，全都在欺骗他。

另一种是，神仙真的来了。

从天界下来，来赴汉武帝临降凡尘之前的三生之约。

他该信谁呢？当然要信那个他最期望的。

汉武帝说：“朕宣布，择日登泰山，封禅。”

霍去病之子暴病而亡

元封元年（前110年）四月十九日，汉武帝命令担任侍中的儒生头戴皮帽，将笏板用丝带系在腰间，参加射牛仪式，并随他在泰山的东坡之下祭祀天神，仿效祭祀泰一神的礼仪，建祭坛一座，宽一丈二尺，高九尺，坛下埋着汉武帝给仙人的玉牒书信，内容十分隐秘，无人知晓。

祭祀完毕后，汉武帝单独和侍中官员以及奉车都尉霍子侯一起登上泰山，也行祭天礼，这些事都秘而不宣。第二天，从北麓下山。

可是，就在下山的当天，也就是四月二十一日，盖世英雄霍去病的儿子霍子侯竟暴病而亡，年仅15岁。

神仙没一个好东西

群臣明显感觉到，泰山封禅，汉武帝已经获得了来自天界的明确信息。因为他宣称出海，是为了去海上登蓬莱仙岛，与仙人会晤喝茶。

还要出海？群臣都感觉头大，这个游戏玩到现在，大家眼看着汉武帝自己骗自己，谁不跟着他骗，他跟你没完，无奈只好硬起头皮骗天子，骗到这程度，就应该收手了。

如果不收手，再继续骗下去，万一出海后根本找不到蓬莱岛，到时候汉武帝一发怒，恐怕大家全都回不来了。

无奈之下，大家瞧着骗界大师东方朔：你这个小侏儒，滑头大肉球，该出来收场了吧？

东方朔不出来，这场骗局就没个结果。

群臣的眼光形成巨大的压力，东方朔只好站出来："陛下，臣斗胆问一句，陛下去蓬莱所为何事？"

"所为何事？串门，散步，喝茶，聊天，干什么不行？"汉武帝对东方朔提的问题火冒三丈。

东方朔却道："跟仙人喝茶，有什么好的？陛下您看，臣可是亲自到过瑶台的，这边的公孙卿，他说自己也去过，虽然臣去时没见到他，他也没见到臣，但臣等去过天界，又有何益处呢？还不是得回到朝廷？所以说见到仙人未必就是好事，不见仙人也未必是坏事。"

汉武帝摇头："东方朔啊，可是见见仙人，却是朕唯一的心愿啊。"

东方朔哈哈大笑："陛下，臣说句实话吧，那天界的仙人，没一个好东西！"

汉武帝："东方朔大胆，你竟敢冒渎仙人！"

东方朔笑道："陛下历次出巡，太平盛景见得多了，却也曾听到孤儿寡母的夜哭，对不对？陛下，您见到的人间苦难就不止一桩两桩，陛下没见到的人间苦难，更是不知多少。可人世间如此之多的苦难，有一个仙人出来说句话吗？替人世间干过一桩正经事儿？陛下试想，倘若有一个仙人有一点点的良知，人世间就不至于这么悲苦。可是没有，仙人们连个蚊子大小的良知都没有，所以臣说他们没一个好东西，丝毫也不冒渎，只是较为公正的评价而已。

"所以呢，陛下，仙人如此坏心眼，倘陛下出了海，他们却驾驶着蓬莱仙岛东躲西藏，硬是不让陛下找到他，陛下说到时候咱们能拿他们怎么办？

"陛下，与其求仙，不如仙求，叫仙人来求咱们。不如咱们回宫，仙人愿意来就来，不愿意来就随他们！"

汉武帝哈哈大笑，说："东方朔啊东方朔，你跟人家司马相如比，差得远了！如果相如在世，这番话，他早就会对朕说出来了，岂会等到现在？"

东方朔心说：拉倒吧陛下，你就是死不认错。忽悠你来泰山封禅，就是司马相如死前留书干出来的好事，结果还搭上霍子侯一条命。嘴上却道："陛下所言极是，臣就是脑子不好使。"

汉武帝兴致勃勃："等哪天有空，咱们给你东方朔开开窍。"

东方朔急忙宣布："陛下启程回宫。"

仙似秋鸿来有信

汉武帝回朝主政，头一桩事就是嘉奖桑弘羊。

桑弘羊为汉匈大战提供了充足的钱粮装备，功不可没，封为左庶长爵，再赏黄金一百斤。

这道诏令下达，卜式当场就气炸了，不顾一切地冲出来："陛下，不可，万万不可啊。"

汉武帝："你是何人？这里有你说话的地方吗？"

卜式大喊道："陛下，当今天下大旱，百姓伏死于路，就是因为桑弘羊坐断市井，低买高卖，牟取暴利，以至于闹得天怒人怨。请陛下诛杀桑弘羊，以解天下旱情！"

汉武帝饶有趣味地审视着卜式，正要说话，堂下突然走出来个模样陌生的人，只听此人道："陛下息怒，听臣……"

汉武帝劈头打断对方："你是个齐国方士是不是？跟卜式是老乡是不是？叫什么名字来着，你们一千来号人，朕怎么也记不得。"

那方士道："化外野民，贱名不足入圣上之耳，王朔是也。"

"原来你就是王朔，"汉武帝大怒，"朕知道你！你写过……写过什么来着？朕不喜读书，不记得了。总之，你想怎么替卜式遮掩？"

方士王朔道："回陛下，卜式没有给过臣任何好处，臣没有理由替他遮掩。"

汉武帝："你不是替他遮掩，为何偏要捡这工夫跳出来？"

只听方士王朔道："陛下，仙人来信了。"

"仙人来信？"这句话，对汉武帝有一种致命的吸引力，他"腾"的一下站起来，"什么时候来的信？怎么个来法？"

王朔道："请陛下夜登观星台，就会看到一颗扫把星出现，此星每隔七十六年才会出现一次，非主灾厄，而是吉兆。等陛下看过扫把星，再过十天，土星将会独自出现，在夜空转动，形状好像西瓜。"

汉武帝好不失望："这个……也算是仙人的口信吗？"

王朔："仙人天语，需要花费心思认真领悟的。"

汉武帝："你给朕领悟出来没有？"

王朔："臣领悟过了，此事应在公孙卿身上，不消一时三刻，应该就会有消息报来。"

王朔的话刚刚说完，只听殿外传报："报，化外野民公孙卿求见。"

汉武帝劈头一句："公孙卿不是什么化外野民，他是朕的中大夫，宣他进来！还有卜式，你别给朕躲了，你听着，此后端着你那颗脑袋认真点吃饭，认真点吃饭才能吃得长久，听明白了没有？"

卜式："臣，领旨。"

汉武帝元封元年（公元前110年）秋，卜式历史性地退场。此后他再也没出来多嘴，以太子少傅之位，幸福平安地吃到老死。

卜式这个人，一如公孙卿，在历史上有着一个庞大的群体。任何时代的任何帝王，都需要一个卜式。此人的骨头已然烂成了灰，但他那善于揣测权力意图、擅断是非黑白、公然自我标榜的精神，却始终具有强大的生命力。

朝鲜惊变

汉武帝再度出巡，仍然是去缑氏城。他始终疑心，以前在天界，他的神仙老友们与他在此有个约定，倘若错过，他就再也回不去了。

公孙卿请汉武帝验看最近刚发现的仙人巨足印。当时汉武帝蹲在那巨大的泥坑旁，内心说不出来的痛苦。他是个正常人，身体上连脚趾头都知道这些人在拿自己当傻瓜戏弄。可是他强迫自己克制住杀人的冲动，强迫自己相信所谓仙人是真的。

就算是假的又何妨？这些江湖术士，在他这里所能骗取的无非金帛美女罢了。他什么时候缺过这些？给谁不是给？

汉武帝生于富贵，一生予取予求，唯一的愿望就是成仙。任何时候一想到成仙这事，他的脑子就发热，智商骤降，降到匪夷所思的程度。

于是，楼船将军杨仆又从中窥到了建功立业的机会。

这个机会，在朝鲜。

朝鲜这个国家，说起来源远流长。朝鲜的开创者，是纣王的叔父箕子。周武王推翻武纣王，大封天下，把纣王的哥哥箕子封在朝鲜，实际上是流放。所以早期的朝鲜，又称箕子朝鲜。

但到了战国年间，北部燕国的版图强力扩张，把朝鲜纳入进来。再后来汉朝崛起，灭掉燕国——汉武帝刘彻的生身母亲就是燕王臧荼的重孙女。

总之，汉武帝的曾祖父刘邦灭了汉武帝外祖母的爷爷臧荼。而后，与刘邦一起长大的发小卢绾就成了燕王。但不久卢绾反叛，逃入匈奴。而燕人卫满则率了一千多人朝境外狂奔，逃到朝鲜地界，发现这里竟空无一人。

于是卫氏在朝鲜称王，到了汉武帝求仙不得的时候，朝鲜国王已经是卫满的孙子，卫右渠。

汉武大帝能够在历史上无可争议地占了个“大”字，不是因为求仙的愚蠢，而是他在此之外的了不起。简单说，汉武帝能够一心多用，南北多个战场同时开打，同时都取得胜利，中间他还被一伙江湖骗子牵着鼻头到处乱跑——就在这到处乱跑之际，他还能截长补短，腾出手来给朝鲜国王卫右渠上眼药添堵。

被汉武帝派去负责给朝鲜国王卫右渠添堵的人，叫涉何。

涉何见到卫右渠，斥责道：“卫右渠，你有多久没向我大汉进贡了？不仅你自己不来，就连辰国国王派出的朝贡使者，都被你阻于境外，你对我大汉天子还有没有一点敬意？”

卫右渠听糊涂了：“此话何意？”

涉何：“这不是废话吗？你赶紧排香案，以属国小君的身份接受天子圣旨，再由朝廷委派官员，全面接管朝鲜国的政务。”

卫右渠说：“你搞清楚，咱们可是两个国家啊。你汉家天子，凭什么接管我国的政务？”

涉何道："这不是废话吗？读过书吧你？普天之下，莫非王土；率土之滨，莫非王臣。这你总知道吧？"

卫右渠："你这简直……就是强盗逻辑！哪有逼迫人家向你称臣的道理？"

涉何："这不是废话吗？你这个朝鲜国王，难道不是逼迫别人向你称臣得来的？你碰到的是自家的逻辑，有什么好抱怨的。"

卫右渠："好好好，你的要求太高了，你等孤召集群臣们开个会讨论讨论。"

朝鲜国王虚与委蛇，拖延着不肯接汉武帝的圣旨。涉何等了一段时间，等得百无聊赖，就说："你们慢慢开会讨论吧，我先回去，把你们这边的情况向我汉家天子表奏。"

"好好好，"卫右渠巴不得这个客人赶紧滚蛋，"为了表达孤对汉朝使者的敬意，孤派一队卫兵护送你。"

汉武帝元封二年（公元前109年），朝鲜国王卫右渠派卫兵护送汉使者涉何归国。

一路上，涉何与朝鲜卫队有说有笑，和睦融洽。等到了国境边上，只见他拔出长剑，高歌道："恨欲狂，长刀所向，多少手足忠魂埋骨他乡……""扑哧"一声，他的利刃将朝鲜卫队队长透胸而过。

"杀啊！"使者涉何手执血淋淋的钢刀，向护送他回来的卫队杀了过去。

卫队惊诧地看着他，等到刀光破风而来，卫队们才齐齐尖叫一声："汉朝使者疯了，快逃命啊……"

匈奴王子的图谋

汉朝使者涉何归国，甫一入境就把护送他的护卫杀了，他当时是怎么想的呢？

无他，就是汉武帝的野心与其能力颇为匹配，再加上汉朝国力又处于顶峰，无论是天子还是朝臣，都有着开疆拓土的强烈冲动。

其中多是热血少年，莽撞子弟，做事从来不看后果。区区番邦一个臣属，杀也就杀了，有什么大不了的？大不了就留在边塞，打一场轰轰烈烈的封侯战役。

果然，汉武帝接到涉何的报告，说：“好样的，这才是我大汉的好男儿。传朕旨意，涉何勇气可嘉，以其为辽东东部都尉，替朕镇守辽东。”

金日磾与霍光对视了一眼，霍光脸上带笑，金日磾面无表情。

自从他父亲休屠王死的那一天起，金日磾沦为汉宫的马奴，他就是这副表情。

这副表情，已经超越了人类表情所能表达的极限。任何时候金日磾眉眼不动，谁都能从这张不动声色的脸上，看到他对大汉天子无限的敬畏与崇拜。汉武帝虽然冷酷无情，但仍不失正常人类本色，在这副表情面前，没有丝毫的抵抗能力。简单说，汉武帝被这张表情迷得颠三倒四，时刻把金日磾带在身边。

金日磾入宫，他那伟岸的身材、雄健的体魄，吸引了宫女无数惊羡的目光，不乏有大胆的宫女对金日磾挑眉挤眼，金日磾却态度冰冷，不动声色。

汉武帝之所以带他入宫，当然是存有戏弄之意，就是要看他在数不尽的宫女包围之下的困窘之态。可令汉武帝惊奇的是，金日磾简直就不是人，他在宫女的挑逗之前不仅不动心，甚至没有丝毫的生理反应。

但是这金日磾，又是一个有着人类欲望的正常男人。汉武帝赐给他女人，生了两个儿子。这两个孩子成为汉武帝的开心果，汉武帝每天把两个孩子抱在身上，让孩子在自己身上爬来爬去。

其中有个孩子，名叫弄儿。他渐渐长大了，生理也成熟了。

生理成熟了的意思是说，在宫女们如狼似虎的包围之下，这小家伙缴械投降了。小家伙没想到的是，他的父亲金日磾始终以充满感情的目光，默默地注视着他，对他在宫女们面前缴械投降的行为看得明明白白。

等儿子结束了，慈眉善目的金日磾把儿子带到块没人的空地上：“弄儿，今天你感觉如何？”

弄儿回答：“父亲，儿子今日倍感舒适。”

“是啊，”金日磾赞许道，“人生最幸福的，莫过于舒服而死。”

说到这里，金日磾和儿子紧靠在一起，低语道：“儿子，想不想尝尝比男欢女爱更舒服的滋味？”

弄儿诧异道：“父亲，这世上还有比男欢女爱更舒服的事吗？”

“当然有，”金日磾道，“孩儿，你闭着眼睛就会感受到这种快感。”

“真的吗？父亲，你不要骗我啊。”弄儿高兴地闭上了眼睛。金日磾用力抱住了儿子，他抱得那样紧，仿佛要把儿子的生命融入自己的生命之中。良久，他慢慢放开儿子的尸体，叹息道："儿子，去吧，去见你爷爷休屠王。你那死于浑邪王刀下的爷爷，知道我为什么派你去，他知道的。"

凌驾于亲情之上的冷血

汉武帝得知金日磾杀了亲子弄儿，大发雷霆，生平第一次冲金日磾发了脾气。

金日磾伏跪于地，泣不成声："陛下，弄儿是我的儿子，这世上，还有谁能比我更疼爱他？可是君父之尊，凛然不可侵犯。弄儿他在宫中不能把持自己，触犯了君父之威，这是无可饶恕之大罪。纵然他是我的儿子，臣也只能大义灭亲了。陛下啊，我这颗心犹如刀绞，请陛下赐我一死吧，不要让我再在苦难的人世间遭受这难以煎熬的折磨了……"

"好了好了，"汉武帝被他感动了，"你敬君爱父之心，犹在父子亲情之上，朕如何忍心责怪你？可是弄儿……朕是真心喜欢弄儿啊。金日磾，你要忍着悲痛，活下去。朕已经失去了弄儿，不能再失去你了。"

"陛下厚恩，臣唯死以报。"金日磾哭成了泪人。

平心而论，汉武帝的智商是相当高的。以现代的智商测试来评估，他的智商应该不会低于160。但权力的强大力量，让他看不透许多事物。简单说，中国历史上古往今来的权力狂，都在致力推行一个奇特的规则——将对权力或组织的忠诚凌驾于亲情之上。

终其一生践行着这样一个规则，这使得汉武帝缺乏正确分析金日磾杀子事件的能力。

他真的应该认真想一想，儿子是父亲最钟爱的。可是这个高大雄健的金日磾，居然杀掉了自己最钟爱的儿子。

那么，他究竟想在汉武帝这里，得到些什么？

他要获得的，是比儿子的性命更具价值的东西。这东西是什么？只有金日磾自己知道。

他离开汉武帝，来到了甘泉宫。

在这里，悬挂着一幅异族女子的画像，上书“休屠王阏氏”的字样。她是休屠王的妻子、金日磾的母亲，是霍去病出兵漠北受降，浑邪王降汉而杀掉休屠王之后，母子三人都被掳到汉朝来。

史书上记载：金日磾的母亲，深明大义，天天耳提面命，教导金日磾无限忠于汉武帝。汉武帝深受感动，就破例让画师为这个女人画了像，让金日磾日夜凭吊。

这样的记载，鬼才相信！

如果史学家认为一个丈夫被杀、连同儿子一并被掳为奴隶的女人听天由命是正常的，也赞同她教导儿子忠于杀掉自己丈夫、灭亡自己部族的刽子手，这是多么不正常？

史学家也在干着和汉武帝一样的事，试图宣传一种对权力的效忠凌驾于亲情之上的思想。但人类社会中根本不会出现这种情况，无论权力狂怎样渲染，这种情况多半只是杜撰，而非历史或现实。

史书上还记载说，每当金日磾来到甘泉宫，在母亲画像前都会泣不成声——假如一个人对母亲怀有如此深厚的情感，又怎么可能无视亲生儿子的性命？

这一对母子来到汉廷是有目的的。或者，是为了报复权力对他们部族的残害？没人知道。

我们知道的只是此后的汉武帝突然陷入疯狂之中，干出了无数件正常人类无法理解的事。

斩首小分队

一切迹象表明，朝中的权力结构，酝酿着惊天的变化。但新任辽东东部都尉涉何，对此毫无察觉。他也懒得去想这些烂事，对他来说，要做的事情就一件——甭跟朝鲜人客气，逮住就杀，准保没错！

这才不过杀了个护送他回来的朝鲜卫兵，就弄了个辽东东部都尉。倘若再多杀几个，就离封侯不远了。所以，涉何每天带着部下在边境一带逡巡，有时候深入朝鲜境内，寻找新的封侯时机。可朝鲜人分明是被他打怕了，他每天不辞辛苦，所行之处，竟连根兔子毛也见不到。这让他说不尽地沮丧。唉，封侯这种事，也得看每个人的命啊。莫非自己是又一个李广不成？

涉何满腹忧伤，来到每日巡游之后必来的酒肆，在他的老座位上坐定，拍了下桌子，吼了声店家，邻座一名模样古怪的男子，突然间把头凑了过来：“这位，莫非是威名震辽东的涉何涉都尉？”

“你是何人……”这句话一问出来，涉何顿觉不妙。他的前后左右，各有几名模样古怪的汉子。

他的话刚刚出口，众大汉已各掣短刃在手，叫了声：“奉我王之命，摘取涉何之首级，以报此人擅杀我朝护卫之血仇。”霎时间，涉何顿觉浑身上下提不起力气来，身上已经多了十几处刀口。

众目睽睽之下，来自朝鲜的斩首小分队摘下涉何的脑袋，破围而出。

此事震骇辽东，奏报火速送往朝廷。

汉武帝接报大喜：“杨仆那该死的，他的死囚军终于能派上用场了。传旨，给楼船将军杨仆凑上七千名死囚，让他们从齐国渡海，收服朝鲜。”

朝廷玩了个恶作剧

杨仆又得到了七千名死囚。

照例，他又开始了绘声绘色地描述这些死囚的悲惨，无以复加的悲惨。可奇怪的是，这些死囚看起来怪模怪样的，当杨仆纵情发挥时，不见他们有丝毫反应，只是直眉愣眼地看着杨仆。

描述完死囚们的悲惨境况，杨仆停顿了片刻，等待预期的绝望号啕声。可是众死囚竟毫无反应，一张张怪异的脸，像是看什么稀罕之物一样，好奇地看着杨仆。那一道道怪异的目光，让杨仆全身都不自在。但他毕竟在战场上厮杀过，自带一股凶悍的杀气，就抖了抖身子，提高嗓门，吼了一声：“你们听清楚了没有？”

众死囚依旧没有丝毫回应。

当时杨仆就急了：“怎么没有人回答我？你们难道都是哑巴吗？”

这时候，死囚队伍才略微有点骚动，但距离杨仆的预期还差得远。

诧异之下，杨仆向前一步，顺手揪住一个死囚：“你，回答本将，你的境遇惨不惨？无论你如何挣扎拼斗，都逃不过喋血沙场埋骨异乡的下场，你绝望不绝望？”

对方恐惧地颤抖着，终于开口了。可是发出的是奇怪的声音，让杨仆顿时毛骨悚然。

这到底是怎么回事？这些死囚，怎么说的全是怪异的鸟语？

杨仆急忙揪过来一个亲随，问道：“这些死囚，到底是些什么人？怎么说话是这样？”

亲随回答：“启禀将军，这些死囚，是朝廷特意发给你的东越国死囚。”

东越国？我的天！当时杨仆一屁股跌坐在地。

东越国死囚，说的都是闽话，这种语言自成体系，哪怕再过两千年，杨仆也未必听得懂。当然，这些闽南死囚，也甭想听懂杨仆的忽悠。

惨了，这下子惨了。朝廷这个恶作剧，当时就让杨仆傻眼了。让他带领东越死囚讨伐朝鲜，可是与士兵们语言都不通，就没法忽悠他们了。

那这仗该怎么打？没办法，硬着头皮打吧。

绝望的杨仆只好带着他的东越死囚，渡海杀奔朝鲜。朝鲜国王卫右渠，闻讯立即赶到险要之地对抗。双方一接仗，杨仆这边的死囚军就炸了窝，各自向着荒山狂奔。杨仆打了一辈子仗，生平头一遭跟士兵们比赛脚力，落荒而走。

卫右渠耀武扬威，乘胜追击，砍下一堆的东越国死囚脑袋。

杨仆逃进山里，差点没气死。他向来战无不胜，就是因为他善于鼓舞士气。而他在三军前的保留节目，就是忽悠。此事路博德知道，许多战将也知道，朝中诸臣当然也经常谈论这事。所以这次故意给杨仆派了东越国死囚来，存心想看杨仆的乐子。可是兵危战凶，打仗这种事，哪有这么开玩笑的？

他提着刀，在山里艰难跋涉，一个个地寻找他那些逃散的死囚，这些死囚也正在找他。因为这些人心里太惶恐了，他们根本不知道发生了什么事，甚至不明白自己为什么会被追杀。但他们跟随杨仆一路行军，已经视杨仆为他们的领头羊，一见到杨仆就热泪盈眶，泪流满面地扑过来，连比画带吱哇，向杨仆述说委屈。

就在这十来天的艰难寻找中，杨仆和他的死囚们建立起了深厚的战友情谊。他开始疼爱这些可怜的死囚，关心这些苦命的人，不再忍心用大漠旅人生命甘露那套鸡汤忽悠他们送死了。

这个转变，决定了杨仆一生最终的命运。

残酷清洗

就在杨仆于山中寻找失散的囚徒之时，山外发生了一件极为诡异的事情。

话说杨仆兵败之后，另一支与他配合的汉军，也已经进入了朝鲜境内。

这支军队的统帅，名字极其别扭，叫荀彘。

“彘”这个字，应该是西汉时代的吉祥用字，因为汉武帝小时候，汉景帝给他起的名字，就叫刘彘。

荀彘这个人，是从底层打拼出来的。他的特长是御车，曾经多次跟随卫青征讨匈奴，崭露头角。这次他被朝廷封为左将军，配合杨仆来打朝鲜。而荀彘到了后，杨仆已经败逃入山，于是荀彘就和朝鲜国王卫右渠你来我往地对打起来，打了段时间，不分胜负。

朝廷不喜欢这种慢吞吞的战事，就派了一个叫卫山的人，手持天子的符节，前来解决问题。

注意，这个使者姓卫，他拿着的是天子符节。

这个卫山，要么是朝鲜国王卫右渠的近亲，要么是大将军卫青的家将。也不排除二者兼具的可能，唯其具有这双重身份，才能够在朝鲜和荀彘面前同时赢得尊重。

总之，卫山这个人的身份极其微妙。此人实际上已经卷入了一场险恶的政治斗争，只是他自己尚不清楚罢了。

卫山抵达朝鲜王庭，朝鲜国王卫右渠向卫山跪下磕头，哭诉道：“孤怎么会与天朝大军相对抗？孤之心，日夜渴望着归顺天子之庭。可是你看啊，汉朝两位虎狼一般的将军，阻拦着孤的去路，孤好害怕啊。之所以重兵环绕，只是担心被那名将军杀掉而已。”

卫山喝问道：“大王既然心慕天子威仪，如何来证明？”

卫右渠道：“此事容易，孤立即派太子跟随你们前往朝廷请罪。此外，孤再向天子进贡五千匹良马，再为前来攻打孤的汉军提供军粮，这还不能够证明孤之心吗？”

“好，那就这么定了。”卫山大喜。想不到这艰难的任务，居然如此轻易地完成，回到朝廷，封个侯是跑不了的。

幸福来得太突然，卫山甚至有种如在梦中的感觉。

但等到朝鲜王太子带着五千匹马出发时，卫山就感觉有点不对了。这五千匹马，每匹马有两个人负责，也就是说王太子带了一万人马，还都佩带铁甲兵器。这是比荀彘的整个军队还要强大的实力，这像是去朝贡的样子吗？

卫山心里犯嘀咕，等到了荀彘处，他就和荀彘向朝鲜王太子提出要求：“你们已经投降了，此行是赴天子朝堂进贡，不可携带兵刃，请你们先行缴械。”

朝鲜王太子听了，笑道：“谨遵天使之命，等我吩咐下去。”

说罢，王太子策马，原路返回。赴天子朝堂进贡的事，就这么算了。

卫山无功而返，回到朝廷，就立即被杀掉了。

卫山没能办成事，杀掉了好像也不冤。但他只是一个外交人员，一介手无缚鸡之力的说客，两名杀人不眨眼的将军都完不成的工作，却让卫山承担全部的失败责任，这多少有点说不过去。

自古以来，靠舌辩在朝堂之上不战而屈人之兵，是极为偶然的小概率事件。汉武帝不可能连这么个枝节都弄不明白。更何况，临行前他授予卫山天子符节，表明了对卫山一切行为和结果的认可。可临到最后，却翻脸斩杀卫山，这就表现出了他过于刚愎的性格特征。

刚愎固然是帝王的心性，但考虑到出征朝鲜的荀彘是来自卫青的嫡系阵营，这就为卫山之死带来重重疑云。

朝堂之上，明显是暗流涌动，有一股强势的力量正在着手铲除卫氏集团。

首当其冲是卫山，接下来必然是荀彘，继而，皇后卫子夫、卫子夫生的太子刘据，都将在劫难逃。

有人正在秘密策划对汉武帝展开凶残的报复，而这只是一个开始。

阴差阳错吃大餐

杨仆带着他的残军，终于冲出大山，回来攻城。发现荀彘的部队，驻扎在王城的西北，于是杨仆捡了城南扎营，对卫右渠形成合围之势。

接下来的战事，就变得耐人寻味了。

荀彘是新晋将领，过去卫青的老家将，好不容易获得这么个出场机会。表现得好，固然是前程似锦；表现不佳，恐怕再没第二次机会了。所以，他督战攻城非常卖力，每天驱赶着士兵不停地向王城发起进攻。

而杨仆自打经历了一段山中岁月，已经彻底转型为一个和平主义者。看着荀彘与朝鲜王军对杀，他摇头再摇头："这是干什么啊？好端端的，大家为什么要这么拼命呢？和谐点不好吗？"

于是杨仆派人手持和谈符节，前往朝鲜王城联系工作。

注意这个细节，杨仆竟然持有汉武帝亲发的和谈符节。也就是说，杨仆拥有汉武帝亲授的权力，或谈或打，可以相机行事。

但杨仆是何时、在什么情形下被授予的这个权力呢？这个细节被史书刻意疏漏了。史书提到杨仆持节前往，就好像他一直拥有符节一样，没有交代具体情形。

总之，荀彘那边卖命地单兵作战，而杨仆这边与朝鲜王庭却是使者往来，和谈车辆络绎不绝、川流不息。荀彘亲自来找杨仆，商量两军联手共同对朝鲜发起大决战，杨仆却支支吾吾，顾左右而言他。

荀彘终于察觉情形不对，他好像被人玩弄了，他这边流血卖命，而杨仆却利用这个机会乘机拉拢朝鲜国王。到头来自己将一无所获，而杨仆则夺得说降朝鲜国王的全功。情急之下，荀彘也有样学样，立即派出使者前往朝鲜王庭，与卫右渠约谈投降事宜。

使者到了朝鲜王庭，立即受到盛大欢迎，鲜美的饭菜一道道端上来，那香喷喷的味道令使者心花怒放。刚刚把筷子拿起来，就听卫右渠问道："杨仆将军身体还好吗？在山里没有被狼咬到吧？"

"杨仆？"使者愣了一下，"我不是杨仆那边的，是左将军荀彘派我来的。"

"你是荀彘的人？你咋不早说呢？"朝鲜国王当即变了脸色，起身走人。接着，侍者冲上来把使者面前的鲜美菜肴统统端走，使者正在惊讶，早有几人扑过来，抄胳膊架腿，将他抬出门外，"嗖"的一声，扔得远远的："滚，荀彘算个什么东西？我家国王只向杨仆将军投降！"

"什么事啊这是？"听到使者回来后的报告，荀彘惊得张大了嘴巴，"杨仆他这是搞什么？要玩死我？可我没招他没惹他啊！莫非，杨仆想秘密联合朝鲜，要干点什么？

可这个猜测，又没有证据，荀彘连偷偷向朝廷打报告都不敢。

虽然他不敢打报告，但朝廷对这边发生的事了解得一清二楚。遂有使者公孙遂，飘然赴辽东。

公孙遂？他又是谁的人？

勋臣之死

公孙遂，官拜济南太守，与公孙贺同气连枝。公孙贺又是个什么情形？

公孙贺，祖上从军，功业显赫。当卫子夫受宠，其异母弟弟大将军卫青崛起之时，汉武帝为提升卫青的社会地位，诏令公孙贺迎娶卫子夫的姐姐卫君孺。

这就是所有问题的答案了。

前面莫名其妙被处死的使者卫山，只是疑似卫青嫡系，而公孙遂则地地道道，是卫青集团中的骨干成员。

这次派他来朝鲜，不过是为了弄死他而已。无论他干得是好是坏，总归是要弄死的，有可能连弄死他的理由都懒得找。

为什么要弄死他呢？因为有人要摧毁卫青政治军事集团。

是谁要摧毁卫青政治军事集团？就是此时在汉武帝身边，借汉武帝的名义发号施令的人。

他们是谁？他们就站在汉武帝身边，不动声色、满脸阴沉，正慢慢拂拭着皇家权力这柄杀人无数的雪亮钢刀。

前面有一个莫名其妙被杀掉的卫山，公孙遂应该知道有一场恐怖的政治风暴，正在向他席卷而来。但他逃无可逃，只能硬起头皮，走向死亡之门。

他刚到辽东，荀彘就赶来向他报告："朝鲜早就应该攻下，只是杨仆行径诡异，忽进忽退，又秘密与朝鲜国王媾和。"然后，他把所有的细节逐一向公孙遂作了汇报。

公孙遂听后，知道事关重大，立即以天子符节召杨仆。杨仆到达之后，就被公孙遂的卫兵五花大绑捆成了一团。

然后，公孙遂把他的处理方式，向朝廷报告。

朝廷又派来一名使者，带了把磨得锃亮的刀，来到辽东，不由分说摘下了公孙遂的脑袋——其实，无论公孙遂怎么个处置法，处死他的决定不会改变。又因为处死他是事先的布置，所以临到他被杀掉时，连个理由都没有，这就使得公孙遂的死成了西汉史上一大疑案。

公孙遂死了，荀彘立即意识到，这也会是他的命运，有人正在明目张胆地清算卫青政治集团，而他荀彘身为卫青的家将，必然在劫难逃。

朝中有人要清算卫青军政集团，实足骇人听闻。因为卫青军政集团实际上就是太子集团、皇后集团，要拿下如此盘根错节的庞大势力，无疑是个大工程。

这样的事情，只要想一想就让人头皮发麻，遑论去做了。

但的确有人在做，而且已经持续了一段时间。等到朝鲜之战，这个庞大的工程，才浮现出冰山一角。

这场朝鲜之战，不过是个圈套，要把卫青集团中的骨干成员悉数杀掉。

不能被这帮邪恶的家伙害死，荀彘发了狠，吞并了杨仆的军队，向朝鲜王城疯狂进攻、进攻、进攻，只要灭了朝鲜，立下堪可封侯的军功，才能免于杀身之祸，替卫青政治军事集团扳回一局。

他成功了。

在荀彘的猛烈进攻之下，朝鲜王城爆发内乱，出于对汉朝军力的恐惧，乱兵杀死国王卫右渠，向荀彘请降。

又一轮皆大欢喜的封侯。许多与这场战事无关的人封侯了；从朝鲜那边逃过来的降兵降将也封侯了。

唯独没有荀彘被封侯的消息。相反，他接到命令，回长安述职。

荀彘回到长安，在城门口，就被一群凶狠的士兵拿下，当即被拖往法场。

惊诧莫名的荀彘拼命尖叫："这是矫诏，有人在假天子之命害我，害太子和大将军，太子在哪里？大将军在哪里？我要面见天子，当面抗辩。"

尖叫声中，一刀掠过，荀彘那颗头颅，已经滚出了丈余之远。

当立了战功的荀彘血染长安城门时，大将军卫青卧于病榻之上，已是病入膏肓。被冷落已久的皇后卫子夫来看望他。

卫子夫不敢告诉他，家将荀彘立下平定朝鲜的不世战功，非但没有封侯，反而被诛杀的噩耗。

卫子夫只是说："弟弟，你知道吗？那个打起仗来疯疯癫癫、脑子不是太正常的杨仆在缴纳赎金之后，被削去爵位，贬为庶民了。"

挥剑斩楼兰

汉武帝元封三年（公元前108年），汉武帝49岁。

这一年，汉帝国同样是两个战场同时作战，朝鲜之战占了大半篇幅，参与这场战事的人或死或贬，令人匪夷所思。

而在北部，大将赵破奴获得了他难得的人生机会。

赵破奴，九原郡人氏，汉军将领。他在汉匈战争中屡立战功，因而封侯。但就在他封侯的当年，汉武帝为了筹措战争款项，命令列侯献金助祭。赵破奴搜箱倒柜掏尽家底，献上金子，却被指为成色不足，有假冒伪劣之嫌，因而获罪，削去刚刚得到的爵位不说，还被贬为庶民。

无奈之下，赵破奴从头做起，再度从军，又因为屡立战功，迅速晋升为匈河将军。

此时河西，大量的汉朝使者叠肩交背，奔走不息。一旦这些使者有所斩获，就会立即封侯。所以出使西域，已成为有勇力的贫家子弟的谋生之路。这些人良莠不齐，出使时不择手段，谎话连篇。西域诸国接见汉使，发现每一拨人都说的不一样，就对汉使失去了热情。而这些汉使行军疲顿，往往相互攻击，自相残杀，彼此抢夺对方的财物。

西域沦为汉使们自相残杀的天堂，当地的楼兰国也不甘寂寞，时常出兵劫掠汉使。就连使者王恢——此王恢，不是挑起百年汉匈之战的大行令王恢，那个王恢已经自杀于狱中——王恢遭遇楼兰兵抢劫，被剥得只剩一条裤头。

匈河将军赵破奴气势汹汹地率领一万来人，深入河西两千余里，来找匈奴骑兵决战，却连根毛也没见到。

于是朝廷就开始寻思了：王恢都被抢得只剩裤头了，为何赵破奴却找不到匈奴骑兵呢？

这个问题，足足困扰了朝廷五年。

直到元封三年（公元前108年），不知是谁，才如梦方醒：不对不对，抢劫使者王恢的，明明是楼兰兵，你却让赵破奴去找匈奴决战，这根本不对路子嘛。

“传旨，命赵破奴进击车师国。”

赵破奴接到命令，当时就哭了：“朝廷还有没有个正常人了？抢劫王恢的明明是楼兰嘛，上一次你们让我打匈奴，隔了五年又让我打车师，下达个正常点的命令怎么就这么难呢？”

有意思的是，那位被抢得只剩裤头的王恢，正在赵破奴的营中。他应该是被派来担任向导的，见此情形就建议：“赵将军，跟你说吧，朝廷中还真难找到脑子正常的人，他们发布的命令颠三倒四，要不咱们干脆不理他们了，先把楼兰给灭了吧？”

先灭楼兰？就那么个小国，绕空地砌一圈泥墙就敢说自己是国家了。那就砂锅捣蒜一股脑儿，把这两家统统灭了吧。

“我看行。”赵破奴道，“我统七百骑兵，从车师往楼兰方向攻，你替我统后援，负责我后面的粮草接济。”

说到楼兰和车师，这俩国家加起来也不如汉朝的一个小县城大，被赵破奴催师而入，铁骑撞破泥墙，先破车师，再入楼兰，活捉了楼兰王。

此役，在汉朝引起轰动，赵破奴因此战功被封为浞野侯。给他帮忙的王恢，也被封了个浩侯。

车师、楼兰双双灭国，西域震骇。早年被汉武帝送到乌孙国和亲的江都王刘建之女刘细君，发现她的命运面临着一次尴尬的抉择。

第十五章

背水之战

与汉家天子拜把子

乌维单于对汉朝来使王乌说："我想和汉家天子喝血酒，拜把子，结为兄弟。"

无端冒出这么一句话来，是因为匈奴长期以来没有动静，连躲在哪里都不知道，这让汉武帝心惊不定，他习惯于洞察全局，不习惯于黑箱作业。不了解匈奴的心思举动，这让他睡不安稳。

于是朝臣议计，派王乌出马，去探探匈奴的深浅长短。

这个王乌，并不在朝廷任职，他是个地地道道的北方人，一半家族在汉朝，另一半家族在匈奴，而且他善于社交。有这两个长处，朝廷让他挂了个低级使者的称号，便于在匈奴方面活动。

凭借如此复杂的社会关系，王乌很容易就见到了匈奴单于乌维，会面时按照匈奴的风俗，把朝廷符节丢在帐篷外，走进去说："大单于，有没有烈性点的酒？走了这么远的路，我都渴坏了。"

匈奴人生性彪悍，最喜欢粗人，听王乌这么直接，大喜："上酒，让我和这哥们儿好好喝一顿。"

烈酒上来，大单于端起大碗畅饮，纵情高歌。大家一边喝一边唱，喝多了倒地就睡，睡醒了爬起来接着喝。

如此一连多日，大单于和王乌建立起深厚的感情。动情之际，大单于醉醺醺地说："兄弟，不瞒你说，傻子才乐意跟汉家天子打仗，汉家天子太凶了，穷兵黩武，根本不管老百姓的死活，不带这样打仗的。老百姓摊上这么个天子，真是倒了八辈子血霉。”

“喝酒，喝酒。”王乌说。

大单于继续道：“所以呢，我就寻思着，要想彻底不打了，就只能把我的太子送到汉家朝廷去。儿子在天子身边，我肯定再也不会打了。汉家天子也该放心了。”

“真的吗？”王乌喜出望外，“大单于，此话当真？”

大单于：“骗你是狗娘养的！”

王乌亢奋得全身颤抖，倘若在他手中终结汉匈之战，什么封侯拜相不过是小菜一碟，青史留名就是他的未来。于是他赶紧回去，向朝廷报告。

朝廷接到报告，也是几近癫狂，如果匈奴将儿子送到大汉当人质，汉武帝的历史功业就堪称空前绝后了，秦始皇也比不上汉武帝。于是，朝廷立即派了一名叫杨信的高级使者来办理此事。

当杨信手持天子符节走到大单于军帐外时，匈奴人告诉他：“放下你手中的符节，只身进去，这是我们大匈奴的习俗。”

“不！”杨信断然拒绝，“此符节，乃汉家天子亲授，代表的是汉家天子的威严与荣光，使者持此符节，符在人在，节失人亡。”

当时大单于的鼻头差点没气歪，心说这来的是什么人啊，一点都不尊重我大匈奴的习俗。入乡随俗你们没听说过吗？怎么就这么霸道呢？

大单于虽然心里气愤，但他终究是个有城府之人，不动声色地说：“进来坐吧，你大老远地跑来所为何事？”

“回大单于，是这样，”杨信说，“本使奉天子之命，是来洽谈你家太子入朝之事。”

大单于道：“你家汉廷是有羊群，有帐篷，还是有马奶喝，有羊杂碎吃？我儿子去了能习惯吗？不去！”

“不去？”杨信嗫嚅道，“不是已经说好了吗……”

乌维单于：“说好什么？不去！”

杨信被当场毁约，只能失望而归。

朝廷因此责怪王乌，王乌说：“不会吧？大单于出尔反尔了？不可能，等我再去瞧瞧。”

于是，王乌再入匈奴，依然把符节放在帐外。乌维大单于喜欢死他了，照例是喝得云山雾罩，喝高了，大单于就说：“我要入汉廷，与你家天子拜把子！”

匈奴使者死亡事件簿

乌维单于声称要赴汉廷与汉武帝拜把子，正常人对这句场面话，听了也就是笑一笑，不会往耳朵里去。可是整个大汉朝廷得到奏报后智商骤降，立即下令在长安城修建了一座单于宫殿，弄得乌维单于这边好不尴尬。

说到汉廷，那是乌维单于死也不会去的地方，那又不是什么好地方，正经人谁去那儿啊？

但话已经说出口，汉家天子还给自己修筑了宫殿，再说不去，就得另找理由了。

无奈之下，乌维单于一边指责汉廷缺乏诚意，派来的使者太低级，一边派了个匈奴贵族跟随汉使去了长安。

可不承想，匈奴贵族喝惯了马奶，吃惯了奶酪，一进入汉朝就水土不服，到了长安，已经是气息奄奄了。

朝中诸臣心急火燎，派出了所有名医会诊。名医会诊之后，一致认为匈奴使者只是小恙，来两副温和的汤药稍微调剂一下，又能生龙活虎了。然后，名医给匈奴贵族弄了副绝对不会有问题的汤药，掰开他的嘴巴灌下去。最后，只见匈奴贵族两腿一蹬，就一动不动了。大家一探他的鼻息，已经没气了。

莫名其妙地，这家伙就死了。乌维单于这下可逮到理了，一口咬定是汉朝毒杀了他的使者，就让汉家天子给他修的宫殿空着吧，这辈子他是不打算去住了。

于是，匈奴继续袭扰汉朝边境，截杀使者。

就在此背景之下，远嫁乌孙的汉家公主刘细君写了首诗。诗曰：

吾家嫁我兮天一方，远托异国兮乌孙王。
穹庐为室兮毡为墙，以肉为食兮酪为浆。
居常土思兮心内伤，愿为黄鹄兮归故乡。

诗成，刘细君给汉武帝打报告，请求归国："陛下啊，您让我嫁的那个怪物昆莫已经死了。现在乌孙人按照当地习俗，逼我嫁给昆莫的孙子军须靡。可我是军须靡的奶奶啊，这世上哪有奶奶嫁孙子的道理？请陛下救我回去吧！"

接到报告时，汉武帝正在长江上拈弓搭箭，射一条巨长的怪东西，史书上称此物为蛟龙，但猜测起来，多半是条大号的水蛇。

汉武帝听了刘细君的报告，回复说：“不不不，刘细君你就嫁给那孙子吧。”

嫁给孙子，只为维护两国和平。这点小牺牲，有什么好抱怨的？

刘细君嫁给军须靡五年后，去世。

用人就用信得过的人

汉武帝元封五年（公元前106年），汉武帝51岁。他已经进入了生命的衰退期，身体状况和智力都远不及此前。

寒冬时节，威震漠北的大将军卫青于病榻上溘然闭目。

卫青是皇后卫子夫及太子最强有力的保护人。他死了之后，帝国的政治很快堕入黑暗。而此时，汉武帝突然想起了他曾经最宠爱的李夫人。

这位李夫人的哥哥是在宫里替皇家养狗的狗奴李延年，曾演唱过一首名歌：“北方有佳人，遗世而独立，一顾倾人城，再顾倾人国，宁不知倾城与倾国，佳人难再得。”

正因为这首歌，汉武帝才召见李延年，知其有一妹倾国倾城，遗世独立。遂召入宫，宠之，是为李夫人。

后来李夫人病了，病重时，汉武帝来看她，她却毅然决然地背对着汉武帝，不让汉武帝看到她憔悴的容颜，为其家族保存了未来进入权力核心的可能。

这时候的汉武帝既思念卫青，又怀想李夫人，但由于大脑钝化，认知能力不足，分辨能力下降，把这两件事弄一块儿去了。

汉武帝本能地按照自己的习惯行事，把卫青的成功案例，拿来往李夫人一家身上套用。

卫青由一介马奴崛起，是因为卫青的姐姐卫子夫是绝代佳人。卫子夫成了皇后，卫青成了皇帝的小舅子。

现在，皇后虽然仍是卫子夫，但李夫人好歹也是汉武帝的妃子之一，汉武帝用人就用信得过的人这个模式是不会变的。

李夫人的哥哥李延年，早就被封为协律都尉。但李夫人还有个哥哥李广利，汉武帝就让这位大舅哥去做卫青此前的工作：挥师塞外，立功封侯。

汉武帝给李广利设定的目标是大宛国。

之所以要打大宛，是因为那些充当汉使的不良少年回来报告称大宛有好马，藏在一座名叫贰师的城中，不肯给汉家天子。汉武帝第一喜欢美女，第二喜欢良马，就派人携重金前往，却被大宛国断然拒绝。

大宛国简直是敬酒不吃吃罚酒！

于是，汉武帝封大舅哥李广利为贰师将军——贰师，是大宛的藏马之城。这意思是说，大宛国归李广利了——统率从属国调来的骑兵六千，兼以出关捞取功名的勇武少年数万人，浩浩荡荡地出发了。

李广利此去，只要长着脑袋，就会感觉到不对头。

一来，此时李夫人已死，李广利去打大宛，朝中无人替他说话，倘若有变，他还能有机会回来吗？

二来，他带了数万名好勇斗狠的不良少年。这么多人张口就要吃饭，却又不隶属正规军编制，有人给他们输送钱粮吗？

恐怕不会有！

下一个猎杀目标

贰师将军李广利，于汉武帝太初元年（公元前104年）秋季出发。

次年，也就是汉武帝太初二年（公元前103年），汉武帝54岁。太子及皇后利益集团，遭到了空前的打击。

才刚刚过了个年，汉武帝就老得不成样子。那双浑浊的老眼，再也不见少年时代的神采。

这时候朝中掌握大权的，是站在他身边的两个人——霍光和金日磾。

朝中传来消息，丞相石庆病死了。

石庆，是公孙弘任相后第一个得以安享晚年的丞相。此前的那些丞相，比如李蔡、赵周，都被汉武帝找个由头杀了。石庆是黄老传人，最懂保身之法，虽然他最终是正常死亡，但平时汉武帝隔三岔五就会找个由头大骂他一顿，经常骂得石庆泪流满面、灰头土脸。

总之，谁都知道，汉帝国的丞相之位不过是个坑，坑死你连个回声都听不到。石庆之后，接任者就是下一个猎杀目标。

春节刚过，宫监登门，宣太仆公孙贺入宫。

“何事啊？”公孙贺的夫人、皇后卫子夫的姐姐卫君孺出来问。

“蠢货不知兵。”公孙贺回答道，“左右不过是李广利兵出大宛的事，那蠢货带了数万名无赖少年，沿途又没有粮草接济，陛下召我，多半是为了这桩事。”

“小心着点！”卫君孺吩咐丈夫，“大将军已经不在了，皇后又已被陛下冷落多年，应答时千万不要触犯天子神威。”

“我知道了。”公孙贺施施然去了。

入朝之后，公孙贺被引入偏殿，只见汉武帝眯着眼坐在一把椅子上，面对着翠绿栏杆之外的湖水。

霍光和金日磾，犹如汉武帝身后的两座雕塑，神态高深莫测，看不出有丝毫表情。

公孙贺上前跪拜道：“臣公孙贺，仰叩天恩。”

汉武帝的嘴唇翕动了一下。公孙贺不明要领，偷偷抬眼，期待旨意。

只听霍光以冷冰冰的声音说道：“陛下有旨，以太仆公孙贺为丞相。”

苍天，不妙不妙！当时公孙贺就失态地号叫起来：“陛下，臣德薄能鲜，难堪此任啊，请陛下收回成命。”

公孙贺一边拼命磕头拒绝，抬头之际，朝着霍光连连发出哀求的眼神。那悲哀的眼神在说：“霍都尉啊，卫霍两家同气连枝。过去李广的儿子李敢为父报仇，痛殴卫青，不就是霍去病替卫青出头，一箭射死李敢的吗？现在你快来帮帮我，帮帮我啊，看在前大将军卫青的情面上。”

只见霍光俯身，对汉武帝柔声道：“陛下，那边有宫女在喂水鸟，陛下要不要过去看看？”

说完，霍光和金日磾两人搀扶起汉武帝，头也不回地走了。

公孙贺爬起来，向前追出两步，又停下来，站在那里，面如死灰。

霍去病为卫青出头，一箭射杀李敢的场景，已经成为过去时。而现在的霍光，丝毫也不掩饰自己对卫青军政集团的敌意。

可这是为什么？没有解释，只有历史。

有人在陷害你

华丽的宅邸中，一个个少年少女正在排练歌舞。

协律都尉李延年大步进门，侧耳听了一下弦乐之声，皱起眉头。他走过去，斥责一排乐工道："用点心，用点心你又死不了，过去黄帝采天地之风，聚而成乐，用以教化万民。倘若都像你们这般吊儿郎当，不上心，还怎么教化万民啊？"

习练舞乐的弟子们立即鼓起腮帮子，加大力气吹奏。

李延年又听了片刻，叱问道："为何如此有气无力？等大老爷灭了大宛，封侯归来，听了这音乐，不砍了你们脑袋才怪！"

李延年实际上是个太监，虽然生得唇红齿白、玉树临风，但年轻时因为触犯刑律，被处以腐刑，只能入宫养狗。因为精通乐器，受到汉武帝宠爱，又因为他的妹妹入宫当了汉武帝的妃子，李延年风光一时无两，曾有段时间与汉武帝吃睡都在一起。后来被汉武帝封为协律都尉，简单来说，就是替汉武帝管理宫中的乐队、乐器。

受到汉武帝的宠爱，那就意味着巨大的财富与无上的权力。可只有李延年才知道，这些东西对一个受过腐刑的人来说，只是意味着痛苦的折磨。财富也好，权力也罢，说到底不过是为了满足人的欲望——可是李延年的欲望之根被割除了，再给他这么多的东西，不是折磨又是什么？

叹息中，李延年正要回房，忽听门外一声长喝："陛下有旨。"

噢？一定是我大哥打下了大宛。李延年喜出望外，急忙迎出。

刚一出来，李延年就感觉有些不对。登门宣旨之人，是几个宫监，带着一队杀气腾腾的士兵。宣旨就宣旨，带兵来干什么？还有，这些来人脸上的表情似笑非笑，像是在看好戏。

李延年心里惊诧，但还是跪下接旨。

宫监宣读圣旨道："协律都尉李延年及其弟李季素行不轨，淫乱后宫，骇人听闻，着灭其族。"

"什么？"李延年"腾"地跳起来，"这是谁在矫诏？有这么胡说八道的吗？老子的阳具都割掉了，怎么淫乱后宫？"

宫监慢条斯理地解释道："阳具虽然割了，但事在人为嘛。只要你想法子，总是可以淫乱的，是不是？”

“你胡说些什么！老子要入宫见陛下……”李延年怒叫未止，宫监后面的军士已经冲上前来，大喝一声：“你哪来这么多废话！”一刀下去，李延年只觉得胸口一紧，利刃已经透胸而过。

“哥……哥！”李延年一头栽倒，手指北方。

哥哥李广利知道这事吗？有人在暗中陷害李家。告诉他，千万千万不要回来！

但这些话，他已经说不出来了。

宫监收起圣旨，对士兵们说：“就这样吧，成年男子直接杀掉，未成年的男子阉割后，与女子一同送入官市，发往列侯府中为奴。”

士兵们提起刀枪，一拥而入，开始大肆屠杀李延年全家。

这时恰有一人风尘仆仆，策马而来，到了门前，惊见李延年家已经是血流成河。大骇之下，此人掉头就逃。

这个人，名叫卫律，是李延年的知交好友。李延年向汉武帝推荐他出使匈奴，他刚刚回来，前来探望李延年，却发现李家正遭灭族。

惊骇之下，卫律一口气逃到了匈奴，从此种下了苏武留胡十九年的因缘。

陛下想弄死谁

朝野上下，只有一个人知道，汉武帝为何要诛灭李延年家族。

这个人，叫上官桀。

上官桀，是当时西汉帝国智商排到前几名的人物。他出身世家，父亲累立军功。上官桀年轻时为汉武帝的羽林郎，他曾跟随汉武帝前往甘泉宫，时遇大风，车不能行，上官桀就卸下车盖，当遮阳伞替汉武帝撑着。汉武帝很欣赏他的勇力。

像所有的聪明人一样，上官桀也有个偷懒的毛病。汉武帝有段时间生病，上官桀趁机给自己放了个小假，把汉武帝的御马饿得嗷嗷惨叫。

汉武帝病好，发现这事后大怒，斥道：“上官桀，你是不是以为朕再也起不来了？”

当时上官桀吓得“扑通”一声跪下，眼泪说来就来，哗哗地淌，说：“陛下病了，做臣子的日夜忧心，恨不能以身相代，没有心情喂马。求陛下杀了臣好了，求陛下杀了臣！”

汉武帝最喜欢别人关心自己，听了此话大喜，非但未追究上官桀，还给上官桀封了官。

按说以上官桀这过人的机智，是不应该被打发到塞外干危险活。但朝中的人精太多了，而能干者如上官桀反倒显得凤毛麟角。结果，此次李广利远征大宛，上官桀也是随行的将军之一。

一出塞外，上官桀就意识到自己被人坑了。几万人组成的浩浩荡荡的队伍，后方连个管理粮草的都没有，这叫打仗吗？说是坑爹还差不多。

但究竟是谁坑谁，在这个问题，上官桀还没弄明白，他只能继续向前挺进，沿途遇到城池就打，不打没食物吃。打下来大家就狂吃，打不下来，就饿着肚子寻找下一个目标。就这样打来打去，几万人的队伍，只剩下几千人了。

于是，上官桀跟随李广利开始战略撤退。不撤不行，剩下的这点人没粮食吃，全都会死在河西。

但等残兵退至玉门，却发现玉门关前有一排森严的汉军，传旨称：“李广利及随从人员，有擅入玉门关者，立即斩杀。”

这是何意？当时李广利吓傻了，上官桀等人，也是大为震骇。

这些人远征在外，不知道李延年全家已被灭族，只能用猜的：陛下这到底是想弄死谁呢？

可出来的人这么多，到底是谁惹到了陛下，这又如何猜得到？

就在这胡乱猜测之中，荒凉的沙漠上突然间烟尘四起，匈奴归来。

曾大破车师、俘获楼兰国国王的名将赵破奴，陷入了匈奴大军的团团包围之中。

匈奴出击

匈奴乌维单于折腾完汉朝使者之后，不久就死了。他年幼的儿子继位，史称儿单于。儿单于年龄虽小，却不服不忿，发誓要与汉朝决一雌雄。他的凶悍，令匈奴左大都尉忧心忡忡，担心这孩子太坑爹，就秘密联系汉廷，请求投降。

朝廷接报大喜，命公孙敖在塞外建了一座受降城。但公孙敖很机智，把受降城建得离匈奴人远远的，这样就保证了安全。

公孙敖是安全了，但匈奴那边，左大都尉就有点为难了。他决定杀掉小毛孩子儿单于，率匈奴各部归属汉廷。汉朝朝廷对此表示强烈支持，特派了名头最为响亮的赵破奴及其儿子赵安国，深入塞漠两千余里，接应左大都尉。

赵破奴率领两万骑兵出发了，不承想儿单于年龄虽小，本事却大，左大都尉的叛乱被他事先察觉，儿单于当机立断，率匈奴铁骑奔袭左大都尉部属，左大都尉掉以轻心，当场被杀掉。

左大都尉身死名灭，赵破奴就没有可接应的了。但他想，来都来了，就近找个匈奴部落，意思意思吧。于是攻击匈奴一部，俘获两千余老牧民。

这也算是赵破奴纵横塞外以来打得比较精彩的战役了。于是，赵破奴兴高采烈回师，行至距公孙敖修建的受降城八百里的地方，只见前后左右，地平线的尽头有一道黑线。这黑线越来越鲜明，轮廓越来越清晰。等赵破奴看清楚，登时傻了眼。

全都是匈奴骑兵，总人数不少于八万。

匈奴哪儿来的这么多人？

当时赵破奴的内心几乎是崩溃的。这场仗不用想了，他只有两万来人，内无粮草，外无救兵，被匈奴人打死，是不可避免的事。

打死就打死好了。赵破奴父子想得开，军人死在战场上，是迟早的事。这事赶早不赶晚……其实也不是那么急。当下命令军士安营扎寨，与匈奴兵决一死战。

扎成环形寨，照例是双方先以远程弓箭开射，然后是匈奴兵冲上来破阵。血肉模糊地打了一整天，赵破奴这边撑不住了，因为没有饮用水，军士们渴到要发疯。

这可要了命了。赵破奴带来的这些兵都是中原人，除了他，没一个熟悉地形的。要取水，就只能他自己亲自出马。

到了午夜，赵破奴父子带了一小队人马，悄无声息地溜出来，直奔水源方向，到了地方，赵破奴解下头盔，一头扎进泉水里，那湿润清爽的滋味太舒服了。就在此时，他被匈奴伏兵逮了个正着，按在水里一顿狂灌。等把他灌得头昏脑涨，才把他的头从水里拉出来。

按住他的匈奴伏兵笑道："还愣着干什么？走吧，大单于军帐去喝酒，你最喜欢的马奶，保证让你喝饱。"

主将就这么稀里糊涂地被捉走了，那两万余汉军仍然在营寨中坚守。儿单于派了人前来招降："汉军兄弟们，你们的主将已经投降了，你们也快点过来吧！"

汉军相顾失色，这下惨了。主将临阵被俘，这是汉武帝最痛恨不过的死罪，就算这两万人回去，准保也会被皇帝一刀一个统统杀掉。但投降也不成，临阵投降，汉武帝更为憎恨，投降之人诛灭三族，是逃不过的。

没办法，不能回去，也不能投降，两万汉军就在营寨和匈奴死战，直到被匈奴人杀光，这场战役才算结束。

引蛇出洞的阳谋

赵破奴父子被俘，两万精锐骑兵全军覆没，汉廷顿时炸开了锅。

四处巡游、寻找神仙的汉武帝急忙返回。但再急也有个时间差，等到汉武帝回到朝廷，亲自主持御前工作会议时，已经是来年的七月。

汉武帝太初三年（公元前102年），55岁的汉武帝拖着老迈之躯，要求群臣就当前的形势发表意见：

"诸位爱卿踊跃发表看法，不要有什么顾虑，言者无罪。任何人都不会因为在朝堂上发表的言论或观点而遭到责难。"

这样就好，这样最好。群臣长舒一口气，立即抢先发言。意见一面倒，匈奴归来，一出手就灭掉了汉军两万精锐骑兵，可知匈奴已经恢复了元气。面对如此强敌，汉朝断不可两面作战，应该立即放弃大宛，集汉朝全部资源，全力对付归来的匈奴铁骑。

汉武帝道："来啊，把公然散布放弃大宛言论的人，统统拉出去处斩。"

大臣们急了："陛下，您说可以畅所欲言、言者无罪的。"

汉武帝道："刚才那只是为了引蛇出洞。"

什么？都这节骨眼上了，你还玩这一套？大臣们气得快要吐血，可是气也没用，主张放弃大宛的一群大臣被当场拖下去杀掉。接下来继续开会。

会议决定，赦免所有的死囚，再加上品行不端的无良少年，这些人统统发配到塞外。再征调百姓家里的牛十万头，马三万匹，驴和骆驼万匹，调十八万军卒到酒泉、张掖地区，另行征调校尉五十多名，一并去打大宛。

决定已经出来了，这时候金日磾嘀咕了一句："陛下，兵力好像有点薄弱啊。"

汉武帝道："传旨，以下七种人，一律充军。第一种：有罪的官吏；第二种：逃亡的罪犯；第三种：入赘女方家的女婿；第四种：商人；第五种：曾经有过经商经历的人；第六种：父母有过经商经历的人；第七种：外祖父一脉曾有人经商的人。以上七种人，须得自带干粮，自备武器，在指定日期到达指定地点。违令者，斩！"

声势浩大的大宛会战，终于开始了。

再掳楼兰王

李广利大宛会战前夜，匈奴王儿单于死了。

这孩子勇武聪明、果断善战，先平左大都尉之乱，再灭汉朝赵破奴两万精骑，端的了得。倘若这孩子多活几年，汉朝可就有苦头吃了。但天不佑匈奴，被视为匈奴未来与希望的儿单于死掉，他的儿子正在吃奶，于是大家改立了须发银白的右贤王为大单于。

新任大单于雄心勃勃，派骑兵跟在李广利的屁股后面，想抄汉军的后路。可到了地方一看，匈奴人全都吓傻了。

只见大沙漠中黑压压密麻麻，全都是汉朝来的士兵，一个个啃着干粮，喝着冷水，一边失声呜咽，一边行军赶路。那一望无际的人山人海看得大单于头皮发麻，当场就失声尖叫起来："汉朝咋又弄出这么多的人呢？这才几年工夫，又生出这么多人来。"

人虽多，但士气不振，不堪一击。

但问题是，汉朝的生殖效率如此之高，你今天打了他，赶明儿他又给你生出一堆人来，络绎不绝地赶来打你，还让不让人过日子了？

大单于说，本单于有生以来，头一次知道"怕"字怎么写，惹不起。能不能有个简单的办法，灭了汉朝呢？

大单于想出个妙计，这次不惹汉军了，直接去西域要道的楼兰国，和楼兰联手，专打汉朝使者。使者是汉朝派来的奸细兼耳目，断了使者之路，汉军就算出来再多的人，也不知道该往哪里走。这样就等于把汉军逼退回境，届时匈奴人生存的空间就大了。

这个办法甚好！大单于马上派出一批精明强干的特工人员潜入河西走廊，秘密联络楼兰国。

然而，不幸的是，此时河西走廊也挤满了出来捞世界的不良少年。匈奴特工一入河西，就被汉朝的一个官员任正给逮到了。

任正立即对匈奴特工严刑拷打："说，谁派你来的？你的联络人是谁？""啪啪啪"，蘸了凉水的皮鞭，照着匈奴特工身上狠命地抽个不停。匈奴特工受刑不过，不得不如实招供了出来。

得到口供，任正喜出望外，立即带着人冲入楼兰国。

此时的楼兰国王，正是被赵破奴抓回去的那个，亲睹汉朝辽阔的疆域，当时楼兰王就震惊了。他做梦也想不到，自家的楼兰国还不如汉朝的一个小县城大。而且汉朝人相互残杀的凶狠劲儿，让楼兰人心惊胆战，从此对汉朝人极为畏惧。

见任正突然带人闯入，楼兰王急忙赔着笑脸，起身相迎道："小王恭迎天使，不知天使突然前来，有何教诲？"

任正板着一张后娘脸："马上扛起你的铺盖卷，跟我回长安。"

楼兰王："天使叫小王去汉朝何为？"

任正："当然是蹲大狱！"

"不要啊！"楼兰王发出一声尖厉的惨叫，"来人啊，救救小王，小王无罪啊！小王不要蹲汉朝大狱，那地方不是人待的地方啊……"

在楼兰王的哭喊声中，任正手下士兵直如捉小鸡一般，将楼兰王架起来。楼兰国的卫士们，更没胆子招惹汉朝来使，见状急忙躲得远远的。

于是，楼兰王就被任正这么个小官再一次捉回长安来。

汉武帝崇尚勇力，听说捉来了楼兰王，兴奋地登殿问罪。他的嘴唇一抽一抽地翕动着，霍光立即喝道："楼兰王，陛下问你，你可知罪？"

楼兰王哭道："小王委屈，小王无罪啊。"

霍光转向任正，问道："那你为何要把他捉来？"

“是这么回事，”任正赶紧呈上匈奴间谍口供，“是匈奴单于意图联结楼兰王劫杀我天朝使者，所以小将才将他拿回问罪。”

霍光斥道：“任正，你会说人话吧？是你无意中截获了匈奴人秘联楼兰王的奸细，报知朝廷陛下，奉陛下御旨拿回楼兰王的，听明白了没有？”

任正眨了眨眼，恍然大悟道：“是是是，是小将不会说人话。正是奉了陛下御旨，仰仗天子天威，小将这才拿得楼兰王的。谅小将这般薄命之人，若非托天子洪福，如何能拿得了楼兰王？”

“这就对了。”霍光欣慰地扭头，“史官，把任正奉陛下御旨拿回楼兰王之事详细记述下来，注意细节要生动。”

楼兰王叩首道：“陛下，这里没小王什么事了吧？小王可以走了吗？”

霍光道：“走当然可以，没人拦住你。不过，你走之前，先要发布一个声明，严厉谴责匈奴单于挑起战争的无耻罪行，并表态决不容忍匈奴破坏和平，誓死与之周旋到底。”

“唉，你看这事闹的。”楼兰王无奈，只好公开宣称与匈奴为敌，这才获准归国。

匈奴接到楼兰王表态敌对的消息，大单于好不郁闷，没几日工夫，竟然活活郁闷死了。

这么短时间里，接连死俩单于，这也堪称异数。现在，大宛战场上已经没人妨碍李广利，他尽可以放开手脚，大干一场。

绝境之战

贰师将军李广利出发了，声势浩大，一副惊天动地的架势。

人数是多了，但仍然没人给李广利运输粮草，摆明了就是要坑死他。

幸好李广利的人马众多，沿途小国见之无不惊骇，生怕李广利来打自己，纷纷上前劳军，拉关系套交情，运来粮草以示臣服。

只有一个轮台小国，对汉军采取了毫不掩饰的敌对态度。李广利就不客气了，挥师攻破轮台，进行了血腥的屠城。

屠城事件表明，李广利应该已经知道弟弟李延年被灭族的事情。现在，他在朝中再无依靠，只有强敌虎视眈眈、慢条斯理地在摆布他。所以他要给自己杀出一条血路来。尽管他是个优柔寡断的性子，但现在，他已经发了狠，西域诸国，最好不要惹他。

李广利兵临大宛城下，却先不忙着攻城，而是大兴土木、挖沟掘壕，把大宛城的水源引到了别的地方。这下可好，大宛顿成死城。

大宛虽然沦为死城，但他们也有后援，就是康居国。虽然康居国的援兵未见踪影，但大宛还是拼死坚守了四十多天。

四十多天后，大宛内部崩溃了。

一些贵族秘密商议道："你说好端端的，招惹汉朝大军攻城，图个什么呢？就是因为国王死活不答应给汉家天子几匹好马。那马有什么用？值得这么多人殉葬吗？眼下这情形，康居国的援兵四十多天还不见踪影，我等纵然不被汉军打死，也会活活渴死。与其如此，不如杀掉惹祸招灾的国王，投降汉军算了。"

于是贵族们怀揣利刃入宫面见国王，说是有重要军情禀报。国王出来后，贵族们趁机一拥而上，按住国王手脚，把国王的脑袋砍了下来。

杀完国王，众贵族惊恐地发现大宛外城已破，李广利率汉军冲了进来，开始强攻内城。贵族们急忙拎着国王的脑袋登上城墙，对李广利喊道："李将军，你看好了，你们此来只是为了大宛的宝马而已。不肯给你们宝马的，是国王，现在我们已经把国王杀了，他的脑袋在此。现在，我们请你们停止攻城，我们将把国王的脑袋给你们，打开马厩，宝马随你们挑选。如果你们不答应，那我们就只能把所有的宝马统统杀死，然后据城死战。等到康居国的援兵到达，你们汉军就会腹背受敌。何去何从，请将军选择吧。"

这时候李广利获知一个消息，大宛城中最近抓到了一批汉人，而这些汉人懂得打井技术。这就意味着大宛内城有可能打出水来。而城中粮食又多，再有水源，那么这场战事恐怕就没有结束的可能了。如果这样，自己孤师悬于域外就很危险了。

于是，李广利答应了大宛贵族的请求，大宛贵族依言打开马厩，让李广利精选了良马三千多匹。

给大宛立了亲近汉朝的大宛贵族昧蔡为新国王之后，李广利这才踏上回师之路。

行不及远，只听到后方传来遥遥的呼声："等一等，上官桀将军攻破郁成，打到康居国，把郁成王给逮来了。"

竟有这事？李广利惊喜之下，急忙止步。

匈奴臣服

原来，汉军征大宛还有一场大家避而不谈的败仗。

最初，李广利率数万人从敦煌出发，兵分两路。他自己当然还是带数万人来攻打大宛城，另派了不知怎么招惹了他的校尉王申生率领千余人去攻打郁成。可千余人怎么可能攻得下来？

结果很不幸，王申生刚抵达郁成，就被郁成王设伏包了饺子，差不多全歼灭了，只逃出零星几人。

李广利大怒，就派了上官桀出马。上官桀带了多少人不知道，但郁成王一见他来，撒腿就跑，一口气逃到了康居国。上官桀穷追不舍，追到康居——大宛苦等康居救兵而不至的原因，就在这里。

听说大宛城被攻破，康居王吓得半死，赶紧把郁成王捆绑起来，送给上官桀，表示臣服。

上官桀就派了四名骑兵，把郁成王给李广利押送过来。四名骑兵出了门，商量说：这个俘虏可不好送，他是个活人啊，万一跑了可咋整？必须想出个安全的押送办法才行。

这办法也简单，就是……一个骑兵拔出剑来，"吭哧"一声，把郁成王的脑袋给砍了下来。

上官桀的表现，为这次战事画上了一个完美的句号。汉家军队可谓名副其实地威震西域。

李广利回师，沿途各国都派出自家的王室子弟狂追汉军，央求跟随前往汉朝做人质。只要汉军不来打自己，干什么都行。

这次战事，也令大汉举国震动。此前汉朝只知道天下之大，自己是最牛的。但究竟如何一个牛法，却不太清楚。而李广利大宛之战，明确地告诉大家，汉家天子威行天下，谁不服就是死路一条。

如果一定要给这场战事挑点小毛病，那就是汉军太疯狂了，简直是一群狼。实际上，在大宛之战中战死的士兵并不多，而死于自家兄弟之手的却比比皆是。因为汉军要自行解决粮草，解决的办法就是去攻打别人，抢夺粮草。所以大宛之战，大家是一面围城，一面自相残杀，城里城外都打得一塌糊涂。

汉武帝拓边之功，为历史最大，至今中国人仍然享受着他给后人打下来的疆土。当然，牺牲也是极为惨重。

汉朝为这场胜利陷入癫狂，最失控的，当然还是汉武帝本人。

汉武帝太初四年（公元前101年），56岁的汉武帝难得上朝，大肆分封。

汉武帝最重军功，给立功将士的奖赏超出了所有人的预期。

李广利封海西侯，上官桀晋为少府，从军者无论是此前还是现在的犯罪行为，概不追究，另加封赏。从军的官吏，有三人升为九卿，俸禄二千石的军士超过百人，俸禄一千石的有一千多人。

对这场战事最害怕的，当然是新任匈奴大单于。

前面那个想秘密联络楼兰的大单于，在大宛之战中竟然无法捕捉到战机，这种无能为力的感觉，令他郁闷而死。他死后，儿子年幼，于是众人推举了他的弟弟为大单于。

新任大单于是个年轻人，对汉使说："我是谁啊？我是晚辈，汉家天子是我的长辈，我这个做晚辈的怎么敢冒犯长辈？请让我释放此前那些被扣押的汉使吧。"

汉朝诸臣大喜，就派中郎将苏武带着副使张胜，携丰厚的礼物前往匈奴迎回那些被扣押的汉使。

由于汉武帝只重军功不看手段，只要结果不重过程，与苏武随行之人，都跃跃欲试，想在匈奴大干一场，博取个千秋万世名。

第十六章

阴谋笼罩的帝国

刺杀行动失败

苏武一行抵达匈奴，迎接他的，是卫律。

卫律是谁？他就是协律都尉李延年的好友，因李延年推荐，获得出使匈奴机会。但他返回长安时，恰好见到朝廷以秽乱宫廷之名诛灭李延年全族。当时卫律惊恐之下，立即逃到了匈奴这边。

卫律被大单于封为丁灵王，参与谋划大事。

除了卫律，匈奴还有一伙怪人。这伙人被汉军逮住，就归附汉朝：等再被匈奴抓到，又归附匈奴。看起来他们谁也不招惹，但他们实则心有所属。这伙人中一个叫虞常的，就来找苏武的副使张胜，说："我的心永远忠于汉家天子。"

张胜问："那你怎么在这里呢？"

虞常答："我是被匈奴人抓来的，身不由己啊。我身在匈奴，心在大汉，一直在秘密筹划刺杀行动。我听说卫律叛逃到匈奴这边，陛下大怒，我准备一动手就干掉卫律，希望你在天子面前帮我多美言几句，让咱也封个侯吧。"

张胜说："匈奴这宵小，不正是给咱们练手立功的吗？我看行。"

于是，虞常出门去执行任务，刚好遇到苏武，但没对苏武说什么，点点头就走了。

苏武进来问张胜："刚才虞常来找你，所为何事？"

张胜道："没什么事，就是串个门，聊聊天。"

他为什么要对苏武瞒着这事呢？想来无非想独占拿下匈奴的军功而已。

此后一个多月，苏武就在匈奴这边访贫问苦，结交联络，张胜则暗中用带来

雾满拦江 著

汉武帝

统治的艺术

的礼物资助虞常。

而虞常秘密联系了七十多人，据他说都是绝对可靠的兄弟。可是虞常缺乏地下斗争经验。这种事，岂有七十多人全都可靠的道理？事实上，这其中就有一个不可靠的。虽然不可靠，可他也不敢说自己不可靠，只是虚与委蛇，假以应付。等到虞常决定动手的当晚，这位老兄就逃到匈奴宫中，告发了这件事。匈奴的骑兵立即出动，包围了虞常的同伴，一场大砍大杀，虞常被俘，手下人悉数被杀。

得知事态严重了，张胜就来找苏武："老苏，跟你说个小事，那个虞常前阵子来找我，说是要刺杀卫律，结果现在失败了，你琢磨个法子，摆平这件事吧。"

"什么？"当时苏武就惊呆了，"这么大的事情，你怎么不告诉我？"

"现在告诉你也不迟嘛。"张胜厚着脸皮回答道，"老苏，你是读书人，心眼多，快想个法子，这可如何是好啊？"

苏武震惊道："看来我们要受辱于匈奴了，陛下最痛恨这种事。我是没脸回去见陛下了，你们别拉着我，让我自行了断算了……"

众人急忙劝止。而此时，匈奴大单于正在军帐中召开工作会议，讨论如何处理阴谋作乱的汉使。

苏武受审

按大单于的意思，干脆把苏武等汉使统统杀掉算了。但有人反对，说："就为了这事杀他们？应该让他们投降！"

"对，那就叫他们投降！"大单于拍板决定后，就命令卫律传唤苏武前去受审。

一听要去受审，苏武当时就急了："这不行，陛下最恨这种事，我不能受辱于匈奴！"

说罢，苏武拔出佩剑就要抹脖子。卫律大惊，急忙抱住他，夺下他手中的剑，但苏武脖子上的伤口，鲜血"哗哗"地往外流。

卫律急忙叫来医生，用了一个奇怪的法子，在地面上挖了个坑，把苏武按在坑沿上，让他脖子上的伤口对着地下的坑，"哗哗哗"地放血。这招不知谁教给医生的，汉朝这边杀牛才用这种方式。

但这法子确实奏效，苏武脖子上的淤血放出，人就陷入昏迷了。

没办法，只好让苏武慢慢养伤，先把张胜抓起来。

等苏武醒来，睁眼就看到跟前跪着一个人：叛乱的虞常。

卫律手中拿着剑，说："苏武啊，大单于感于你的义节，不对你进行公开审讯了。但是，这个降你总是要投的，你看虞常就在你眼前，你还能否认自己的罪行吗？"

苏武说："我是真的不知情，虞常他们所干的事情跟我没有关系。"

卫律道："有没有关系不重要，重要的是你必须认罪并投降，你到底投降不投降？你不投降，那我就杀了他。"

苏武："你这都是哪儿跟哪儿啊……"

卫律一挥剑，虞常的脑袋就在地面上滚出老远。

然后，卫律走到张胜身边，举起剑来："苏武，你到底投降不投降？不投降，我就杀这个了。"

张胜急忙惨叫起来："别杀我，求求你别杀我，我投降，我立即归附匈奴……"

卫律斥道："你插什么嘴！苏武，你到底投降不投降？"

苏武制止道："卫律，你别闹了，这又不是什么好玩的事。"

卫律："好好好，你一个人先在屋子里待着吧，我和张胜喝酒去。"

节义千秋

卫律向大单于报告了苏武的态度。

单于说："本单于对苏武拒不投降的义节表示由衷的钦佩，但是本单于更想知道，苏武这个人到底怕不怕死？来啊，把苏武丢到那边的露天菜窖里，看他几天才能饿死。"

苏武被丢进露天的大菜窖自生自灭。

过了段时间，单于忽然想起他来，就跑来看看情况。探头往地窖里一张望，只见苏武安然无恙。

当时大单于吓了一大跳："苏武，你怎么还活着？"

苏武道："算我命大。"

大单于道："可你多日没有食物……"

苏武道："我可以吃衣服上的毡毛，味道不错。"

大单于道："你也没有饮用水……"

苏武道："我可以吞天上掉下来的雪。"

大单于震惊道："你这样的人，本单于还是生平头一次见到。本单于这边恰好有件重要的事情，你做最合适。"

苏武问："什么事情？"

"去北海牧羊！"

大单于下令将苏武从地窖里拖出来，放逐到北海，给了他一条牧羊鞭，去放羊吧。

苏武："放羊没关系，可我得问一声，你们何时放我回去？"

大单于："这个快，等到这些羊产奶的时候，你就可以回去了。"

苏武："等等，我怎么瞧着这些羊都是公羊呢？"

大单于："公羊怎么了？你看不上公羊？"

苏武："……不是。"

大单于："那就快去吧。"

渴饮雪，饥吞毡，苏武牧羊北海边，穷愁十九年。但是他手中一刻也没放下汉廷符节，等到十九年后归国，他手中的符节已经磨得光秃秃的，只剩一根竿子。他的气节不仅震撼了当时的匈奴与汉朝，也震撼了整个历史。

苏武的精神，源于他承受苦难的决心。但这苦这难，如软刀子剖心，超越了人类正常心理承受极限的煎熬，唯独他自己最清楚。

而最让他痛苦的，莫过于李陵的来访。

李陵，是飞将军李广的孙子，他怎么也来了？

他的到来，只是李氏家族敢于挑战卫霍利益集团，所遭受到的报复的延续。

简单来说，他是被汉宫那残酷的政治倾轧逼迫而来。

垫脚世家

汉武帝天汉二年（公元前99年），汉武帝58岁。

此前一年，天现异象，天空降下白毛，天下大旱。但汉武帝仍然拖着他的老迈之躯巡游东海郡，苦苦寻找着仙人的踪迹。一边寻找仙人，一边发布战令，命贰师将军李广利率三万骑兵出酒泉，迎击匈奴右贤王。

这一战与赵破奴遭遇匈奴主力的格局一般无二。李广利击右贤王，斩杀憨厚的老牧民万余人。但在归途，却闯入了匈奴主力的包围圈。

但这一次，李广利没有离开主力去取水，所以他逃过了被匈奴人俘虏的命运。他让最能打的陇西人赵充国率精兵一百多人为敢死队，冒死突围。李广利率军紧随其后，他们两个成功杀出，但陷于包围圈中的大队汉军近半人数惨遭匈奴斩杀。

此战，赵充国负伤二十余处，仍悍然血战。

李广利出身音乐世家，乐音的辨析能力与情商高低是同一个道理。所以他最明白汉武帝的心思，知道汉武帝少年时游荡江湖，一生不改的是对铁血勇士的厚爱，于是表奏朝廷，往死里夸赵充国。

汉武帝果然来了兴趣，回到皇宫就召赵充国入宫，让人仔仔细细、认认真真地察看他身上的伤，赵充国欲哭无泪，同时也引以为傲。

到了这里我们就知道，汉宫的政治倾轧非“险恶”两个字不足以形容。这个意思就是说，汉武帝对手下战将就目前而言并无偏爱，但是由于他长年在外巡游，只顾寻找仙人不问政事，再加上老迈体弱，帝国的权力已经不再像此前那样条理明晰地分配在各人手中。前方征战的将士，一不留神就会死于凶险混乱的政治斗争。朝鲜之战就是个例子，任谁都感觉情形不对劲，有人在暗中捣鬼。

李广利就是典型案例。他始终泥陷于被动的政治斗争中，连还手之力都没有。直到此时汉武帝兴致勃勃地来察看赵充国身上的伤疤，才不无惊讶地发现一桩怪事：这个李广利打了这么长时间的仗，居然没人给他运输粮草。他就是一支孤军，违背兵法，愣打死拼居然还立下不世功勋。

汉武帝察觉到疏漏，决定弥补。他现在，像当年喜欢小舅子卫青一样，喜欢李广利这个大舅哥。

当年卫青之所以能纵横驰骋，是因为有李广替他垫脚。所以，这时候李广利也需要一个给他垫脚的人。

还是让李广的后人来垫脚吧，李家就是垫脚一族。

正在酒泉、张掖训练士兵的李广之孙李陵，被汉武帝钦点替李广利输送粮草。

李陵接到这道命令，当时就气炸了。

成了精的老狐狸

李陵拒绝汉武帝的命令，说："陛下，臣是冲锋破阵的人，干不来后勤运输那种活，请陛下收回成命。"

汉武帝失笑道："你小子就是不甘人后。可问题是，朕这边的骑兵都已经给了李广利，你要打匈奴，朕是支持的，但就是没有骑兵给你。"

李陵说："我不用骑兵，只带着身边的五千步卒，一样横扫匈奴王庭。"

汉武帝大喜："朕就喜欢你这样的勇士，给朕打死匈奴！朕再给你派一员老将，路博德，让他中途支援你。"

可是这路博德是和李广同时代的战将，李广一家父子皆死，已经打到孙子这辈了，但路博德仍然在战场上慢条斯理地吃喝。这就表明他必有过人之处，是一只已经成精的老狐狸。

路博德心如明镜，打仗这种事，和谁搭档都行，就是万万不可和李广一家沾边。当然，李广一家能征惯战，都是当世名将。只不过，朝中潜伏着一股对李广家人极其不利的力量。这股力量平时不显山不露水，任谁也看不出个端倪，但每逢关键时刻，就会出现极为诡异的事情，连累沙场上的将士死得不明不白，还找不到个地方说理去。

于是路博德上了道奏疏，说："秋高马正肥，不宜打仗，请陛下劝李陵少安毋躁，明年再说吧。"

路博德这道奏疏也不是胡乱上的。他应该已经联系到了朝中的支持者，并获得了豁免和保护。

当霍光把这道奏疏拿到汉武帝面前时，汉武帝已经从赵充国伤疤处的兴奋中解脱出来，正感觉虚弱无力，大脑进入空白状态。

霍光说："陛下，路博德上书请陛下留住李陵，暂缓攻击匈奴。"

"噢？"汉武帝此时思绪万千，沉浸在与仙人联袂漫游云海的幻境之中。

霍光："陛下，路博德老成持重，向来不发荒谬之言。此时突然来了这么一道奏疏，这会不会是……为别人出头呢？"

汉武帝："不无可能，不无可能啊。"

霍光："既然如此，那就让路博德走西河，让李陵走浚稽山。臣以为安全第一，不是害怕，是恐前线有失，伤及我大汉的体面。所以，不如让他们走一圈，如果遇不到匈奴人，就回来好了。"

汉武帝这时候已经睡着了，发出低沉的呼噜声。

霍光对服侍汉武帝的太监和宫女吩咐道："不得惊动陛下，让陛下好生安睡。"

新型权力中心

霍光和金日磾让汉武帝坐在椅子上安睡，走出来正好碰到刚封侯的上官桀带了一个英俊少年等在外边。

见霍光出来，上官桀急忙迎上去："光禄大夫，这是犬子上官安，卑职带他入宫来，是想见一见陛下，看能不能当个侍卫，谋个前程什么的。"

想在宫里谋个前程？霍光冷眼扫视着眼前这个英俊少年："知道苏武吧？他出使匈奴，死活不明。而他大哥苏嘉，二哥苏贤，全都在朝中侍奉陛下，可是结果如何呢？前一阵子，苏嘉随陛下出行，扶着陛下的车驾下殿阶时，车辕撞到了宫殿柱子上，折断了，陛下因此受到了惊吓。苏嘉因大不敬之罪，被当场赐剑自刎。

"苏武的二哥苏贤，随圣驾到河东，途中宦骑与黄门驸马因为争夺船只打了起来，宦骑凶狠，一下子把驸马推进河里活活淹死了。宦骑畏罪逃走，陛下责令苏贤去抓捕，可这上哪儿去抓？苏贤费了好大劲没抓到，因为害怕陛下责难，服毒自尽了。

"苏武一家三兄弟啊，就这样全都死了。苏武的夫人年轻，又带着个孩子，无法生活，只好改嫁，听说那男人每天没少打苏武的儿子。那孩子惨啊。”

说到这里，霍光斜睨那英俊少年：“这样的宫廷，你敢来吗？”

只听那少年朗声笑道：“回光禄大夫的话，不才以为，心中有什么，就会遇到什么。苏武一家终日阴气沉沉，性情执拗，遭遇这样的事情，情理之中尔。我上官安心地坦荡，只会遇到光明磊落的事。”

霍光怔了一怔：“小东西，毛还没长几根，坑人害人的心眼倒是一套套的，都是跟你父亲学的吧？”

上官桀赔笑道：“光禄大夫说笑了，犬子他就是个心地纯洁的阳光少年。大人尽管放心，他属于那种绝对不会沾上无妄之灾的性格。”

“令郎性格开朗活泼，我喜欢。”霍光问，“这小东西，娶妻了吗？”

上官桀忙道：“犬子才思愚钝，不被贤达放在眼里。下官正想托光禄大夫瞧瞧，给犬子物色个合适的女子。”

“也行，那我就给你看看吧。”霍光心动了，家中那野蛮霸道的女儿正愁嫁不出去，便抓住时机应道。

至此，汉武帝晚年，朝中的新型权力中心已然成型。

站在这里的三个人——金日磾、霍光及上官桀，通过联姻，将结成心照不宣的政治联盟，并彻底掌控汉武帝及帝国未来的命运。

五千对八万

李陵率领五千步兵走到了浚稽山，停下来歇脚，观察山脉走势，画成地图，然后叫过来一个警卫员：“陈步乐，你跑得最快，拿着这份地图，跑回长安给陛下送去。”

陈步乐应道：“保证完成任务！”

陈步乐飞也似的出发了。没想到，陈步乐才走出没多远，李陵就看到山坡上转出一个匈奴骑兵，接着又一个，然后又一个。

然后……李陵一个一个地数，很快就数不动了。

“哈哈哈，”大单于策马出现在山坡上，“来来来，我们集中优势兵力，各个歼灭汉军。之前，咱们以八万骑兵包围赵破奴的两万人，又以八万人包围李广利的三万人。现在，以三万骑兵包围李陵的五千骑兵。就这样蚂蚁搬骨头，一点点地蚕食敌人。”

众匈奴骑兵齐声道：“大单于高明，如今让我等开了眼界。”

大单于下令道：“好了，你们去把李陵抓来，大家一起喝酒。”

“冲啊！”三万匈奴骑兵，居高临下，朝着李陵的五千步卒扑来，如群虎扑向小羊羔。

见匈奴骑兵来势汹汹，李陵对士卒们道：“听好了，今天咱们就实战一下如何用少数的步卒击败有绝对优势的骑兵。不要急，慢慢来，按我以前教给你们的排好队。”

李陵的步兵开始排队，当匈奴骑兵扑至时，队伍刚刚排好。匈奴骑兵借力径直撞了过来。

这一撞击，就听到匈奴骑兵发出一连串的惨叫，前面的骑兵就像撞上了一面铜墙铁壁，连人带马栽倒。栽倒的骑兵惨叫连连，突然终止——已然被李陵的步兵杀死。

李陵的步卒随后跳过死马，在李陵的一声号令下，向匈奴骑兵杀了过来。后面的匈奴骑兵反应神速，立即掉头策马狂奔，李陵的光脚板兵好一番追杀，硬生生地杀死了几千匈奴精锐骑兵。

山坡上的大单于看傻了眼：“这是怎么回事？我大匈奴悍勇的骑兵怎么会被光脚汉军追杀？你们看清楚是怎么回事了吗？”

“大单于，我有看清。”眼神好的匈奴贵族急忙报告道，“李陵布阵，是以盾牌兵和长矛兵在前，弓箭手居后。我们的骑兵冲过去，不是被人家的弓箭手射死，就是被长矛兵刺死。所以，咱们才会在占据绝对优势的前提下吃了个大败仗。”

大单于一听就急了：“不带这样打仗的，打仗玩的就是谁狠，比的是谁更凶。好你个李陵，怎么不按套路出牌？给我上正菜，让李陵消停点。”

八万匈奴骑兵从山谷中绕出，直扑李陵的五千人。

李陵笑道：“大伙儿还记得我以前是怎样教导你们的吗？战场之上，比阵法更重要的是什么？”

“逃！”

“对。”李陵欣慰道，“咱们赶紧跑。”

千年战争精华

李陵率领五千人边撤边布阵，边布阵边逃。大单于却发了狠，死活也要拿下李陵，八万匈奴骑兵就这样团团围着五千汉军，与李陵在山野间做平行移动。无论李陵逃出多远，也无法逃出匈奴铁骑的包围圈。

艰难的战斗持续了几天，李陵这边的步卒没一个囫囵的，全都伤痕累累。

于是，李陵下令：负伤三处的，持武器坐在车上，继续战斗；负伤两处的，一边驾车一边战斗；负伤一处的，仍然结阵死斗。

就这样，李陵和他的步卒们沿龙城古道，在匈奴铁骑的重重围困之下，向汉朝方向缓慢移动。又是四五天过去，匈奴人被李陵军杀死三千余人。

前方是一片大泽，生长着茂密的芦苇。李陵立即下令结阵缓行，退入芦苇丛中。

见李陵军向着芦苇丛中撤退，大单于喜形于色："以前我是怎么教导你们的？兵无常势，水无常形，孙子还曾经说过，凡火攻有五，一曰火人，二曰火积，三曰火辎，四曰火库，五曰火队。今天咱们这个叫什么？"

"叫火烧眉毛！"

"给我把李陵这些人统统赶进芦苇丛，放火全都烧死！这仗打的，太丢人了，八万匈奴骑兵拿不下李陵的五千来人，这要是传出去，以后咱们匈奴人还怎么混？"

看着李陵率残军退入芦苇丛中，匈奴骑兵忙不迭地冲过去丢掷火把。芦苇丛中，顿时升起熊熊烈焰。

大单于这才长舒了一口气，说："我就说过嘛，这是汉朝最精锐的武装力量，是汉人千年战争的精华。今天拿不下李陵，我就不混了。八万骑兵啊，对付几千光脚板汉子，那就是十六个骑兵捉一个光脚板的人，捉不到不说还被人家打得灰头土脸。你说这大单于我还能再干下去吗？"

大单于嘀咕着："全都给我让开，让我瞧瞧这些打不死的汉军，到底长着什么样的脑袋和身体。"

芦苇烧光，浓烟散尽，现出沼泽中一个烟熏火烤的奇异组合。

大单于揉眼再揉眼，最终控制不住震惊，失声尖叫起来："那边到底是什么东西？"

“是李陵和他的步卒。”匈奴人告诉他。

“不可能！”大单于的尖叫中透露出万分的惶恐和难以置信，“他们怎么可能还活着？那么大的火，为什么烧不死他们？”

匈奴人研究半晌，分析道：“大单于，应该是这么个情形，咱们这边一放火，李陵在芦苇丛中也立即放火，结果烧出了一片空白地，大火蔓延到那块空地上就自动熄灭了。所以咱们的火攻就这样被人家破解了。”

大单于悲愤地号叫起来：“死活就是无法消灭他们，那这场仗岂不是没完没了了？”

最后的机会

李陵继续布阵、奔逃，粮断水绝，死伤累累，但他终于在一座山坡上，迎来了唯一的一次转机。

他退到山坡上，利用树林作掩护，让匈奴人丧失了骑兵优势。

追到这里，大单于的内心终于彻底崩溃了：“我建议咱们立即撤退，汉朝不傻，断不会置如此精锐的战士于绝境中而不顾。李陵不停地引诱我们南行，南面肯定有埋伏。”

随行的贵族们讥笑道：“大单于，你率了八万精锐骑兵追杀五千光脚板的汉军，拿不下来不说，还被人家打得灰头土脸。不是我们说你，你这样能带领我们大匈奴走向强大昌盛吗？实话说了吧，这场仗你拿下来，你就还是我们英明神武的大单于；拿不下来，你的威信就丧失殆尽，再也没资格对别人发号施令。”

大单于傻了眼：“那你们说，咱们该如何呢？”

众贵族道：“只能不死不休地打下去。反正前面还有四五十里才到平原地带，抢在汉军援兵到达之前，把李陵拿下，这样才能挽回你军战能力不足的损失。”

“那就拼了！”大单于长刀在手，“儿子，你过来，你给爹率军狠命地打，爹给你的命令是，进攻，进攻，无休无止地进攻！不打死李陵这些人，老子誓不罢休！”

这道命令之所以交给自己儿子，是因为大单于已经陷入众叛亲离的境地。就因为拿不下李陵，贵族们因此看死了他，都在琢磨换届选举。要想保住自己的权力，大单于就只能让儿子冲上去血搏了。

最艰难的血搏开始了，那是大单于一辈子不愿意回想起来的噩梦。

山坡上的树木成为汉军天然的掩护，几千名汉军伤兵借助地势之利，有条不紊地对匈奴人进行了斩杀。

在南面的山坡上，大单于眼睁睁地看着自己儿子率领的三四千最忠勇的部属，被李陵的伤兵如宰羊羔般斩杀在树林里。这些汉军到底是人还是鬼？他们多日未进水米，没得吃喝，连觉都睡不成，火烧不死，骑兵打不赢，仍然保持着如此强大的战斗力，实在太恐怖了。

大单于正自惊心之际，忽听身边的扈从惊叫一声："大单于小心！"只听"嗖"的一声，一支翎箭，把那名示警的护卫喉咙射穿。

当时大单于反应机敏，双手把头一抱，就势栽下马，顺着山坡滚了下去。滚落时他的脑子万分清醒：这不是汉军的援兵，是李陵。李陵发现了他在南山坡指挥战斗，竟然能在那绝对劣势的人手中，派出一支斩首小分队，来割他的脑袋。

要说大单于脑子真够用的，情形一如他所料。这实际上是李陵最后一次困兽之斗，是死中求活的唯一机会。这次斩首行动如果成功，于万军中射杀大单于，战事就结束了。李陵将载誉而归，尽洗李家世代垫脚之耻辱。

但天不遂人愿，大单于的反应太快了。饶是李陵训练出来的军士再怎么骁勇，又怎么会料到堂堂大单于会全然不顾体面，顺着山坡滚落而逃？结果斩首小分队抓了一堆的俘虏，唯独让大单于逃掉了。

最后的机会丧失，李陵就陷入绝境了。

接下来，轮到大单于发飙了。

末路英雄

大单于正拿松油往脸上抹，遮掩从李陵斩首小分队手中逃脱时的伤痕，忽然有人来报："报告大单于，抓到一个俘虏。"

"少来。"大单于才不信，"你就凭你们，能捉到李陵的人？"

来人道："大单于果然目光如炬，实际上那个人叫管敢，他是自己逃过来的。"

"他为何逃过来？"大单于问。

来人回答说："因为他的将官凌辱他，殴打他，强迫他在半死不活的情形下继续战斗，他实在忍无可忍，才弃暗投明，投奔我大匈奴。"

"别太当回事，先听听他的口供再说吧。"大单于假装漫不经心，实际上心中万分焦虑。

不一会儿，口供来了。李陵这边，主将官是李陵，副队叫韩延年，早已是粮尽水绝，弓矢用尽。汉朝那边根本不拿这支最强大的兵力当回事，没人关心他们的死活，没有后援，连粮草接济都没给安排。

这个情报的确定性，是毫无疑问的。大单于当即把这个情报公开，顿时匈奴人士气大振，向李陵军发起了二十四小时不间断的连轴转进攻，要活活拖死李陵。山谷之中，回荡着八万匈奴人惊天动地的口号：

"李陵，快投降！韩延年，快投降！"

听到匈奴人喊叫自己副队的名字，李陵知道大势已去，匈奴人已经掌握了自己这方面的详细情报。

这时候，他的士兵仍有三千多人，但人人带伤，最惨的是武器全都打烂了，只能拆散战车，人手一根车辐，连同军中的文士也参加了战斗，且战且走。走到一座山谷处，匈奴人推落滚石，巨大的石块封死了山谷，将李陵困于山中。

眼看无法前行半步，黄昏时分，李陵身穿便衣，走进山谷，对随从呵斥道："谁也不许跟着我，大丈夫要单枪匹马生擒单于！"

这时候他的脑子已经混乱，内心几乎是崩溃的。他走了一圈，见无路可出，又绝望地绕回来，说："败局已定，此地就是我等埋骨之所。"

他命令砍倒旌旗，把战旗连同军中财物一并掩埋起来。看着军士们期待的眼神，他流下了眼泪，说："十几支箭，只要十几支箭，我就能反败为胜！"

但是没有箭了，一支也没有。只剩下最后一条路——分散突围。

李陵命令每个士兵背负两斤干粮，于午夜时分各自夺路而走。是死是活，赌的是运气。再约好逃出来之后的会合地点。等到了午夜，李陵和韩延年击鼓行动，可是奇怪了，那只鼓无论怎么敲击，硬是一声不响。

不响算了，李陵与韩延年带了十多名壮士上马突围。

他们成功地冲出，但匈奴人数千骑兵追杀而来，不久追上，随即展开激烈的血搏。韩延年并随行军士统统战死，李陵叹息一声，说：“我李陵，是飞将军李广的孙子啊，还有死去的机会吗？”

李陵被俘，投降。

司马迁受腐刑

李陵被俘投降，震动了整个大汉朝廷。

直到这时，朝廷才真切地意识到李陵的作战能力，他只训练了五千名普通士兵，而且是第一次上战场，在内无粮草外无援兵的绝境下，杀死了十倍于己方人数的匈奴骑兵。大汉帝国何其幸运，竟然有李陵这样的人才。

有了李陵，原本可以实现汉武帝的拓边之梦，逐匈奴于千里之外。然而，汉朝却不珍惜这样的人才，随随便便地把李陵抛弃于绝望的死地，才会导致这样的结果。

汉武帝最愤怒的是，匈奴人得到了李陵这样的人才，弄不好就会形势逆转，让汉朝从此匍匐于匈奴人的刀口之下。

朝廷之上，每个人都哭丧着脸，全都渴望着听到李陵战死的消息。他们宁肯这样的人才死掉，也不希望他被匈奴人得到。

然而，李陵确实是投降了。

愤怒的汉武帝升殿，嘴唇不停颤动着，站在身边的霍光和上官桀对视一眼，低声道：“陛下，李陵派回来送地图的那个陈步乐已经畏罪自杀了。”

陈步乐有什么理由自杀呢？他根本不在战场上，没有任何理由为战场上发生的事情负责。

他实际上是被杀死的，只为了掩盖另一条假信息的来源。

这条假信息，还不到发布的时候，所以现场只有一片静默。

汉武帝道：“司马迁，朕问你，你与李陵是好朋友，对这件事，你怎么看？”

司马迁站出来，道：“陛下，李陵这个人，我太了解他了。他绝非贪生怕死之徒。此番李陵出征，震骇匈奴，杀死了十倍于己方的匈奴骑兵，这是何等的神威。臣以为，所谓的李陵投降，这消息未必准确，就算是真的，李陵肯定也是在等待时机，另寻途径报效陛下。”

汉武帝气得发抖：

“传旨，太史令司马迁公然于朝堂之上为降将李陵辩护开脱，实为藐视王法，罪大恶极！来人啊，把司马迁拖下去，处以腐刑！”

司马迁急了，拼命地挣扎：“陛下，陛下！臣所言皆是实情，臣无罪啊！”

本来，按照汉朝的律法，被判腐刑之人，只要缴纳足额的赎金，就可以免除刑罚，但司马迁区区一史官，穷得叮当响，哪里能凑够那么多钱？因此难逃此劫，最终被阉割。

司马迁被处以腐刑，是一出极为惨烈的个人悲剧，但他化悲痛为力量，因此在事业上创造了辉煌的成就。在狱中，司马迁发愤图强，写完煌煌五十余万字的《史记》。此书成为史学名著，彪炳千秋，被后世的鲁迅誉为“史家之绝唱，无韵之《离骚》”，堪称实至名归。

人际关系才是一切

两年以后，朝廷害死李陵部卒陈步乐的目的，才开始显现出来。

为什么要等这么久呢？因为要等一个最合适的人来发布这条消息。

这个最合适的人是谁？答案是那个全家都要因此被诛灭的人。

——是已经去世的大将军卫青的人，是太子的人，是皇后卫子夫的人！

这起阴谋开始的时候，已经是汉武帝天汉四年（公元前97年），汉武帝已经60岁了。

他再次掀起一场浩大的军事行动，全面征召七种贱民和无良少年，发动了一场迎回李陵的战役。

李陵，那无畏的战神，纵然已经投降匈奴，但汉武帝仍然渴望得到他。

贰师将军李广利，率骑兵六万，步卒七万，出朔方。

强弩都尉路博德，率精兵万人，为李广利打侧翼。

游击将军韩说，统步兵三万，出五原。

杅（wū）将军公孙敖，率骑兵一万，步兵三万，出雁门。

总计四路大军，总计二十一万人马，可以说是倾巢而出。

匈奴人又不傻，才不跟你这么多的人打。只需要坚壁清野，赶着牛羊向中亚草原移动，就让你二十一万汉军求战不得，后退乏力。

实际情况就是这样，二十一万汉军出关，满地寻找匈奴人决战，粮草吃光了也找不到人，只好无精打采地班师回朝。

其实，这才是汉朝朝臣最擅长玩的，也是所有人擅长的。大兵团作战，指挥千军万马东奔西走，不图效果，就这排场也把别人羡慕死了。虽然和李陵的军事天才相比，汉武帝显然够不到边，但看还是能看懂的。

所以汉朝朝廷在这次超大规模的兵团作战无疾而终后，又派了杆将军公孙敖深入匈奴腹地，去接李陵回来。

为什么指派公孙敖呢？人家李陵说回来没有？你就派人去接？就不怕热脸贴上冷屁股？

先说第二个问题，朝中之人，包括汉武帝，内心深处都相信李陵会回来。这是因为李广的一个儿子李敢被霍去病射杀，另一个儿子则生了李陵。此外，李广还有个孙女，目前在太子刘据的宫中受宠。汉武帝千秋之后，太子临朝当政，李陵就是陛下的大舅哥了，所以他没任何理由不回来。

但正因此，汉武帝才不应该派公孙敖去接李陵。

公孙敖是谁的人？他是大将军卫青的人！

过去卫青还是平阳公主家里的马奴时，长公主刘嫖和陈阿娇派人刺杀卫青，就是公孙敖率江湖兄弟把卫青救回来的。

而李敢之所以被霍去病射杀，就是李敢因为父亲之死暴殴了卫青。此后若是李陵当权，势必要报李广和李敢之仇，试想公孙敖岂会真的接李陵回来？

但是，朝廷不是这么想的。

朝廷认为，无论是李广还是卫青，无论是李敢还是霍去病，无论是李陵还是公孙敖，都是朝廷的人。

年迈的汉武帝依稀记得公孙敖少年时代的游侠风采，并渴望着这种风采能够重现于匈奴大牧场。

但历史告诉我们，这是不可能的！

历史，是人的历史。人际关系，才是一切！

释放一条假消息

公孙敖抵达匈奴腹心，向散居的老牧民们展开疯狂攻击，抓获了一大群满脸茫然惊恐的匈奴人。

然后，公孙敖就对俘虏展开了严刑逼供：“说，李陵在哪里？到底在哪里？你招还是不招？”

老牧民被打得惨叫连连：“我只是个牧民，哪知道你问的这些事啊？哎哟哟，别打别打，想起来了，你问的是刚刚投降的姓李的汉人是不是？他正在帮助匈奴人训练士兵，我就知道这么多，别再打了行吗？”

如果来的是李陵的支持者，在获知这个信息后，是不会罢手的，而是持怀疑态度，继续追查下去。但公孙敖真的没有这个动力。对他来说，这个消息正是他最需要的，他当然欣喜非常。

“李陵这孙子，在陛下面前装得挺像，忠君爱国的把戏都被他玩尽了。实际情况怎么样的呢？你们大家全都听到了吧？回师，向朝廷报告这个重大情报。”

而此时，李陵正携带着匕首，走向一个叫李息的人。

大漠儿女，敢恨敢爱

李陵问李息：“你在这里干什么？”

李息回答：“训练士兵。”

李陵：“训练士兵干什么？”

李息笑了：“还能干什么？当然是用来和汉军作战。跟你说，李陵，我们都是降人，在匈奴这边，原本就地位卑微，必须付出更多的努力才能获得人家的认可。眼下这情形是，匈奴人作战固然勇敢，但作战技术和水平太过原始了。不像咱们大汉，多年的战术积累啊，阵法兵法说出来能把匈奴人吓死。现在有咱们两个在这里，我相信匈奴人与大汉之间的战争水平差距很快就会持平的。尤其是你，你的阵法太精妙、太可怕了，现在人家大单于还拿我当头蒜，可等你出来替他们训练士卒时，我就惨了，恐怕连给你提鞋都不配。”

李陵沉默半晌，道：“听我说，李息，咱们投降匈奴，那是绝境之下的迫不得已，勉从虎穴暂栖身而已。说到底我们毕竟是汉人，吃惯了小米，喝惯了井水，现在改吃奶酪喝马奶，肠胃都受不了的。”

李息冷笑道：“少来了，你又不是不知道汉家天子是出了名的刻薄寡恩，出了名的残酷无情。你一旦在战场上投降，他二话不说先灭你三族。灭族啊李陵，你一上战场，人家就拿你当死人。还是理性点吧，趁早别胡思乱想了。”

李陵又沉默半晌，道：“李息，替匈奴人训练士兵，你一定要这么卖力吗？”

李息恨恨道：“就这样我还嫌不够卖力呢，我恨不能把这支军队训练成铜墙铁壁，像你的军队那样骁勇善战。到时候我要亲率一支铁骑冲入中原，打进长安城，亲手抓住汉家天子，问他一句，你为什么要这样残忍地虐待我们？为什么要这样虐待我的家人？为什么……”

正说着，他突然感觉胸口一阵剧痛：“李陵……你……怎么对我下狠手？”

李陵把匕首从李息前胸拔出来，说道：“没错，我杀了你，你就再也无法为匈奴人卖命，对抗大汉了。”

说完，李陵匆匆走开，走出好远，才听得“扑通”一声，李息的尸体栽倒在地。这时候远处突然传来轻微的响动，李陵惊回头：“是谁？”正见一个匈奴人跳起来，向前发足狂奔。

李陵大骇，喊了声“站住”，撒腿就追。可是那匈奴人逃得好快，几个箭步冲到一匹马前，纵身跃上去。只听马蹄“嘚嘚”，匈奴人的喊声顺风传来：“李陵好大胆，你原来是假意投降，我要去告诉大单于……”

眼望匈奴人逃走的方向，李陵气恨不已。就因为杀了个替匈奴人卖命的李息，结果被人窥破行藏。这下可惨了，没办法，听天由命吧。

果然，过不多久，只见烟尘大起，大单于率一支精干卫队赶来。甫一到现场，就咋咋呼呼地叫起来：“大胆李陵，你竟然把李息给杀了！”

李陵支支吾吾道：“这事不怪我，都怪李息他无端挑衅我，我一怒之下，失手就把他给杀了。”

“你看这是怎么闹的，”大单于叹息道，“现在你麻烦大了，我母亲阏氏接到有人报告，称你有心归汉，不满李息替咱们训练士兵，所以杀了他。这事真假咱们不说，反正阏氏大为恼怒，一定要杀了你。”

“既然如此，杀了我便是了。”李陵凛然道。

“那不行，”大单于道，“你是我最好的朋友，我不管你的心是向着汉朝还是向着我匈奴，我只知道决不能让我母亲杀掉你。李陵你看，”说到这里，大单于顺手拉过一匹马来，“马上的这个女孩，是我的女儿。虽然她生长在大漠，但温柔娴静、知书达理，生平最爱慕你这样的英雄。你马上跟她走，去北方，等到事态平息，阏氏消了气，你们再回来。”

当时李陵就傻了眼：“大单于，你别这样……”

大单于道：“我这人就这样！李陵，你不要以为我这是施恩于你，实际上我女儿仰慕你已久了。大漠儿女，就是这样敢爱敢恨，我这个做父亲的，也只能由着她了。”

等待公羊产奶的时刻

李陵暗杀了替匈奴人训练士兵的降将李息，但公孙敖带回朝廷的消息却是，李陵正在帮助匈奴人训练士兵。

这个消息，是极具爆炸性的。从汉武帝起，所有人全都吓呆了。

李陵的作战水平那么可怕，如果由他训练出一支强大的匈奴兵，那汉人哪还有活路？

汉武帝的脸色变得极为难看，嘴唇激烈地翕动着：“传旨，立即诛灭李陵满门。”

汉朝的士兵怀着对军事天才李陵的恐惧，挥舞着长刀杀入李陵的家门，鲜血四贱之处，李广的后人就这样绝灭于汉朝大地。

这时候，就暴露出陈步乐被秘密杀掉的原因了。他非死不可。

他是李陵亲手训练出来的士兵，对李陵的训练手法非常熟悉。如果他还活着，那么朝廷就会有一个必不可少的环节，传唤他到朝堂，与公孙敖核实消息的准确性。但他已经死了，这个核实的环节就不会再有人提起。

在北海，闻知全家被杀害，李陵大放悲声，就去找放羊的苏武喝酒。

他来的时候，正值苏武最阔气的时候，窝棚里有吃也有喝，还有许多女人用的日常用品。这些东西，都是大单于的弟弟送给他的。因为被他的气节所打动，大单于的弟弟对他钦佩有加。但再过段时间，苏武的这些家用品，就会被人统统盗走，迫使苏武再次陷入困境。

李陵一边喝酒，一边痛哭道："苏武啊，咱们大汉肯定是被人诅咒了。你看看我们两个，招谁惹谁了？不就是想报效朝廷吗？怎么就这么难呢？我出征的前阵子，朝廷里最轰动的事件，就是你苏家满门皆死，你大哥苏嘉跟随陛下到雍棫阳宫，扶着御辇下殿阶，不巧车辕撞到了宫殿柱子，折断了，陛下受到惊吓，你大哥被指为大不敬，被逼当场伏剑自刎。你二哥苏贤死得更是惨，就因为宦骑与驸马争船，宦骑把驸马推河里淹死了。这里边根本没你苏家什么事，可陛下非逼着你二哥去抓逃跑的宦骑，根本抓不回来，你二哥因为恐惧服毒自杀了，死时连尸体都是乌青的。还有你，朝中都说你已经死了，你的妻子为生活所迫，不得不改嫁，新丈夫每天暴打你儿子几顿，打得那叫一个惨。你们老苏家是全完了，我们李家也全完了，这就是替陛下卖命的结果啊。这样的结果，岂是常人所能接受的？"

李陵哭着问："苏武啊，我是真的挺不住了，你还能坚守吗？"

苏武黯然。

李陵："告诉我，苏武，你为什么而坚守？"

苏武黯然。

最后，苏武说道："先聊到这里吧，我去看看公羊产奶了没有。"

李陵顿时号啕大哭。

龙颜之怒

开春了，霍光和金日磾搀扶着汉武帝在长廊中缓慢行走。上官桀捧着一份奏疏，快步走进来。

金日磾凌厉的眼神一扫，上官桀立即跪在一边。

汉武帝不高兴了，霍光急道："陛下，臣等安敢欺瞒陛下，只是陛下，听了这个消息之后，万万不可动气啊。"

汉武帝嘴唇颤抖。霍光像哄孩子一样，柔声道："陛下不动气最好，上官桀，你说来听听。"

上官桀心里暗骂：王八蛋！每次都是你们两个装好人，让老子当坏人！

虽然心中不满，但凭借让儿子上官安娶了霍光那暴脾气的丑丫头，总算是挤进了这个核心权力班子，上官桀实际上已经非常幸运了，于是低声道："陛下，已经查清楚了，替匈奴训练士兵的，是降将李息。李陵知道之后很气愤，暗杀了李息。事发后匈奴阏氏追杀李陵，单于把李陵藏到了北海，并把女儿嫁给了他，现在……李陵是真的投降了。"

汉武帝那双老花眼，顿时射出骇人的光芒，只听他吐字清晰，一字一字地说道："公、孙、敖！不要再让朕听到这个名字！"

金日磾和霍光急忙后退，并排跪倒："陛下，公孙敖，他不是一个人。他是一群人在战斗。"

汉武帝："不要再让朕听到这些人的名字。不管他们是谁！"

上官桀急忙道："陛下放心，臣会把事情办妥当的。"

金日磾适时说道："陛下的意思，是先要把事情查清楚。"

霍光道："公孙敖欺瞒陛下的，只恐非止一桩。陛下的龙体近些日子明显欠安，上官桀，你在追查公孙敖欺瞒陛下事情时，这件事情也要查个清楚。"

上官桀："臣领旨。"

汉武帝脸上这才现出满意的表情。

有东西钻进了陛下心里

公孙敖正在府中饮酒，忽然听到门外一片喧闹之声。他站起来，向前走了几步，再侧耳听，顿时神情大变。

原本，他就是游侠出身，惯走夜路，久在江湖，警觉性比一般人要高出许多。替匈奴人训练兵马的人，被证实不是李陵而是李息之后，公孙敖就有种大祸临头的预兆。

他感觉，似乎有什么东西为他设了一个死局。

之所以说设局的是东西而不是人，只是因为他捕捉不到这东西的存在，找不出一个具体的人来。先是让他孤军深入匈奴腹地，说什么迎回李陵，这开的是什么玩笑？不遇到李陵还好，如果遇到了，他来攻打自己怎么办？他那么能打，谁是他的对手？还有，孤军深入，没有后援，万一被人家匈奴包了饺子怎么办？

无论怎么看，这道命令都带有几分阴谋和杀意。

他有种奇怪的感觉，这些年来，好像从匈奴那边来了个什么东西。这东西无形无影，悄无声息地钻进了陛下的心里，主宰了陛下的灵魂，操纵着陛下的意志。这东西到底是什么，公孙敖自己也说不清。但是任谁都能看得出来，从杨仆在朝鲜战役中被贬为庶民开始，陛下的行为越来越偏离正常的轨道。

如卫青时代，在绝对准确的情报配合之下，几路兵马同入大漠的战事再也没有了。现在有的只是狗皮倒灶，隐隐透出一种处心积虑谋害前线将士的恶意。李广利长年征战，朝廷始终不给他配备正常的粮草运输系统，这是何等的匪夷所思？李陵以及公孙敖被迫深入大漠腹心，都明摆着是有什么东西在为大汉将士布设死局。

对于这些，公孙敖心里，长久以来笼罩着一种痛苦和疑惑。

到现在，这个疑惑应该要解开了。

听到外边的声音不对，公孙敖一个纵身，躲藏在一个出乎所有人意料的地方。游侠多年，他习惯于在任何地方，事先为自己找好退路。只要不想让人找到他，别人就甭想得逞，这点本事他还是有的。

几个家奴慌里慌张跑进来："老爷，老爷，宫里来人，看情形有点不妙……咦，老爷刚还在屋里呢，哪里去了？"

没人能找到老爷。

公孙敖正像蛇一样无声无息，在屋脊上悄然爬行。他悄悄探头，看到了一排横眉怒目的宫监、大队的军士，刀出鞘，箭上弦，由一个俊美的少年所统领。

这少年，公孙敖记得，好像是叫江充，原本是赵王的门客，因为开罪于赵王，逃到朝廷告发赵王谋反。陛下最喜欢的就是听到藩王们谋反的消息，这样就可以将藩王灭门，收回封地。而藩王家的女眷又可以作为战利品，分配给新的列侯。

从内府跑出来许多人，一个个向前对宫监们说着些什么，人声嘈杂，听不清晰。但公孙敖能看到家人脸色渐变，变得恐惧起来，而宫监的态度始终严厉冰冷。

士兵们冲进门来，首先把守住各间屋舍，禁止人们走动。一群提着锹铲的人涌入内府，在夫人的院子里挖掘起来。

这是在搞什么鬼？公孙敖看不懂。

他始终没看到自己的妻子出来，那女人的精明不在他之下，恐怕现在已经躲藏到谁也找不到的地方了吧？

挖了好一会儿，江充抬手叫停。公孙敖看到他跳入泥坑中，蹲下身，从怀中掏出一个小木人，在湿漉漉的泥土里蹭了几下，然后高高举起来，大声宣布道："找到了，就在这里。"

公孙敖家人一片死寂，脸上无不表现出失魂落魄的绝望。军士与宫监们则是一片愤慨声：

"好大胆，竟敢以巫蛊之术诅咒陛下！难怪陛下这段时间老是精神恍惚，心绪不定。原来是公孙敖他老婆干的！"

"这到底是什么事啊？"公孙敖看得越发一头雾水。

他只知道，大祸临头了。

仙人的精美礼物

浩浩荡荡的车乘停下，金日磾和霍光趋步上前，搀扶汉武帝落车。汉武帝让双脚慢慢落稳地面，一双无神的眼睛扫过公孙卿："不会还是大脚丫子印吧？"

公孙卿笑道："陛下，仙人的心思，谁又能猜得透呢？"

汉武帝道："公孙卿，你要是再弄些大脚丫子印糊弄朕，朕就处你个足刑。"

公孙卿失笑道："陛下，臣哪来的胆子敢糊弄陛下呢？这河间之地，祥瑞常现，非止一日。仙人为陛下送来的礼物，喏，她已经来了。"

汉武帝慢慢转身，霎时老花眼一亮。

只见一个正值妙龄的少女正款款走来，十五六岁的身体略显单薄。她行至汉武帝近前跪倒，柔声细语地说："小女子见过陛下，给陛下磕头了。"

汉武帝见了这少女，顿时感到一股强烈的青春气息扑面而来，不由得胸膛剧烈起伏，于是问道："朕问你，你为何紧握双拳？"

女孩偷眼瞟了公孙卿一眼，回答道："陛下，小女子也不知，听娘亲说，我生下来时就是双拳紧握，长到今年一十六岁，无一日打开过。"

"怎会如此？"汉武帝顿时好奇心起，"朕命你站起来，站到朕的身边来，让朕瞧瞧你的双拳。"

女孩站起来，握紧双拳，走到汉武帝身边。

汉武帝抚弄着少女的手，轻轻一掰，女孩脸上现出顽皮的笑容，那拳头依然紧握。一边的公孙卿大急，连连向女孩使眼色，金日磾和霍光视若无睹。

女孩的双拳打不开，不仅公孙卿大急，就连汉武帝也有几分纳闷：难不成真的是天生残疾，可看样子不对啊。你们看这只拳头，细润柔滑，不像是残疾的手掌，可朕怎么就打不开呢？让朕再试一下……

汉武帝再轻轻一掰，女孩适时地打开了手掌，露出白里透红的掌心，掌心现出两枚洁白的玉钩。

一边的公孙卿立即跪下，大声道："天子万福，仙人有迹。这女子生于河间，长于河间，与臣素不相识。当地人皆知她出生之时就是双拳紧握，紧握的手掌从未打开过。而今陛下所至，玉掌顿开。这就是仙人为陛下送来的礼物啊。"

汉武帝喜笑颜开道："你生在赵地，给朕带来了天界的玉钩，朕就给你起名叫赵钩弋吧。"

那女孩急忙跪倒："小女子叩谢陛下圣恩。"

权力的味道太诱人

汉武帝太始元年（公元前96年），61岁的汉武帝巡游赵地河间，得到了16岁的绝世奇女赵钩弋，这是西汉史上一次非常重大的事件。

汉武帝在行宫里待了多半天，始终站在门前一动不动的霍光和金日磾才把他搀扶出来，出来就见到上官桀趴伏在地上。

当时汉武帝就流露出对子侄辈的年轻人又恨又爱的表情，狠狠瞪着上官桀。上官桀基本不说话，说话时，汉武帝就会认真听。

只听金日磾禀告道："上官桀已经发现了公孙敖的行踪……陛下，谁又能料得到呢？区区一个公孙敖竟然如此的古灵精怪，满天下的捕吏搜杀，却始终不得抓获其人。"

汉武帝闷哼了一声，提高声音道："你们岂是他的对手？他可是游侠出身，少年时斗剑，就连卫青都要让他三分。”

霍光笑道：“正是，那日江充奉旨去公孙府中搜寻巫蛊之证，公孙敖夫妻二人明明就在府中，却是谁也见不到。直到捕吏以巨斧破开墙壁，才从夹壁墙里揪出他的妻子。捕吏随后搜查公孙敖的卧房，发现他已经横剑自刎，尸体都凉了，还留下了一纸忏悔的遗书。岂料捕吏们稍一愣神，那死透了的尸体竟然不翼而飞，这时候才知道公孙敖诈死逃罪。公孙敖年纪这般老大，居然狐狸一样的狡猾，如江充那般未见识过江湖伎俩的少年，又岂是他的对手？”

汉武帝不满地嘟囔道：“说了这老半天，你们还是不肯告诉朕，公孙敖他到底躲在哪里？”

金日磾、霍光及上官桀大骇齐齐趴伏于地，失声大叫道：“陛下，陛下！”

汉武帝遥望长安城方向，恨声道：“谁又料得到祸起萧门，变生肘腋？过去那软香红玉的温柔，到头来都化为玄冰一样的怨怼？”

怪只怪这权力的味道，太过诱人了。

汉武帝老泪纵横。

陛下存心搞阴谋

汉武帝太始三年（公元前94年），汉武帝63岁。

这一年，他巡游甘泉宫，在东海郡捕捉到一只红雁；游琅邪郡，在成山祭拜太阳神；登之罘（fú）山，坐船出海，仍然在锲而不舍地寻找仙人。

“仙人啊，你到底在哪里？”

汉武帝对着高山喊，高山不吭声；汉武帝对着大海喊，大海没回声。

一切迹象表明，天界诸仙抛弃了汉武帝，他们自己腾云驾雾，周游九天，却坚决不带汉武帝玩。

“仙人，你们这是为何啊？就随随便便带上朕有何不可？你们身边毕竟不多这么三两人。”

该说的，全都说了。可是仙人却好像是约好了，硬是一声不吭。只有仙人送来的绝世美女赵钩弋，成为汉武帝心中唯一的希望。

汉武帝在河间初见赵钩弋时就宠幸了她。赵钩弋入宫之后，被封为钩弋夫人。

按说，汉武帝已经60多岁，年迈体弱，精力有限，没想到还是让钩弋夫人成功怀孕了。但接下来发生了怪事，整整一年过去，只见钩弋夫人的肚子日见隆起，却迟迟不生产。

为什么不生产？会不会是怀孕日期搞错了？

要是这么想，那麻烦可就大了。汉武帝行踪不定，伴随着仙人的足迹任意西东。如果怀孕日期弄错，这孩子的血统就变得极为可疑了。

许多人都在琢磨这件事，琢磨最多的，当然是汉武帝本人。一直琢磨到钩弋夫人怀孕的第十四个月，钩弋夫人终于生下皇子，起名刘弗陵。

直到这时，汉武帝才说出他对钩弋夫人此孕充满悬疑色彩的思考："上古时代的尧帝，就是在娘胎里足足待了十四个月。如今钩弋夫人所生的儿子，也是怀孕十四个月，这说明了什么呢？传朕旨意，将钩弋夫人的宫门命名为尧母门。"

意思是说，尧妈在此。

汉武帝这道圣旨一下，震骇了一代又一代的儒家学者。

到了北宋年间，砸缸的司马光修《资治通鉴》写到这段时，不由得掷笔长呼道："汉武帝，你这是想干什么？太子刘据可好端端地在一边待着呢。还有他的生母，皇后卫子夫，也在宫里呢。可是你却把钩弋夫人称为尧母，这是几个意思？莫非你想推翻太子的正统地位不成？"

汉武帝确实存心搞阴谋。

一条隐秘的毒蛇，正迅速地向太子、皇后集团吞噬而去。这个可怕的计划，早在十五年前就开始了。

这是一盘很大的棋，但棋手究竟是不是汉武帝，这个可不好说。

大清洗，大换血，在汉武帝的晚年开始了。

第十七章

噬血狂魔

禁宫妖影

汉武帝征和元年（公元前92年），汉武帝65岁。

连续两年，汉武帝都在外边闲逛，去了几乎所有能去的地方，名山大川，江河湖海，哪里没人他往哪里跑，就是渴望和仙人会个面。到了这一年，汉武帝老是闻到刺鼻的腐臭味，看到一望无际的干裂农田。

他知道，自己闻到的是渴死于路的百姓尸体味道。以前所到之处，山呼万岁的场面不见了；如今所行之地，官府驱赶过来一批夹道伏跪的百姓，一个个瘦骨嶙峋，连行数百里，连个微胖的人也见不到，百姓个个饿得不成样子。

没心情了。汉武帝打道回宫。

“还是宫里好。”他躺在建章宫楼上的长榻上，看着宫里来来往往的少女们个个白白嫩嫩，心说：这才是盛世天朝的样子。

正看得昏昏欲睡之际，忽然间汉武帝眼睛一亮，几乎“腾”的一下站了起来。

一旁的金日磾疾步趋前，搀扶住他：“陛下！”

汉武帝吩咐道：“金日磾，你帮朕看一下，可是朕老眼昏花了？”

站在楼上，金日磾放眼望去，顿时变了脸色：“陛下，好像……没有看错。”

“可这怎么会？”汉武帝失声叫起来。

金日磾不敢吭声，再抬头，只见中华龙门处有一名男子身穿长衫，腰佩长剑，施施然走入宫来。此人淡定从容，悠闲自得，犹如走进自己家门一样自在。见到路边的屋舍，他就跳过去，掀开门帘向里探头。有时候钻进屋子里，不久就从里面出来，手里拿只果子抛着玩。

看着这名男子，汉武帝连声问道："这人是谁？这人究竟是谁？是谁让他入宫来的？此人必定是刺客，是来刺杀朕的！"

汉武帝当即做出了判断。

金日磾手忙脚乱，顺手把汉武帝连扶带抱，送进一间不起眼的屋子，藏在一角，吩咐道："陛下，千万不要出声，臣立即叫侍卫来抓住那名刺客。"

说叫侍卫来，但金日磾不敢离开汉武帝，生怕再出现其他意外。于是，连忙喊住一名女官，让她立即传侍卫入宫，抓捕那名男子。

等了很久，侍卫们才持剑冲进来，金日磾在楼上指点方向，很快就找到了那名男子。见侍卫们杀来，那男子哈哈一笑，拔出长剑，竟与侍卫们斗起剑来。侍卫们立功心切，群拥而上，十几把剑一通狂砍，"砰"的一声把男子手中的长剑砍飞了。那男子也不慌张，又莫名其妙地哈哈大笑几声，蹿入树林之中，侍卫随之冲入。

侍卫们追出好久，才有一个壮着胆回来禀报："启奏陛下，那男子逃入了上林苑。"

上林苑？那地方直通终南山，范围极大。别说只是一个人，就算是一头大象钻进去，想找到也难。

闻知刺客逃逸，汉武帝怒不可遏："传朕旨意，负责中华龙门的门侯立即处死。关闭长安城门，给朕派出骑兵，对上林苑进行全面搜索。"

清除卫氏军政集团

汉武帝征和元年（公元前92年）的长安大搜捕，整整持续了十一天，最终什么都没搜出来。

那男子到底是何人？他怎么进的皇宫？是有人预作安排，还是一起偶然事件？这些悬疑，成为西汉史上的无解难题，至今无人能说出个名堂来。

但所有人都认定，此事掀开了长安血劫的序幕，头一个被送上祭坛的，是丞相公孙贺。

公孙贺，出身军功世家，本来跟朝中任何一个派系都没有关联。但在卫青势力崛起之时，汉武帝为了提升卫氏一族的社会地位，诏令公孙贺娶了皇后卫子夫的姐姐卫君孺。这样，他就不可避免地被纳入了卫青军政集团。但他是知道朝廷政治斗争之惨烈的，尽可能地和卫氏集团保持适当距离。但最终，汉武帝还是下旨让公孙贺担任丞相。当时公孙贺拼命拒绝，他知道帝国的相位就是个埋人的坑，前面的李蔡、赵周统统被埋进了这个坑里，尸骨无存。但是拒绝无效，他所能做的，就是效仿前任石庆，嘴巴上挂一只大号铁锁，打死也不对朝政吭半个字。

就这样，他勉强地把自己的劫难向后拖延了一段时间，直到他的儿子跳出来，终止了这个缄默过程。

公孙贺的儿子公孙敬声，被人举报擅自动用北军军费一千九百钱，下狱。

公孙敬声的母亲就是卫君孺，皇后的姐姐。

瞎子也能看出来，不是说公孙敬声一定清白，而是说，有胆子也有证据，敢于告发公孙敬声的人，显然是不怵皇后及太子势力的。

不怵皇后及太子的势力，甚至可以说，告发公孙敬声，是剑指皇后、太子，如此来头，整个西汉帝国，只有两股力量才具备这种实力。

一是汉武帝身边的人，一是汉武帝本人。

总而言之，公孙敬声下狱，急坏了他的母亲卫君孺。她入宫去找妹妹卫子夫，同时催着老公快点去找长平侯卫伉。

卫伉是卫青的大儿子，承袭了卫青的爵位，是太子党的铁杆支持者——不支持不行，血脉相连，骨肉一家，一荣俱荣，休戚与共。

但是这些人坐下来，秘密商议的结果是，情况极不乐观。

陛下多年不登皇后的门，这种冷落是一个再明白不过的信号。钩弋夫人的宫门被命名为尧母门，这意思谁都明白。

陛下要废皇后，废太子！

这究竟是陛下的本意，抑或是陛下身边的金日磾、霍光及上官桀那三个人暗中捣鬼，无法判断。但有一件事再清楚不过：因巫蛊案而惨遭灭门的卫青密友公孙敖，在假死逃亡几年后，终于被搜捕到，旋即腰斩。这是很明显的翦除太子羽翼、清除卫氏军政集团的行为。在这种情形下轻率行事，激怒汉武帝，只恐整个卫氏族人全部要遭难。

公孙贺只能自己想想法子，再动动脑子。他的大脑灵智一闪，居然真的想出个法子来。

抓捕朱大侠

公孙贺选择了面谒汉武帝。

他伏跪于地，偷眼看着金日磾、霍光及上官桀三人，大声说："陛下，小儿该死，竟然擅自动用北军军费，此罪万万不可轻饶。但是，陛下，小儿承袭了臣的太仆职位，长期出入禁中，陪伴在陛下身边，陛下可是看着他长大的啊。如果陛下开恩，臣愿意去捉来行踪不定的大侠朱安世，以此来赎小儿之罪，恳请陛下恩准。"

汉武帝一动不动，像是在熟睡中。霍光扬声道："陛下有旨，着公孙贺捕捉朱安世，以赎公孙敬声之罪。"

"臣，叩谢皇恩。"公孙贺感激不尽，朝着霍光的方向"砰砰砰"磕头。心里涌起一股暖流，终究是卫霍一家啊，关键时候，霍家还是罩着卫家的。

于是，公孙贺立即去追捕朱安世。

朱安世又是谁?

话说中国武侠文化，源远流长，源头就在汉武帝年间。武侠之人，钦羡的是大侠朱家和郭解。后面这个郭解，曾走卫青的门路希望避免移民。而前面的朱家，则是京师有名的大侠客朱安世。

朱家、郭解，同在江湖，理论上都应该与卫青相熟，与游侠出身的公孙敖更应是道义之交。

公孙敖在李陵事变后诈死逃亡，九成九的可能是托庇于京师大侠朱安世的门下。而从中华龙门佩剑入宫的神秘男子，更被汉武帝怀疑与朱安世相关。

所以，汉武帝下诏收捕朱安世。但那朱安世既然是当世名侠，狡兔三窟这个道理还是懂得的，所以长安城中搜捕甚急，却始终不见朱安世的影子。

公孙贺的想法是替汉武帝解除心腹之患，抓捕朱安世，就可以换回儿子的性命了。

老实说，他这个想法无论从哪个角度来说，都显得相当怪异。汉武帝明显对朱大侠怀有某种恐惧心理，必欲杀之而后快。公孙贺既是皇族至亲，又是丞相，有能力抓捕朱安世却硬是不吭气，直到儿子落难，你才以此要挟陛下。如此行为，岂不是活腻了吗?

或者是当局者迷，又或者我们不可对公孙贺的智商抱有多高的预期。总之，公孙贺死定了，只是如何一个死法，还有待确定。

实际上，朱安世能与京师频繁活动，悍然称侠，正是因为他与朝中权贵有着千丝万缕的联系。说白了，朱大侠与卫青也是道义之交，是卫青军政集团的天然同盟军，是与公孙贺同一个阵营的人。

正是因为如此，公孙贺去抓朱安世，比别人更容易些。

总之，公孙贺成功地逮到了朱大侠，长舒一口气："唉，这下我儿子算是没事了。"

可万万没想到，当朱大侠发现抓捕他的竟然是公孙贺时，顿时就气炸了。

妖梦之宫

朱大侠入狱，手抓铁栏，正自悲愤："是哪个鹰爪孙这么厉害，竟然抓到了我朱安世？"仔细一看，竟然是公孙贺，朱大侠不乐意了：公孙贺，想不到你竟然叛变了！你忘了咱俩是一伙的吗？别以为你卖了本大侠就可以求荣，告诉你，你错了！本大侠也一样可以卖你，而且还能开个高价！

朱安世于狱中上书，揭发了公孙贺两大罪状。

罪状一：公孙贺的儿子与陛下的女儿阳石公主通奸。

罪状二：公孙贺家施用巫蛊术，埋木偶人于陛下的驰道上，诅咒陛下。

单看这两条罪证，就知道公孙贺和朱大侠真的是一伙的。如果不是同伙，怎么可能知道如此隐秘的罪证呢？

被控与公孙敬声通奸的阳石公主，她的生母不知是谁。认定这起事件是对卫青军政集团进行清算的史学家，坚定不移地认为她的生母就是卫子夫。

不管阳石公主的生母究竟是不是卫子夫，但有一点是确定的，公孙敬声作为卫皇后的侄子，应该是打小就和阳石公主，还有一个后来被牵进此案的诸邑公主一起玩到大的。他们是青梅竹马，两小无猜，如果有苟且之情，也不是什么稀罕事。汉武帝不会对朱安世披露的这起隐私感兴趣，但说到巫蛊之术，就非同小可了。

接获朱大侠举报材料的前一天，汉武帝做了个梦。一个非常可怕的怪梦。

那是一个清朗的日子。汉武帝正在水池边安坐，看着宫中的彩女们于池边戏水。不知不觉，他神思恍惚就睡了过去。在梦里，汉武帝正脚踏祥云，漫游九天，突然听到尖利的号叫声。伴随着这声可怕的号叫，只见风云变色，惨淡无光，数千个奇形怪状的木头人突然从滚滚黑云中冲出，手持木棍指着他，厉喝道："你就是刘彻吗？"

"不……"梦中的汉武帝感觉到不妙，本能地矢口否认，"朕不是……"

"还敢不承认？"千余木偶人大怒，"开口就称朕，你不是刘彻是谁？"

"不是，你们要干什么……"汉武帝叫声未止，众木偶人各自手执木棒，上前照着汉武帝不由分说就是乱打一气。

汉武帝活了一辈子，从没被人碰过一根手指头，生平头一次被殴打，而且那感觉是如此的强烈，如此的真实，让他不由自主地惨叫起来："不要打，不要打我……"可是那些诡异的木头人更加凶狠，一棍又一棍，准确地击打在汉武帝那脆弱的关节处，疼得他再也忍受不住，终于……

终于，他从这个噩梦中醒过来，迷迷糊糊地睁开眼，看到金日磾和霍光两张焦灼的脸："陛下？陛下没事吧？"

"没……事……才怪！"汉武帝感觉自己回答了一声，又昏昏沉沉入睡了，没想到竟然又回到了刚才那个梦中。汉武帝看得清清楚楚，那千余个木头人正倒拖木棍，无精打采地收工回去。忽然间看到汉武帝，众木头人怪叫一声："好家伙，你竟然还敢回来，给我往死里打……"

"别……别打朕！"汉武帝惊骇之下，猛地尖叫一声，用力一蹦，一下子从怪梦之中蹦回了现实世界。

有人在施巫蛊之术，欲谋害朕！

被金日磾与霍光同时搀扶着，汉武帝听到自己清晰而急切的声音："给朕把这些恶徒查出来！杀无赦！"

次日，汉武帝就接到了朱安世举报丞相公孙贺下蛊的材料。

心如蛇蝎

江充率领军士挺立于十字路口。他来晚了一步。

这户人家的妻子，此前是楚国人，有私祭的风俗。邻居报说这户人家暗中施展巫蛊之术，江充立即率人赶来。但这户人家已经在官兵到达之前紧紧地关上门窗，于屋中举火，自焚而死。

“可惜了，”江充说，“要是捉到活的，就能供出更多的人来。”

夕阳照在他的身上，英俊挺拔。他的外表秀美，无可挑剔，英挺的身材，纯净澄明的眸子，花瓣一样柔软的嘴唇。无论他出现在任何地点，都会引发一片惊叹声：好一个俊美少年！

当他获罪于赵王，逃到京城时，霍光第一时间发现了他，后来又来了高鼻深目的金日磾，两人对他说了些此前他万难想象的话。然后，他们就把他带到了汉武帝面前。

汉武帝见到江充时，眼前顿时一亮。他被江充俊美的外表、优雅的气质所打动。汉武帝一生最钟爱的，就是江充这类美少年。

汉武帝是个追求完美的人，喜欢美景美人、华冠丽服。于是，让江充穿上一身锦衣，并封江充为绣衣使者。这让江充更加神采飞扬，吸引了无数宫中美少女爱慕的眼神。

霍光告诉江充：“现在你可是陛下眼前最红的人了，了不起！”

江充不是太相信，决定测试一下。

那一天，他看到通往甘泉宫的路上，太子刘据的家臣在驱车狂奔。这条道，是天子的御用车道。江充当时上前拦住，厉声呵斥对方，将其交给官吏问罪。

太子刘据得知此事之后慌了，赶紧亲自登门谢罪，对江充说：“江君，我不是爱惜这些马车，只是不想让父皇知道此事，那样父皇会责怪我没有约束好家丁。请江君恕罪，放了他们好吗？”

江充丝毫不给面子，回答道：“走开！在这长安城中，我唯一效忠的，只有陛下。”

太子刘据苦着一张脸，连丝毫愠怒之色都不敢流露出来，只能怏怏而退。

他将此事禀报给汉武帝。汉武帝说：“你做得对，像太子这样对家奴管教无方，理应受到管束。”

直到这时候，江充才确信霍光的话。

当着皇帝的面演戏

接到朱安世告发丞相巫蛊之案，江充火速入宫，并带上了檀何。

檀何是一个匈奴人，金日磾把他推荐给了江充。推荐的时候，金日磾并没有说什么，但他那双眼睛似乎有所寄托。

汉匈之战导致两个民族被迫融合，许多汉人被掳到匈奴，而有些匈奴人则在汉朝安家立业。他们中的许多人，比汉人更适应环境，更如鱼得水。他们以自己的方式喜欢着这里，并以自己喜欢的方式摧毁着这里。

走近权力中心，江充就深切地意识到了金日磾正在做的事情是什么，但江充的脑子异常清醒。

在汉朝，你可以羞辱任何人，但最好不要惹金日磾。

江充带着檀何进殿，汉武帝正坐在龙椅上，问道："江充，可有眉目了吗？"

"回陛下，有！"江充回答道。

汉武帝的双眼透出憎恨的光芒："他们在哪儿？在哪儿？朕要问问他们，他们为何如此狼子野心，胆敢谋害朕！"

江充一字一句冷静地说道："陛下，他们在您身后。"

汉武帝大惊失色，站在他身后的霍光和金日磾急忙上前搀扶住汉武帝。

江充大踏步走过去，道："请搀扶陛下离开龙椅。"

金日磾和霍光浑然不明所以地看着他，目光中隐隐有责备之意。但是汉武帝立即颤颤巍巍地要站起来，金日磾和霍光无奈之下，只好搀着他缓步走开。

江充踱过去，绕着龙椅转动着，以低沉的语调说道："这龙椅，自打放在这里，就是陛下的象征，无人敢于冒渎。今日我江充为了效忠陛下，只能置个人性命及九族安危于不顾了！"

说罢，他脸上泪水长流，静静地等待着。

金日磾和霍光面露不以为然之色，但汉武帝立即说道："朕知道了，江充接旨。"

江充立即跪倒："臣，接旨。"

汉武帝道："今日之事不同以往，卿可放手为之，只要揪出谋逆奸人，纵有冒渎之行，朕概不追究。"

"臣，叩谢陛下圣恩。"江充慢慢爬起来，突然两手抓住龙椅，用力一扭……这龙椅竟然异常结实，险些没把江充的手臂弄到脱臼。

江充沮丧至极，因为不能擅带武器入宫，现在全都演砸了，还怎么下台呢？

幸好汉武帝及时让人递过来一柄金瓜锤："用这个。"

"谢陛下。"江充接过金瓜，举起来照着汉武帝的龙椅，"哐"的一锤砸下去，那坚实的龙椅顿时被砸裂开来。一不做，二不休，江充索性今天把坏事干到底，连续挥动金瓜，汉武帝的龙椅已经被他砸坏。

然后，江充收手，微微喘息，为自己的举动而自豪。纵千秋万代，也不会有人敢像他这么玩。

江充蹲下身，背对着汉武帝，两手在龙椅下掏弄着，听到霍光和金日磾出言安慰汉武帝，江充知道他们是在替自己打掩护，迅速伸手入怀，摸出怀里的一具木头人，然后把木人举在手上，并不站起来，沉声道："陛下，在这里。"

只听霍光一声怒喝："大胆江充，你又如何知道陛下的御座藏有此物？"

这时候，匈奴人檀何该出场了。他适时上前，跪倒在地，禀道："是小民发现的。"

霍光的声音更加凌厉："你又是如何得知？"

檀何道："小民居西域时，遇异人习得了读巫之术。用小民眼睛来看，禁宫上空弥漫着浓烈的巫毒之气。"

原来如此，汉武帝恍然大悟。

《汉书》记载，江充成功地玩弄了汉武帝，"入宫至省中，坏御座掘地"。

这是中国历史上唯一一次，臣子当着皇帝的面毁掉御座而且不受追究的记载，江充有此一笔，足够他吹嘘一生。

下两个目标：皇后和太子

江充说："方士这东西，胆儿最肥了。过去秦始皇时，术士方士就把秦始皇玩得溜溜转。如今陛下英明神武，但因为存有求仙之欲，仍逃不过被公孙卿恣意玩弄的结果。你看看那钩弋夫人，弄俩玉钩瞪眼说瞎话，硬说自己两手十六年没张开过。十六年没张开的手，那还叫手吗？那叫驴蹄子！还敢说自己怀孕十四个月，我呸！怀孕十四个月那是人吗？那是大象！”

“对。”匈奴人檀何大口地啃着骨头，含糊不清地应了一声。

两人是在江充私宅的密室里对话，四周有军士把守，任何人也无法听到他们的对话。只听江充继续道：“陛下可怜啊，明知道钩弋夫人和那个孩子有问题，可非要欺骗自己，有什么办法呢？渴慕日久，就以幻为真了。”

檀何放下手中的骨头，瞪眼问道：“那孩子有什么问题？”

江充岔开话题：“富贵险中求啊，公孙卿、东方朔，还有他们那一千多山东老乡，可把陛下玩惨了。咱们千万不要学他们。”

“什么？”檀何的眼珠几欲凸出，“你是说，咱们不要玩陛下？”

江充：“对。”

檀何：“那你砸了陛下的御座，又怎么说？”

“我是说，我们不要学公孙卿他们那么目光短浅，只玩弄陛下就算齐活了。”江充道，“我们不要忘了，还有两个人。”

“哪两个人？”檀何失声尖叫起来。

江充道：“皇后和太子。”

檀何把骨头啃完，顺势在胸前抹了抹油腻腻的双手：“太好了。跟你说句老实话吧，自打汉军把我和我的家人从大漠强行掳来，我就等待着这一天。这就是我留下来的目的。”

江充眨了眨眼睛，问道：“这难道不也是金日磾不惜杀死亲生儿子，也要达成的最后目的吗？”

檀何嘟囔道：“我不知道，我只知道如何处理用来诅咒陛下的木偶人而已。”

被凌辱的皇后

巫蛊一案，宫中人人胆寒，生怕被无端牵扯进去。被汉武帝冷落已久的太子刘据更是战战兢兢，早早守候在汉武帝寝宫门外。

黄门太监苏文摇摇晃晃走了过来，太子急忙赔笑道：“苏黄门，请容奏报陛下，就说……”

“哼，”苏文一转身，扔下一句话，“仆可不是那么好糊弄的。”不理太子就进了寝宫。

寝宫里，汉武帝正半躺半坐，让一个宫女捶腿，见苏文进来，嘀咕了声：“谁在外边啊？这么不安生。”

“回陛下，”苏文奏报道，“是太子，太子正和几个宫女追逐奔跑。”

汉武帝“唔”了一声。

苏文的脸色变了变，继续说道：“陛下，仆斗胆向陛下提请个要求。”

汉武帝叱道：“何事快说！”

苏文：“仆请求陛下允许仆引江充和那个叫檀何的胡人巫师入宫。”

汉武帝：“准奏，巫蛊之事，昨日江充破了朕御座中的妖术，朕的精神好多了，但还是有些心思不宁。叫上按道侯韩说、御史章赣，你们今天给朕把这宫里的妖气清除干净。”

苏文回道：“仆谨遵陛下旨意。”

走出门来，苏文斜睨太子一眼，故意说：“哼，老糊涂了。”

太子明知道他在辱骂汉武帝，可根本不敢说破。因为汉武帝根本不信他的话，说出来只会惹祸上身，只能是僵硬地对苏文赔笑。

苏文叱了一声：“站在这里干什么？回太子宫啊，等着搜查巫蛊吧。”

太子惊心丧胆，赶紧回宫等着。这边江充带着檀何大摇大摆地入宫，苏文跑来，称陛下有旨，让他给二人引路。这群人气势汹汹，直奔皇后卫子夫的寝宫而去。

卫子夫15岁那年于平阳公主府中遇到汉武帝被宠幸，随后为汉武帝生下太子刘据，受宠一时，哥哥卫青也得以建立不世功业。眨眼间，她已经63岁了。

她已经很久很久没见到汉武帝了。她和汉武帝之间早已形同陌路。

年华老去，容颜仍在，只是憔悴不堪，令人心酸。

江充等人冷冷地打量着卫子夫，在心里对她极为鄙夷。但她终究贵为皇后，整死她未尝不是件快乐的事。

于是檀何仰天望气，不停地用鼻子嗅着：“妖气，好浓的妖气。此地有巫蛊，就埋于这地面之下。”

卫子夫脸色大变，但无可奈何，只能眼睁睁看着江充把手一挥：“给我把巫蛊挖出来！”

先从卫子夫的床榻之下挖起，看着她那张青白不定的脸，三人心中有说不尽的快意："老女人，你也有今天？往日里不拿正眼看我们的威风哪儿去了？"

卫子夫的床榻下面被挖了个深深的大坑，江充叫了声"停"，跳进坑里。一边假装在泥土里掏掏摸摸，一边伸手去拿怀中带来的木偶人。拿出来之后，他心里突然一紧，莫名地害怕起来：这可是皇后啊，她的哥哥可是当年纵横大漠的大将军卫青，还有少年英雄霍去病……对了，霍光可是霍去病的异母弟弟，说到底也是卫家的人，和皇后那可是同气连枝。如果自己真陷害皇后，万一霍光不允，陛下再将此案交给其他官吏处理，自己可就完了。

他用颤抖的手再把木偶人塞回怀里。因为恐惧，他的身体变得僵硬，艰难地咽了口唾沫，他抬起头，冲檀何喊了声："这里没有！"

"没有？"檀何乐了。对，就是这么个玩法，皇后的寝宫只挖这么一个坑怎么够？要把皇后的寝宫挖成一个大泥沼，那才来劲。

于是，檀何一脸高深："这妖法好生凶猛，那巫蛊之人偶，现在已遁至西南方位，继续挖。"

西南为坤，是皇后的厕所方位，江充知道檀何在戏弄自己，可又不敢露出怒色，捏着鼻头跳进去，掏摸一阵，仍然说没有。

大半天的工夫，卫子夫的寝宫到处堆满了泥土，到处是深坑，床榻家具等器物只能堆在泥土上。虽然人人气愤，但始终未见巫蛊挖出，这让宫中人稍感放心。

所有的地方全都挖过了，江充仍然说没有。檀何就有点困惑了，转念一想：对，要整死皇后，偏偏今天就不把木偶挖出来，反正木偶捏在江充的手里，想什么时候拿出来就什么时候拿出来，要的就是没挖出来却让他们害怕被挖出来的这种刺激感。

于是，檀何突然大叫一声："快看，地面上那道白光，正是妖祟之物土遁而逃的踪迹，你们看清楚了没有？向那边去了。"

顺着檀何的手指方向一看，黄门太监苏文大喜："那边是太子宫！"

刘玄德先祖佚事

太子宫里，江充一伙兴致勃勃，从床榻直挖到厕所，每一寸土都翻出来看看。这个过程中，太子也一如皇后卫子夫，茫然束手，呆立一侧，除了脸色青白不定，连丝毫的抗拒意识都没有。

皇后那边，江充没敢把怀中的木偶人拿出来，到了太子这边，同样也不敢。

没有挖出木偶人，皇后和太子有种劫后余生的感觉，相对泣下，却不敢哭出声来。

江充等人移师其他宫人的房间，这回他可就不客气了。原则就一条，看哪个宫女不顺眼，那就在地面上掏个洞，从怀中掏出木偶人来。这宫女就立即被拉出去斩杀。

一段日子以来，江充和檀何这一对黄金搭档纵横宫中，共指控数百名宫女暗施巫蛊。这些宫女统统满门抄斩。

接下来，是朝中大臣及公主们，许多大臣遭受了无妄之灾，被卷入巫蛊案灭了门。搜到了公主们的府邸，阳石公主已经在大侠朱安世的揭发检举材料上，挖不挖坑都改变不了她的命运。

但值得一提的是，除了阳石公主外，此案还搭上了诸邑公主。据目前的资料，汉武帝留下姓名的女儿，一共有五个，这次一股脑儿弄死俩，最疼爱的卫长公主被嫁骗子栾大，栾大因忽悠皇帝被腰斩后，卫长公主不知所踪，估计不会太开心。另有一个鄂邑公主，将会在汉昭帝年间因谋反被杀。

总之，汉武帝一次性地把自己的女儿差不多全消灭了。

泯灭亲情，一意孤行。这就是汉武帝！

两个公主，丞相公孙贺父子，这几个人远不足以剪除太子的羽翼。所以此案发展到最后，大将军卫青的大儿子卫伉也一并被杀掉。

杀了公孙贺之后，给朝廷带来个新麻烦——没有丞相人选了。

汉武帝时代，是人才辈出的时代。名臣贤士如过江之鲫，数不胜数。但这些人才最开始并非出在汉武帝时，而是文景之治的硕果。

汉武帝占了个“武”字，这就意味着他好大喜功，没有耐心培养新一代的人才，但他有眼力，会用人。可是他又太苛刻，稍不顺心就诛杀大臣。自打他17岁登基，杀了近五十年，人才这东西又不是韭菜，割一茬就长一茬，人才的培养往往需要几代人的时间。

实际上，到了连公孙贺这种货色居然也出任丞相的时候，就真的已经无人可用了。但汉武帝连这个拿来凑数的人都容不下，哪里还有继任人选？

没有人选不要紧，这难不住汉武帝。他找来一个大名鼎鼎的人物——刘屈氂（máo）！

刘屈氂是谁？

刘屈氂，皇族，其父是中山靖王刘胜之后——等到三国时代，大耳朵的刘备刘玄德天天挂在嘴上的一句话就是：“备乃中山靖王刘胜之后。”

汉武帝以刘屈氂为丞相，还有一个原因是刘屈氂与卫青军政集团毫无关系，甚至可以说是势同水火。因为他的儿子娶的是李广利的女儿——这意味着，刘屈氂也要惨了，他就是个要被卸磨杀驴的主，那李广利的妹妹李夫人早已死掉，李延年满门抄斩，李广利长年征战在外，朝廷却死活不给他配备后勤运输系统，摆明了是想搞死他。

总之，这里边有个周密的安排，先借李广利阵营的力量清除卫青残余的利益集团，然后卸磨杀驴，消灭李广利阵营。

怎么看这个任命都不像是汉武帝做出来的，而像是匈奴大单于的布局。再想想侍立在汉武帝身后始终一言不发，甚至搭上儿子性命也在所不惜的神秘人士金日磾，就知道这个布局的出现实属情理之中事耳。

你真是不开窍

扫灭了宫中的巫蛊之患，重新安排了朝廷的政务人事，汉武帝精神饱满，一度又动了巡游天下、寻觅仙人的心思。

起驾甘泉宫。

抵达后，汉武帝下车，忽然间只觉得天旋地转，身体摇摇欲坠。幸好霍光和金日磾寸步不离地搀扶着他，他等于被这两个忠心的臣子抬入了甘泉宫中。

这一次，汉武帝一病不起。

江充闻讯赶至，紧张地等候在宫门外。但霍光和金日磾始终未出宫门半步，只有被传唤来的太医面色惊慌地匆忙奔行。

等了很久很久，江充百无聊赖之际，看到了他的搭档、胡人巫师檀何，忍不住小声嘀咕道：“这糟老头子，真是玩不起。这才玩几天啊，就给玩坏了。”

檀何适时接道：“这糟老头子被玩死之日，就是你的死期了。”

江充怒道：“关老子屁事，就算是殉葬，也是霍光、金日磾和上官桀他们仨的事。”

檀何叹息道：“江充，你到底有多傻？你的脑子里，到底进了多少水？这糟老头咽气当天，太子就是陛下了。你在甘泉宫道上呵斥过太子，又把太子宫和皇后寝宫挖得满面疮痍。你想，太子登基时，第一个要杀的人是谁？”

当时江充目瞪口呆地望着檀何，半天说不出话来。

檀何斥道：“还愣着干什么？趁这糟老头还没咽气，赶紧继续追查巫蛊案啊！糟老头突然病倒，这可不是无缘无故的事，分明是有人暗施巫蛊，诅咒糟老头。就连我站在这里都能看到长安城的皇宫上空笼罩着大片大片的妖云，你就看不出来？”

“可是……”江充迟疑着，说出了他的担忧，“我们如此逼迫太子，那霍光他……他会允许吗？”

檀何厉声道：“说你傻，你还真傻！他若不允许，你又怎么会在这里？”

“不是……”江充结结巴巴道，“你和金日磾这么干，我能理解，毕竟你们是匈奴人，为了报仇复国，这种事总归是要干的。可霍光可是地地道道的大汉子民，又与皇后太子有着千丝万缕的关系，他这么做是为了什么呢？”

檀何斥道：“你真是不开窍，这跟匈奴人、汉人有何关系？重要的是权力！钩弋夫人为何要挑这节骨眼上入宫？因为她要给大家生一个小太子，只有小太子，才是大家最需要的。当今太子偌大年纪，又肯听谁的话？别问她为什么会怀胎十四个月，该问的是你怎么还没完成大家寄望于你的工作？”

江充如梦方醒：“照这么说，金日磾和霍光允许我接近陛下，就是这么个布局了？”

檀何阴声道：“你就是条猎狗，猎狗养来就是捕捉猎物的。如果你不肯捕捉，那么炖在锅里的，就是你！”

“不是他死，就是我亡！”江充一咬牙，“走，我们继续追查巫蛊案，这一次，太子必须付出代价！”

从黄老之术到纵横家

江充带着檀何联系上一次汉武帝指定的搜查官员——按道侯韩说、御史章赣等，重返皇宫。小黄门苏文接着喜滋滋地带着这支搜捕小分队直奔太子宫。

上一次没有挖出巫蛊来，太子的情绪稳定了许多。他笑吟吟地引导着这些人，绕过土包和泥坑："说吧，这次要从哪儿挖起？上一次挖出来的泥土，还没有掩埋呢。"

江充心里倒吸一口凉气：太子拒绝填埋上一次挖掘出来的土坑，这说明了什么？说明太子在记恨自己，等待登基后算账。幸亏听了檀何的话，否则……

他跳入一个土坑中，蹲在里边，从怀里掏出来鼓鼓囊囊一个包裹，包裹里是木偶人和几幅自己写的帛书，内容无非咒骂陛下该死。

江充捧着这堆东西出来，对随行的官员韩说、章赣说道："你们看清楚了，这些都是从太子宫中掘出来的巫蛊之物，许多的木偶人，还有写有大逆不道言论的帛书。我请求你们做个公证，以便将这些东西呈报给陛下。"

两名官员过来仔细验看，说："我们作证，这些东西的确是木偶人，以及大逆不道的帛书。"

韩说和章赣自以为聪明，只证明眼前这些东西的存在，并不证明其来历。但这是什么时候？火山爆发前夕还要玩这诡计，只会把自己搭进去。

"好，那我们去甘泉宫面见陛下。"江充带着人，兴冲冲离开。

一旁的太子刘据都看傻眼了，茫然地追出几步："这，这这这，这是怎么回事啊？上次还没这些东西呢，这是从哪儿冒出来的？"

江充等人已经拿太子当死人了，看都懒得看他一眼。太子惊慌之下，飞奔去找他的老师问主意。

太子的老师，这个职务叫太子少傅。

此前，表演型人格的卜式曾因失欢于汉武帝，被扔到太子这里做少傅。此后卜式消失于历史之中，不知是任期到了免职，还是被赶走了。现在太子的老师，叫石德。

石德的爷爷就是江湖人称万石君的石奋。汉武帝年轻时，石家人属于太后政治阵营，精研黄老之术。石家的黄老之术，说透了就是遇到事情时一个字也不要多说。总之是遇事就躲，所以汉武帝获得权力之后并没有清算石家人。

石德的父亲就是在公孙贺之前出任丞相，并在任上罕见寿终的石庆。

石庆承袭父亲衣钵，当了丞相之后认准一个理，遇事坚决不说话，哪怕被汉武帝骂死也坚决不吐一个字，所以他这个丞相才能得以善终。

石奋到石庆，连续两代承袭黄老，但到了孙子辈的石德，他叛变了。他不习黄老，却精研纵横心法，是太子身边的纵横家。

实际上，石德有可能是当时唯一头脑清醒的人，他敏锐地判断出了正在发生的怪事。听了太子的话，石德立即指点道："赶紧，你赶紧写张纸，就说是圣旨，立即把江充等人抓起来严刑拷打，弄清楚他们究竟想干什么。"

太子大惊道："这岂不是造反吗？"

石德道："造什么反？告诉你，陛下这么大年纪，卧病甘泉宫，铁定没多少时日了，这是奸臣矫旨。你如果不抓紧时间动手，你就是下一个扶苏！"

太子："扶苏……"

石德："对，扶苏，秦始皇的长子。秦始皇出游而死，小儿子胡亥伪造圣旨，逼迫扶苏自杀。扶苏问也不问，就立即抹了脖子。太子，别告诉我你要学他。"

从黄老的清静无为，一步跨越到纵横天下，石德老师的这个策划，如果他爷爷和爹爹听到，肯定会当场吓死。太子胆大，只吓了个半死："唉，石老师，问题是我父皇六亲不认，连他最喜欢的女儿们，都说杀就杀，眼睛都不眨一下。你说起兵，这万一要是……总之，老师，你就没有别的主意了？"

石德笑道："孩子，非常时期，行非常之事。你到底有没有能力成为天下之主，就看你现在的决心有多大了。"

"让我再……想想吧。"太子左右为难，举棋不定。

太子起兵杀奸臣

太子这边拿不定主意，江充却迅如闪电，已经将太子宫中掘出木偶的事件通报给了负责刑案的官吏。

门客跑来对太子禀报说，捉拿太子的官吏已经在路上了。

这真是走投无路了。石德老师的行险之招，竟然是太子唯一的选择。

汉武帝征和元年（公元前92年）七月初九，太子升殿，叫来宫中豢养的门客死士："你们几个听着，拿着这把剑，本宫奉陛下圣旨，收江充等一干奸邪。"

大家跟着太子，琢磨的就是以后他就是天子。可这些年来，太子宫被苏文那些奸人压得气都透不过来，大家老窝火了。此时接到这假圣旨，顿时意气风发，雄赳赳气昂昂就上路了。

先收江充，门客于路上拦住他："陛下有旨，绣衣使者江充有负朕望，骄横不法，作奸犯科，着交有司问罪。"不由分说，当场把江充和檀何拿下。

参与现场公证的御史章赣，也不费吹灰之力，立时收押。

但按道侯韩说却不是盏省油的灯。假圣旨才念到一半，他就狂跳起来大喊道："矫诏！这是太子矫诏，太子你莫非真要谋反不成？"

你怎么这麻烦？太子派出的门客气恼之下，抽出剑来，当场把韩说杀了。

见到江充，太子愤恨得跳过来，没头没脸一通狠揍："江充，你这个无耻小人，我招你惹你了？你处心积虑地想要害死我！你不就是喜欢害人吗？我让你害，让你害……"不由分说，当场把江充斩杀。

"杀得好，"檀何在一边解气道，"自从陛下让江充入宫以来，他就揣摩陛下的心思，大兴冤狱，从京师到三辅地区，从长安城到各郡国，被他冤杀的人不少于几万。许多人都是被严刑拷打而死，惨不忍睹啊！"

太子斥道："你还说，没有你为虎作伥，江充他一个人也做不了这么多的恶。来啊，给我把这条害虫架到上林苑炭烤。"

檀何在烈火浓烟中忽然展颜一笑："我本胡人，浪迹中原，竟然玩死两个公主，此诚人间快事尔。"说完就死了。

接下来，太子先派人向皇后卫子夫报信，然后打开库府，给自己的支持者分发兵器，并派门客深入长安城大街小巷，号召百姓们拿起武器保卫他们的新天子。

长安城顿时就炸了，老百姓们奔走相告："听说了吗？太子造反，起兵攻打陛下！"整个长安都嚷动了。

此时，城中宫中一片混乱。黄门太监苏文察知事变，立即飞逃出宫，在甘泉宫官道上发足狂奔。

苏文是最早跑来报信之人。金日磾和霍光第一时间把这个消息通报给了病榻上的汉武帝。

汉武帝听了，老泪纵横，说："怪朕，这事要怪朕。是朕太宠着江充了，他把太子欺压得都没个人形了。叫个人去一趟，召太子过来，朕跟他解释解释。"

"遵旨。"金日磾与霍光同时出来，叫过来一个人，吩咐道，"你，去长安城召太子。长安城中，现在一定很危险。”

“小人领命。”那人既然是金日磾与霍光的亲信，对于眼前正在发生着什么，心里跟明镜似的。当即打马离开甘泉宫，途中离开大道，朝有炊烟的地方行去，忽见路边田中有个村妇正在耕种，急忙策马过去，欲行不轨之事。

一会儿，田野之中出现一幕场景：一群农夫村妇，手持锄头追打着一个人。这人在田野中跌跌撞撞，多次栽倒，被农夫们的锄头砸得满脸开花，但这人最终成功地逃到了自己的马匹旁，翻身上马逃掉了。

到了甘泉宫之后，一进宫门，他就“扑通”一声跪倒在地，失声呜咽起来：“陛下，小人无能，没办成陛下交代的任务……”

“怎么回事？”汉武帝问道。

只听那人哭道：“太子不知怎么了，带了好多人在城里打打杀杀，小人去传旨，却被太子下令追杀，幸亏小人逃得快……”

汉武帝震惊道：“这么说，太子真的反了？”

正在这时，长史逃到了甘泉宫，禀报说：“陛下，不得了了，太子在长安城中起兵造反了。”

汉武帝大怒道：“刘屈氂在何处？”

长史回道：“陛下，太子率兵杀到丞相府，丞相逃了，连官印和绶带都被太子军缴获了。”

“无能！”汉武帝大怒，“传朕旨意，关闭长安城门，调集天下兵马，城中凡是造反之人，无论是谁，格杀勿论！”

皇后之死

长安城中，太子与汉武帝的对决开始了。

汉武帝这边出战的是丞相刘屈氂，太子那边是亲自出马。双方对决之前，各自颁发诏书，召天下各地兵马，赶来支援。

各地接到这两封相互敌对的诏书，陷入了严肃的思考之中。

陛下跟太子闹掰了，应该支持谁呢？该支持谁，要看权力的规律。权力不认道理，只认现实。现实就是，陛下还坐在龙椅上，他一天不咽气，太子就一天不是皇帝。那就不理太子了，他爱死不死，才不管这么多。

太子征召不来兵马，悲愤之下就深入长安四市，号召市民拿起武器……数万老百姓被编成队伍，拿着武器跟在太子后面，行至太子宫西门，正遇丞相刘屈氂率正规军恶狠狠地杀来。

“杀啊！”太子挥起长剑。

“杀啊！”刘屈氂的军队冲过来，双方开始大打出手。

杀了一天一夜，长安街头，尸体堆积如山，血流如海。但大家还不过瘾，继续拼杀下去。

杀了两天两夜，三天三夜……一直杀到五天五夜，太子才感觉不对劲：“我们的人马在哪里？怎么四周杀来砍去，全都是砍我们的人？”

门客告诉太子：“咱们的人，一半人把另一半人砍死了，剩下来的一半都投降了丞相，现在正围着咱们砍。”

太子思考道：“莫非，现在是战略转移的时候了？”

杀了五天五夜，太子这边众叛亲离，只好朝覆盎门狂奔。

守门人叫田仁，开门放太子逃走。丞相刘屈氂随后杀至，发现田仁放走了太子，大怒，就要杀田仁。

这时，旁边出来个御史大夫暴胜，说：“太子是陛下的骨血，岂是可以随便乱杀的？再说，田仁是正规官员，就算要杀，也要先行禀报陛下。”

刘屈氂听了这话就住了手。可没过一会儿，汉武帝的圣旨就到了，指责暴胜道：“丞相履行职责，杀造反之人，暴胜你竟敢阻拦？”

这道圣旨，当时就把暴胜吓坏了。

他害怕，倒不是害怕汉武帝发威，而是他阻止丞相杀田仁不过是刚刚一会儿的工夫，可这么快斥骂他的圣旨就到了。

这说明，甘泉宫中有人始终死盯着这边。

那人到底是谁，不好说。但这从甘泉宫传来的圣旨，威力却是实实在在的。

恐惧之下，暴胜当场自杀。

当日，甘泉宫收回卫子夫的皇后印玺和绶带，卫子夫当场自杀。

追杀太子

汉武帝对太子的追杀，仍然在持续。

太子所有的门客随从，统统处死。随太子起兵的，一概灭族。被太子强迫起兵的，流放敦煌郡，从此替汉武帝守卫边关。

长安城中，大搜捕正在紧张地进行。风声鹤唳，十室九空，家家户户都有在这场大战中死掉的人。黑沉沉的天空，笼罩着一片愁云惨雾。

太子带着两个儿子逃到了湖县。一户农人收留了他。

农人说："太子，你宽厚仁慈，日后必然是个好皇帝，就放心藏在这里吧，我们全家拼了命，也会保护你的。"

太子说："谢谢，只是……你家里的饭菜，我有点咽不下去。"

农人道："太子自幼锦衣玉食，自然吃不惯我们农家的粗粮。这样好了，我把家中的鞋子卖掉，给太子买点好吃的。"

太子说："这倒不用，我在这湖县有个朋友，听说他家里有钱，你去悄悄告诉他，让他接我到他家。"

农夫担心地问："太子，那人可靠吗？"

"可靠！"太子道，"我虽是太子，但始终视他为知己，你想可靠不可靠？"

"我听着有点悬……"农夫担忧地说。

真让农夫说着了，太子一联系他那位知己，那位知己喜出望外，第一时间向官府举报了他。于是一队捕吏兴冲冲赶来，捕杀太子。

带队的，是新安县令史李寿，还有一名捕快，名叫张富昌。之所以提到后面这个人的名字，因为他是当先踹门的。

张富昌一脚踢开门："太子出来，跟我们去衙门问话，你无权保持沉默，无论你说话不说话，你都有罪……"

院子里的农夫立即操起锄头："全家人来啊，保护太子，他将来肯定会是个好皇帝的……"为了保护未来的皇帝，农夫全家人操起锅瓢，大战捕吏，须臾死尽。

李寿率捕吏们进入房间："太子出来吧，别躲了……哎呀，太子悬梁自尽了。"

李寿赶紧让人把太子解下来，手忙脚乱地进行抢救，捕吏突然一拉他："长史快看，那边还有太子的两个儿子，都是皇孙……"

李寿："掐死！"

"不是……干吗要掐死皇孙？"

"他爷爷害惨了天下人，这两个东西长大，铁定也是百世不遇的祸害，赶紧掐死省心。"

朝廷接到湖县奏报："保护太子的农夫全家和两名皇孙，在捕斗中悉数被杀，太子悬梁自尽，抢救无效。"

太子死了，但他还有一个孙子。

太子的孙子，就是汉武帝的曾孙。这个婴儿甫一出生就被关进大狱，他的啼哭之声，是解读这件历史大谜案的关键。

长安大狱硬骨头

太子造反，是汉武帝晚年最大的案子，因此捕获涉案者数万之众。

这么多的囚犯，要一个一个地审理，重罪者杀，轻罪者流放。法律面前，每个罪人都是平等的，不可以掉以轻心。

甄别工作繁复而巨大，现有官吏根本忙不过来，就只能征召有罪的官吏、被罢免的官吏，甚至有刑案经验的人士共同参与。

于是，一个因罪被罢免的廷尉右监丙吉，又被召回来继续发挥余热。

丙吉到了长安狱，和昔日的老朋友打过招呼，只见几个刑吏从狱门走出来，嘀咕道："这个人犯，是所有案犯中罪行最严重的，也是嘴巴最牢固的。我敢打赌，咱们这里，没人能够让他招供。"

说到这里，几名狱吏斜睨着丙吉："丙吉你看什么看？就你那副德性，更没能力让他招供。"

"我怎么就没能力？"丙吉大怒，"案子这种事，就讲究和风细雨，讲究动之以情，晓之以理，讲究家属喊话、政策攻心……你把这个人犯交给我，看我怎么让他感动得涕泪交加，哭着喊着要求招供。"

众狱吏大喜："好，丙吉，咱们说定了，现在这名人犯移交给你，你若不能让他开口，这辈子你就甭接新案子。”

这扇门，丙吉失足踏入，从此再也没接新案子。

意想不到的犯人

丙吉进门，先以愉快的声音打了个招呼，然后他看到了人犯，顿时一屁股坐在了地上。

他破口大骂起来：“陛下，这可是你刚刚出生的重孙子啊，是你的骨血啊！连吃奶还没有学会，你就把他送入死牢严刑拷打！一个刚刚出生的婴儿，你就把他的母亲掳走，发配给官府为奴，反诬这没奶吃的婴儿谋反，你家的反是这样谋的吗？”

躺在冰冷地面上的，是太子刘据刚刚出生的小孙子，未来的汉宣帝。

现在，尚是婴儿的汉宣帝已经饿得奄奄一息，连哭的力气都没有了。

丙吉急忙把婴儿抱起来，嘀咕道：“我得找个善良又有爱心的女犯人来，可不能让这孩子饿死，好歹是条人命啊。”

此后四年，丙吉就在长安狱中守护着未来的汉宣帝。

四年后，他将迎来自己人生中最大一场战役，迎战疯狂昏聩的汉武帝，保护未来的汉宣帝，与杀手死斗于长安大狱。

第十八章

最后的陷阱

子贡的告诫没人听

汉武帝征和二年（公元前91年），卫青军政集团势力被连根拔起，彻底铲除。

下一个目标，李氏集团。

李氏集团，指的是那位病重时不让汉武帝看到她憔悴容颜的李夫人及其在朝政中的蔓延势力，以李广利为首。

事实上，相比于卫青军政集团，朝廷对李氏集团的铲除向来不遮遮掩掩，甚至可以说是明目张胆、迫不及待。之前，李广利远征大宛时，朝廷就以一项荒诞的罪名诛灭了他的弟弟李延年全族，目的再明显不过，就是逼迫李广利造反，以便着手诛杀。

但李广利就是不造反，朝廷也没法子，所能做的，只是坚决不给他配备后勤粮草运输系统，希望他弹尽粮绝，死在沙场上。

但李广利非但没死，还在极其艰难的条件下打下了大宛。这毕竟是汉朝对外的光荣胜利，在这方面，朝廷并没有亏待李广利，该封侯就封侯，该给女子金帛，一样也不少。

只是，汉武帝仍然不给他配备粮草运输系统，期望李广利战死沙场的欲望越来越强烈。

汉武帝征和三年（公元前90年），67岁的汉武帝为李广利设下了最后的陷阱。

说到这里，就面临着一个尴尬的问题：诛除卫青集团，连自己的女儿孙子都不放过，又不间断地设伏布局，坑杀李广利，汉武帝究竟在干什么？

纵然是再有学问的史学家，遇到这个问题也解答不了，只好一逃了之。

为什么解答不了呢？因为晚年的汉武帝，其个人意志与身边亲信的意志掺杂在了一起。没人能够从每道政令中将这诸多混掺的多方面意愿逐一拆解开来。

理论上来说，大事必然要经过汉武帝本人的首肯，诸如追杀太子、逼死皇后、杀公主、下皇孙于大狱，等等。但要命的是，所谓大事，不过是诸多小事汇聚的最终结果。当最终的结果到来，纵然是汉武帝也只能接受既定的宿命。

总之，情况就是如此，汉武帝太过随心所欲，拒绝任何制度约束。一旦他不喜欢某个人，比如不喜欢太子及皇后时，诸多小人就会乘虚而入，沆瀣一气，寻找和捏造他们的过错，把事情推到失控的状态。

春秋年间，孔子最优秀的弟子之一子贡曾经说过："是以君子恶居下流，天下之恶皆归焉。"子贡的话衍生意思就是："墙倒众人推！"

从太子及皇后卫子夫的具体遭遇来看，悲剧的根源始自卫青时代。卫青当然是位伟大的将军，但在他受宠之时，他的优点被放大，缺点被缩小；他的丰功伟绩被铭记，但他犯下的错误却被忽略或忘记。于是，一个近乎完美的英雄出现了。为了塑造这样一位英雄，帝国倾尽了财力与人力，还有众多名臣将士的鲜血。

但等到过了他的巅峰期，人们对他的要求突然间变得严苛起来。这时候，他的优点被缩小，缺点被放大；他的错误被铭记，而他的丰功伟绩却被人刻意忽略或忘却。他仍然是他，但评判的人却发生了变化。此前他一点点成绩也会赢得万众欢呼，现在，纵然他付出再多、做得再好，评价者对此也无动于衷，并且抓住他的错误不放，直到让他彻底毁灭。

所以，子贡先生说："君子恶居下流。"意思是说，君子厌恶身处低下的处境，大家不要犯错，千万要慎重，不能让自己处于低下恶劣被攻击的状态。

但是，子贡先生这番训诫，很显然卫青与众人都未做到。

因为这是个单边世界，呈现的是一元评价体系，你没有选择。

秘密的勾结

汉武帝征和三年（公元前90年），匈奴铁骑归来，侵五原，袭酒泉，杀两郡都尉。

一切，又恢复到了汉武帝问政的初始时代。

朝廷下旨：

李广利率七万人，出五原；

商丘成率两万人，出河西；

马通率四万骑兵，出酒泉。

三路并举，再战匈奴。

与此同时，有关三路人马的动向情报，从汉宫权力中心发出，抵达匈奴大单于的军帐中。

李广利对此懵懂不知。在他心中，这个布局，仿佛回到了卫青时代。李广利发现，他已经成为另一个卫青了。

老将凋零，名花谢败。现在是他李广利的主场。

出征前，在丞相刘屈氂为他设下的欢送筵会上，李广利问道："丞相大人，家里还好吧？"

"好，好，"刘屈氂说，"我儿子和你女儿小两口日子过得蜜里调油，衣来伸手，饭来张口，快快乐乐。"

两家是姻亲，一如霍光与上官桀，两家也是姻亲一样。

李广利道："我是问，我外甥还好吧？"

"你外甥……"刘屈氂痛苦地挠头，"你是问昌邑王？李夫人给陛下生的皇子？唉，不知道该怎么跟你说，那孩子吧，我就跟你这么说吧，自打生下来就处处不对头，总感觉他全身充斥着一种非正常人的气息。要是可以，我宁可亲手掐死他。"

李广利宽慰道："别这样。孩子嘛，任何时候都是自家的好。你看啊，现在情形是这样子的，太子呢，他也不知道怎么了，好端端的，突然想起来造反，你说，这太子你造什么反呢？造反就那么好玩吗？本来你再耐心地等几天，等几天就好，你就是天子了。可现在怎么样？灰飞烟灭啊。"

"是啊，"刘屈氂道，"我与太子大战长安城，远远地看了他几眼，感觉那孩子当时已经崩溃了，可想而知他承受着多么巨大的心理压力。”

李广利愤愤道：“崩溃就崩溃吧，崩溃也不能怪咱们，是不是？我这天天上战场厮杀，连送粮草的都没有，说崩溃谁崩溃得过我？可我上哪儿说理去？总之，丞相大人，情况就是这么个情况，太子这边，也灰飞烟灭了，大汉总还需要个新的太子吧？

刘屈氂道：“没错，不过立太子这事儿，咱是插不上话的。”

李广利急了：“大人，别忘了你是丞相，又在平定太子谋反中立下大功。说到在陛下面前的影响力，谁能比得了你啊？”

刘屈氂：“李将军，你真的希望昌邑王做太子？”

李广利：“这不废话吗？他是我外甥，现在李氏后人就剩下我一个了。你说我不支持他，还能支持谁？”

刘屈氂沉默半晌：“我怎么总觉得……”

李广利：“丞相大人！”

刘屈氂：“唉，那我就给陛下上个奏疏吧。我可跟你说好，我最多只能做到这一步。结果究竟如何，这个取决于陛下的考量。”

李广利大喜：“有个奏疏就行。丞相大人，眼下是明摆着的事儿，天子要用我们李家人了！你看啊，你在朝我在军，你主持朝政我横行沙场，这不就是明摆着的信号吗？”

刘屈氂叹息道：“唉，天子是真龙。真龙，有逆鳞啊！拂之，不祥。”

逐战大漠

三路汉军，再战匈奴。

但结果不出所料，十三万大军所到之处，只见茫茫大漠，浩瀚草原，连匈奴人的影子都见不到。

年迈的汉武帝已经失去了掌握匈奴人情报的优势。相反，匈奴人倒是对汉军这边的动向了如指掌，十三万汉军还没出发，匈奴人就浩浩荡荡地搬家了。匈奴人向北搬了六七百里。算准了等汉军到这里，眼珠肯定会饿成冰蓝色的了。

左右两翼的汉军察觉情形不妙，当机立断，掉头向汉朝方向狂奔。李广利反应也不慢，三路大军疯狂回奔，他始终处于第二名的位置。

第一名是李陵率领的三万匈奴铁骑。

李陵，天下排名第一的名将，只对李广利感兴趣。

跟李陵斗，那是脑子进水不想活了的表现。李广利这边，兵力人数只是李陵人的两倍。但李陵所率的汉军步卒，能轻易击杀十倍于己的骑兵。李广利何许人也？敢跟李陵较量？

“逃”就一个字。

李广利且战且退，李陵则穷追不舍，双方激战九天。九天后，不知是李陵用着匈奴骑兵不顺手，还是无意将汉军斩尽杀绝，于浦奴水最后一次交手后率匈奴骑兵退走。

李广利长舒一口气：“好家伙，能从李陵手中全身而退者，大概只有我李广利一个人吧？”

但这时，汉朝连续多个战场同时开局的老毛病又犯了。这边十三万汉军激战大漠，还没打出个名堂来，汉廷又突然派了个叫成娩的人，尽起河西楼兰、尉犁、危须等六国的军队，浩浩荡荡开到车师国，把车师国从国王到老百姓统统给俘虏了。

车师国之战是场震动西域的特大号胜仗，相比之下，李广利这边就显得灰头土脸了。很快李广利接到朝廷责难，斥其畏敌如虎，区区一个李陵，有那么可怕吗？命其立即深入大漠，再击匈奴。

李广利无奈，只好率军队再掉头，继续向大漠深处挺进。行至夫羊地区的句山狭口，惊喜地发现匈奴五千骑兵在卫律及匈奴右大都尉的统领下，正向汉军叫板。

李广利和卫律，那可是老相识了。想一想，卫律曾是汉臣，何以会在匈奴人这边吃饭？就是因为他和李广利的弟弟李延年交情莫逆。李延年是个阉人，替汉武帝管理宫中乐器，却被冠以秽乱宫廷的罪名，满门抄斩。卫律正是因为目睹李延年家被抄的惨状，吓得逃到匈奴这边。

卫律只带了五千人，却敢迎战李广利的数万大军，就是因为有这份交情。

他想和老朋友聊聊天，告诉李广利一些他必须知道的事情。

聊天好啊，聊天最欢迎了。

只见李广利银牙咬碎，怒目圆瞪，长刀一挥：“杀啊，统统给我杀光！”

数万汉军，犹如决堤洪水，汹涌澎湃地向卫律五千骑兵冲了过去，一下子把卫律这边，冲得七零八落。

这时候的李广利，坚信他的外甥昌邑王就要立为太子了，他李广利的时代到来了。他将成为下一个卫青，甚至比卫青更伟大。这么伟大的未来，就因为和一个叛变投敌的老朋友聊天而耽误了，他才不会答应。

李广利抓住卫律无意与之交手的心理，催师前进，撵得卫律一边发足狂奔，一边破口大骂。

逃到范夫人城，卫律才逃脱了李广利的追杀。

“李广利，你不识好人心！”逃到安全地带，卫律气急败坏，一边擦汗一边骂道，“还一门心思替陛下卖命呢，你等他连你全家也一股脑儿宰了，你就知道好歹了。”

李广利才不理卫律的谩骂，命令大军安营扎寨。正要洗脚休息，一个叫胡亚夫的掾吏忽然求见，李广利吩咐他进来。

胡亚夫进了军帐，劈头说道：“将军，你知道吗？你的妻儿老小，全家已被下狱了。”

“你说什么？”李广利目瞪口呆地望着胡亚夫。

恐怖的阴谋

此事，千真万确。

当李广利不顾老友交情疯狂追杀卫律之时，也正是朝廷不讲道义举刀挥向李广利妻儿的时候。

为何要杀了李广利的妻儿呢？官方披露的资料声称，有个叫郭穰的内史令举报了李广利。注意此人，此人虽然官职不大，但深得汉武帝信任。郭穰在历史上连续两次出场，主要的工作是替汉武帝干脏活。他实际上又是一个江充，只是不像江充那样遭了报应，所以才会被人忽略。

郭穰举报称：丞相刘屈氂的老婆公然使用巫蛊诅咒陛下。此外，丞相还和李广利两人一道，动用巫蛊祈求让昌邑王做太子。

汉武帝下令追查，结果证实了郭穰的举报。

历史写到这里，哪怕是瞎子，也会看出这又是一起江充诬陷太子式的冤案。就算是刘屈氂的老婆用巫蛊之术诅咒汉武帝，难道她堂堂丞相夫人还会跑到大街上公然作法不成？倘若她是在私室秘密施术，郭穰又没长千里眼，又如何知道？

整个事件不过是太子冤案的重演。郭穰先行诬告丞相夫人使用巫蛊之术，而后怀揣自刻的木偶人，奉主谋者之命入丞相府挖坑搜寻，再把木偶人掏出来，这就算罪证确凿了。

前一个江充这么干，看起来像是起偶然事件，最多只是奸人窥伺汉武帝的心思，处心积虑而为之的小概率事件。等到郭穰出场，大家才知道，汉武帝身边养着这么一群人，专职干这种营生。

汉武帝何等精明的人物？他怎么可能不知道实情，然后授权告发者不受限制的司法权力，对被告发者肆意搜查，那么告发者就可以随意栽赃，大做手脚。他做了一辈子的皇帝，其精明程度无人可出其右，如果连这么点司法常识都不懂得，那他还算什么汉武大帝？

实际上，早在朝鲜战役时，这桩大阴谋的主谋者就在紧锣密鼓地布局，布置灭杀太子满门的大冤案。诸多事件看似偶然，不过是主谋者这只无形的手在背后推动的结果。

冤杀太子，只为了图谋大汉帝国这万里江山。

主谋者又是谁？这个问题姑且莫论，总之刘屈氂一家惨了。他老婆被拖出去斩杀，刘屈氂本人被五花大绑游街示众，尽情羞辱过后，处以腰斩的酷刑。

接着，是李广利一家。

原本，主谋者早在诛灭李延年满门之时就对李广利动了杀机。之所以不肯为他的军队配备粮草运输系统，不过是希望李广利聪明一点，自己死在战场上。可是李广利好不识趣，居然坚持不死，顽强生存，逼得主谋者实在没法子了，索性撕破脸皮，图穷匕见，不顾李广利统军在外，干脆把李广利的老婆孩子一股脑儿全捉了起来。

听到这个消息，李广利震惊了，陷入茫然失措的状态之中。

李广利的大脑一片空白，已经丧失了思考能力。

大将军的脑子不好使

那一天夜里，在李广利的军帐中，他和胡亚夫有过一番激烈的探讨。

胡亚夫说道："大将军，天子这意思很明白了，为什么长期不给你配备粮草？为什么你前脚出门，后脚就诛灭你弟弟全族？陛下的意思就是让你死，怎么个死法陛下不挑剔，但死是必然的。"

李广利一头雾水道："这是为什么？"

胡亚夫解释道："立储之争。"

李广利又问："这跟我有什么关系？"

胡亚夫长叹一声："大将军，你真是当局者迷。那昌邑王，有你这样一个手握兵权、战无不胜的亲娘舅，又有刘屈氂这样的谋臣，可谓皇储中最有竞争实力的。可那孩子太怪异了，望之不似人君。既然昌邑王不能做太子，那大将军和丞相就会成为未来新任储君的最大威胁。不除掉你们两个，陛下如何能放心？"

李广利仍然不开窍："杀了我们，他们又有啥好处？"

胡亚夫耐着性子解释道："再明白不过了。大将军想一想，你有多久没有见到陛下了？时间不短了吧？何止你，我听说皇后和太子在被杀之前，也都是长年未见到陛下。我们只见到金日磾、霍光和上官桀他们几个时不时地站出来吆喝一声，说是陛下有旨。明摆着，金日磾、霍光、上官桀三人，意在霸占陛下的江山。可是他们终究不能明目张胆地篡位，因为百官和百姓不会承认他们。所以假天子之名，先行冤杀太子皇后，铲除卫青的族裔，驱走军事天才李陵，再杀掉你和丞相。而后立一个连奶都不会吃的娃娃做傀儡，还不由着他们为所欲为吗？"

李广利："你跑来告诉我这个消息，是为了什么？"

胡亚夫："我是为大将军的前程着想啊。"

李广利："说吧，你到底犯了何事，竟想逃到匈奴那边？"

胡亚夫："大将军……"

李广利："说啊！"

胡亚夫一狠心一咬牙："没错，大将军，我是犯了刑律，只能逃走保命了。可大将军你和我有什么区别？你若回到朝廷，准保比我更惨。我回到朝廷，最多就是个伏法斩首，混好了赶上大赦，连杀头都不用。可是大将军你呢？你若是回去，太子和皇后的昨天，就是你的明天。"

李广利："会这样？"

胡亚夫："那当然，大将军，眼下这情形，大将军和我，都只有逃到匈奴那边，才能保全性命。可我一个人过去，连饭都不知去哪里吃，说不定半路上就被匈奴骑兵砍了。我愿意跟随大将军，到了匈奴那边，仍然为将军效力。这样的话，将军身边能有个说话的体己人，我也能找到个吃饭的地儿，多好。"

李广利："好啦好啦，我知道了，下去吧。"

胡亚夫："那大将军，咱们什么时候走？"

李广利："走什么走！赶紧擦亮你的兵器，明天与匈奴人大决战。"

胡亚夫大惊："大将军，你疯了？"

李广利："这事就这样了！不要再多费口舌了。"

董事长与经理人

李广利拒绝了胡亚夫提出的叛逃建议。

对于眼下发生的变化，他有着自己的独特观察模式。大宛之战，未战之际不也是灭了弟弟李延年满门吗？而且罪名极其可笑，诬蔑被阉割的李延年淫乱宫廷；首战失利，陛下不也是雷霆震怒，下诏禁止这支军队返回玉门关的吗？可大宛再战而胜，朝廷那边瞬间变了脸，上赶着巴结他李广利，封侯拜将，应有尽有。

大宛之胜扭转局面的记忆，让李广利刻骨铭心。是谁率领数万大军纵横河西，在连粮草都没有的艰苦条件下却屡建功勋？是谁与军战天才李陵交手九天，竟逼得李陵无功而退？是谁在句山狭谷重击匈奴卫律，让卫律号啕大哭发足狂奔？

是我！是我李广利大将军！

他丝毫也不怀疑，一旦他击败匈奴再立战功，一切仍会和上次一样。

次日早晨，李广利率两万骑兵渡过郅居水。前方，只见一片鸡飞狗跳，匈奴两万骑兵手忙脚乱地迎上前来。李广利信心大增，长刀一挥："杀啊，我们汉军一个人打八个匈奴人绰绰有余，给老子杀了这帮杂碎，所得财物都归你们！"

"杀啊！"急于发财的汉军士兵，红着眼睛冲了过去。

说起这匈奴人，择草而移，逐水而居，原本是凶悍的游牧部落。谁知道这时候，这一茬的匈奴人，由于部落里有大量汉军俘虏，性情也被同化了，那叫一个疲软，打起仗来实在不堪一击。一番激战下来，匈奴左大将被汉军围住，“哐哐哐”一顿狠揍，活活打死了。战场之上，东一堆西一片，全都是匈奴人的尸体。

李广利亲自上马杀敌，杀得不亦乐乎。

他这边正大砍大杀，战场外围的一个高地上，长史与几名部将正登高眺阵。见李广利在战场上纵横睥睨，目无余子，长史不由得连连摇头。

长史，是朝廷派到军队中来的文官，是监军。假如把这支军队比喻为帝国的资产，长史就是朝廷派来的董事长，意味着朝廷对这支军队拥有绝对的控股权。而李广利就算再能打，最多不过是个经理人，没有这支军队的掌控权。

看了一会儿，长史沉吟道：“这仗，打得不对啊，匈奴人如此疲软，而李广利却执意孤军深入。这明显违背军事常识的做法，不应该啊。”

“是啊，”站在他身后的决眭都尉，点头道，“李广利这个人吧，打仗还是不含糊的，就是政治立场不是那么坚定，时不时地爱说些牢骚话。早几年我就对他说过，朝廷就是你娘亲，陛下就是你亲爹，你所经历的危险和磨难，不过是陛下和朝廷对你的考验。”

这些人一边说着不过脑子的话，一边在心里合计：打仗这活儿，太危险了，就不是正经人干的。可汉朝最重军功，没有军功，就没有丰厚的奖赏和加官晋爵。但这军功可是要拎着脑袋来换的。现在可好了，不如趁陛下想干掉李广利的机会，拿下李广利，赶紧跑回朝廷表功，这也是军功，而且是最大的军功。

长史与决眭都尉等心照不宣，当场商议妥当，等李广利一下战场，就假称朝廷有圣旨到。把李广利叫到自己的军帐，就势捆了，然后率军返回。

主意倒是个好主意。可问题是，长史身边也有对他憎恨的人。人际关系就是这样，离你越近的人，越容易滋生阴暗的仇恨。这个计议刚刚出来，就被人偷听到，立即跑李广利那边报告去了。

李广利听到这事，大为痛心：“我只不过是想为朝廷，为陛下做点实事，怎么就这么难呢？正面的匈奴人，我们能够消灭他们，最可怕的是那些潜伏在我们队伍中的坏人，他们的破坏性，比一百万匈奴人还大。

“传本将军令，长史等人意图谋乱，欲杀本将军而将我们整支汉军送给匈奴人做奴隶，与本将拿下！”

汉军士兵听了怒不可遏，立即操刀包围了长史的军帐。长史探头出来看，被士兵们好一番狂砍，砍得稀巴烂。

决眭都尉见势不妙，用利刃破开帐子后部，冲出去朝自己的部队狂奔。狂怒的士兵追了上去，连同他的部卒一并杀尽。

简单说就是，战场上汉军与匈奴人杀成一团，战场下汉军和汉军也杀成一团。

杀了长史和决眭都尉，李广利知道，军心已涣散，就立即撤出战斗，朝燕然山方向疾走。

然而，大单于是何等的精明，又如何会放过这样一个千载难逢的战机？

总计七万汉军的末日，到了。

贰师将军彻底覆灭

入夜，李广利的汉军正在酣梦之中，大单于亲率五万铁骑，突然出现在汉军大营的后方。

大单于无声地一挥手，匈奴骑兵一声不响，朝汉军大营冲杀过来，汉军顿时一片混乱。

因为一连串的变故，这支曾和军战天才李陵交过手，曾杀得同样数目的匈奴人哀鸿遍野的强大生力军，精神上饱受摧残，早已是军心散尽，斗志全无。听到匈奴人杀到，所有人赶紧爬起来，扛起自己的小包裹，不顾一切冲出营寨，朝前方汉朝的方向狂奔。

只听惨叫声连连，逃在最前面的汉军忽然间失去了踪影，唯一能让人听到的，是他们濒死之时的惨叫声。后面的士兵收脚不迭，继续往前冲，于是他们也消失了，更尖利的惨叫声仿佛从地底深处传来。

策马逃出来的李广利，见此怪事，险些没哭出来：大单于，打仗就打仗，好端端的平地，你干吗要挖条深壕出来？还让不让人活了？

大单于精神抖擞，挥刀长呼："大漠的好儿郎们，如今匈奴为刀俎，汉军为鱼肉，给我尽情地斩杀吧，不要客气！"

"杀啊！"黑暗之中，响起了七万汉军覆灭前的绝望长号。

李广利彻底崩溃，弃械请降。

大单于太实在了

大单于神清气爽，乐得满脸只剩下一张嘴，兴奋地来接受李广利的投降："李广利，汉家天子为何要杀你全家呢？"

李广利："没什么具体原因，陛下他喜怒无常。"

大单于："果然是汉家天子啊，生杀予夺，为所欲为。"

大单于突然大喝一声道："李广利，你是真心投降，还是假意诈降？"

李广利："大单于，我都落到这地步了，你说我是真心还是假意？"

大单于："那可说不准。来来来，李广利，我来考考你，你们汉人有句话，叫大丈夫何患无什么来着？"

李广利："无妻。"

大单于："你听着，汉家天子杀你的妻子，我再赔你一个妻子。而且是出身尊贵、知书达理、美貌无双、温柔娴静那种的。我要把我最可爱的女儿给你，你要好好保护她，爱护她，照顾她，不要让她受委屈。"

李广利："大单于，我不过是个降人，如何受得起？"

大单于："你在汉家天子眼里不过是条狗，杀了炖肉连调料都不放的那种。但你来到我大漠，来到我大匈奴，你就是我最尊贵的朋友。我的朋友，他必须喝最好的酒，吃最好的菜，娶我最美丽的女儿。我大单于就是这么真诚，你将如何回报我？"

李广利："岳父大人在上，小婿无以为报，只有为大单于鞠躬尽瘁，为大匈奴开疆拓土，万世扬威。"

大单于："那你要如何对待我的女儿？"

李广利："举案齐眉，相敬如宾；终生厮守，白首相依。"

大单于："你发誓！"

李广利："我对天地神灵发誓，若我李广利让我的爱妻受到伤害或委屈，就让上天降下大火，把我烧成焦炭吧！"

大单于大喜："好，李广利，我看好你！拿酒来，让我跟女婿好好喝几桶！"

李广利瞬间惊呆了："几桶？！"

无法拒绝的烧烤

眨眼工夫，李广利到匈奴这边已经有几个月了。

他虽然带兵征战，但终究是出身于音乐世家，在艺术领域有着非凡的造诣。这个特长导致了大单于一家的激烈冲突。

大单于喜欢畅饮，只要喝酒一定带上他。可是大单于每天都要喝，每顿都要喝，所以他需要李广利时刻陪伴在身边。

而李广利的新妻子从未见过如此非凡的人物：男人的事，李广利懂，比任何男人都更懂；女人的事，李广利也懂，比任何一个女人都要懂。这男子虽然有点阴气沉沉，却是她生平未见稀罕之物。她舍不得他离开，想看到他的笑，听到他的声音，但他终日不在身边，这让她的心中充满了愁苦。

李广利陷入工作和生活的两难之中，留在家里陪伴爱妻，对不起大单于；天天在外陪着大单于喝酒，又对不起爱妻。

这一天，大单于来了兴趣，带着他和卫律这一批投降匈奴的汉人，以及大批的匈奴贵族来到了荒山上一座巨大的“烧烤场”。

真的是烧烤场，到处都是用整棵树搭成的烧烤架，架子上还有烤到焦炭般的什么东西，形状有点像……李广利顿时色变。

这里是烤人的火刑场。

只听大单于笑眯眯地问道：“李广利，你投降我大匈奴那一夜，我承诺把最美丽的女儿给你，你当场发誓决不会让她受到冷落，还记得吧？”

李广利：“当然记得。”

大单于：“你当时发的誓，是什么来着？”

李广利：“我对天地神灵发誓，若我李广利让我的爱妻受到伤害或委屈，就让上天降下大火，把我烧成焦炭……”

大单于：“你记得就好。那你告诉我，你最近有多久没回家，多长时间没有见到你妻子，没有陪伴她了？”

李广利：“大单于，这些日子我都是和你在一起喝酒，从未分开过的啊。谁料得到你这么贪喝，一次酒宴就要喝好多天……”

大单于：“咱们不说酒宴的事，事实上你多日没有回家，没有陪伴妻子，违背了你的誓言，对不对？”

李广利顿时急了："大单于你不能不讲道理，明明是你非要拉着我，一顿酒从早喝到晚，连喝好多天，我多次说要回家，是你硬是不让的……"

大单于："但在事实上，你确实很久没回家，冷落了妻子对吧？"

李广利："大单于你……"

情急之中，他转向周围的人："你们都听到了吗？大单于他要……卫律，你站那么远干什么？过来替我说句话啊。"

卫律过来说道："唉，李将军，要我说吧，这事大单于裁得没错，明明就是你违背了自己的誓言嘛。"

李广利顿时恍然大悟："卫律，原来是你！是你坑害我！你这个狗贼！"

大单于怒道："别吵了，不就是个炭烤吗？男子汉大丈夫，拿出点血性行不行？李广利，你自己不上去烤，休怪我动粗了。"

李广利大喊："大单于，你要杀我就杀好了！不过，我死之前有一个要求，就一个。告诉我为什么，这是为什么？"

大单于扭过头，道："李广利，本单于就跟你实说了吧，我这个人呢，没别的毛病，就是太实在。遇到最喜欢的朋友，比如你，就把最可爱最漂亮的女儿给你。但我爹他不乐意了，他说他想要你陪他……"

李广利听糊涂了："什么？你爹他……不是死了吗？"

大单于："没错，我爹他在阴曹地府，托人捎话来，说要我最喜欢的人去陪他。我最喜欢的人是谁？不就是你吗！"

"不对。"李广利问道，"你爹死都死了，怎么托人捎话？"

大单于不耐烦道："托梦。"

李广利问道："你爹给谁托的梦？"

大单于说："给卫律托的。怎么，有什么不对吗？"

"不对，"李广利还待要说，旁边已经冲上来一群人，不由分说，扛起他来往烧烤架子上放。李广利放声大号，"卫律，你这个王八蛋，你这个叛徒，你忌恨我在大单于面前受宠，竟然如此陷害我，我做了鬼也要再带兵打回来……"号声突止，现场弥漫起一股烤肉味道。

李广利在投降的当年，就被匈奴人烧烤用来祭祀了。这个人，战争史上是不肯承认他的，认为他的军事能力排不上号。但实际上，他虽然不是绝代名将，但军事专业能力真的不低。只不过他已经被烤了，再说这些，也没什么用了。

第十九章

悲哀的傀儡

烧烤的艺术

金日磾站在皇宫的阁楼上，任夕阳洒在脸庞，为他的须髯镀上了一道美丽的金边。

他说："烧烤，是一门精准的艺术，一定要用终南山三十年的老松烧成的精炭。首先削冠、去根，只要中间最挺拔的那一段。截至一尺一，分毫不能差。置于窑中后，经过干燥、热解、熔融、粘结、固化、收缩等阶段，开窑时得到的是一种黑到极致的多孔状。这种精炭烧出来的食物最是精美，没有丝毫的烟气。"

远方，依稀传来嘶喊声，霍光从金日磾后缓步踱过来，与他并肩而立，看着横桥方向。

横桥上，拥挤着许多侍卫，他们已经搭好了一支巨大的炭烤架。炭火已经生起。

金日磾深深地吸了口气，陶醉的表情，低语道："你可闻到那深山溪涧边的花香，听到婉转的鸟鸣？"

霍光道："刚才陛下又失禁了……"

金日磾截口打断他："耐心，我告诉过你的。一块松软的木材，在持续而稳定的高温炙烤下，能够变成美到极致的木炭。这其中需要的不是急切或冲动，而是耐性。没有耐性的人，就体会不到整个过程带来的享受。"

远方横桥上，一个人被侍卫们强行拖了过来。虽然距离遥远，但黄门太监苏文的惨号，站在这里还是能够清晰地听到："陛下，别杀我，不要烧死我，我无罪啊，我也没敢跟任何人说起太子的事，没敢说啊……”

霍光皱眉：“叫他闭嘴。”

金日磾失笑：“需要吗？不需要吧。上好的烧烤，需要的不仅是耐心，还有宽容。”

黄门太监苏文已经被剥光衣衫，置于烧烤架上，侍卫们慢慢地调节火候，让他全身均匀受热。死前，苏文突然发出一阵惨号：“陛下啊，饶过我吧，我实言招供，我之所以构陷太子，是因为有人指使啊。陛下，陛下啊，那图谋害死太子和皇后的人，就在您身边啊……在您身边啊！”

金日磾轻声道：“该抹蘸料了。”

巧合背后的真相

汉武帝后元元年（公元前88年），汉武帝69岁。

在汉朝皇宫与漠北的匈奴聚居区，同一时间各自举办了一场盛大的“烧烤会”。汉朝皇宫里烤到滋滋滴油的，是小黄门太监苏文，匈奴那边烤熟的是李广利。

如此巧合，只能说明一件事：汉武帝的生命，已经进入倒计时。

霍光、金日磾、上官桀三人，牢牢地控制着这个政局。

这个政局的特点是精确，以至于这段历史竟因其精确程度过高，虽历经两千年之久而未被人看破。

非主流守墓人

此时，忽然冒出来一个极为奇特的官员，高寝郎田千秋。

什么叫高寝郎呢？就是负责替皇家看守陵墓的这么个官职。

这种官员，在朝廷里是相当边缘化的，连上朝的资格都没有。实际上，许多皇帝惩罚官员时，常常打发官员去看陵守墓。这种职位，不过是官场上的“冷宫”，无异于流放。

但高寝郎田千秋位卑未敢忘忧国，他竟然上奏——按理来说，这个级别的官员，根本没资格上奏的，但这个时候一定要有个人出来上奏，还必须是边缘化非主流没资格上奏的官员才行。只有边缘化、非主流的官员，在朝中才没有背景势力，霍光和金日磾才能继续控制年迈昏庸的汉武帝，才能控制整个政局。

总之，这位守墓人上奏道："陛下，昨夜，我做了一个梦，梦到一个白头发的老头对我说，'你知道吗？儿子摆弄父亲的兵权，应该受到什么惩罚？应该打屁股，打到这调皮的儿子屁股又红又肿，这才合乎道理'。"

霍光和金日磾把这道奏章拿到汉武帝面前。汉武帝蜷缩在龙椅上，一动也不动，半晌才道：

"传旨，召高寝郎田千秋入宫觐见。"

田千秋来了，趴伏在天子殿堂那高高的台阶之下，听着上面的声音。

"父子之间的事情，一般人很难讲清楚。唯有你田千秋一句话就道破了朕和太子之间的隐痛。这是高祖的神灵派你来教导朕的。你整日守着阴森森的陵墓，屈才了，从此以后，你就担任朕的辅臣。"

田千秋顿时心花怒放，立即叩首道："老臣领旨。"

堂殿之上，冰冷的声音在持续："传朕旨意，复查太子造反一案。"

全面清理行动

对太子一案的复查，是要对参与此事的人员进行全面清理。

第一个是江充——他已经死了，但是他的家人还在。

士兵们不疾不徐地在江充家里搜查，找出每一个藏起来的人，当场杀掉。即使是女人和婴孩，也无一幸免。

然后是所有参与过太子叛乱之战的人，无论当时在哪个阵营里，悉以灭族。

一时间血光漫天，汉朝这些日子流的血有点多。

杀到这时候，汉朝的精英基本上已经全部剪除了。卫青全族被灭，霍去病的儿子不明不白死于泰山，太子死了，皇后死了，李陵逃到匈奴而名裂，李广利在匈奴那边被杀。能征的死光，善战的死绝，文人学士在此之前早就已经被悉数杀尽。眼下这个汉朝，无异于一座空巢。

只剩一点点扫尾工作了——商丘成的死期，被提上了议事日程。

他是谁？

长安大追杀

商丘成，并不是什么了不得的大人物，就是混在朝臣堆里尽量低调，避免汉武帝发现的一个大臣。但在太子起兵时，他突然发了神经，拿把刀冲出家门，朝太子的人马一通狂砍。这一砍，他的能力就暴露出来了。于是，商丘成就被派上了前线，统两万人马为李广利右翼，出西河，寻找匈奴大单于决战。

到了这里我们就清楚了，汉朝派李广利最后一次出兵，三路大军，十三万人马，实际上是金日磾送给大单于的一笔厚礼。早有定居长安城中的匈奴人穿行如梭，把汉军的布置动向统统报给了大单于。

但是，大单于牙口并不好，啃不下十三万汉军，他拿着刀叉左看右瞧，最后挑选了最肥美的李广利及他的七万汉军。而别的两路人马，就趁这工夫跑回汉朝了。

跑回去怎么行？坚决不允许！

这次布局，就是要将汉廷能打仗的人一网打尽，统统扫灭，就是要将汉朝彻底废掉！

所以，商丘成前脚进家，正脱了靴子洗脚，匈奴人已经追杀过来。

胡人巫师出现在他的府邸之外，神色震惊，向天空举起双手，以示众人注意：妖气，好浓烈的妖气啊！此户人家，必有巫蛊！不信掘开他家地面看看，木偶人一堆一堆的。

家人听到后，急忙跑来告诉商丘成。商丘成震惊之下，一头栽在洗脚盆里。他几乎是用尽全身力气，大喊起来："金日磾，我可没敢招惹你们匈奴人！我只是砍砍太子而已。"

但说什么都晚了。

圣旨下，御史大夫商丘成以巫蛊之术诅咒陛下，着有司即时查清。

长安城中，快马疾奔，一队队汉军士兵向商丘成的府邸包围而来。

商丘成仰天长叹，挥剑自杀。

人虽然死了，但事情还没完。

李广利最后一次兵出大漠，商丘成只是右翼军而已。还有个左翼军马通呢？一并干掉。

等等，马通？金日磾脸上浮现出灿烂的笑容。

“我正好需要一只踏脚垫。”

成语世家

马通有一个非同凡响的家族。其祖先是战国年间赵国名将赵奢，被封为马服君，战功赫赫，可惜虎父生犬子，儿子赵括夸夸其谈，长平一战全军覆没，四十万赵军被秦军坑杀。

赵括满嘴跑火车，给赵国造成了惨重的损失，但也为中国的传统文化留下一个成语：“纸上谈兵”。

事情发生后，赵王怒不可遏，全方位多角度地对赵家人展开追杀，以泄此愤。赵家人被杀得满地乱跑，为了隐藏身份活下去，只好取“马服君”的“马”为姓。

这支族脉延续到了东汉年间，还会出一个优秀的军事将领——伏波将军马援。马援将军有句流芳百世的成语：“马革裹尸”。意思是为国捐躯，战死沙场。

虽然马家在朝中不显山不露水，但那是朝廷始终没给他们机会。倘若给他们个机会，说不定又能出一个飞将军李广。

这是一个军战世家，只打掉一个两个显然是不行的。家族的血脉源远流长，杀不尽斩不绝，远非御史大夫商丘成那般容易对付，必须上大招。

于是，西汉历史上，就有了这么一笔记载：

一天，陛下落榻于林光宫，金日磾像往常那样，守护在陛下的寝宫门外，忽然间听到有人用半生不熟的中原话大喊：“马何罗造反，马何罗造反啦！”附近的卫士听到动静，纷纷赶来，只见陛下寝宫外一片凌乱，乐器被撞倒踩碎了一地，金日磾正和一个人抱成一团，在地上滚来滚去。

众侍卫拥上前去，拔刀要杀那个人。

这些人，竟然敢在天子寝宫前拔刀。还有，他们知道发生了什么事吗？为什么上前就要杀人呢？

在他们的帮助下，金日磾站起来，整理了一下衣冠，指着被众侍卫按住的那个人，进行了一番控诉。

这番控诉，被列入西汉的官方正式文件，被几本史书抄来抄去，内容颇为诡异。

禁宫疑案

金日磾指控称："马何罗，是马通的哥哥，也是江充的莫逆之交，在宫里担任侍中仆射一职。他的弟弟马通，在太子造反时，追杀太子，立了战功。但当陛下诛杀江充家族及党羽时，马家兄弟害怕受到株连，就策划叛乱。就在陛下落榻于林光宫的那天，马何罗、马通与马安成三兄弟假传圣旨，趁夜出了宫。他们杀掉了朝廷使者，公然起兵叛乱。可是当马家兄弟出宫不久，马何罗居然又回宫来了。"

金日磾继续忿忿不平地说："当时，我正要去厕所，忽然发现马何罗怀藏利刃入宫，我意识到事情不对劲，就急忙赶到陛下的卧房门前守候。果然，马何罗匆匆走向陛下的卧室，可是由于心慌，撞在了门外摆放的乐器上，只听'叮叮当当'一阵响，他栽倒在地。我趁机从后面拦腰抱住他，大声呼叫。侍卫们急忙跑来，举刀要杀他。此时，陛下让侍卫们小心，切勿伤到我。"

最后，马家三兄弟被交给官吏审讯。爱招不招，反正供词都已经写好了。诛之！

此次事件，为金日磾带来了荣耀，他再也不是那个侍候皇帝起居的弄臣了，现在是地地道道的汉室大功臣。任何人都不会怀疑，他有充足的理由，进入下一届领导班子。

见金日磾玩得如此起兴，霍光顿时急了。他也需要一个进入下届领导班子的理由！

钩弋夫人之死

这两个人如此着急，只能证明一件事：汉武帝快要不行了。

如果汉武帝是正常死亡，那么朝中的混乱就可以到此收场了。有可能对未来小皇帝形成威胁的潜在势力悉以剪除，帝国新君刘弗陵的时代，已经不再存有障碍。

但假如不是呢？那么，还有一个人必须死——知道这一切秘密的人。

此人是何人？

细察汉武帝的行踪，他晚年多是在外巡游，但也偶尔回宫。倘若他的情形有什么不对，很难瞒过宫里的人。所以，就需要一个人跟随汉武帝一道进宫，并由她在宫中配合霍光、金日磾，对汉武帝进行控制。

钩弋夫人！

这个女子在历史上的华丽登场，就是建立在可笑的谎言之上。她握住两个拳头，硬说自己的双手生下来就是拳形，始终也没打开过。当汉武帝轻掰她的手时，那两只手掌立时打开，掌心各握有一枚玉钩。

这种怪事也就汉武帝相信，说给正常点的人听，是没人相信的。

她是先由术士推荐，然后被汉武帝下诏找来的这么个女人。此中的布局，一望而知。再加上所谓怀胎十四个月的非正常生理现象，一切都说明这个女人有问题。她被安排入宫生下儿子，年幼的儿子又被立为太子。这就意味着，等汉武帝千秋之后，太子登基，届时主弱母强，她将成为帝国最有权力的人，大汉就将出现第二个吕后。

主谋者辛苦一番，绝不是想听命于这个女人！所以，她非死不可。

官方正式的记载如下：

汉武帝借故谴责钩弋夫人。钩弋夫人摘下簪珥，叩首请罪。

汉武帝说："来人啊，把这个女人送到掖庭的监狱。"

钩弋夫人大恐，被拖走时拼命挣扎，看着汉武帝，可是不敢出声哀求。

汉武帝随后下旨，将钩弋夫人赐死。

斩草除根

汉武帝征和四年（公元前89年），汉武帝68岁。

朝廷不断向外界放出鼓舞人心的消息。

这些消息包括：陛下已停止对匈奴的战争、斥退方士、下罪己诏、建思子宫，每日思念被冤死的太子，铲除陷害太子的奸佞之人，还在太子逃亡自尽的湖县修了一座归来望思之台。

百姓闻之，纷纷称善。长安城中，一片祥和。

就连长安狱中的犯人也为汉武帝的罪己诏书感怀于心，只有廷尉监丙吉心中郁郁寡欢。

丙吉，是一名已经被罢免的吏员。太子被冤杀后，长安城缉拿数万人犯，官吏人手不足，于是将罢免官员召回审案，丙吉也在被召回之列。但是他来到长安狱四年了，一直在郡邸狱忙碌，却一桩案子也未完结。

这四年来，他每天都在女犯的监狱门外踅来踅去，一见到有年轻的女犯进来，他就立即跟上去喊道："站住，你可有奶水？"

女犯无不被他吓得目瞪口呆、惊恐万分，不知道他想干什么。

"你有奶水，马上跟我过来。"丙吉终于碰到一位刚生过孩子进了监狱的女犯，顿时大喜过望。

女犯无奈，只好跟过去，进了一间牢房，只见丙吉抱起一个婴儿，吩咐道："赶紧的，给这名重案犯喂奶。"

女犯大惊："这么个小东西，居然还是重犯？他犯什么事了？"

"谋反。"丙吉回答。

"这么个吃奶婴儿，怎么谋反的呢？"女犯一边喂奶一边问。

丙吉欲说不说，忽听到外边一片混乱，丙吉探头往牢房门外看去，只见长廊里几个狱卒慌里慌张地跑进来，"丙吉，朝廷有使者到了，你快去接旨。"

"何事啊？"丙吉一边走一边问。

狱卒摇了摇头，低声道："这大半夜的，恐怕不会是什么好事……"

丙吉出来，只见监狱门外是黑压压的士兵，都手执长刀。一个儒雅秀美的年轻人骑在马上，偏头打量着丙吉，一旁的黄门太监高声宣道："丙吉接旨。"

丙吉没有跪下，只是望着那俊美的年轻人："郭穰，竟然是你？"

郭穰哼了一声："你认得我？"

丙吉道："内谒者令的仪表风范深受世人敬仰，我又如何不知？"口中说着，但心里起了警觉。

就是这个郭穰声称丞相刘屈氂家中有巫蛊之气，结果刘屈氂被游街示众之后，与妻子同时腰斩。李广利全家也因此下狱，逼得李广利兵败叛逃。他实际上是第二个江充，俊美的外表下是一副蛇蝎心肠。

此人突然晚上来到监狱，绝对不会有什么好事。

只听郭穰冷冰冰道："陛下有旨，着立即清查狱中人犯，所有人犯，即时斩决。"

丙吉大惊："为什么？"

郭穰厉叱道："丙吉，这是你该问的吗？"

丙吉："我身为廷尉监，有权过问狱中人犯的处置。更何况人命关天，你郭穰来上这一遭，就要造如此多的杀孽，我如何能不问？"

郭穰："丙吉，你放聪明点，这可是圣旨！"

丙吉："这大半夜的黑咕隆咚，我怎么知道你手中拿的是什么？你不多透露点消息给我，让我怎么相信你？"

郭穰气恼地望着丙吉："就跟你说了吧，就在今夜，望气士说长安狱的上空有天子之气，所以陛下派我来此。"

丙吉摇头："胡说！你我都知道，陛下新近修了一座思子宫，又在湖县——太子罹难之地建了一座归来望思之台。陛下日日夜夜想念冤死的太子，又怎么可能让你杀害他的曾孙？"

郭穰无可奈何地摇头："丙吉，你也是在朝为官的人了，连这也信？这不过是为了安抚人心，忽悠你们这些愚蠢的刁民的，给我把门打开！"

丙吉："休想！郭穰，你来就是为了杀陛下的曾孙，可这个婴儿有什么罪？他刚刚生出来，父亲就冤死了。太子一脉，只有这么点骨血，我绝不会允许你把他杀掉。你带来的人手虽多，但未必能够攻破我这铁笼似的长安大狱！"

说罢，丙吉迅速闪进门里，喝令关闭狱门。

郭穰急追上来，朝着狱门狠砍了几刀。可是那狱门是最坚硬的铿木所造，要想破开这道门，郭穰这点人手还真不够。

"走！"气急败坏的郭穰上马，"我要弹劾丙吉这混蛋，他竟敢公然抗旨。”

郭穰回去了，再也没回来。

未来的汉宣帝，就这么幸运地保住了性命。

郭穰来到郡邸狱，是因为有望气士说长安狱上空有天子气。这证明罢斥方士是假的，至少还有一个更有影响力的异能界人士，仍然在主导着汉武帝的思维。

遭丙吉拒绝，这道诏旨就执行不下去了，这表明汉武帝已经失去了贯彻自己意志的能力。

一旦我们意识到汉武帝也有丧失贯彻自我意志的时候，此前隐藏于历史记载中的所有困惑与疑问，在此豁然解开。

他其实经常丧失自我意志的贯彻能力。

这是从什么时候开始的？又是怎么发生的呢？

历史真相的一种猜想

事情的发生，始于汉武帝元封二年（公元前109年）。

那一年，汉武帝48岁，江湖术士公孙卿不断向汉武帝展示他发现的仙人巨型足印，因而获封中大夫。

从此，局面失去控制。

这一年收复朝鲜，战事说不出地诡异，两名使者卫山及公孙遂毫无理由地被处死，卫青的家将荀彘在完成收复朝鲜的不世功业后，被诱回长安城斩杀。

从这时候就暴露出刀指卫青集团的明显目的，但也只是小打小闹，尚未触及关键人物。因为这时候卫青虽然卧病，但仍然活着。

等到钩弋夫人出场，主谋者针对汉武帝的骗局，连起码的脑子都懒得用了。

钩弋夫人出场，担负着入宫、努力生下儿子、让儿子继承皇位的任务。如果她仍然怀不上孩子，怀胎四十个月的事，这伙人也敢干。只要牢牢地把汉武帝控制在手，他们怎么玩都可以，辅以江充、郭穰这类新生代爪牙，为所欲为。

此后，霍光着手为刘弗陵登基铺平道路，而金日磾则出于一个匈奴人的本能意识，在配合霍光做这些事，有意无意地将朝中最具军事能力的人物或灭杀或驱逐到匈奴一方。因为这是两个人的意识分别在起作用，各怀机心，各自谋利，这就让这段时间的历史变得十分诡异。

金日磾在清洗马何罗家族时上演了一幕英雄话剧，为自己继续辅政创造依据。霍光则在同一时间获得一幅周公背成王的图画，成为托孤之臣。

最后的工作，就是为刘弗陵的帝位法统营造合法氛围。所以临终前一年，汉武帝因缅怀太子，修建思子台。一个雄才大略、英明神武的老帝王指定的托孤之臣，无疑更具说服力。

如果不是他们要赶尽杀绝，连郡邸狱中汉武帝的曾孙都不放过，我们就不会意识到在这历经两千年之久、所有人都以之为常的历史背后，隐藏着一个惊天动地的大骗局。

现在我们来看一下，多年来汉帝国所发生的那些诡异事件，哪些是霍光的手笔，哪些又是匈奴小王子金日磾的。

汉武帝太初元年（公元前104年），遣贰师将军李广利征大宛，以荒诞的理由诛杀李广利弟弟李延年满门，意图逼迫李广利叛逃，霍光和金日磾都有嫌疑，两人联手的可能性最大。

汉武帝太初二年（公元前103年），强迫名将赵破奴深入大漠，导致赵破奴父子被俘。这应当是金日磾为匈奴单于通风报信，他在事实上已经成为匈奴的间谍。

汉武帝天汉二年（公元前99年），李广利出酒泉，陷入匈奴包围圈，只率小股人马逃回，这是霍光所为，只为清除昌邑王的支持者，减小昌邑王登基的可能。

汉武帝天汉二年（公元前99年），军事天才李陵陷于死地，投降匈奴。这应当是金日磾为了给自己民族尽点微薄之力，事先给匈奴送去了情报，让匈奴早做准备，打垮李陵。霍光支持金日磾这么干，因为李广的孙女受宠于太子宫，所以李陵必须死。

汉武帝天汉四年（公元前97年），公孙敖迎李陵回归失败，李陵全家被杀。这是在金日磾的配合之下霍光的布局，目的是扫灭卫青军政集团。

汉武帝太始元年（公元前96年），第一起巫蛊事件爆发，居住在汉朝的匈奴人以胡人巫师的身份参与其中。可见这是由金日磾献策，与霍光联手推动的卫青集团灭杀行动。

汉武帝太始三年（公元前94年），钩弋夫人生下刘弗陵，汉武帝以钩弋夫人的宫门为尧母门，实际上是对卫青集团的灭杀正式开始，下令手下爪牙开始行动。

汉武帝征和元年（公元前92年），对卫青集团的剿杀进入持续阶段，丞相公孙贺父子、卫青的长子、汉武帝的两个女儿，悉数被杀。此时，霍光与金日磾的合作模式已经固化，两人的合作被完美复制到一线，固定不变的一个胡人一个汉人，胡人假充巫师，汉人爪牙执行栽赃工作。胡人巫师的上线是金日磾，汉人爪牙则听命于霍光。这个模式贯穿到汉武帝死前的一刻。

汉武帝征和二年（公元前91年），太子、皇后被诬陷，均自杀，卫青军政集团灰飞烟灭。金日磾与霍光联手推动完成，但动作幅度较大，两人估计也很害怕。

汉武帝征和三年（公元前90年），李广利、商丘成、马通三路兵马出战匈奴，金日磾给匈奴人送去情报，霍光在朝中制造巫蛊案，虐杀丞相刘屈氂一家，下李广家人于大狱，致使李广利兵败投降，而商丘成与马通逃回。

同一时间，匈奴人烧烤李广利，而汉廷则烧烤黄门太监苏文，如此巧合，多半是金日磾在两边同时出的主意。

汉武帝后元元年（公元前88年），胡人巫师指控商丘成家有巫蛊，商丘成自杀。商丘成几乎没有对任何人构成威胁，霍光不会把他放在眼里，只能是金日磾独力所为。而后金日磾于宫中杀马何罗，为自己继续辅政创造依据。霍光则以周公背成王的图画，证明自己被授权托孤的合法性。

这一年，汉武帝下旨杀钩弋夫人，避免出现第二个吕后。

汉武帝后元二年（公元前87年），汉武帝驾崩。

至此，汉武帝的一生，画上了悲凉的句号。

第二十章

尾声：蓄奴蚁物语

权力子宫

纵观汉武帝一生，可以说是泾渭分明的三个阶段。

年轻时期游侠粗豪，敢作敢为；中年时期大刀阔斧，征战天下；晚年则昏聩不明，被奸臣和小人所利用，犯下诸多不可挽回的错误。

如果一定要下一个结论的话，单以他中年时期的开疆拓土，就可以毫无争议地成为伟大皇帝，纵使秦始皇拥有中国第一个皇帝的首发优势，最多不过是与他比肩。汉武帝的最大优点是善于鉴识人才，缺点是容不得人性中的污垢，动辄杀戮。这导致汉武帝时代既是人才辈出的时代，也是人才绝灭的时代。

即使没有帝王承袭的荫庇，汉武帝也是个绝顶聪明的人。正因为脑力过人，他才能够把匈奴人打得哭天抢地，卫青与霍去病的不世功业，就是他运筹帷幄的结果。

汉武帝过于自大，表现出极端的神性人格。他幻想自己是个神，并把自己的幻想强行落地，如果现实与他的主观想象不符，那就是现实的错。汉军将士为了他的臆想症付出了极为惨烈的代价。可以说，大汉在这场宏大的战争中所承担的成本，超出七成以上是为汉武帝的臆想埋单。

他的功业是永恒的，中国历史上的帝王不知凡几，但没有几个人能与之匹敌。过人的智慧与宏大的功业，确保了他手中的权力高度集中，但正因为如此，当他晚年变得昏聩时，竟无一人能够拯救他。

他为自己营造了一个巨大的权力子宫，待在里面他感到极为安全。但当异质侵入，他试图呼救时，没有人能听到他的声音。

异质的侵袭

值得一提的是金日磾。他的经历和所作所为让人联想到蓄奴蚁。

蓄奴蚁是这样一种奇异的生物：它们自己并不筑巢，而是在蚁后带领下寻找其他蚂蚁的巢穴，然后发起进攻。当对方反击时，蓄奴蚁的蚁后就会突然躺倒，肚皮一翻死掉。对方的工蚁兴高采烈，立即掳起这块硕大的食物，带到巢中给蚁后用餐。但当到了对方蚁后面前，工蚁都退去之时，蓄奴蚁的蚁后却突然醒来，露出凶恶的面目，几口吞掉对方蚁后。它因为吃了对方蚁后，身上仍然散发出对方蚁后的气味，巢中的工蚁们只凭气味辨识，就以为蓄奴蚁的蚁后仍然是自己的蚁后。

而后，蓄奴蚁蚁后将自己的工蚁叫来，开始肆意奴役巢穴中的工蚁。慢慢地，巢穴中的工蚁们在残酷的奴役与折磨下，一个接一个死去。但它们至死也不知道自己已经成为异族的奴隶。

金日磾，就是这样一只完美的蓄奴蚁，在汉朝的宫廷里，他上演了一幕蓄奴蚁之战。卫青家族、名将李陵、李广利，包括丞相刘屈氂、商丘成及马何罗等人，临死之前始终未曾意识到，他们面对的，并非汉武帝，而是一只蓄奴蚁。

权力就是这样可怕，一旦被异族的蓄奴蚁所占有，无人能够发现，更无人能够抗拒。只能在绝望之中，等待着悲哀的命运。

曾经，太子的老师石德，这个出自黄老之门的纵横师，尽了他最大的努力，劝太子反杀江充等乱臣贼子，试图挽回颓局。然而，那沉睡于权力之梦中的人们，根本未曾听到他那撕心裂肺的绝望呼声。

但这声音始终在历史中回响。虽然微弱，但余音不绝。

（全书完）